MINERVA
人文・社会科学叢書
233

# レオ・シュトラウスの政治哲学
―『自然権と歴史』を読み解く―

石崎嘉彦/厚見恵一郎編著

ミネルヴァ書房

# レオ・シュトラウスの政治哲学
―― 『自然権と歴史』を読み解く ――

**目　次**

凡　例

序　章　『自然権と歴史』の表題について……………………石崎嘉彦…1
　　　　──「正」と「権」の意味をめぐって──
　　1　はじめに………………………………………………………………1
　　2　自然，正ないし権，歴史……………………………………………1
　　3　自然法か自然権（正）か……………………………………………4
　　4　自然的正と自然権……………………………………………………7
　　5　自然権の意味について………………………………………………8

第1章　シュトラウスと歴史主義の問題………………………佐藤貴史…13
　　1　歴史化の時代のなかで………………………………………………13
　　2　シュトラウスの方法論的態度──区別，前提，理解……………16
　　3　歴史主義と非歴史主義的な「根本的問題」………………………22
　　4　シュトラウスにおける〈歴史による歴史の克服〉？……………25

第2章　歴史主義と「哲学的倫理」としての自然的正…西永　亮…29
　　1　「同盟者」としての歴史主義？……………………………………29
　　2　歴史主義の「哲学的」基礎──哲学の独断性というイメージ………30
　　3　歴史主義の独断性とソクラテス的哲学……………………………33
　　　　──正に関する経験の「十全な解釈」をめぐって
　　4　「哲学的倫理」としての自然的正…………………………………35

第3章　ウェーバーとシュトラウス………………………野口雅弘…43
　　　　──「人間の理性では価値の葛藤を解決できない」という
　　　　　　テーゼをめぐって──
　　1　ウェーバー研究者の困惑……………………………………………43

| 2 | ニヒリズムと価値の不可避的な抗争 ………………………………… 45 |
| 3 | 論証の欠如と「嘲り」………………………………………………… 49 |
| 4 | 「理性と啓示」と神義論 ……………………………………………… 51 |
| 5 | エソテリシズムと責任倫理 …………………………………………… 53 |
| 6 | ウェーバリアンとしてのシュトラウス？ …………………………… 58 |

## 第4章　歴史的研究の方法をめぐるシュトラウスの
　　　　　ウェーバー批判 …………………………… 西永　亮 … 63

| 1 | 「価値相対主義」批判から「歴史的研究」の方法論へ ……………… 63 |
| 2 | 社会科学における価値判断の不可欠性 ……………………………… 63 |
| 3 | 価値判断排除の正当性——哲学と歴史的アプローチ ……………… 67 |
| 4 | 著者の意図とその誤解 ………………………………………………… 69 |
| 5 | シュトラウスの「政治哲学の歴史」………………………………… 70 |

## 第5章　はじめにコンヴェンショナリズムありき …… 中金　聡 … 77
　　　　——『自然権と歴史』第Ⅲ章を読む——

| 1 | 順序の問題 ……………………………………………………………… 77 |
| 2 | 「自然」の発見 ………………………………………………………… 79 |
| 3 | 通俗的コンヴェンショナリズム——ソフィストたち ……………… 82 |
| 4 | 哲学的コンヴェンショナリズム——エピクロス主義者 …………… 86 |
| 5 | コンヴェンショナリズムのゆくえ …………………………………… 90 |

## 第6章　エピクロス哲学とレオ・シュトラウス ……… 髙木酉子 … 97

| 1 | 哲学的コンヴェンショナリズム ……………………………………… 97 |
| 2 | 哲学的コンヴェンショナリズムとエピクロス的快楽主義 ………… 98 |
| 3 | 『自然権と歴史』第Ⅲ章におけるコンヴェンショナリズム ……… 102 |

  4 古代コンヴェンショナリズムと自然権 …………………… 108

第 7 章 Classic Natural Right の教理における
     最善のレジームとジェントルマン ……………… 近藤和貴 … 119
  1 『自然権と歴史』第Ⅳ章の位置づけとジェントルマン論 ……… 119
  2 最善のレジームとジェントルマン ……………………………… 122
  3 シュトラウスと CNR ……………………………………………… 126
  4 シュトラウス政治哲学の理解に向けて ………………………… 133

第 8 章 シュトラウスにおける古典的自然権と近代的自然権
     ……………………………………………………… 杉田孝夫 … 139
  1 ある断絶 …………………………………………………………… 139
  2 近代的自然権の発見は何をもたらし，何を失ったか ………… 139
  3 古典的自然権 ……………………………………………………… 143
  4 「知恵」と「同意」の結合 ……………………………………… 150

第 9 章 近代自然権論の創始者としてのホッブズ …… 高田　純 … 153
  1 本論の目的と展望 ………………………………………………… 153
  2 自然的正と自然法の伝統的理解 ………………………………… 154
  3 自然権と自然法——ホッブズにおける転換 …………………… 156
  4 理性の役割 ………………………………………………………… 158
  5 自然学と政治学 …………………………………………………… 160
  6 神の法と自然の法——宗教と政治 ……………………………… 162
  7 承認の闘争と暴力死 ……………………………………………… 163

## 第10章　政治化する哲学 …………………………… 中金　聡 … 169
　　　　　——ホッブズの快楽主義，理想主義，無神論——

　1　ホッブズ解釈の修正 ……………………………………………… 169
　2　政治的快楽主義と政治的理想主義 …………………………… 171
　3　政治的無神論 ……………………………………………………… 173
　4　啓蒙とエソテリシズムのはざまで …………………………… 176

## 第11章　「近代的自然法の頂点」としてのロック … 厚見恵一郎 … 181

　1　シュトラウスのロック論 ………………………………………… 181
　2　ロック自然法論における利益と義務の問題 ………………… 182
　3　ロック自然法論における啓示と理性の問題，ないしは
　　　意志する神と創造神の問題 ……………………………………… 186
　4　ロックとアヴェロエス主義？ ………………………………… 190
　5　「近代的自然法の頂点」の意味 ………………………………… 197

## 第12章　秘教としてのロック，顕教としてのロック … 井上弘貴 … 203
　　　　　——シュトラウスのロック読解と戦後アメリカの保守主義——

　1　シュトラウスのロック読解が戦後アメリカの保守主義に
　　　もたらしたもの …………………………………………………… 203
　2　忘れられたロック読解の系譜——ケンドールとシュトラウス …… 204
　3　豊かさと多数派支配の無制限の最大化をめぐって ………… 207
　4　秘教的なロックか，それとも顕教的なロックか …………… 210
　5　シュトラウスの弟子たちを二分するものとしてのロック …… 213

第**13**章　古代への回帰と近代の推進 …………………関口佐紀 … 219
　　　　　──シュトラウスによるルソー再評価──
　　1　シュトラウスによるルソー再評価…………………………………… 219
　　2　近代性の最初の危機………………………………………………… 221
　　3　古代への回帰と近代の推進──自然の法から理性の法へ………… 225
　　4　シュトラウスの意図について……………………………………… 231
　　5　善き生とルソーの夢想……………………………………………… 236

第**14**章　危機の理解とエソテリシズム ………………吉永和加 … 241
　　1　シュトラウスによる危機の理解…………………………………… 241
　　2　ルソーの危機とシュトラウスの危機……………………………… 246
　　3　エソテリシズムの効用……………………………………………… 249

第**15**章　シュトラウスのバーク …………………………佐藤一進 … 253
　　　　　──なぜ近代性の危機は抗うほどに増幅されるのか──
　　1　ニヒリズムの高祖たち……………………………………………… 253
　　2　ルソーの失敗………………………………………………………… 254
　　3　バークのルネサンス………………………………………………… 257
　　4　バークの蹉跌………………………………………………………… 261
　　5　近代性の危機の起源………………………………………………… 265

第**16**章　論理嫌い(ミソロゴス)と歴史主義への道…厚見恵一郎 … 271
　　　　　──シュトラウスのバーク論に寄せて──
　　1　『自然的正(権)と歴史』の目次の中の断裂………………………… 271
　　2　バークにおける理論と実践の関係と「論理嫌い」………………… 273
　　3　歴史主義の「論理嫌い」と古典的自然権の「異質性に
　　　 ついての知識」………………………………………………………… 278

終　章　自然権の存在論……………………………………石崎嘉彦… 283
　　　　──「在ろうとして在るもの」としての自然権──
　　1　「自然権とは何か」の考察に向けて ………………………………… 283
　　2　「政治的なもの」の危機と自然権 …………………………………… 283
　　3　なぜ自然権か …………………………………………………………… 289
　　4　政治哲学と歴史研究 …………………………………………………… 292
　　5　在ろうとして在ろうとするもの──それが自然権である ………… 300

Abstract …… 309
あとがき …… 323
人名・事項索引 …… 325

凡　例

　引用にさいして以下のような略号を用い，本文中に出所を明記した。アラビア数字は原著，「＝」でつないでいるアラビア数字は邦訳の頁数である。邦訳は参照したが，私訳を用いた箇所もある（また邦訳と原著の版が異なっている場合もある）。

【シュトラウスの著作】

ACBP: "Anmerkungen zu Carl Schmitt, *Der Begriff des Politischen*", 1932, in *HPW*.

BJE: "Besprechung von Julius Ebbinghaus, *Über die Fortschritte der Metaphysik*," 1931, in *GS 2*.

*CAM*: *The City and Man,* The University of Chicago Press, 1964.〔＝飯島昇藏・石崎嘉彦ほか訳『都市と人間』法政大学出版局，2015年。〕

CPH: "On Collingwood's Philosophy of History," *The Review of Metaphysics,* vol. V, no. 4, 1952.

FP: "Farabi's Plato," *Louis Ginzberg: Jubilee Volume on the Occasion of His Seventieth Birthday,* English Section, The American Academy for Jewish Research, 1945.

*GS 1*: *Gesammelte Schriften,* Band 1, Die Religionskritik Spinozas und zugehörige Schriften, unter Mitwirkung von Wiebke Meier, herausgegeben von Heinrich Meier. Dritte, erneut durchgesehene und erweiterte Auflage, Verlag J. B. Metzler, 2008.

*GS 2*: *Gesammelte Schriften,* Band 2, Philosophie und Gesetz-Frühe Schriften, unter Mitwirkung von Wiebke Meier, herausgegeben von Heinrich Meier. Zweite, durchgesehene und erweiterte Auflage, Verlag J. B. Metzler, 2013.

GS 3: *Gesammelte Schriften,* Band 3, Hobbes' politische Wissenschaft und zugehörige Schriften-Briefe, herausgegeben von Heinrich Meier, Verlag J. B. Metzler, 2001.

GLG: "Die geistige Lage der Gegenwart," 1932, in *GS 2.*

HPW: *Hobbes' politische Wissenschaft in ihrer Genesis,* in *GS 3.*〔＝添谷育志・谷喬夫・飯島昇藏訳『ホッブズの政治学』みすず書房，1990年。〕

IHE: "An Introduction to Heideggerian Existentialism," in *The Rebirth of Classical Political Rationalism: An Introduction to the Thought of Leo Strauss.* Essays and Lectures by Leo Strauss, selected and introduced by Thomas L. Pangle, The University of Chicago Press, 1989.〔＝藤原武訳「ハイデガー実存主義への序説」石崎嘉彦監訳『古典的政治的合理主義の再生』ナカニシヤ出版，1996年。〕

NIPP: "On a New Interpretation of Plato's Political Philosophy," *Social Research,* vol. 13, no. 3, 1946.

NRH: *Natural Right and History,* The University of Chicago Press, 1953.〔＝塚崎智・石崎嘉彦訳『自然権と歴史』ちくま学芸文庫，2013年。〕

OFKW: "On a Forgotten Kind of Writing," 1954, in *What Is Political Philosophy? and Other Studies,* The Free Press, 1959.〔＝石崎嘉彦・高田宏史訳「忘れられた種類の著述について」飯島昇藏・石崎嘉彦・近藤和貴・中金聡・西永亮・高田宏史訳『政治哲学とは何であるか？とその他の諸研究』早稲田大学出版部，2014年。〕

OT: *On Tyranny,* The University of Chicago Press, 2000.〔＝石崎嘉彦・飯島昇藏・面一也ほか訳『僭主政治について』（上・下）現代思潮新社，2006-2007年。〕

PAW: *Persecution and the Art of Writing,* The Free Press, 1952.

PG: *Philosophie und Gesetz. Beiträge zum Verständnis Maimunis und seiner Vorläufer,* 1935, in *GS 2.*

PPH: *The Political Philosophy of Hobbes: Its Basis and Its Genesis,* translated by Elsa M. Sinclair, The Claredon Press, 1936.〔＝添谷育志・谷喬夫・飯島昇藏訳『ホッブズの政治学』みすず書房，1990年。〕

PSCR: "Preface to Spinoza's Critique of Religion," 1965, in *Liberalism Ancient and Modern,* The University of Chicago Press, 1995.〔＝西永亮・飯島昇藏訳「『スピノザの宗教批判』への序言」石崎嘉彦・飯島昇藏訳者代表『リベラリズム　古代と近代』ナカニシヤ出版，2006年。〕

RCPR: *The Rebirth of Classical Political Rationalism: An Introduction to the Thought of Leo Strauss,* selected and introduced by Thomas L. Pangle, The University of Chicago Press, 1989.〔＝石崎嘉彦監訳『古典的政治的合理主義の再生——レオ・シュトラウス思想入門』ナカニシヤ出版，1996年。〕

RS: *Die Religionskritik Spinozas als Grundlage seiner Bibelwissenschaft. Untersuchungen zu Spinozas Theologisch-politischem Traktat,* 1930, in *GS 1.*

SPPP: *Studies in Platonic Political Philosophy,* The University of Chicago Press, 1983.

WIPP: *What Is Political Philosophy? and Other Studies,* The Free Press, 1959.〔＝飯島昇藏・石崎嘉彦・近藤和貴・中金聡・西永亮・高田宏史訳『政治哲学とは何であるか？とその他の諸研究』早稲田大学出版部，2014年。〕

【エピクロス主義者の著作】

DL: Diogenes Laertius, *Lives of Eminent Philosophers,* 2 vols, translated by R. D. Hicks, Heinemann, 1950.〔＝加来彰俊訳『ギリシア哲学者列伝』（全3冊）岩波文庫，1994年。〕

SV: *Epicurus: The Extant Remains,* translated by Cyril Bailey, The Clarendon Press, 1926.〔＝出隆・岩崎允胤訳『エピクロス——教説と手紙』岩波文庫，1959年。〕

U: Hermann Usener (hrsg.), *Epicurea,* Teubner, 1887.

DRN: *Titi Lucreti Cari, De rerum natura,* 3 vols, edited by Cyril Bailey, Clarendon Press, 1947.〔＝樋口勝彦訳『物の本質について』岩波文庫，1961年。〕

【ルソーの著作】

*SA*: *Discours sur les Sciences et les Arts*, Œuvres complètes, III, Éditions Gallimard, 1964.〔＝平岡昇訳『学問・芸術論』中央公論社，1966年。〕

*OI*: *Discours sur l'origine et les fondements de l'inégalité parmi les hommes*, Œuvres complètes, III, Éditions Gallimard, 1964.〔＝小林善彦訳『不平等起源論』中央公論社，1966年。〕

*NH*: *Julie, ou la Nouvelle Héloïse*, Œuvres complètes, II, Éditions Gallimard, 1964.〔＝松本勤訳『新エロイーズ』白水社，1979-1981年。〕

*CS*: *Du Contrat Social*, Œuvres complètes, III, Éditions Gallimard, 1964.〔＝井上幸治訳『社会契約論』中央公論社，1966年。〕

*E*: *Émile*, Œuvres complètes, IV, Éditions Gallimard, 1969.〔＝今野一雄訳『エミール』岩波書店，1962-1964年。〕

*LM*: *Quatre Lettres à M. le Président de Malesherbes*, Œuvres complètes, I, Éditions Gallimard, 1959.〔＝佐々木康之訳『マルゼルブ租税院長官への四通の手紙（1762年1月12日）』白水社，1981年。〕

*RJ*: *Rousseau juge de Jean-Jacques, Dialogues*, Œuvres complètes, I, Éditions Gallimard, 1959.〔＝原好男訳『ルソー，ジャン＝ジャックを裁く対話』現代思潮社，1969年。〕

*RP*: *Les Rêveries du Promeneur Solitaire*, Œuvres complètes, I, Éditions Gallimard, 1959.〔＝青柳瑞穂訳『孤独な散歩者の夢想』，新潮文庫，2006年。〕

【ホッブズの著作】

*L*: *Leviathan*, edited by Richard Tuck, Cambridge University Press, 1996.〔＝水田洋訳『リヴァイアサン』（四分冊）岩波文庫，1992年。〕

序 章
# 『自然権と歴史』の表題について
―― 「正」と「権」の意味をめぐって ――

石崎嘉彦

## 1　はじめに

　この共同研究書は，レオ・シュトラウス *Natural Right and History* の日本語訳が「ちくま学芸文庫」化されたのを機として開催された研究会の成果報告という意味をもつ。その書物の序章である本章の課題は，キーワード Natural Right の訳語問題に触れておくことである。共同研究の最初に，研究対象である著作の表題に関していくらかの思考材料を提供しておくことは，読者を『自然権と歴史』の世界へと引き入れる導入の役を果たすとともに，本書の議論全体の大枠を提示する役割を果たすことにもなるであろう。

## 2　自然，正ないし権，歴史

　われわれは，*Natural Right and History* の日本語訳の表題を，この文庫版でも，『自然権と歴史』とした。history を「歴史」の語に訳すことにはおそらく異存はないであろうが，natural right を「自然権」と訳すことに少なからぬ異論が提出されるであろうことは，ある程度予想された。実際，古典的 natural right を取り扱うⅢ章とⅣ章には，「近代的自然権」を扱う諸章で「自然権」と訳されているものとは明らかに意味を異にする形でその語が用いられているのが見られるからである。そういった箇所では，それを「自然的正」と訳さざるをえなかったように，英語の1語に1つの日本語を当てるという原則を適用することで問題解決とはならなかった。われわれがそうする必要を感じさせられたことにも示されるように，その語に複数の意味が含まれ，それがシュ

トラウスのこの書の魅力の源泉であることからも，あらかじめその意味にいくらかでも考察を巡らせておくことは，このような論究を始めるに当たって，必要とされる議論であることは間違いない。

ところで，*Natural Right and History* という表題は，2つの名詞 right と history が and という繋辞によって結ばれる形をとっている。そしてこの and で結ばれた2つの語の前半部，*Natural Right* も，natural の基になる名詞 nature が right と結びついて1つの組をなすという形をとっていると言いうる。そうであるとすれば，その表題は，「nature（自然）」と「right（正ないし権）」という組と，「nature（自然）」と「history（歴史）」という組，それに加えて「right（正ないし権）」と「history（歴史）」というそれぞれが対をなす3組の名詞の組からなっているとも見ることができる。

このように見るならば，『自然権と歴史』は，表題それ自体も，長い時間と歴史のなかで仕上げられ，さまざまな思想的背景をもち，解釈者の視点によってさまざまな意味に解釈される可能性のある用語からなるとともに，その表題自体が謎めいている，あるいは，問いかけをなすものであることがわかってくる。この表題をこのように解することからわかってくることは，私の解釈ではあるが，書物の表題が3つの二項対立からなる三項の連結式になっているということである。

西洋の思想史において，二項対立的思考と三項目を媒介項とした両項の総合という思考は，これまで特別な意味をもってきた。神と人間，ピュシスとノモス，実念論と唯名論，合理論と経験論などは二項対立の典型と考えることができるであろうし，それらの諸対立が媒介項によって総合される推論的結合の考えは，三項的思考の典型であると言うことができるであろう。キリスト教的「三位一体」，カントの「三批判」，ヘーゲル的「三肢構造」等は，そういった思考の典型である。そこにおいて重要な役を演じるのは，「実践理性」であったり，「神人イエス」であったり，「反」あるいは「特殊性」であったり，要するに媒介する項である。ところで，三肢構造式にあってこれら媒介の役割を演じるものは，「二義的」であり，かつその内に「誤謬」をはらんだものであることがその特徴であるとされてきた。その点を踏まえるなら，シュトラウスがこの表題に，西洋の思想史上の最重要問題に対する答えを含意させていたこと

もあながち否定はできないのではないか。そのように見ることは，シュトラウスがソクラテス的弁証法に重要性を見た人物であったことを考えに入れるならば，それほど特異ではないであろう。要するに，シュトラウスのこの表題には，この書物が西洋思想史上の最重要問題に対する回答が含意されていると読むこともできるのである。

　「政治的なもの」という語には，二項の対立的という意味が本来的に含意されているが，それはもとより不安定な関係であることを含意する。三項的思考は，その不安定な関係を安定させようとするところから生じてくる。そのため，その思考では，それ自体としては無媒介的であり，したがって不安定なものでしかありえないにもかかわらず媒語として役割を演じる第3の項が重要な意味をもってくる。しかしまた，弁証法的統一は，媒語のこの不安定性のゆえに成り立ちもするのである。この点に注目すれば，シュトラウスの著書 *Natural Right and History* の表題は，Right を媒語とする推論形式となっていると見ることができる。その場合，right は不安定な語であり，1語のなかに二義が込められた語であることになる。つまり，その表題では，「自然」と「歴史」が「正ないし権」によって連結されているのである。したがって，この表題によって，シュトラウスは，みずからの「弁証法」に対する考えを表明しているとも言いうるのである。そうであるとすれば，表題に含まれ媒語の役割を演じる right が二義的であることは，むしろ必然的である。つまり，right が二義的であることは，「政治哲学」それ自体の成否にかかわっているのである。

　しかし，その語の翻訳に際しては，その語に2つあるいはそれ以上の意味が込められているということから，困難に遭遇させられることになる。この章に求められている natural right の訳語問題に一応の答えを出すためにも，この語の二義性の問題はいっそう立ち入った議論が必要ではあるが，ここでは，問題を提起するだけにとどめ，先ずはこの書物が読み始められた当初からあった「自然法」と「自然権」を同一視する議論の検討を優先させることにしたい。その問題に検討を加えたうえで，right を「正」と訳すか「権」と訳すかという問題にいくらか考察を加え，最後に，本書の表題を『自然権と歴史』としたことに対する訳者としての弁明を試みることにしたい。

## 3　自然法か自然権（正）か

　そこで，次に触れられるべき問題は，この書物がわが国で読まれ始めたとき，natural right の訳語として浮かび上がってきた「自然法」の語についてである。おそらくこの書物に注目した人たちの頭にその訳語が想い浮かんだのは，とりわけ『自然権と歴史』のⅢ章とⅣ章，つまり古典的「自然権」が扱われている章で natural right の語が用いられていて，その語に込められている意味がホッブズによる natural law と natural right の区別以後の Natural Law の概念と重なり合うものがあると考えられたからであろう。しかし，natural right に「自然法」を当てることが不都合であることは，シュトラウスの書の第Ⅴ章のホッブズとロックを論じている箇所に目をやれば，即座にわかってくる。それでもなお，その章での両概念の区別は近代的教理にかぎられるものであるとして，古典的教理にあってはアリストテレスやストア派からキケロを経てローマ法にいたる伝統的議論のなかに見られる「自然法」の概念に相当すると解することはできるかもしれない。

　しかし，そうであるとしても，シュトラウスには「自然法について」（*SPPP*, 137-146）という表題の論考があり，そこにおいて，アリストテレスにおいては「自然法」と「自然権」の区別が認められることに言及されていることを考えに入れるならば，両概念を同一視することが誤りであることがわかってくるはずである。シュトラウスは，『弁論術』で取り上げられているソフォクレスの『アンチゴネー』の「死者の埋葬」[1]やエンペドクレスの「生き物の殺生禁止」[2]のような広く行き渡っている「万物の法」などが「自然法」を述べたものであるのに，『ニコマコス倫理学』の第 5 巻の「正義論」で扱われている「自然本性的正（dikaion to men physikon）」は「自然権」の議論であることを指摘している。このことからも（*SPPP*, 139f）,シュトラウスにおいて 2 つの概念が区別されていることは明らかであって，それゆえ，古典的議論にある natural right を近代のそれと区別して natural law と同一視することには無理があることが，明らかとなってくる。

　さらに，シュトラウスがこの 2 つの概念を，前者を近代に，後者を古代に対

応させて使い分けてはいないこと，そうではなくそれらを異質の概念として区別して用いていることは，この書の第Ⅲ章と第Ⅳ章の次のような記述に目をやるだけでもはっきりとしてくる。そこでも，natural law と natural right の 2 つの概念が区別されている。第Ⅳ章で彼は，natural right を定義して，次のように述べている。

存在者はそれに固有の働きを十分に果たしているときは，好ましく「順調」なのである。したがって人間はそれに固有の働きを，つまり，人間の自然本性に対応するとともに自然本性によって求められている働きを，十分に果たしているときは，善い状態にあると言えよう。何が人間にとって自然本性的に善いものであるか，自然本性的な人間的善であるかを決定するためには，人間の自然本性あるいは人間の自然的体質の何たるかを決定しなければならない。古典的理論家たちが理解した自然的正（natural right）に基礎を与えたのは，人間の自然的体質の位階秩序（hierarchic order）である（NRH, 127=178-179頁）。

それに続けて，こうも述べている。

……人間に固有の働きは，思慮深く生きること，知性を働かせること，思慮深く行為することにある。善き生とは人間存在の自然的秩序に合致した生，よく秩序づけられた健全な魂にもとづく生のことである。善き生とはまさに，人間の自然的傾向の要求が正しい秩序において最高度に満たされているような生，可能な限り最高度に目覚めている人の生，魂のなかで陶冶されぬままに放置されているものが全くないような人の生のことである。善き生とは人間的自然の完成態である。それは自然に従った生である。それゆえ，善き生の一般的性格を画定する規則（rules）のことを「自然法（the natural law）」と呼ぶことができよう（NRH, 127=179頁）。

これらは，ほぼ1頁半ほどの1つの段落の2つの箇所からのものであるが，前者には「自然的正」の語が含まれ，後者には「自然法」の語が含まれている。

前者の natural right は,「古典的理論家たちが理解した」ものとされているところから,「自然的正」の語で訳しているが,この章の表題である「古典的自然権」と合致させて「自然権」の訳語を当てても問題はない。問題とされるべきは,その語にどの訳語が当てられているかということよりも,その語が「人間の自然的体質の位階秩序」と関係づけられていることの方である。とりわけ,この語に含まれる「秩序（order）」に含意されている事柄の方こそ,ここでは強調されなければならない。

これに対して,後者の引用文では,「自然法」は「善き生の一般的性格を画定する規則（rules）」であると定義されている。「自然権」あるいは「自然的正」と「自然法」のこのような定義からすれば,「善き生」の「性格」を画定する「規則」と「秩序」によって基礎づけられる「善き生」の在り方とを等価的と見なすことは困難である。それはちょうど,「正しい生（right life）」が「法に則した生（lawful life）」という場合の「法」と同じであるとは言いえないのと同じある。つまり,現実態として存在するものと規範として存在するものとが位相を異にするのと同様,「権」と「法」は「存在」の位相を異にしているのである。

その位相の差異は,プラトンの著作を用いて暗喩的な仕方で言い表すなら,『国家』と『法律』の関係が暗示している,と言うことができるかもしれない。哲学者と若きエロス的人間たちによって交わされる言論による都市と,3人の老人たちがみずからを若返らせて行う立法的行為としての対話によって描かれる都市が,最終的に立場を変えて,前者がエロスを超えて哲学知の,したがってまた太陽やイデアに象徴される静的な知の開示にかかわり,逆に後者が,威力と支配力を備えた動的な「神」の開示にかかわるように,「自然権」は,万物に反映される普遍的「規則」である「自然法」に対し,神的なものであれ人間的なものであれ,「秩序（order）」,「権威（authority）」,「妥当性（validity）」,「威力（force）」,つまりは,「力（dynamis）」にかかわる概念であるということである。したがって,「自然権」を「自然法」と取り換えることは,誤りであるだけでなく,その理論についてのこれまでの議論を無視するに等しいことにさえなる,と言わねばならないのである。

## 4　自然的正と自然権

　以上の議論だけからでも，natural right に「自然法」の訳語を当てるという選択肢は存在しないことになるだろう。そこで，このことを確認したうえで，引き続き，natural right に「自然権」を当てるのか「自然的正」を当てるのかという本来の問題にもう一歩踏み込んで，考えを述べて行くことにしたい。
　この問題は，シュトラウスが，本来「権利」の意味をもつ語として用いられてきた「近代的」な用語を，「古典的」政治哲学の根本概念を表す語としても用いたところから始まっている。つまり，本来「近代的」概念であったものを「歴史貫通的」あるいは「普遍的」概念として位置づけなおしたことがその問題の基底に存在しているのである。そうすることによって，シュトラウスは，natural right に「古典的」と「近代的」と「普遍的」という3つの意味を含意させていたのである。だとすれば，われわれがこの語を翻訳した当初，これら3つの事柄のうちそれが含意する古典的な意味に対して「自然的正」の語を当て，近代的意味の概念と普遍的意味の概念に「自然権」の語を当てていたことになる。
　これに対して，本書の執筆者でもある西永亮氏らから，近代的概念としてのニュアンスを強く感じさせる「自然権」よりも「自然的正」をもって言い表す方が適切なのではないか，という異論が提出された。近代的概念としての natural right はともかく，古典的概念と普遍的概念としての natural right は，「正しい生（right life）」の追求という共通項を有しているところから，シュトラウスが「善き生」のために必要とされる徳として「節度（moderation）」の徳を重視し，その徳を古典的哲学とりわけソクラテス的「愛知」としての「哲学」にまで遡ることによって基礎づけようとした試みの全体を考慮するとき，その提言はきわめて説得力あるものであるとともに，シュトラウスの「政治哲学」が「科学」に対する批判であるだけでなく，歴史主義の諸思想と「ラディカルな歴史主義」の批判であるという点からしても，それを近代性の象徴である「自然権」ではなく「自然的正」とする案は，たしかに適切であるように思われる。

にもかかわらず，訳者は「自然権」を「自然的正」に改めることはしなかった。あるいはむしろ，その問題に再検討を加えていくなかで，「自然権」とする方がいっそう適切である，と考えるようになった。その根拠は，およそ以下の4点に纏められる。

第1は，先にも触れたように，シュトラウスは natural right を彼以前の哲学が理解した1つの概念によって表現できるとは考えていなかった可能性があるという点である。第2に，そのこととも密接にかかわるが，「権」の含意には「正」以上に right に含まれる「力」の意味がいっそうよく表されうると考えられる点である。第3に，これはもっぱら日本語表現の問題にかかわることであるが，「権」よりも「正」の方を適切とする議論には，「権」に対するある種の先入見が存在するのではないかと思われる点である。つまり，その主張には，「権」を，これまで定着させられてきた「権利」の概念に引き寄せて理解していると思われる点である。最後に挙げておきたいのは，シュトラウスの natural right は，イェルサレムとアテナイの対立に決着をつける意図でもって提出されていると言わなければならず，それゆえ「神」，「存在」，「超人」を意識して提出されたものであること，とりわけニーチェ的「力への意志」，「ディオニュソス」的なものが意識されているという点である。以上の諸点を踏まえるなら，「権」の方が right の訳語として「正」よりもいくらかはその意味を忠実に伝えることができると考えられるのである。

以下，これらの諸点にいくらか解説を加える仕方で，natural right を「自然権」と訳すことを正当化する議論を補強しておきたい。ただ最後のニーチェとのかかわりについての議論は，この稿の枠を越える議論となるので，ここでは，「ディオニュソス的なもの」は「正」の一語で表現できるようなものでないことを示唆するだけに留めておかなければならないことを，あらかじめお断わりしておきたい。

## 5　自然権の意味について

われわれが natural right を「自然権」の語で訳した理由の第1は，right が一義的ではないということであった。この語を「正」の1語で訳すとき，この

語に含まれる両義的意味が打ち消されてしまうのに、「権」の語でそれを訳すとき、そういった弊害は免れうる、と言い換えることもできる。シュトラウス政治哲学の「政治」の概念の含意が、「権」の語を用いることでよりよく保存されるのである。われわれはこの稿の最初のところで、シュトラウスの「政治哲学」の「政治」の概念に含意される「二項対立」の問題からrightが両義的であることを指摘しておいた。われわれは政治的なものの両義性からrightが両義的であること、したがって両義的であることをいっそうよく言い表す概念である「権」が、「法」や「正」以上にその語の訳語としてふさわしいと考えるということであった。

　そこから、「自然権」に「力」の概念が含意されているという点に注目し、この訳語問題に結論を出そうというのが、われわれの第2の論点である。その論点の重要性を見るために、近代的「自然権」に見られる「力」の契機を確認しておこう。シュトラウスは、『自然権と歴史』のⅤ章「近代的自然権」の「ロック」を論じた箇所で、「自然法」と「自然権」を区別して、次のように述べている。すなわち、「自然法は生得的ではないが、自然の権利は生得的であるゆえ、自然の権利が自然法よりいっそう基本的であり、自然法の基礎である」（*NRH*, 227＝298頁）、と。生得的か否かによるこのような「自然法」と「自然権」の区別は、「義務」に対して「権利」を優先させる近代的自然権の教理に特徴的な議論を反映していると言いうる。しかし、同時にそこには、いっそう本質的な意味が含意されている。その本質的な意味とは、自然法の「執行権」の問題である。少なくとも、ロックの自然法論とのかかわりで言えば、「法」と「正ないし権」の違いは、「法」には「執行権」が欠如しているのに、「正ないし権」にはその「執行権」までもが含まれているということ、あるいは「正ないし権」とは「執行権」それ自体であるということにあった。

　シュトラウスによれば、「執行権」の有無の問題は、ロックの「自然法」論に固有の問題であるわけではない。ホッブズにおいても、その「自然権」教理の根幹をなす「死の恐怖」が浮かび上がらせる「生命への欲望」、この「自己保存」の権利がそれを含意している。「自己保存」が単に「法則」を意味するのではなく、この「執行権力（the executive power）」（*NRH*, 222＝292頁）にかかわるものであることは、それが人間存在の生死にかかわるものであることから、

容易に察しがつく。さらにまた，ホッブズやロックの「自然権」概念に含意されているこの「執行権力」が，古典的政治哲学の教理から現代のそれの最も枢要な関心事である正義や支配の原理にまで一貫してかかわりをもつ，人間存在の根本的原理にかかわるものであることは間違いない。

いずれにせよ，ここに含まれている「力」の概念こそ，「自然権」と「自然法」の混同と，right に「正」の訳語を当てることの不十分さを指示してくれるものなのである。シュトラウスによる「力」の概念へのかかわりは，彼の「政治的なもの」とのかかわりとともに始まる。そして，彼の「力」の概念とのかかわりは，彼の「政治哲学」ばかりでなく「哲学」それ自体をも規定することになった。つまり，シュトラウスにとって，「力」の概念を中軸に据えた政治哲学は，C. シュミットに刺激された「政治的なもの」とのかかわりから始まり，ニーチェ的「力への意志」の哲学とハイデガー的「現 (Da)」の「存在」の哲学にいたるまでの思考の全体を規定しているのであって，それゆえその概念は，彼の哲学の最終結論を意味するものでさえある，と言いうるのである。それゆえ，このシュトラウス独自の「力」の理解による政治哲学は，ニーチェ的「超人」とハイデガー的「存在」の哲学的地平を超える方向を示唆する新しい哲学の提示に他ならないのである。そのことはシュトラウスの以下のような政治哲学の定義の言葉のなかに暗示的に示されている。シュトラウスは，「彼〔ホッブズ〕は，正義は社会の作品であるだけでなく自然権なるものが存在する（there is），という伝統的観念を受け入れた」（*WIPP*, 48=42頁）とか，「プラトンが自然的正の存在（existence）を確立しようと試みたとき，彼はコンヴェンショナリストの命題を，善は快と同一であるという前提へ還元している」（*NRH*, 108=155頁）というように語っているが，そのとき，彼は，「政治哲学」とは「力」の「存在」についての「学」であるというみずからの知の最終命題を語っているのである。

ところで，この訳語の問題は，right を日本語でどう表現するかという問題でもあるところから，結局のところ，それは，日本語表記の問題としても考えられなければならないことになる。それを日本語の意味の問題として考えてみるとき，「正」と「権」という2つの語の語感の問題が絡んでいることがわかってくる。「権」よりも「正」を優先させようとするとき，人は，近代的な

「権利」概念と結びつけて「正」を理解しているように思われる。そして古典的政治哲学を紐解くなかから提出されてきたシュトラウス政治哲学の成立の経緯からすれば，それが「権利」批判に立脚しているかぎり，「権」よりも「正」の方が right を正しく捉えることになると言ってよいのかもしれない。しかし，その場合，次の２つの点が忘れ去られてしまう危険がある。１つは，ホッブズの「自然権」にある「権能」という意味での「力」，あるいはマキァヴェッリ的な「フォルトゥナ」と「ヴィルトゥ」によって解される意味での「力」の概念と，そしていま１つはプラトンの「強制的（compulsory）対話」に込められているような意味での「力」の概念である。

　「自然的正」の概念からは脱落させられるこの「力」の概念こそ，シュトラウス的「自然権」教理が基礎づけようとしたものであろう。近代的「自然権」と「権利」の概念は，究極的には「物理的」な「力」の概念によって理解されるものとなるが，シュトラウス的「自然権」の概念は，ホッブズならば彼の「前－科学的人間観」によって，マキァヴェッリならば「遠慮のない」語によって言い表される，「物理的」な「力」の対極にある人間的な「力」によって裏づけられる，そしてまた，プラトンに即して言うなら，「節度」の概念によって示される自己抑制の「力」によって裏づけられる，人間存在の「自然」を根拠とするものなのである。

　そのような「自然」を，われわれは「エロス」の語でもって言い表わすこともできるだろう。その「自然」は，ニーチェ的用語法でもって言えば，「アポロ的」原理による明晰な知の対象であるよりも，「オルギア的」原理による異種混合の知の対象であるものと言えるだろう。「社会科学の範囲内で解明される局面に限定された」（*NRH*, 8=24頁）自然権問題の解明であると断り書きが付された書物の「自然権」が，そのような「自然」と「力」の概念までをも含意しているかどうかは，必ずしも明らかではない。しかし，その「序論」の議論の裂け目に注目するところから，シュトラウスの「自然権」のなかにポストモダン的「自然学」と「力学」の議論を読み込むことが可能であると論じる議論が存在したことを考えるならば，シュトラウス的「自然権」概念に，ニーチェやハイデガーの「力への意志」と「存在」の思想を超える地平を読み込むことも，あながち荒唐無稽とまでは言えないのではないだろうか。
(3)

注
(1) Sophocles, *Antigone*, 456-457.
(2) Diels-Kranz, Frag. 135.
(3) Roger D. Masters, 'Evolutionary Biology and Natural Right', in *The Crisis of Liberal Democracy, A Straussian Perspective*, ed. by Kenneth L. Deutsch and Walter Soffer, SUNY Press, 1987, pp. 48-66.

# 第1章
# シュトラウスと歴史主義の問題

佐藤貴史

## 1　歴史化の時代のなかで

　永遠に妥当し人間に秩序をもたらす規範など，変化し続ける歴史のなかに果たして存在するのだろうか——若きシュトラウスが生きたヴァイマール時代のドイツでは，思想や宗教の違いを問わず多くの知識人たちが所謂「歴史主義（Historismus）」の問題に苦しめられ，それと真剣に格闘していた。亡命の地アメリカで執筆された名著『自然権と歴史』の序論を読めばすぐに理解できるように，シュトラウスと歴史主義の危機の関係を無視して，その難解な書物の内容を解釈することはきわめて困難な課題となるだろう。

　このような問題意識に基づいて，本章では大きく分けて次の2つの点について考察してみたい。第1にシュトラウスが生きた20世紀初頭のドイツ，特にプロテスタント神学における歴史主義／反歴史主義の思想史的位置づけやドイツ・ユダヤ思想史における歴史と信仰の問題を，F. W. グラーフ，D. N. マイアーズ，そして Y. H. イェルシャルミの研究にしたがって確認しながら，シュトラウスの思想形成に大きな影響を与えたと思われる当時のドイツの知的状況を再構成する。第2に，『自然権と歴史』の第Ⅰ章やシュトラウスの他のテクストに基づきながら，そこでの彼の歴史主義理解の特徴，そして最終的にシュトラウスと歴史主義のかかわりから見えてくる彼独自の方法論的態度について明らかにする。

　シュトラウスは『自然権と歴史』の序論でヴァイマール時代のドイツが「無制限の相対主義」（*NRH*, 1-2=14頁）に陥ってしまったことをプロテスタント神学者エルンスト・トレルチ（Ernst Troeltsch）の言葉を引用しながら回想して

いる。この時代認識は、トレルチがこだわりつづけた歴史主義、すなわち「精神的世界のわれわれのあらゆる知と感覚の歴史化」の問題であり、彼は「われわれはここにすべてのものを生成の流れのなかに、すなわち果てしなくつねに新しい個別化のうちに、そして過ぎ去ったものによって規定されつつ、知られざる未来的なものへと向かうことのうちに見る」と書いている。

　グラーフは近代ドイツの学問、特にプロテスタント神学の領域において、伝承的で教義学的な思考様式が純粋に歴史的な思考によって解体され、神学が「キリスト教の歴史的-解釈学的文化科学」に、そして一般宗教史の一部門に還元されていく道程を、「歴史化のプロセス」として説明している。そして、このような知的動向に20世紀初頭の若きプロテスタント神学者たち——パウル・ティリッヒ（Paul Tillich）、エマニュエル・ヒルシュ（Emanuel Hirsch）、カール・バルト（Karl Barth）、フリードリヒ・ゴーガルテン（Friedrich Gogarten）——はさまざまな仕方で批判をくり広げたのであり、グラーフは彼らを「神学的反歴史主義者たち」、「宗教的アヴァンギャルド」、「神のフロント世代」などと名づけるのであった。「進歩」や「発展」のような概念を志向し、過去、現在、未来といった時間軸の連続性を想定する「『歴史主義的な』歴史概念」を彼らはしりぞけ、「純粋な現在」を強調し、啓示、終末、そして神学の新しい理解を生み出そうと奮闘していたのである。「人間の新しい実践的なアイデンティティを歴史の彼方で」獲得することが「あらゆる神学的反歴史主義者たち」の願いであった。

　実はこのような反歴史主義的な雰囲気は、プロテスタント神学者たちだけの問題ではなかった。グラーフは、当時の若い思想家たちがもっていた危機意識を描写するためには「共有された歴史」の視点が不可欠であると論じている。しかし、ここでは彼の重要な指摘を念頭におきながらも、シュトラウスも名を連ねているユダヤ人思想家たちの歴史主義／反歴史主義、すなわち近代ユダヤ人における〈歴史と信仰〉の問題について簡単にふれておこう。

　イェルシャルミによれば、伝統的にユダヤ人は「歴史の意味」や「過去の記憶」には深い関心を寄せていたが、「歴史記述自体」は「付随的な役割」しか果たしていなかった。しかし、キリスト教文明への同化を経験しながらも、つねに反ユダヤ主義の恐怖のなかで生きていた19世紀のユダヤ人たちは、あらた

めてユダヤ教の意義をキリスト教世界へ弁証し，反ユダヤ主義的な偏見を取り除き，同時にみずからのアイデンティティの問い直しという困難な課題の前に立たされることになったのである。そのときの重要な方法が歴史的検証だったのであり，ここに歴史学や文献学から強い影響を受けたユダヤ学（Wissenschaft des Judentums）が成立したのであった。イェルシャルミが書いているように，「歴史はいまだかつてなかったもの，すなわち，落ちぶれたユダヤ人の信仰となったのである。聖典ではなく歴史こそが，初めて，ユダヤ教の裁定者となったのである(12)」。

　この延長線上にシュトラウスを含むヴァイマールのユダヤ人思想家たちがいた。自分たちの父親世代は啓示としての神の法を簡単には受け入れず，学問（Wissenschaft）への信頼も並々ならぬものであった。しかし，子どもたちは違った。同世代のプロテスタント神学者，たとえばティリッヒがカイロスについて語ったように，フランツ・ローゼンツヴァイク（Franz Rosenzweig）は超越的な神の啓示，ヴァルター・ベンヤミン（Walter Benjamin）はメシア的時間といった反歴史主義的な言説をわが物としたのである。

　シュトラウスはどうであろうか。D. N. マイアーズはシカゴ時代のシュトラウスとヴァイマール時代のシュトラウスは異なることを指摘し，シュトラウスの博士論文の研究対象が反啓蒙的思想をもったF. H. ヤコービ（Friedrich Heinrich Jacobi）であったことは興味深いと書いている(13)。たしかにドイツにおける歴史主義の成立の問題を考えるときに，啓蒙主義の影響を無視することはできず，若きシュトラウスが啓蒙への対抗思想に傾斜していったと理解することもできよう。また1930年にシュトラウスは『スピノザの宗教批判』を書き上げるが，そのなかで聖書は「学問とはまったく異なる課題，すなわち神によって啓示された法への服従」を示しているのではないのかという問いを立てている（RS, 313）。ここでもすでにシュトラウスは17世紀の聖書批判，そしてのちの文献学や歴史学の学問的方法とは一線を画した規範が存在することを示唆しているのである。

　このようにシュトラウスは，ヴァイマール時代の歴史主義／反歴史主義的な雰囲気のなかでみずからの思想と方向性を模索していたのであった。次節では『自然権と歴史』の第Ⅰ章を中心に，他のテクストも参照しながらシュトラウ

スの歴史主義批判の内実を考察してみよう。

## 2　シュトラウスの方法論的態度——区別，前提，理解

　シュトラウスは『哲学と法』(1935) のユリウス・グットマン批判に充てられた章「ユダヤ教の哲学における古代人たちと近代人たちの論争——ユリウス・グットマン『ユダヤ教の哲学』への覚え書き」の冒頭で次のように書いている。「同時に哲学的研究 (*philosophische* Untersuchung) ではないような哲学‐史的研究 (philosophie-geschichtliche Untersuchung) は存在しない」(*PG*, 29)。彼にとって「哲学的研究」と「哲学‐史的研究」は，同一視することのできない異なる分野ではあるが，密接に結びついている。すなわち，シュトラウスにとって「自然権の問題」は現代においては「想起の事柄」であり，「それゆえわれわれは，入り組んだ争点の全体 (the whole complexity of the issue) に精通するためには歴史的研究 (historical studies) を必要とする。しばらくの間，われわれはいわゆる『諸理念の歴史』(history of ideas) の研究者にならねばならない」(*NRH*, 7=21頁)。

　シュトラウスの方法論的態度をあえて2つに分けて考えてみるならば，それは——「哲学的研究」と「哲学‐史的研究」の関係に対応するように——テクストそれ自体をどのように読むかという側面と，「入り組んだ争点の全体」をどのように理解するかという2つの側面に分けられるのではないだろうか。『自然権と歴史』の第Ⅰ章「自然権と歴史的アプローチ」は後者の「入り組んだ争点の全体」をどのように理解するかという方法論的態度が前面に出ているように思われる。シュトラウスはそこで Idea の区別や変容について論じ，歴史主義の系譜学——「コンヴェンショナリズム」，「歴史主義」，「徹底した歴史主義」という3つの Idea——を展開しながら，変転する歴史のなかにある「根本的問題」——その内容というより，「根本的問題」が存在するという事実——を忘却の淵から救い，（再）理解する必要性を述べているのである。

(1)「コンヴェンショナリズム」と「歴史主義」
　「政治哲学は，正の観念の多様性が自然権〔自然的正〕の非存在を，あるい

はすべての権利〔正〕の人為的性格を証明しているという主張とともに始まるように思われる」(*NRH*, 10=26頁)──シュトラウスはこのような見解のなかに「コンヴェンショナリズム（conventionalism）」の主張を見るが、同時に歴史の名による現代の自然権の否定を理解するためには「コンヴェンショナリズム」と「19世紀および20世紀思想特有の『歴史感覚』ないし『歴史意識』との間の種的差異」(*NRH*, 10=27頁) を考察しなければならないと語る。

シュトラウスによれば、コンヴェンショナリズムは「自然と人為の区別があらゆる区別のうちで最も基本的であると前提していた」(*NRH*, 11=27頁)。これに対して、「近代の歴史的見解の支持者たちは、自然が規範であるという前提を神話的だとしてしりぞけ、自然が人間のいかなる作為より高い尊厳を有するという前提を認めない」(*NRH*, 11=27頁)。コンヴェンショナリズムには規範としての自然という認識があり、自然と人為の区別は哲学そのもののうちに含まれていた。彼は、コンヴェンショナリズムと歴史主義の相違を次のように説明している。

> コンヴェンショナリズムの基本的前提にあるのは、哲学とは永遠なるものを把握せんとする試みであるとする考えに他ならない。自然権〔自然的正〕に対する近代の反対者たちは、まさにこの考えを否定する。彼らによれば、人間の思想はすべて歴史的であり、したがっていかなる永遠なるものも決して把握できないのである。古代人にしたがえば、哲学することは洞窟から立ち去ることを意味するのに対し、われわれの同時代人によれば、哲学することはすべて本質的に、「歴史的世界」、「文化」、「文明」、「世界観」、すなわちプラトンが洞窟と呼んだところのものに属することになる。われわれはこの見解を「歴史主義（historicism）」と呼ぶことにする (*NRH*, 12=29頁)。

歴史の名による自然権〔自然的正〕批判は歴史的証拠ではなく、「自然権〔自然的正〕の可能性や認識可能性の哲学的批判」(*NRH*, 12=29頁) に基づいていた。そうであるならば、歴史主義は特殊的に「自然権〔自然的正〕や道徳原理一般の批判」にとどまらず「人間思想それ自体の批判」であり、シュトラウスの批判はコンヴェンショナリズムから歴史主義へと移って行く (*NRH*, 12=29

頁)。

（2）「歴史主義」と「徹底した歴史主義」
　「歴史主義は19世紀に，永遠的なるものの認識，あるいは少なくともその予見は可能であるという信念に守られて出現した。しかしそれは，幼年期にそれを庇護してくれた信念を，次第に掘りくずしていった。歴史主義はわれわれの時代に突如として成熟した形で姿を現した」（*NRH*, 12-13=29頁）。シュトラウスは歴史学派の歴史主義を論じたのち，「実証主義の一特殊形態」，「実在についての真正の知識を経験科学の提供する知識と同一視する……学派の，一特殊形態」としての歴史主義を考察する（*NRH*, 16=34頁）。しかし，この歴史主義は「本来の実証主義」の経験的手法を自然科学から切り離したのであった。

　かくして歴史は，真に人間的なものについての，人間としての人間についての，つまり人間の偉大と悲惨についての，唯一の経験的で，したがって唯一の確固たる知識を与えるものと考えられた。すべての人間的探究は，人間から出発して人間に立ち戻るのであるから，人間性の経験的研究は実在的なものに関する他のいかなる研究よりも一段と高い尊厳を要求してしかるべきように思われた。歴史――一切のいかがわしいあるいは形而上学的な仮定と絶縁した歴史――が最高の権威となったのである（*NRH*, 17=35頁）。

　歴史学派は歴史のうちに民族精神の存在や法則性を仮定していたが，「公平な歴史家は歴史からはいかなる規範をも導き出せないことを告白しなければならなかった」（*NRH*, 17=35頁）。「歴史過程」は単なる偶然性の束になってしまった以上，基準や規範は人間のなかに，すなわち人間の主観的選択に，あるいはそれが行き過ぎであるならば歴史のなかでの人間の「経験」に求められていったのである。2つの箇所を引用しておこう。

　唯一残された基準はと言えば，純粋に主観的性格のものであって，個人の自由な選択の他には何らの支えも持たない基準であった。それ以来，善き選択と悪しき選択との区別を認める客観的基準はなくなってしまった。歴史主義

はニヒリズムに達する。人間を完全にこの世に安住させようとした試みは，人間を完全に故郷喪失の状態に陥れることで終わったのである（NRH, 18=36頁）。

歴史の「経験」（the "experience" of history）について語るときの人々の含意では，この「経験」とは歴史的知識から生まれるがそれに還元できない包括的洞察のことである。それと言うのも，歴史的知識はいつでもきわめて断片的であり，またしばしば非常に不確実であるのに対して，経験と称されるものはおそらく全体包括的で確実なものだからである（NRH, 22=42-43頁）。

　主観的選択と経験——この2つの言葉は，ドイツ時代のシュトラウスの思想的立場を考えるときのキーワードでもある。彼の『スピノザの宗教批判』にはローゼンツヴァイクに対する献辞が添えられているが，シュトラウスに大きな影響を与えたローゼンツヴァイクの「新しい思考」，そして「経験する哲学」はシュトラウスにとって両義的な意味をもっていた。
　シュトラウスによればローゼンツヴァイクの「新しい思考」は人間の経験に訴えることで，伝統が崩壊し，歴史主義に囚われた世界から超越的な神の啓示を救い出そうとした。

　神が人間にみずからを啓示すること，神が人間に語りかけることは，遠い過去にまで遡る伝統を通じて単に知られるだけではなく，それゆえいまでは「たんに信じられているだけ」ではなく，あらゆる人間がそれに身を委ねることを拒否しなければもちうるところの現在の経験を通じて真正に知られる。この経験は，一種の自己経験ではなく，人間の可能態の現実化といった類のものでもなく，人間精神がそれ自身のもの，つまりそれが欲求したり自然的にそれへの傾向を有しているところのものへと出来するといった類のことでもなく，人間の気質に反して，外部から来る，欲求されない何かの類である。それは，他のあらゆること——理性的なものであれ非理性的なものであれ——のようには決して相対化されえない絶対的な何かについての自覚にほかならない（PSCR, 232=358頁——傍点引用者）。

ローゼンツヴァイクは神と人間の出会いの場を「現在の経験」のなかに見たが，その経験は相対化不可能な絶対的なものの経験であった。まったき他者としての神と人間の結節点である経験は，神の超越性が人間の主観性に還元されることを防ぎ，しかし啓蒙主義と歴史主義を通過した近代人にも受け入れることができる，ぎりぎりの妥協点となるはずであった。
　しかし，シュトラウスにとってローゼンツヴァイクは歴史主義から，もっと言えば近代世界から神の啓示，そしてユダヤ教を守り抜くことはできなかったのである。なぜならローゼンツヴァイクの「新しい思考」としての「経験する哲学」は，「経験されることからいつでも出発し，経験の経験されざる『前提条件』からは出発しない」からである（PSCR, 237=366頁）。ユダヤ人における「経験の経験されざる『前提条件』」とは「神の律法であるトーラー」である（PSCR, 238=366頁）。しかし，ローゼンツヴァイクの議論にしたがえば，個々のユダヤ人にとって「威力（フォース）」あるものは経験によって支持されるのであり，選択もまた個人的あるいは主観的なものとならざるをえない。「一つの現実であった神聖な律法は，いわば公的な神殿は，かくして一つの潜在性となる。つまり各個人が自分の私的な隠れ場を築き上げるための材料を取ってくる採石場ないしは倉庫となる」（PSCR, 238-239=368頁）。ローゼンツヴァイクは，歴史のなかでの人間の経験に集中することでユダヤ教に新たな啓示理解をもたらそうとした。しかし，それはユダヤ教に近代個人主義を吹き込むことを意味し，結果的に「トーラーの意識的かつ根底的な歴史化」（PSCR, 239=368頁）を引き起こしてしまった。トーラーの歴史化はユダヤ人を伝統から切り離し，こうして皮肉なことにユダヤ人は「非歴史的な民」となったのである（PSCR, 239=368頁）。[14]
　シュトラウスは，歴史の経験に基づく歴史主義をローゼンツヴァイクのなかに見ていた。しかし，このような歴史主義はみずからのうちに歴史主義を超えるものも抱え込んでいたのである。

　歴史主義は，人間の思想や信念はすべて歴史的であり，したがって当然消滅する運命にあると主張するが，歴史主義そのものが一つの人間思想である。したがって，歴史主義は一時的な妥当性しかもちえず，端的に真なるものではありえないのである。歴史主義者の命題を主張することはそれを疑うこと

を意味し，したがってそれを超えることを意味する。実際，歴史主義は一つの永続的真理，あらゆる思想あらゆる時代に妥当する真理を明るみに出した，と主張している。思想というものはこれまでどれほど変化し，これからどれほど変化しようとも，つねに歴史的であることに変わりはないだろう（NRH, 25=46頁）。

歴史主義はやがて自分も否定されるだろうという予想からみずからを除外することで首尾一貫性を欠き，包括的世界観であることはできないのである。
これに対して，「徹底した歴史主義（radical historicism）」は歴史の経験を引き継ぎながらも，歴史の経験を吟味することはない。歴史の経験は「思想の歴史の鳥瞰図（a bird's-eye view of the history of thought）」になるかもしれないが，その歴史が「必然的進歩（すなわち，過去の思想へ回帰することの不可能性）への信念と多様性ないし独自性（すなわち，あらゆる時代や文明の同等の権利）の至高の価値に対する信念」という疑問の余地ある2つの信念の結果に過ぎないのではないかと疑うことはしない（NRH, 22=42頁）。また「初期の（理論的）歴史主義」から「徹底した（『実存主義的』）歴史主義」への移行のなかでも，歴史の経験は批判的分析の洗礼を受けることはなかった（NRH, 32=56頁）。

「歴史の経験」（the "experience of history"）は真正の経験であって，経験についての一つの問題の多い解釈ではないことが，当然視されていた。現実に経験されたことは，それとは全く異なった，そしておそらく一層適切な解釈の余地を残しているのではないか，という問題は提起されなかった（NRH, 32=56頁）。

その意味では徹底した歴史主義は徹底していない。しかし，徹底した歴史主義はあらゆる認識や理解が成立する「一つの準拠体系」を想定している。その体系は運命によって押しつけられると同時にその運命を受け入れる「個人の選択」にかかっており，「中立」や「判断留保」を排除している点においては，徹底した歴史主義は徹底している（NRH, 26-27=48-49頁）。いずれにせよ，シュトラウスによれば「われわれは歴史の『発見』と称されるものが，実は，きわ

めて問題の多い諸前提（very questionable premises）を根拠としてのみ生起しうるような問題への，一つの作為的で当座しのぎの解決法ではなかったか，という問題を提起しなければならない」(NRH, 33=58頁)。

シュトラウスはローゼンツヴァイクのなかに歴史主義の影を見たように，彼は「徹底した（『実存主義的』）歴史主義」(NRH, 32=56頁) を，おそらくマルティン・ハイデガー（Martin Heidegger）のなかに認める。実存主義は「歴史の経験」を黙殺し，苦悩や不安といった「『実存』の経験 ("the experience of *Existenz*")」に向かっていく (IHE, 38=81頁)。こうして哲学の課題もまた「『実存』の分析」になる (IHE, 37=81頁)。「元来，哲学は永遠の秩序への人間的探究であった」(NRH, 34=59頁) とシュトラウスは書いている。しかし，歴史主義のなかに区別と変容が生じるなかで，哲学の課題や確実性の基準も変わってしまった。こうして歴史主義の系譜学は，最終的に哲学の可能性／不可能性の検証の試みとしてあらわれるのである。

## 3　歴史主義と非歴史主義的な「根本的問題」

第2節の最初でシュトラウスの方法論的態度の1つとして，「入り組んだ争点の全体」をどのように理解するかという問題があるのではないかと指摘したが，それは同時に「哲学‐史的研究」を通して「根本的問題」をどのように理解するかという方法論的態度と言い換えることができるはずである。シュトラウスは，「根本的問題」の存在を慎重に次のように書いている。

> 歴史は，歴史主義者の推論を正当化するどころか，むしろ次のことを証明するように思われる。すなわち，あらゆる人間思想，そして確実にあらゆる哲学思想は，同一の根本的テーマないし同一の根本的問題（the same fundamental themes or the same fundamental problems）にかかわっていること，したがって事実および原理についての人間の知識がどのように変化しようとも存続する枠組みが存在するということである (NRH, 23-24=44頁)。

ただ人間——近代人／現代人——は，根本的問題を簡単には理解できない状

況に陥っている。ドイツ時代のシュトラウスは、このような人間の苦境を有名なプラトンの洞窟の比喩で説明し、歴史あるいは「哲学の『歴史化』」(*PG*, 14) の必要性を説いている。シュトラウス研究において、よく言及される箇所であるが、ここでは 2 つ引用しておこう。

　われわれは今日、ソクラテスがかかわった幸福な無知の者たちよりもさらに深いところにある第二の洞窟にいる。それゆえ、われわれは何よりもまず、ソクラテスがわれわれを光のもとに導くことのできる洞窟に登り着くために、歴史〔学〕(die Historie) を必要としている。われわれはギリシア人たちが必要としなかった準備教育 (Propädeutik)、まさに読むことによる学び (das lesende Lernen) を必要としている (BJE, 439)。

　哲学の歴史だけが第二の「非自然的な」洞窟、われわれが伝統そのものによってというより、伝統に対する論駁の伝統によってそこへと陥った第二の「非自然的な」洞窟から、プラトンの比喩が叙述し、そして哲学することの根本的な意味がそこから明るみに出されうる最初の「自然的」洞窟への上昇を可能にする (*PG*, 14)。

　第 2 の洞窟とは「非自然的な」洞窟であり、別のテクストでは「歴史的困難」(GLG, 456) と言い換えられている。[15] シュトラウスによれば、「正義の問題のような根本的問題」、すなわち「あらゆる歴史的変化のなかにあって存続し、おのれの同一性を保持しているという見解」を、「歴史の経験」が疑わしいものにすることはない (NRH, 32=56-57頁)。しかし、歴史主義の洞窟に転落した人間は、そこから出るためにはまず、読むことを通して歴史を学ばねばならない。哲学の歴史の学びによって、人間は近代の諸前提を相対化し、「同一の根本的テーマないし同一の根本的問題」に向かうのである。
　また『自然権と歴史』からの引用にあるように、「根本的問題」、そしてその問題にかかわる「根本的選択肢」の理解は、第 2 の洞窟からの脱出とも密接に結びついているはずである。

これらの根本的問題を問題として把握することによって，人間精神はみずからを歴史的制約から解放する。哲学とは，われわれが無知であることの知である（Philosophy is knowledge that one does not know）という，根源的なソクラテス的意味での哲学を正当化するのに，これ以上何も必要ない。すなわちそれは，われわれが何を知らないかの知であり，根本的問題の自覚であるとともに，それらの解決に関して人間の思想と同じくらいの時代からある根本的選択肢（the fundamental alternatives）についての自覚なのである（*NRH*, 32=57頁）。

　人間はまず「根本的問題」を「読むことによる学び」，すなわち「哲学‐史研究」によって自覚しなければならない。確実な解決法ではなく問題が存在すること，言い換えれば問題としてつねに開かれ，永続し，同一性を保っている，そのような根本的問題が変転する歴史のなかにはあることを理解しなければならないのである。(16)

　人間は「根本的問題」を理解することはできるが，しかしその問題は未解決という意味では人間に知られていない問題である。その理解されているが未解決の「根本的問題の自覚」と「それらの解決に関して人間の思想と同じくらいの時代からある根本的選択肢についての自覚」——読書と歴史から学べるのは根本的解決法ではなく，「根本的問題」と「根本的選択肢」の存在である——をもってテクストを読むことこそ，第2の洞窟におけるソクラテス的な意味での哲学をあらわしているのではないか。

　またシュトラウスは，「哲学することは洞窟から太陽の光の方へと，すなわち真理の方へと上昇することを意味している」（*NRH*, 11=28頁）と書いている。第2の洞窟から這い上がり，第1の洞窟を立ち去ろうとするプロセス，すなわち到達ではなく持続的な上昇のプロセスが「根本的問題」と「根本的選択肢」を理解するプロセスである。そして，この上昇のプロセスのなかで，人間は，あえて言えば非歴史主義的な「根本的問題」と「根本的選択肢」を理解しなければならないのであり，先に引用したように「これらの根本的問題を問題として把握することによって，人間精神はみずからを歴史的制約から解放する」（*NRH*, 32=57頁）ことができるのである。

## 4　シュトラウスにおける〈歴史による歴史の克服〉？

　もしこれまでの解釈に妥当性があるならば，逆説的ではあるが，非歴史主義的な観点は歴史のなかで永続する「根本的問題」の理解によって開かれると言うことができる。

　「歴史主義の非歴史主義的理解（a nonhistoricist understanding of historicism），すなわち，歴史主義の健全性を当然視することなく歴史主義の起源の理解」を試みること，あるいは「われわれは，歴史の『発見』と称されるものが，実は，きわめて問題の多い諸前提（very questionable premises）を根拠としてのみ生起しうるような問題への，一つの作為的で当座しのぎの解決法ではなかったか」と問うこと（*NRH*, 33=57-58頁）――歴史研究を通して（再）理解された，このようなラディカルな問いと，このようなラディカルな問いに突き動かされ，みずからに課されていた近代の諸前提を問い直す歴史研究こそ，第2の洞窟から上昇するための「準備教育」であり，歴史主義の時代のなかで近代人／現代人が哲学を再開するための出発点である。

　このように考えると，シュトラウスによる「根本的問題」とのかかわり方――Idea の〈区別〉，〈前提〉の吟味，根本的問題の〈理解〉――は，1920年代の神学的反歴史主義者の終末論的で「純粋な現在」，歴史主義者の「経験」，そして徹底した歴史主義者の「実存」とも根本的に異なる方法論的態度であることがわかる。さらに踏み込んで言えば，トレルチは歴史主義の危機を前にして，「歴史によって歴史を克服する」(Geschichte durch Geschichte überwinden)[17]という有名なモットーを残しているが，「読むことによる学び」によって歴史のなかにある根本的問題を問題として把握した人間精神は，みずからを歴史的制約から解放できるとするシュトラウスの言辞もまた，シュトラウスにおける〈歴史による歴史の克服〉と考えることができるのではないか。そして，ここにシュトラウスがテクストの解釈方法や古典の教育にあれほどこだわった理由があるはずである。

　最後に，シュトラウスと深い親交があった2人の同時代人について付け加えておきたい。シュトラウスに影響を与えたと言われるゲルハルト・クリューガー

(Gerhard Krüger)には『カントの批判における哲学と道徳』という著書がある。そのなかで彼はまさにシュトラウスと一致するような問い，すなわち「歴史的に生きる人間たちのもとで，人間たちの歴史的なあり方にもかかわらず，哲学はいかにして可能であるか」[18]という哲学の再開にかかわる問いを発していた。

またシュトラウスはカール・レーヴィット（Karl Löwith）のニーチェ論を読んだのち，レーヴィットへの手紙のなかで「……ニーチェはみずからが古代を反復するという意図を裏切っていないかどうか，しかも〔裏切っているならば〕それは近代の諸前提に囚われていること（Befangenheit in den modernen Voraussetzungen）によるものか，あるいはむしろその諸前提に対する論争に囚われていることによるものかが問われなければなりません」（*GS 3*, 650. Leo Strauss an Karl Löwith, 23. 6. 1935）と書いている。これに対してレーヴィットは「もしあなたがニーチェあるいはある種のわれわれのような『近代人』が『近代の諸前提に囚われていること』を簡単に払いのけることができ，それゆえ——原理的に——古代としての古代（die *antike* Antike）を『反復』できると考えているならば，あなたは間違っています」（*GS 3*, 653. Karl Löwith an Leo Strauss, 13. 7. 1935）と返事をしている。

歴史主義，哲学の再開，近代の諸前提からの解放——どれも重大なテーマであり，シュトラウス，トレルチ，クリューガー，そしてレーヴィットの間でも微妙な問題意識の違いはあるが，それは彼らだけでなく当時の多くの思想家たちが共有していた時代の知的雰囲気だったと言えよう。そして，そうであるならば，みずからの足下すら覚束なくするヴァイマール・ドイツの歴史意識の影は『自然権と歴史』の第Ⅰ章をどこまでも暗く覆っていたのであり，そこでは哲学と近代の可能性が歴史研究を通してあらためて，そして真剣に問われていたのである。

　本研究はJSPS科研費26770036の助成を受けたものです。

注
（1）Troeltsch, Ernst, "Die Krisis des Historismus." in *Kritische Gesamtausgabe. Schriften zur Politik und Kulturphilosophie（1918-1923）*, Bd. 15, herausgege-

ben von Gangolf Hübinger in Zusammenarbeit mit Johannes Mikuteit, Walter de Gruyter, 2002, S. 437.
( 2 ) Graf, Friedrich Wilhelm, "Geschichte durch Übergeschichte überwinden. Antihistoristische Geschichte in der protestantischen Theologie der 1920er Jahre." in *Geschichtsdiskurs. Krisenbewußtsein, Katastrophenerfahrungen und Innovationen 1880-1945,* Band 4, Taschenbuch Verlag, 1997, S. 218.
( 3 ) Ibid.
( 4 ) Ibid.
( 5 ) Ibid., S. 223.
( 6 ) Graf, Friedrich Wilhelm, "Annihilatio historiae? Theologische Geschichtsdiskurse in der Weimarer Republik." *Jahrbuch des Historischen Kollegs,* 2004, S. 54.
( 7 ) Graf, "Geschichte durch Übergeschichte überwinden." S. 221.
( 8 ) Ibid., S. 223.
( 9 ) Graf, Friedrich Wilhelm, *Die Wiederkehr der Götter. Religion in der modernen Kultur,* Verlag C. H. Beck, 3. Auflage, 2004.
(10) Yerushalmi, Yosef Hayim, *Zakhor. Jewish History and Jewish Memory,* University of Washington Press, 1989, p. xxxiii.〔=ヨセフ・ハイーム・イェルシャルミ、木村光二訳『ユダヤ人の記憶　ユダヤ人の歴史』晶文社、1996年、17頁。〕
(11) ユダヤ学については以下の論文も参照されたい。Myers, David N., "The Ideology of Wissenschaft des Judentums." in *History of Jewish Philosophy,* edited by Daniel H. Frank and Oliver Leaman, Routledge, 1997.〔=デイビッド・N・マイアーズ、佐藤貴史訳「ユダヤ教学のイデオロギー」『北海学園大学人文学論集』第58号、2015年。〕
(12) Yerushalmi, *Zakhor,* p. 86.〔=同上訳書、139-140頁。〕
(13) Myers, David N., "*Glaube und Geshichte*: A Vexed Relationship in German-Jewish Culture." in *Modern Judaism and Historical Consciousness. Identities, Enciunters, Perspectives,* edited by Andreas Gotzmann and Christian Wiese, Brill, 2007, p. 69.
(14) 『スピノザの宗教批判』(1930)には Dem Gedächtnis Franz Rosenzweigs という献辞があるのに対して、『哲学と法』(1935)には Dem Andenken von Meyer Strauss という献辞が載せられている。Meyer Strauss(1835〜1920)はシュトラウスの祖父であり、彼はキルヒハインにおけるユダヤ人共同体の代表的人物であったと言う。Sheppard, Eugene R., *Leo Strauss and the Politics of Exile. The Making of a Political Philosopher,* Brandeis University Press, 2006, p. 12. このような献辞は、シュトラウスの思想、とくに彼の啓示理解の変化を示しているのだ

ろうか。

(15) 次のシュトラウスの言葉も参照されたい。「哲学が可能であるのは、歴史的に変化する地平ないし洞窟とは対比的な絶対的地平あるいは自然的地平が存在する場合に限られる」(*NRH*, 35=61頁)。

(16) 別のテクストでシュトラウスは次のようにも書いている。「哲学の歴史は、同一の根本的問題の永続性（the persistence of the same fundamental problems）を必然的に前提としている。哲学の歴史がありうるとしたら、このことが、そしてこのことのみが、認められねばならない超‐時間的真理なのである。他方で、歴史家が根本的な諸問題のなんらかの解決を受容するところから出発するなら、哲学の歴史は危機にさらされる」(OFKW, 228-229=243頁)。

(17) Troeltsch, Ernst, *Der Historismus und seine Probleme. Erstes Buch: Das logische Problem der Geschichtsphilosophie (1922)*, Kritische Gesamtausgabe, Band 16. 2, herausgegeben von Friedrich Wilhelm Graf in Zusammenarbeit mit Matthias Schloßberger, Walter de Gruyter, 2008, S. 1098. 〔＝エルンスト・トレルチ、近藤勝彦訳『トレルチ著作集6　歴史主義とその諸問題（下）』1988年、ヨルダン社、445頁。〕トレルチとシュトラウスの関係については以下の本も参照されたい。佐藤貴史『ドイツ・ユダヤ思想の光芒』岩波書店、2015年。

(18) Krüger, Gerhard, *Philosophie und Moral in der Kantischen Kritik*, 2. Auflage, J. C. B. Mohr, 1967, S. 1. 〔＝ゲルハルト・クリューガー、宮村悠介訳「カントの批判における哲学と道徳（一）」『世界の視点――知のトポス』Nr. 10, 145頁。〕シュトラウスはクリューガーについて『ホッブズの政治学』の「序文」でも、シュトラウスとクリューガーを結びつけたのは「神学への哲学的関心」であり、クリューガーのカント研究書の末尾は「なにゆえわたくしが『真の政治』に全力を傾注し、ホッブズ主義者としてホッブズについて書かなかったかの理由を説明している」と書いている（*HPW*, 8=xiv頁）。

# 第2章
# 歴史主義と「哲学的倫理」としての自然的正

西永　亮

## 1　「同盟者」としての歴史主義？

　現代の知的世界を支配する（根源的(ラディカル)）歴史主義が，実践的には僭主政治をもみずからの「運命」として歓迎し，理論的には「政治哲学」の消滅をもたらしているという観察のもとに，シュトラウスがそれを批判したことはよく知られている。しかし，彼が他ならぬ『自然的正と歴史』 Natural Right and History 第Ⅰ章のなかで，歴史主義をある意味において自らの「同盟者」として歓迎しているように見えることは，われわれに一定の衝撃を与えるであろう。ここでの同盟とは，独断主義との闘いにおけるそれである。

　歴史主義的立論はある程度賞賛に値し，そのことは過去における独断主義の優勢によって容易に釈明されうる。……第1級(ランク)の多くの思想家たちが全-包括的諸教説（doctrines）を提出してきたし，それらを彼らはすべての重要な点において最終的(ファイナル)なものと見なした――それらの諸教説は，不変に，根源的修正を必要とすることが判明してきた。われわれはそれゆえに，歴史主義を，独断主義に抗するわれわれの闘いにおける同盟者として歓迎するべきである (NRH, 21-22)。

　知恵の所有ではなくそれの探求としての「哲学」を強調するシュトラウスにとって独断主義が闘いの相手となる，ということは容易に理解されうる。それでは，その「同盟者」としての歴史主義に見出されるべき独断主義批判の内実はいかなるものであるのか？

## 2 歴史主義の「哲学的」基礎——哲学の独断性というイメージ

### (1) 近代的理性批判

　この問いは，歴史主義の「哲学的」基礎とシュトラウスが呼ぶものに関連する (cf. *NRH*, 10, 12, 19 ; cf. *WIPP*, 69)。自然的正の観念が歴史的に無限に多様に存在してきたことを理由に，歴史主義は自然的正の存在あるいは認識可能性を否定するが，そのような否定は彼にとって決して説得的でない。というのも，「正の諸観念（notions）の多様性の理解こそが，自然的正の探求の誘因そのものである」からである (*NRH*, 10 ; cf. *WIPP*, 62)。つまり，ここから自然的正をめぐる「哲学的」問いが始まるのである。したがって，歴史主義は歴史的証拠や事実によっては基礎づけられず，哲学の基礎を必要とする。そもそも，正の諸観念の多様性から自然的正の非存在を結論づけることは，それ自体が19世紀以降の歴史的現象である歴史主義に特有のものではなく，「政治哲学」そのものと同期的なものであり，ということはそれは政治哲学と同じく古くからあり，それをシュトラウスは「コンヴェンショナリズム」と呼ぶ。コンヴェンショナリズムと歴史主義との差異はまさに「哲学」にかかわる。前者は自然（ピュシス）とコンヴェンション（ノモス）の区別こそが「最も根本的な（most fundamental）」ものであることを認めており，この根本的区別を「哲学のイデア (the idea of philosophy)」と共有する。ここでの哲学とは，「洞窟から太陽の光への，すなわち真理への上昇」を意味する。これに対して歴史主義は，この哲学のイデアを否定し，すべての思想が歴史的であると主張する。ここにおいて哲学は，いかなる外部ももたない「洞窟」に本質的に属することになる (*NRH*, 10-12)。かくして，自然的正の諸教説はいずれも歴史的なものにすぎないという歴史主義的批判は，実際には「人間思想それ自体（human thought as such）」に対する，あるいは「哲学的および科学的な思想（philosophic and scientific thought）」に対する批判となる，とシュトラウスは主張する (*NRH*, 12, 20)。

　歴史主義の哲学的基礎は，シュトラウスによれば，ヒュームとカントに由来する「理性批判」の継続である。つまり歴史主義は，「人間としての人間に接近可能な明らかな（evident）諸原理」を認識しうる人間理性に限界を認めるの

である（NRH, 19-20）。それゆえに，その限界を理性によって明らかにしようとしても，その知的努力自体にも限界があるがゆえに，「人間思想の諸限界は本質的に知られえない（unknowable）」，したがって「運命」によって課せられる以外にない。「最終的なものである」あるいは「普遍的に妥当する」と主張するいかなる教説も，予見しえない仕方で，やがて他の教説によって乗り越えられてしまうだろう（NRH, 21）。

（2）ヘーゲルの哲学と歴史主義の区別

　このような歴史主義理解によってシュトラウスは，自然を基準とする哲学の独断性を強調しているように見える。しかし議論はここで終わらない。彼はヘーゲルの哲学と歴史主義とを区別することまでする。

　人間思想はすべて歴史的なものであり，その限界は理性的努力ではなく運命に依存する。このような洞察を歴史主義自身はいかに獲得することができたのか？　その洞察自体が運命によってもたらされたのだ，と（根源的）歴史主義は主張する。「運命への思想の本質的依存がいま理解され，そしてそれ以前の時代には理解されなかったのは，運命による。……運命のおかげで，それ〔歴史主義〕は運命への思想の根源的依存を理解するよう仕向けられた（it has been given to realize ……）」。それは運命の「ギフト」であり「啓示」である。したがって，運命がその後の時代にどう動くかについて，歴史主義は「無知（ignorant）」である。しかし，運命による啓示は「真理」であるので，歴史主義は歴史を超越することなくその真理を啓示された，ということになる。つまり，「歴史的過程」のなかに，すべての思想の根源的歴史性という真理が啓示される「特権的瞬間，絶対的瞬間」が存在するのである（NRH, 28）。

　この歴史における絶対的瞬間という想定は，歴史主義に先立ってヘーゲルが定式化したとシュトラウスは述べる。彼もまた，あらゆる哲学はその時代の精神の概念的表現であると主張した。しかし彼は，自分自身の時代において絶対的瞬間としての「歴史の終わり」が訪れ，したがって自分自身の哲学体系は「絶対的真理」であると主張した。ヘーゲルと歴史主義とのあいだの決定的な差異は，その絶対的瞬間が承認される仕方にある。

ヘーゲルにしたがえば，絶対的瞬間は，哲学すなわち知恵の探求が知恵へと変容される，つまり諸々の根本的謎が完全に解決される瞬間である。……歴史主義にしたがえば，絶対的瞬間は，諸々の根本的謎の解決不可能な性格が完全に明白になる，すなわち人間精神の根本的妄想（delution）が追い払われる瞬間でなければならない（*NRH*, 29）。

　シュトラウスによれば，ヘーゲルから区別されるものとしての歴史主義にとって，歴史の絶対的瞬間においては，謎の解決が完遂され知恵が所有されるのではなく，反対に，謎の解決不可能性が自覚されなければならない。謎をすべて解決することができるという妄想を追い払うことこそが，歴史主義的「理性批判」の内実である。かくして，人間理性の傲慢を戒める歴史主義は，たしかに独断主義との闘いの「同盟者」に見えてくる。

### （3）歴史主義的存在論

　哲学の「独断的」性格を確立しようとする試みのなかで「最も影響力のある」ものは，シュトラウスによれば，次のような――おそらくはハイデガーの――「存在」論である。その存在論によれば，「全体についての諸意見を全体の知（knowledge）によって置き換えようとする試み」としての「哲学」は，全体は「知られうる（knowable）」ことを前提する。ここにおいては，全体は「客体」となり，「存在（being）」と「客体」が同一化される。それは，主体にとっての客体にはなりえないあらゆるものの「独断的無視」にいたる。究極的に，全体は知られうるという前提は，「『存在すること（to be）』と『つねに存在すること（to be always）』との独断的同一化」に由来する。かくして，歴史主義的存在論はこう主張する。「哲学の基礎的前提の独断的性格は，歴史の発見すなわち人間的生の『歴史性』の発見によって啓示された（revealed）」（*NRH*, 30-31）。

　歴史主義が哲学の基礎的前提の独断性を見るのは，哲学が「存在」を認識主体によって認識されうる客体と独断的に同一視し，したがって主体によって決してマスターされえないものをすべて独断的に無視する事実においてである。それに対して，そのことを「歴史の発見」によって啓示された歴史主義的存在

論は，「存在」を，主体と客体の同一性には回収されえないこととして，つねに存在することではありえないこととして，理解しようとする。全体は予見されない仕方で変化する。したがって，「人間思想は予期されえない何かに本質的に依存する」(*NRH*, 31 ; cf. *RCPR*, 43)。

## 3　歴史主義の独断性とソクラテス的哲学
――正に関する経験の「十全な解釈」をめぐって

　しかしながら，シュトラウスにとって歴史主義はやはり「同盟者」にはなりえない。というのも，歴史主義それ自体が独断的性格を免れないからである。すでに触れたように，歴史主義は近代的「理性批判」の延長であるが，それは人間の知の限界を画定することによって，一定の限界内では「真正の知（genuine knowledge）は可能である」ことを認める。その際に歴史主義が依拠するのが，「歴史の経験」なのである (*NRH*, 20)。しかしながら，すべての思想は歴史的なものにすぎないという歴史主義的洞察それ自体は，歴史を超越して普遍的に妥当すると主張される。ここに歴史主義の「自己矛盾」あるいは「不条理」が存在する。ここから歴史主義は「根源的(ラディカル)」になり，歴史主義的テーゼの超‐歴史的性格を容認することを拒絶し，そこに残存する「理論〔観想〕的 (theoretical)」次元の余地を否定する (*NRH*, 25-26 ; cf. *WIPP*, 58-59)。このような根源的歴史主義が依拠するのは，その自己主張によれば，「運命」と「経験」である (*NRH*, 20, 21, 22, 26)。しかし，ここにおいてもシュトラウスは，歴史主義の独断性あるいは問いの停止を見出す。

　　「歴史の経験」は……ある自然的正（a natural right）は存在するという哲学的主張の底にあるような，正と誤（right and wrong）に関する単純な諸経験の明証性を，不鮮明にすることはあっても，消滅させることはできない。歴史主義は，これらの経験を無視するか歪めるのである。……初期の（理論〔観想〕的）歴史主義から根源的（「実存主義的」）それへの移行において，「歴史の経験」は決して批判的分析の下に提出されなかった。それは真正の経験であって，経験の問われうる（questionable）解釈ではない，ということが当

然視された。何が本当に経験されているのか（what is really experienced）は，まったく異なる，そしておそらくより十全な（more adequate）解釈を許さないかどうか，という問いは提起されなかった（NRH, 31-32）。

　歴史主義は，たとえ独断主義との闘いにおける同盟者に見えるとしても，しかし実際にはわれわれの時代に現われた偽装された独断主義なのではないか，とシュトラウスは疑う。なぜなら，そこには問いの停止が，すなわち思考の停止が見られるからである。それは結局のところ「信念」に依拠する。「歴史の経験」は，彼によれば「思想の歴史の鳥瞰（a bird's-eye view）」であり，それは「必然的進歩への（すなわち過去の思想への回帰の不可能性への）信念」と「多様性あるいは唯一性の（すなわちすべての時代あるいは文明の平等な正しさ〔the equal right〕の）至高の価値への信念」の影響下にある（NRH, 22）。根源的歴史主義はもはやこれらの信念を必要としないように見えるが，「しかしそれは，それが参照する『経験』がそれらの問われうる信念の結果でないかどうかを，決して検証しなかった」（NRH, 22）。「歴史の経験」は「正と誤」に関する「真正の経験」ではなく，その経験についての十全でない「解釈」なのではないか。つまり歴史の「発見」とは事実においては「発明」なのではないか。したがって歴史主義は問われうる「解決」を問うことなく，それを枕にしてまどろみに安らぎんでいないか（NRH, 33）。かくしてシュトラウスは，問いと思考を継続するべく，「正と誤」に関する「経験」について（根源的）歴史主義とは異なる「十全な」解釈の可能性を開く。自然的正の争点は開かれた問いのままである。

　シュトラウスによれば，歴史主義は，「実在（reality）」の「歴史的次元」の「神的聴き取り（divination）」あるいは「発見」によって，それ以前の思想に対する自己の優位性を主張する。それに対して彼は，「歴史意識」が出現する以前にあった解釈のほうがはるかに十全であったのではないかと問う（NRH, 33）。つまり，現代の常識あるいは先入見からの，われわれの「洞窟」である歴史意識からの解放が必要とされる。ここで重要になるのが「根本的諸問題」の存在である。それらへの「諸解決」は時代とともに変化し，あるいは否定されてきたとしても，それらの「問題」としての「同一性」はすべての歴史的変化を貫いて存続している，と彼は主張する。「これらの問題を問題として把握するこ

とにおいて，人間精神はそれ自身をその歴史的諸限界から自由化する（liberate）」(NRH, 32)。かくして，根源的（実存主義的）歴史主義の存在論が定着させた哲学の独断性という先入見に対抗して，「起原での，ソクラテス的な意味における哲学」が提唱される，否，再発見される。

> 哲学とは，自分は知らないということの知である；すなわち，それは，何を自分は知らないかの知であり，あるいは根本的諸問題の自覚（awareness）であり，そしてそれとともに，それらの解決に関する，人間思想と同期的である諸々の根本的選択肢の自覚である（NRH, 32)。

ここにおいて，自然的正の争点は，哲学の起原（古代哲学）をめぐる，あるいは哲学の「最もエレメント的な（elementary）諸前提」に関する2つの理解——歴史主義的（実存主義的）存在論による理解と，歴史意識によって汚染されない「偏りなき（unbiased）」理解——の対立となる。そして，後者こそシュトラウスの意図する「歴史的諸研究（historical studies）」に他ならない。それは，古代哲学を「それがそれ自身を理解したように精確に（exactly）」理解することである。正に関する経験の十全な解釈は，すなわち，歴史的に精確な理解を必要とする（NRH, 33; cf. WIPP, 66)。

## 4　「哲学的倫理」としての自然的正

シュトラウスが相手にする歴史主義は，「哲学的」基礎をもつだけでなく，「実践的主張」を展開した（NRH, 18)。つまり彼は，歴史主義を2段構えで扱う。

シュトラウスは歴史主義の生成を——「十全でない」理解に基づくと断りつつ（NRH, 13; cf. WIPP, 60)——説明する際に，「超越」，「啓示宗教」，「神学」，「形而上学」などに言及しながら，「政治哲学」の消滅の説明を示唆する。そのなかで彼は次のことを暗示しているように思われる。すなわち，歴史主義はたしかに哲学的基礎をもち，そしてそれに基づいて伝統的哲学を批判するのだが，そのこと自体が歴史主義の実践的傾向，あるいは理論と実践の総合への傾向，言い換えれば，最善の政治秩序は現実化可能でなければならないという前提の

上に成り立っている、と。事実こう主張されている。「歴史学派を導いた諸思想は，純粋に理論〔観想〕的な性格のものであることから遥かに遠く離れていた」（NRH, 13）。歴史主義が理論〔観想〕を抽象的・普遍的なものとして嫌う傾向にあったことはよく知られていようが，しかしシュトラウスの説明の眼目は，「政治哲学」が理論と実践の緊張を前提にすることを示す点にあると考えられる。
(14)

「歴史学派」がみずからの敵対者と見なしたフランス革命主義者たちは，「来世〔彼岸〕性（otherworldliness）」あるいは「超越」に抗議した。これは一般に世俗化とも表現されうる事態であろうが，しかしシュトラウスはここで「政治哲学」に言及する。

　超越は啓示宗教（revealed religion）の領分ではない。非常に重要な意味において，それは，自然的あるいは最善の政治秩序の探求としての政治哲学（political philosophy）の起原での意味のなかに含意されていた。プラトンとアリストテレスが理解したような最善の政体は，たいてい，何がいまここに現実に存在するのか（what is actual here and now）とは異なる，あるいはすべての現実の秩序を越える，そしてそう意図されている（NRH, 15）。

18世紀に理解された「進歩」のもとで，最善の政治秩序の超越は著しく変更されるにいたった。しかし革命思想には依然として，現実に存在する秩序を批判的に判断することを可能にする普遍的標準が残存しているとされた。これに対して最終的に歴史学派は，「現実のもの（the actual）」を超越しようとするすべての試みを否定する。したがって歴史主義は，フランス・ラディカリズムよりも極端な形態の「近代的現世〔此岸〕性（this-worldliness）」として叙述されうる。それは，人間を「『現世〔此岸〕』において絶対的に家に居る」ようにさせることを意図した。なぜなら，抽象的・普遍的原理はまさに抽象的・普遍的であるという理由で——その思想的方向性が保守的であるか革命的であるかにかかわらず——，「知恵ある行動（action）」や「真に人間的な生（life）」に「有害」であると信じられたからである（NRH, 15-16）。逆に言えば，ここにおいて人間の行動や生が標準となる。シュトラウスは歴史主義の「実践的主張」を

こう定式化する。「それ〔歴史主義〕は生に，過去の前歴史主義的思想がしてきたよりも善い，より堅固な導き（guidance）を供給することができる」（*NRH*, 18）。

しかしながら，シュトラウスによれば歴史主義はこの「約束」を果たすことができなかった。歴史主義の展開のなかで，「神学と形而上学（theology and metaphysics）」は実証科学によって克服されたと考えられ，歴史的研究は経験科学化した。ここにおいて歴史主義は「実証主義」の一形態となり，次の事実を不明瞭にした，とシュトラウスは指摘する。すなわち，「特殊的あるいは歴史的諸標準が権威的になりうるのは，個人を形づくってきた伝統や状況によって示唆される諸標準を受けいれる，あるいはそれらの諸標準にひざを屈する義務を，彼に課すような普遍的原理を基礎にしてのみである」という事実である（*NRH*, 16-17）。つまり，人間の行動や生は何らかの普遍的原理を，そしてそれを認識しようと努力する理論〔観想〕（ここでは「神学」と「形而上学」が言及されている）を前提する。しかし，経験科学的歴史研究にとって，歴史過程は「偶然」によって紡がれた「意味のない織物」でしかない。そこに残る行動基準は，「個人の自由な選択」のみを支えとする「純粋に主観的な」ものにすぎなくなる。ここにニヒリズムが訪れる（*NRH*, 18 ; cf. 3-6）。

かくしてシュトラウスは，歴史主義批判のなかで，生の導き，あるいはそれを可能にする個人の義務，言い換えれば倫理（ethics）・生き方（way of life）をめぐる，一方における神学および形而上学と，他方における歴史主義および実証主義との対立を指示する。そして彼の議論において，生の導きの問題は，歴史主義の「哲学的」要素にも関連づけられる。

すでに見たように，シュトラウスの理解する歴史主義は，哲学的基礎に基づいて，哲学を独断的なものとして否定し，そしてそのことによって自然的正の観念をも否定しようとする。次の箇所が決定的である。

もしも歴史主義的主張が何らかの堅固さをもつべきであるならば，それは歴史ではなく哲学に基礎づけられなければならない：すべての人間思想が究極的に依存するのは，気まぐれで暗い運命にであって，人間としての人間に接近可能な明らかな諸原理にではない，ということを証明するような哲学的分

析に。そうした哲学的分析の基層は，ある「理性批判」であり，それは理論〔観想〕的形而上学と哲学的倫理あるいは自然的正との不可能性（the impossibility of theoretical metaphysics and of philosophic ethics or natural right）を証明すると申し立てられている（NRH, 19）。

ここにおいてシュトラウスは，歴史主義の反哲学的な主張をいわば逆手にとりながら，自然的正（natural right）を哲学的倫理（philosophic ethics）と言い換え，そのことによって１つの生き方としての哲学と同一化する。そしてそれを（理論〔観想〕的）形而上学と同列に扱い，そのことによって第１に歴史主義および実証主義から，第２に神学から区別する。「自然的正」とは，正しい生き方の根本的選択肢としての，あるいは正しい生き方とは何であるかという根本的問題の自覚としての哲学に他ならない。

シュトラウスの意図する「歴史的諸研究」，言い換えれば哲学の基礎的前提の「偏りなき再考」が，何らかの哲学の伝統にしがみつくことでもなければ，単にアカデミックあるいは歴史的な事象でもないと言われるのは（cf. NRH, 31），この意味においてではないだろうか。

注
（１）Cf. Heinrich Meier, *Die Denkbewegung von Leo Strauss: Die Geschichte der Philosophie und die Intention des Philosophen*, J. B. Metzler, 1996, S. 20.〔＝ハインリッヒ・マイアー，石崎嘉彦・飯島昇藏・太田義器監訳『レオ・シュトラウスと神学‐政治問題』晃洋書房，2010年，84頁。〕
（２）ここにおいてシュトラウスは，運命と理性の対立に啓示と理性のそれを忍び込ませる。根源的歴史主義はある種の神学として理解される。
（３）もちろん，シュトラウスのヘーゲル理解それ自体が果たしてどこまで正しいかは，別の問題である。これとの関連において，彼の理解へのコジェーヴの影響はよく指摘されるが，しかし，少なくとも『自然的正と歴史』第Ⅰ章を読むかぎり，ハイデガー（さらにはニーチェ）の影響の可能性を考慮する必要もあるように思われる。いずれにせよ，シュトラウスによって，ヘーゲルが有能な著述家，善き著者として承認されているかどうか，したがって彼の諸著述の文芸的性格（literary character）が分析されているかどうかは明らかでなく，彼の哲学は体系（system）としてのみ扱われているように見える。ニーチェ（およびハイデガー）については，

いわゆるプラトン的高貴な嘘との関連において一定の判断が下されていることは周知の通りである（*NRH*, 26）（同じことの裏としての知的廉直との関連における判断に関しては，cf. *RCPR*, 25-26）。シュトラウスは，忘れられた著述の種類はいつ，誰によって忘れられたと考えているのか？

　ところで，シュトラウスが，戦勝国アメリカの社会科学を敗戦国ドイツの歴史主義的・相対主義的思想が征服したというとき（cf. *NRH*, 1-2），具体的に何を念頭においているのか，彼のテクストからはすぐには明らかにならない。彼のテクストの内的世界と，その背景をなすアメリカの「政治理論（political theory）」（社会学ではなく）のコンテクストとの接点を探る試みとして，cf. John G. Gunnell, *The Descent of Political Theory: The Genealogy of an American Vocation*, The University of Chicago Press, 1993.〔= J. G. ガネル，中谷義和訳『アメリカ政治理論の系譜』ミネルヴァ書房，2001年。〕ガネルは，アメリカ側での自発的摂取に加えて，シュトラウスを含む亡命学者たちによるアメリカへのドイツ的思想の持ち込みという要因をも指摘する（cf. *NRH*, 4, n. 2）。他方においてガネルが言及する，それとは逆の反相対主義的な背景，つまりハッチンズによるシカゴ大学のトミズム的改革との関連については，cf. Harald Bluhm, *Die Ordnung der Ordnung: Das politische Philosophieren von Leo Strauss*, 2., bearbeitete Auflage, Akademie Verlag, 2007, S. 200-210; Stephan Steiner, *Weimar in Amerika: Leo Strauss' Politische Philosophie*, Mohr Siebeck, 2013, S. 148-156.

　シュトラウスのその他のテクストにも目を向けるならば，アメリカにおいて彼の本を批評し，それについて彼が明示的に歴史主義との関連において反論した――つまり問答を行なった――政治思想史家に，たとえばフェーゲリンとセイバインがいる。Cf. *WIPP*, chap. IV and IX; *PAW*, 29; David Janssens, "Fishing for Philosophers: Strauss's 'Restatement' on the Art of Writing," in Rafael Major ed., *Leo Strauss's Defense of the Philosophic Life: Reading* What Is Political Philosophy?, The University of Chicago Press, 2013, pp. 173-174. ついでながら，ヴォーン，マキルウェイン，デューイ，パーソンズ，J. ワイルドへの参照，言及あるいは批評については，cf. *WIPP*, 72, 264-267, 271-272, 279-281; NIPP; *PAW*, 33; *NRH*, 56（NIPPの位置づけについては，cf. Rafael Major, "The Cambridge School and Leo Strauss: Texts and Context of American Political Science," in *Political Research Quarterly*, vol. 58, no. 3, 2005, p. 478）。やがて1955年にシュトラウスはこう主張するにいたる。「ド・トクヴィルとブライス卿は現代の社会科学を代表するものではない」（*RCPR*, 4）。Cf. Nasser Behnegar, *Leo Strauss, Max Weber, and the Scientific Study of Politics*, The University of Chicago Press, 2003, p. 18, n. 5.

（4）歴史主義の自己矛盾的特権性・絶対性の根拠としては，運命と経験の他に「実

在 (reality)」が主張される (*NRH*, 29)。
（5）この主張は，たとえば，彼のコリングウッド批判の要点の1つと明らかに呼応している。「すべての時代の平等 (equality) への信念は，進歩への信念のより精妙な形態にすぎない」(CPH, 574)。歴史主義は進歩への信念を攻撃したが結局はそれに基づいている，というシュトラウスの分析は「政治哲学と歴史」において展開されている (cf. *WIPP*, 66-68)。
（6）「歴史主義的哲学者は，以前の時代において示唆された答えのすべてを，彼がそれらを検討する前に除外する。彼は，過去の平均的哲学者に劣らず独断的であり，それよりはるかに独断的である」(*WIPP*, 71)。
（7）Meier, *Die Denkbewegung von Leo Strauss*, S. 20-22.〔邦訳，84-86頁。〕マイアーは，歴史意識という現代の最も影響力のある先入見が，シュトラウスにとって実際には「第2の洞窟」であったことを示す。これに先立つ同様の指摘として，cf. Nathan Tarcov, "Philosophy & History: Tradition and Interpretation in the Work of Leo Strauss," in *Polity*, vol. 16. no. 1, 1983, p. 27.
（8）すでに見たように，根源的・実存主義的歴史主義の存在論は「最も影響力がある」にすぎない，つまりそれは真理であるわけではない，とシュトラウスは注意深く表現する。
（9）Cf. Nathan Tarcov and Thomas L. Pangle, "Epilogue: Leo Strauss and the History of Political Philosophy," in Leo Strauss and Joseph Cropsey eds., *History of Political Philosophy*, 3rd edition, The University of Chicago Press, 1987, pp. 919-920.〔＝ネイサン・タルコフとトマス・パングル，飯島昇藏訳「レオ・シュトラウスと政治哲学の歴史」『思想』2013年6月号，41-42頁。〕Richard H. Kennington, "Strauss's *Natural Right and History*," in "THE THEOLOGICAL-POLITICAL PROBLEM," *Leo Strauss's Thought: Toward a Critical Engagement*, ed. by Alan Udoff, Lynne Rienner Publishers, 1991, p. 236.
（10）シュトラウスは懐疑主義と懐疑的であることを区別するかもしれない。「パスカルが反哲学的な意向をもって独断主義と懐疑主義 (scepticism) の双方の無力について言ったことが，哲学の唯一可能な正当化であり，それはそのようなものとして独断主義的でも懐疑主義的 (sceptic) でもなく，ましてや『決断主義的』でもなく，探究的 (zetetic)（すなわち用語の起原での意味において懐疑的 (skeptic)〔よく考える〕）である。哲学はそのようなものとして，諸問題の，すなわち，根本的および包括的諸問題の真正の自覚以外の何ものでもない」(*WIPP*, 115-116；cf. FP, 392-393)。
（11）「根源的歴史主義はわれわれに，自然的正のイデアそのものが，用語の完全かつ起原での意味における哲学の可能性を前提する，という事実の意味連関を理解するよう強制する。それはわれわれに同時に，その妥当性が哲学によって前提されてい

る最もエレメント的な諸前提の偏りなき再考（unbiased reconsideration）の必要を理解するよう強制する」（NRH, 31）。

(12)「……哲学的批判は，その批判の下に服させられる教説の十全な理解を前提する。十全な解釈は，ある哲学者の思想を，彼がそれを彼自身で理解したように精確に理解するような解釈である」（WIPP, 66）。進歩主義，歴史主義，歴史的精確さなどを含むシュトラウスの解釈の類型に関する問題提起としては，cf. 飯島昇藏「訳者あとがき」，レオ・シュトラウス，石崎嘉彦・飯島昇藏・小高康照・近藤和貴・佐々木潤訳『都市と人間』法政大学出版局，2015年，413頁以降。

なお本稿は，「政治哲学と歴史」，『自然的正と歴史』，「自然的正と歴史的アプローチ」のタイトルの表面的な——内容的には言うまでもなく——類似性に着目することによって，「政治哲学と歴史」を１つの導きに位置づける。

(13) その実践面は NRH, 13-18 において，理論面は NRH, 18ff において扱われているように思われる。「しかし，歴史主義の実践的主張の明白な失敗は……歴史主義に起因する理論〔観想〕的洞察と申し立てられるものの威厳を破壊しなかった」（NRH, 18）。

(14) このような視点から見るならば，第Ⅰ章が「哲学の政治化」への言及で終わることは必ずしも不自然ではないであろう（NRH, 34）。

(15) このような歴史主義理解は，彼のコジェーヴ理解およびハイデガー批判と見事に重なる。Cf. 西永亮「レオ・シュトラウスにとっての「クルト・リーツラー」という問題」，飯島昇藏・中金聡・太田義器編『「政治哲学」のために』行路社，2014年，342-344頁。

(16) ここでの議論は，言うまでもなく第Ⅱ章での議論を先取りしている。第Ⅱ章に，正しい生き方をめぐる理性と啓示の対立という根本的問題，言い換えれば「神学‐政治問題」を読みとる試みとして，cf. 西永「シュトラウスのM・ウェーバー論における「神学‐政治問題」——『自然的正と歴史』*Natural Right and History* 第Ⅱ章の再検討」西永亮編著『シュトラウス政治哲学に向かって』小樽商科大学出版会，2015年。

(17)「歴史主義はしかしながら，理論〔観想〕的形而上学と哲学的倫理あるいは自然的正との可能性の否定（the denial of the possibility of theoretical metaphysics and of philosophic ethics or natural right）にかかっている」（NRH, 29）。

# 第3章
## ウェーバーとシュトラウス
――「人間の理性では価値の葛藤を解決できない」というテーゼをめぐって――

野口雅弘

　　　　私はいま，とてもたくさん読んでいる。マックス・ウェーバーを。
　　　　Ich lese jetzt viel —— Max Weber.

## 1　ウェーバー研究者の困惑

　レオ・シュトラウスの『自然権と歴史』*NRH*の第Ⅱ章は，最も辛辣なマックス・ウェーバー批判の文章として一般に知られている。価値判断を放棄するウェーバー的な社会科学が価値相対主義，さらにはニヒリズムに通じていることを，シュトラウスは徹底的に暴き出している，というのがこのテクストの標準的な理解だろう。

　この文章はとても有名なので，上のような「結論」だけは，人文・社会科学系の多くの人に知られている。しかしながら，*NRH*は，ウェーバー研究者からは，ほとんど相手にされないできた。彼らがウェーバーの著作のなかから取り上げるのは，官僚制的な組織の「鉄の檻」，アジア社会論，理念型，レジティマシーの概念，法の形式合理化，カリスマ，仕事（Beruf）の思想，あるいは近代資本主義の〈精神〉などである。ところがシュトラウスはこうしたトピックにはあまり関心を示さない。彼はあくまで神学‐政治論的な問題関心に基づいて議論を展開しているように見える。たとえばヴォルフガング・モムゼンはフェーゲリンとシュトラウスを「カトリック原理主義的な批判」者としている。フェーゲリンはともかく，シュトラウスをカトリックの枠で理解するのはもちろん正しくない。しかしここで重要なのは，ウェーバー研究者からすれば，シュトラウスはそれほどまでに部外者として理解されているということであ

(4)
る。なぜそもそもシュトラウスの意味における「政治哲学」の土俵にのらなければならないのか。ウェーバーの研究者はこの疑問を前にして，それより先に進むことはまずない。

　また，シュトラウジアンもわざわざウェーバーに関心を向ける動機に乏しい。それならば，スピノザやプラトン，あるいはマイモニデスのテクストをていねいに読むほうがよいということになる。このため彼らのほうでも，この第Ⅱ章を真剣に検討することは少ない。ウェーバーが「20世紀最大の社会科学者」だとしても（*NRH*, 36=63頁），なぜわざわざ「社会科学者」の研究をしなければならないというのだろうか。

　ウェーバーはときにヨーロッパ「近代」を宿命的に描く。彼の著作が20世紀のある時点まで，日本の多くの社会科学者を惹きつけてきたのは，ここに理由があった。近代的な資本主義や自然科学的知，あるいは普遍的な人権などが西洋という特定の地域でのみ生み出されたとしても，それらがすべての文化圏の人間にとって普遍妥当的な意味をもつならば，非西洋に生まれた者もその論理を知る必要がある。これに対して近代以前への「回帰（return）」が可能と考える人たちからすると，こうした記述はあまりに「近代」に囚われているということになるだろう。『スピノザの宗教批判』の英語版に寄せた「序文」においてシュトラウスは，彼自身もかつては「回帰」がありえないという，この偏見に囚われていたとしている（*PSCR*, 31=397頁）。「宿命としての近代」という「偏見」からの解放は，ウェーバーの著作をめぐって行われてきた多くの議論からの決別を意味する。こうして誰もが「結論」だけは知っているのに，その中身はあまり検討されていないテクストとして，この第Ⅱ章は私たちの前に横たわっている。
(5)

　私はマックス・ウェーバーのテクストとその研究状況については一定の知識をもっている。しかし，レオ・シュトラウスについては多くを知らない。以下で書かせていただくのは，ウェーバーの政治理論を学ぶ者の視角から見て，シュトラウスによるウェーバーの読み方のどこが理解でき，どこを興味深いと思い，またどの点で困惑するのかについて記した読書ノートである。

## 2 ニヒリズムと価値の不可避的な抗争

　自然法／権が否定されるのは,「歴史」主義的な知が強い影響力をもつようになったことがある。その時代にはその時代の規範があるとすれば,時代を超越する「自然」的な正しさを論じることはできなくなる。『自然権と歴史』の第Ⅰ章では,まさにこの歴史主義が批判的に検討される。ただ,自然権が否定される根拠は歴史主義だけではない。「正や善に関する不変の原理といっても,相互に対立しあう多種多様な原理が存在していて,その中のいずれの原理も他の原理より優れていると証明されえない」という見解もまた,自然権への懐疑を生み出している (*NRH*, 36=63頁)。これこそマックス・ウェーバーの立場である,とシュトラウスは指摘する。『仕事としての学問』などで,ウェーバーは「神々の闘争」というメタファーを用いるが,シュトラウスが注目するのはまさにこれである(6)。

　一方における歴史主義的な多様性の賛美と,他方における価値の不可避的な抗争の認識は,多くの場合,連続的に理解される。実際,ウェーバー自身もみずからのことを「歴史学派の子」と称しており,両者を区別していない。ところがシュトラウスはこの2つを明確に区別し,ウェーバーは超歴史的な価値を認める点において歴史主義者ではないという。彼は歴史主義者だからではなく,ある特有の価値についての前提のために自然権を拒否するというわけである (*NRH*, 39=67頁)。

　いくつかのパースペクティヴがあれば,それらは当然,なんらかの形で対立するにきまっていると考えてしまいがちである。しかし,複数の価値があるということは,それらが衝突するということと同じではない。別の観点から「構築」された複数の言説がまったく行き違ってしまい,対話もできないことがある。対立ではなく,行き違いのほうが,私たちのポストモダン的な現実把握に近いとも言える。近年の歴史認識をめぐる議論を聞いていると,そうした行き違いを実感させられる。しかし,(諸価値の)対立と(言説間の)行き違いとは異なる。

　この点に関連してシュトラウスは,初期の著作で次のように書いている。

スピノザが達成しようとするような宗教批判，ラディカルな宗教批判，宗教の反駁は，信仰と不信仰が共通の基盤（Boden）をもつときにのみ可能である。そうでなければ，この批判は批判を受ける側の立場とつねに行き違いになる（RS, 214）。

「行き違う」ものの見方が並存して立ち上がるとき，一般的に言って，「自然」の観念は成り立ち難い。しかし，ウェーバーはこれとは別の前提によって「自然」権をしりぞけている，というのがシュトラウスの解釈である。

　周知のように，ウェーバーは『科学論』に収められている方法論的な論文で，「価値自由」について論じ，事実と価値の分離を要請している。この要請は「事実」に自己限定する実証主義の要請だと解されることが多い。しかしシュトラウスはこうした実証主義的な解釈をしりぞける。むしろウェーバーは諸価値の争いという前提とされる見解ゆえに，事実と価値の分離を要請したと解釈する（NRH, 41=69頁）。世界に1つの承認された価値の位階秩序があるならば，事実と価値は分裂しない。アリストテレスは経験的な観察を重視した哲学者であったが，彼はけっして事実と価値を分けようとしなかった。ある事実をめぐって複数の解釈があり，それらの争いを「事実をして語らしめる」という仕方で解決できないがゆえにこそ，事実と価値が分かたれるし，その分裂に注意深くなければならなくなる。シュトラウスによれば，これがウェーバーの理論的な基礎なのである。

　諸価値は複数的で，相互に抗争しており，理性においては調停できない。こうした「ウェーバーの命題（Weber's thesis）」（NRH, 42=70頁, 48=78頁, 62=95頁）に，シュトラウスは第Ⅱ章の議論の焦点を絞り込んでいく。そして最も有名な以下の一節が出てくる。

　このようなウェーバーの命題は必然的にニヒリズムに行きつくと私は主張する。すなわち，あらゆる選好は，それがいかに邪悪，狂気じみたものであっても，理性の法廷の前では，他のいかなる選好とも同等に正当なものだと判断されなければならないという見解に必然的に行きつく，と私は主張するのである（NRH, 42=70頁）。

## 第3章 ウェーバーとシュトラウス

　このテーゼはあまりにわかりやすく，そしてショッキングである。自然権の否定は「悲惨な結果」としてのナチズムを生んだ（NRH, 3=17頁）。このことを想起して始まる本書で，「ニヒリズム」という語が出てくれば，誰もがそれは強い批判の言葉であると理解するであろう。実際，二次文献においても，この一節はたいへんよく引用され，シュトラウスがウェーバーを批判しているという重要な証左とされてきた。

　しかしながら，この一文の意味は一見して理解されるほど平易ではない。「ニヒリズム」が「理性の法廷の前」では「いかなる選好も許される」という意味で使われているのならば，シュトラウスはこうした「ニヒリズム」を克服した地点に立っているのだろうか。あとで言及するように，理性と啓示の対抗を論じるとき，彼は少なくとも理性の名のもとで啓示を論駁できないことを認めてしまっているように見える。宗教や独断論に対抗しながら，シュトラウス自身もニーチェ的な「啓蒙」としての「ニヒリズム」を引き受けたうえで，思考している。

　たしかに，理性の法廷の前ではいかなる選好も同等だという立場は，シュトラウスによって「ニヒリズム」と連続的に論じられている。しかしこの立場に含まれるのはかなり多岐にわたる。「ウェーバーによれば，これは相異なる最高級の真正の宗教間の対立（たとえば，第二イザヤ，イエス，仏陀間の対立）がまさにそうであるように，人間の理性によっては解決できない真の争点なのである」とシュトラウスは書いている（NRH, 63=96頁）。理性の法廷の限界を主張する人のなかには，価値に無関心な実証主義者も含まれるかもしれない。しかしそれだけではなく，「最高ランク」の価値対立を深刻に受け止めるからこそ，理性の限界を自覚するという立場もこれに包摂される。この差異について，『政治哲学とは何か』では次のように述べられている。

　民主政は1つの価値であるが，それとは正反対の価値に比べて明らかに優れているわけではないと彼〔社会科学者〕が言うとき，彼は，彼が拒否する代替的な選択肢に感銘を受けていることや，彼の心や精神がそれ自体として等しく魅力的な諸々の代替的な選択肢の間で引き裂かれていることを意味しているのではない。彼の「倫理的中立性」は，ニヒリズムやニヒリズムへの道

であることからは程遠く，無思慮と通俗性（thoughtlessness and vulgarity）に対するアリバイ以上のものではない：民主政と真理が価値であると言うことで，彼は事実上，ひとはこれらの事柄が善である理由について考えなくてもよいということを，そして，彼は，他の皆と同様に，彼の社会によって採用され尊敬されている諸価値に頭を垂れるかもしれないということを言っているのである。社会科学の実証主義は，ニヒリズムよりもむしろ，順応主義と俗物主義（conformism and philistinism）を促進する（WIPP, 20=12頁）。

「ウェーバーの命題」は実証主義者の「無思慮／無思想性」へと落ちていく可能性を孕んではいるが，決してそれと同じではない。彼の「命題」は最高ランクの諸価値の対立を深刻に受け止めるという，1つの検討に価する立場である。それは歴史主義とも違い，相対主義的なニヒリズムとも異なる。このように理解すると，これにともなって以下の一節の読み方も変わってくる。

このことを一層はっきりと見きわめるためには，同時にまたウェーバーが彼の価値理論のニヒリスティックな帰結を自覚せずにおれた理由（conceal from himself the nihilistic consequence of his doctrine of values）を見きわめるためには，彼の思考過程を一歩一歩辿ってみなければならない（NHR, 42=71頁——英文の補足と傍点は野口による）。

もしウェーバーの政治思想的なレベルが低いために，彼が「自覚せず」にいたというのであれば，なにもそこまで執拗にウェーバーの議論を検討する必要はないだろう。このときシュトラウスがどれくらいドイツ語で思考していたかについて，私はわからない。ドイツ語のverbergen（覆蔵する）をconcealと英訳していたとすれば，真理を「アーレテイア」（隠されていないことUnverborgenheit）とするハイデガー的なニュアンスを読み込んでみたくもなる。いずれにしてもここでは「自覚」の問題ではなく，「隠されている」，「現われないようにされている」くらいの意味だろう。なんらかの精神的なトラブルのせいでサディスティックに「ウェーバーいじめ」をやっているのであれば，それにつきあう義理は私たち読者にはない。諸価値の多元性と抗争性が不可避であると

いうテーゼが「ニヒリズム」へとつながってゆく，そのゆるやかな放物線を思い描きながら，しかし「ニヒリズム」とレッテル貼りして済ますことなく，ウェーバーの「中心命題」を解き明かしていくこと，これがシュトラウスの関心だったはずである。

## 3　論証の欠如と「嘲り」

　諸価値は互いに争いあい，かつ人間の理性によっては調停できない。この命題はウェーバーによって「論証」されているのか，あるいは「特殊な道徳的選好」から要請されたにすぎないのか。シュトラウスによると，ウェーバーはこれを「論証」できていない。この肝心なところに関する議論に「30ページそこそこしか割いていない」とシュトラウスは冷ややかに述べる（*NRH*, 64=98頁）。結局のところ，この価値理論はウェーバーの「信念」にすぎないというわけである（*NRH*, 74=110頁）。

　彼は完全な精神的空虚か宗教の復活かという二者択一を，たえず心に描いていた。彼は近代の此岸的・無宗教的実験には絶望したが，それでもなお，彼の理解したかぎりでの科学を信じる（believe）ことは運命であるとして，それに執着しつづけた。彼がこのような葛藤を解決できなかった結果生じたのが，価値間の対立は人間理性によっては解決できないという彼の信念（belief）であった（*NRH*, 74=110頁）。

　「信念」にすぎないと言われると，理論的な根拠に乏しい思い込みを恥じなければならない気になる。そして実際，ウェーバーの『科学論』を思想のテクストとして読み解こうとすると，肝心なところに近づくほどに，「神々」や「デーモン」といった表現に出くわすことになるのも否定できない。

　しかし，忘れてはいけないのは，シュトラウスはニーチェによく通じた思想家であり，「22から30歳のあいだ，あまりにニーチェによって支配され，魅了されていたので，私がニーチェから理解できたことすべてを真に受けていた」と告白し，1971〜72年のセント・ジョンズ・カレッジ（アナポリス）での『善

悪の彼岸』をテーマにしたゼミなど，晩年にいたるまでニーチェを取り上げ続けたということである。彼はニーチェの遠近法主義を経由している。そうであるから彼はスピノザの宗教批判を論じるときでも，「あらゆる先入見からの解放」という啓蒙主義の前提を無条件で受け入れることはしない。むしろデカルトの啓蒙はいまひとつの先入見であり，新しい形而上学を打ち立てることではないかと疑っていく（RS, 233-234）。あるパースペクティヴへの批判が別のパースペクティヴの自己主張にすぎないとすれば，批判は意味を失い，ある信念といまひとつの信念の間の決着のつかない争い，ないし行き違いに落ち込んでいく。

　ニーチェとシュトラウスが「自然」を語るとき，それはこうした事態を踏まえたうえでの話である。だから単純に「信念」とは無縁の，客観主義的な立場から，「信念」に囚われたウェーバーを見下すということはありえない。シュトラウスにとってウェーバーは「ニーチェの影響を受けた最初の学者」である[13]。要するに，ウェーバーを取り上げて検討することで，彼はニーチェと格闘している。

　『スピノザの宗教批判』や『哲学と法』といった初期の著作では，理性の立場と啓示の立場の争いは実は相互に相手を反駁できておらず，結局は「嘲り(Spott)」になる，と彼は書いている。ウェーバーは自分の中心命題を論証できていないとするシュトラウスの反論は完膚なきまでの論破ではなく，むしろこうした意味における「嘲り」に近いのかもしれない（RS, 192；PG, 18）。

　ここでは，シュトラウスのこの論駁に関して，いくぶん違う角度からも検討を加えてみたい。シュトラウスはワイマール憲法体制成立直後に博士論文「フリードリヒ・ハインリヒ・ヤコービの哲学的教説における認識問題（Das Erkenntnisproblem in der philosophischen Lehre Friedrich Heinrich Jacobis）」を執筆した。この博士論文についてシュテファン・シュタイナーは次のように述べている。

　　ラディカルな対立のレトリックにしても，理性の非合理的な前提という理論にしても，シュトラウスが学んだのは，ヤコービがはじめてということではおそらくないだろう。どちらも，フリードリヒ・ニーチェの著作を通じて，第一次世界大戦の世代には一般的に知られていた[14]。

諸価値が対立し，理性によってはその対立を解決できないという価値理論を，『自然権と歴史』のシュトラウスはあたかもウェーバーの非合理な「信念」のように論じている。しかし，こうした価値理論はウェーバーに独自なものというよりは，かつてシュトラウス自身もそのなかにどっぷり浸かっていたワイマール文化の時代的な前提だった，と理解すべきである。シュトラウスはヤコービ研究というかたちでこの前提を検討した。そしてこの学位論文から30年後にウェーバー論というかたちをとってこの「信念」と対決する。ウェーバーとシュトラウスの関係はそれほど単純な二項対立ではない。

## 4　「理性と啓示」と神義論

　ウェーバーの（あるいは1920年代のシュトラウスの）価値理論について，最終的にシュトラウスは「より正確な言葉で述べてみるように試みなければならない」とし，「人間の導きか神の導きかという，この二者択一ほど根本的なもの（fundamental）はない」と述べる（*NRH*, 74=111頁）。そして次のように指摘する。

　ウェーバーをして，科学ないし哲学の理念そのものは致命的弱点を有している，と主張せしめたものは，啓示と語の十全な意味における哲学ないし科学との間の対立，そしてその対立の含意であった。彼は自立的洞察という大義に忠実でありつづけようと努めたが，しかし，科学や哲学によって忌み嫌われた知性の犠牲という事態が，科学や哲学の根底に存すると感じたとき，絶望したのである（*NRH*, 75-76=113頁）。

　レオ・シュトラウスの著作によく馴染んでいる読者であれば，いよいよ彼自身の「神学‐政治論」的な関心が前に出てきたということになるかもしれない。『スピノザの宗教批判』以来，シュトラウスの思考はつねにこの問題とかかわっている。しかし，ウェーバーのテクストを多少丁寧に読んできたが，シュトラウスについてあまり知らない読者からすると，これはかなり困惑させられる論の展開である。急に自分の話を押しつけてきたという印象をもたざるをえない。しかも言うだけ言って，この「深淵」からすぐに浮かび上がろうとさ

えする（*NRH*, 76=113頁）。ウェーバー自身のテクストを根拠にして，「理性と啓示」の問題を論じることは不可能ではない。しかし，この箇所については，やはりシュトラウスの問題関心の枠組みがウェーバー論に持ち込まれたと見るほうがフェアであろう。

では，ウェーバーの用語法にしたがいながら，シュトラウスの議論を捉え返そうとするとどうなるか。おそらく神義論（Theodizee）が注目されることになる。この世俗世界においては，善人がかならずしも幸せに暮らしているわけではなく，しばしば悪人が栄える。神の律法に忠実にしたがって生きているにもかかわらず，多大な苦難を経験しているように思える人びとがいることを，私たちは経験的に知っている。神（的なもの）の絶対的な善性と現世における災いの間の矛盾をいかに弁明するか，というのが，神義論（弁神論）の課題である。現実世界の理不尽さをあくまで知性主義的に考えていこうとする神義論は，人間の理性の徹底的な追求であると同時に，その限界を露呈させもする。

『ヨブ記』において示される問題を神義論として定式化して論じたのはライプニッツだった。そしてヴォルテールはこのライプニッツを風刺しながら『カンディード』のストーリーを展開する。ただ，彼らの場合にはあくまで一神教的な人格神が議論の前提とされていた。これに対してウェーバーは議論の射程を拡大する。論理的に首尾一貫して展開された神義論として，ウェーバーはインドの業（カルマ）の教説，ゾロアスター教的な善悪二元論，そしてカルヴィニズムの予定説を挙げている。(16) これによって神義論の地平は「世界宗教」にまで拡大する。

シュトラウスがウェーバーのこうした議論を知らなかったはずはない。しかし，「理性と啓示」という図式で彼が語るのはあくまで一神教的な伝統をもつ宗教であり，仏教や儒教など，アジアの諸宗教は考察の射程から外される。レッシングの『賢人ナータン』に出てくる宗教は，キリスト教，ユダヤ教，イスラム教である。この「三大宗教」からよりグローバルな視野での「世界宗教」が構築されていくなかで，ウェーバーの研究プロジェクト「世界宗教の経済倫理」も出てくる。キリスト教を中心としたヨーロッパが相対化され，宗教もいっそう多元主義的に理解されるようになる。もちろんウェーバーによる「世界宗教」の構築にともなう権力性は，当時よりも今日においてより深刻に受け止

められている。多元的な比較の体裁のもとで，さまざまな排除や捏造が行われていることは否定できない[17]。しかし彼の議論を参照することができたからこそ，東アジアの研究者はヨーロッパの宗教的・知的伝統を受容しつつ，相対化しながら，みずからを語る可能性を探ることができた。別の言い方をすれば，シュトラウスは西欧政治思想史研究の射程を中世のユダヤ教の思想家やイスラム教の思想家にまで拡大したが，彼の「神学‐政治論」では論じられることがない外部を多くとり残すことになった。この点においてシュトラウスは，ナチス政権の成立によって亡命を余儀なくされ，日本にも滞在したカール・レーヴィットとは異なる。彼の「ストア主義」には東洋思想の影響が色濃く出ている。また，ドイツにとどまったが，マックス・ウェーバーを引き継いで儒教や仏教にも言及しつづけ，「軸の時代」という概念を提起したカール・ヤスパースとも，シュトラウスは区別される。グローバルな宗教の多様性を包摂するという観点からするならば，シュトラウスは同時代の彼らに比べても後退している。

　もちろんこの1点だけでシュトラウスを否定するとすれば，それはお門ちがいというものだろう。しかし，日本でウェーバーを研究している者の視角からすると，この点は決して微細なことではない。「三大宗教」以外の知的風土における近代化を論じるツールを提供したことが，非西欧圏，とりわけ日本においてウェーバーが精力的に受容された理由の1つだからである[18]。「人間の理性では価値の葛藤を解決できない」というテーゼがなぜ西洋において（のみ）深刻に問われ，東アジアでは顕在化しないできたのか。ウェーバーの比較宗教社会学はこうした問いへの応答でもある。そして実際，丸山眞男をはじめとする政治学者も，こうしたウェーバーの宗教社会学から多くを学んできた[19]。

## 5　エソテリシズムと責任倫理

　シュトラウスのエソテリシズム（秘教）についての議論を図式的にまとめれば，次のようになるだろう。彼の意味での「哲学」は少数のエリートにとってはよいものだが，それが大衆の前で語られると危険である。哲学者は真理をすべての人に同じように伝えてはならない。多くの人はそれに耐えられず，それから逃れようとするか，その不安につけこむデマゴーグの台頭をゆるすことに

なる。したがって哲学者はわかる人，あるいはわかるべき人にだけわかるように語り方を工夫しなければならず，またそうしてきた。こうすることによってはじめて「哲学」を許容する政治レジームを維持することができる。別の言い方をすれば，政治レジームを維持するためには，エリートによる「高貴な嘘」が必要とされる。[20]

こうした立場からウェーバーの議論を見返すならば，それはあまりに政治的な配慮を欠いた政治理論ということになるだろう。ウェーバーはニーチェを引き継ぎながら，正しくも世界の遠近法性を彼の認識の「客観性」に導入した。諸価値は互いに争いあって，理性によっては調停できないというウェーバーの「中心命題」は，まさにこれを表現している。だからシュトラウス自身もこの価値理論からあまり離れたところにいるわけではない。ただ，シュトラウスにとって問題なのは，こうした「真理」が政治的にあまりに危険だ，ということである。実際，ウェーバー以降の文化状況はアナーキーへと向かい，豊穣なワイマール文化を生み出したが，同時に議会政治の空転とファシズムの台頭も招いた。若きニーチェアンとして出発し，ワイマールの危機を経験してアメリカへ亡命したシュトラウスは，身をもってこの危険を経験した。このためウェーバーの理論が「偏狭な強情さ」を助長しかねず，また「過激主義」も容認しかねないことを看過するわけにはいかない（NRH, 67=102頁）。こうして彼はウェーバーの「知的誠実」と批判的に対峙し，自身の「政治哲学」を展開する。

ウェーバーの研究者はシュトラウスのエリート主義を嫌う。シュトラウスの影響を受けた，いわゆる「ネオコン」が主導したイラク戦争で，イラク国内にあるとされた大量破壊兵器が結局見つからなかったことは，こうした嫌悪を正当化することになった。シュトラウスに影響を受けた者が「高貴な嘘」を言うとき，これによって自由で批判的な議論の可能性が閉ざされ，そうして独善的な権力行使が正当化されることにもなりかねない。ウェーバー的な価値葛藤を基礎にしたリベラリストにとっては，最も許しがたい事態である。

しかしながら，「神々の闘争」に永遠に耐え続け，なおかつ一定の政治秩序を維持することができるのかと問われれば，答えに窮する。「闘争」を中心に据えるウェーバーの政治理論はある種の「永久革命」の論理にはなりえても，秩序形成や秩序の安定については多くを語っていない。「多事争論」というモ

デレートな多元性に収まっていればよいが，事態が極端な分極化へと進まないとは言い切れない。この意味で，ウェーバーはやはりワイマール共和国以前の思想家であると言えるかもしれない。少なくとも，その崩壊を経験したシュトラウスはウェーバーのようには考えない。そしてこの点において，リベラリズムを批判したカール・シュミットも同じである。ベルリン時代のシュトラウスがロックフェラー財団の奨学金の推薦書を求めて，シュミット宅を訪問したのも十分に理解できる。

　戦後日本の社会科学者がウェーバーを参照しながら，自らの議論を鍛え上げることができたのは，彼らの「敵」が「封建遺制」の桎梏だったことが大きい。この「敵」に対しては「脱魔術化」という多義的な用語を「当為」として理解し，用いることができた。しかし，シュトラウスがワイマール期に生きた現実では，もはや壊すべき伝統は擦り切れてしまっている。この結果として「理性が自己崩壊」し始める。

　　われわれが言いつけをよく聞く素直な聴衆以上であろうとしながら，すなわち判定者であろうとしながら，それでいて判定者であるという資格がないという必然性によって生み出されるわれわれの恐るべき状況に，われわれは立ち向かわなければならない。私が見るところ，このような状況の原因は，われわれが信頼することのできた，単純に権威的でしかなかったすべての伝統を，すなわちわれわれに権威的な仕方で行為の指針を与えていたノモスを，われわれが失ってしまったことにある。なぜなら，われわれの直接の教師たち，それに教師の教師たちは，端的に合理的な社会の可能性を信じたからである。[21]

　理性を拒否して，伝統が墨守されるところでは，「脱魔術化」が必要だろう。しかし，そうした伝統がおおかた破壊されたところでは，別の困難が出てくる。「敵」を失った理性は空転し始める。もちろん，ウェーバーとヒトラーは違うし，たまたまヒトラーと同じことを言っていたからといって，すぐにその内容が否定されるわけではない（*NRH*, 42=71頁）。しかしそれでも，シュトラウスからすれば，ウェーバーの政治理論は「政治哲学」的に欠損を抱えているとい

うことになる。「知的誠実」によって「神々の闘争」という価値葛藤の時代を引き受け，そうであるからきわめて控えめに「理性」を語ったウェーバーではワイマールを切り抜けることはできなかった。シュトラウスも含めて，ワイマールを経験した保守派にとって，このことの意味は大きい。

　しかし，ウェーバーとシュトラウスの距離はあまりに離れているようではあるが，両者にはそれでも交わるところがある。その接点が，ドストエフスキーの『カラマーゾフの兄弟』の「大審問官」である。エソテリシズムや「高貴な嘘」を持ち出して，「哲学」の危険性を慎重に扱おうとするシュトラウスのエリート主義は，大審問官を思い出させる。(22)イエス・キリストによってもたらされた自由は大多数の人びとには重荷でしかない。地上に再来したキリストに向かって，大審問官はこう言い放つ。

　　人間にとって，良心の自由にまさる魅惑的なものはないが，しかしこれほど苦しいものもまたない。ところがお前は，人間の良心に永遠に安らぎをもたらす確固とした基盤を与えるどころか，人間の手にはとうてい負えない異常なもの，怪しげなもの，あいまいなものばかりを選んで分けあたえた。だから，おまえのやったことは，まるきり人間を愛していないかのような行為になってしまった。(23)

　大審問官はこうした真理の重荷を一身に背負いこむ。信仰の純度を下げ，社会秩序を保ち，人びとにパンを与える役回りに彼は徹しようとする。そしてウェーバーはここに責任倫理の1つのモデルを見る。「信条（Gesinnung）」の純粋性が政治秩序を混乱ないし崩壊させるとき，そうした「結果」を回避することは「信条」よりも優先されなければならない。シュトラウスとウェーバーの用語法は大きく異なるが，この点において彼らの見方に大きな違いはない。

　ただ，この大審問官への視線についても，ウェーバーとシュトラウスではズレがある。ウェーバーにおいては，責任倫理と信条倫理はつねに対抗関係におかれている。もちろんすでに述べたように，予想される悪しき「結果」を見ようとしない信条倫理的な行為者に対しては責任倫理が突きつけられる。しかし，現実的に考えたら「こうするしかない」と断言する責任倫理を唱える行為者が

## 第3章　ウェーバーとシュトラウス

その「現実主義」の陥穽に気づくのは信条倫理による鋭角からの批判にさらされることによってである。信条倫理によって心を揺さぶられない責任倫理家は独善化しやすい。あくまでも諸価値の葛藤を基礎とするウェーバーにとっては，責任倫理／信条倫理の捉え方はこうした抗争関係ということになる。

みなさんのなかでドストエフスキーを読んだことがある人はいるでしょうか。読んだ人なら，誰でも〔『カラマーゾフの兄弟』の〕大審問官のシーンを思い出すでしょう。この問題が適切に整理されて論じられているシーンです。信条倫理と責任倫理を両立させることはできません。また，たとえこの原理になんらかの譲歩をしたとしても，いかなる目的がいかなる手段を神聖化すべきかについて，倫理的な指示を与えることもできません。[24]

ウェーバーは責任倫理か信条倫理かのどちらかの立場にたって議論を展開しているわけではない。彼がやろうとしているのは，あくまで両倫理のジレンマをできるだけ明晰に示し，読者に対してそれを突きつけることである。[25]『カラマーゾフの兄弟』を読んで，読者が「大審問官」の物語を語る無神論者の次男イワンに惹きつけられると同時に，その物語を聞かされる三男アリョーシャの「けがれない魂」にも感情移入するように，ウェーバーの読者は概念化されたジレンマの前で悶絶することになる。

これに対してシュトラウスのエソテリシズムには，こうした「悲劇」性は弱い。彼においては，少数の哲学者の自由と政治社会の維持に対する彼らの責任という視点が明確で，その点において迷いやブレはあまりない。ウェーバーは大審問官をよく理解したが，彼自身はそれと自己同一化しない。これに対してシュトラウスは自身が大審問官の役を担っているということかもしれない。

『自然権と歴史』でシュトラウスが指摘しているように，ウェーバーに「深み（depth）」があるとすれば，それは「悲劇」性ゆえであり，彼の著作からこの契機が消えれば「深み」も当然失われる（*NRH*, 66=100頁）。こうした実存主義的な「深み」はウェーバーという人とその時代を特徴づけているし，ヤスパースなどを惹きつけるのもこの点にあるだろう。しかし，そうしたジレンマの「深み」に惑溺することは，おそらくシュトラウスの趣味ではない。

## 6　ウェーバリアンとしてのシュトラウス？

　政治思想史の領域でマックス・ウェーバーを研究している者にとって，『自然権と歴史』は実に厄介な著作である。ドイツにおける「実践哲学の復権」を牽引したフライブルクの政治学者ヴィルヘルム・ヘニスは，晩年になってマックス・ウェーバーの政治思想研究に取り組んだ。彼が晩年になるまでそれをしなかったのは，レオ・シュトラウスのせいだと述べている。『自然権と歴史』がウェーバーを「アリストテレスからルソーに至る政治理論の古典的な問題設定」から除外するように誘導してきたというのである。[26]

　ヘニスにとって NRH は，ウェーバーを社会科学の陣営へと押し込み，彼の著作と政治思想研究を分断する書物だった。たしかに NRH の第Ⅱ章が，行動科学的な政治学の隆盛のなかで，それにつながる価値自由的な社会科学の祖を叩き，規範的な「政治哲学」を復権するという意味をもっていたことはたしかであろう。このため，ウェーバー対シュトラウスという二項対立図式で考えたくもなる。しかし，いくつかの論点をいくぶん丁寧にたどってみると，思っていた以上に，両者の議論が重なっていることに気づく。諸価値の葛藤を不可避とする「ウェーバーの命題」は，シュトラウスのニーチェ理解とも連なり，またシュトラウス自身の立場とも無関係とは言えない。理性と啓示，エルサレムとアテネ，プラトンとアリストファネス，古代人と近代人，そして自然権と歴史など，シュトラウスは飽くことなく決着のつかない対立を問題にし続けた思想史家だった。そして「理性と啓示」の対立を考えるシュトラウスの「神学‐政治論」はウェーバーの「宗教社会学」の問題意識と接続している。またシュトラウスにおける書き方の技法としてのエソテリシズムと「政治哲学」の構想は，ドストエフスキーの「大審問官」を想起させ，これは当然のことながらウェーバーの「責任倫理」ともつながってくる。

　もちろんこれまで指摘してきたように，両者の違いは決して小さくない。特に日本でウェーバーの政治理論を研究している私にとって，レオ・シュトラウスの政治哲学への違和感はとても大きいということを，ここでもういちど明言しておきたい。しかしそれでも，以上を踏まえて本章が最後に強調したいのは，

ウェーバーに対するシュトラウスの「近さ」である。NRH の第Ⅱ章は，ウェーバー的な社会科学を批判する文章というよりは，むしろ行動科学的な政治学の展開が忘却してきた，ウェーバーの価値理論的な立場（「ウェーバーの中心命題」）をそれ自体として復元しようとする考古学的な作業の記録だったのではないか。その立場への一定のコミットメントなくして，こうした作業が行われることはない。シュトラウスのテクストはウェーバー批判というよりも，卓越したウェーバー受容の一例として読まれ，検討されるべきである。

注
（1）1935年1月8日付け，ヤーコブ・クラインへの書簡（GS 3, 536）。
（2）*Natural Right and History* というタイトルの Natural Right を「自然権」と訳すことについては，本書の執筆者のなかでも論争がある。この一因は，right の訳語として定着している「権利」という語の不適切さにあると考えられる。福沢諭吉のように「権理」や「通義」という訳語を用いていれば，ある程度は混乱を回避できたかもしれない。柳父章「権利──権利の『権』，権力の『権』」『翻訳語成立事情』岩波新書，1982年，149-172頁を参照。
（3）Mommsen, Wolfgang J., *Max Weber und die deutsche Politik 1890-1920*, 2. Aufl., Tübingen: J. C. B. Mohr, 1974, p. 455.〔＝ヴォルフガング・モムゼン，安世舟・五十嵐一郎・田中浩・小林純・牧野雅彦訳『マックス・ヴェーバーとドイツ政治1890～1920』Ⅱ，未來社，1994年，756頁。〕
（4）このことは，シュトラウスがウェーバーのテクストに通じていないということではない。NRH の第Ⅱ章につけられた註をたどっていけば，彼がどれほど深くウェーバーを読んでいるのかがわかる。そして冒頭に引用したヤーコブ・クラインへの書簡の一節も，このことを裏づけている。1935年，ロンドンでホッブズ研究に精力的に取り組むなかで，シュトラウスはウェーバーに沈潜していた。
（5）Eden, Robert, "Why wasn't Weber a Nihilist?" in Kenneth L. Deutsch/Walter Soffer（ed.）, *The Crisis of Liberal Democracy: A Straussian Perspective*, New York: State University of New York Press, 1987, p. 212.
（6）1932年に執筆された論考「現代の精神的状況」から始まって，シュトラウスがウェーバーの思想の中心に見いだすのはいつも「価値の多神論」である（GS 2, 447）。
（7）Weber, Max, *Wissenschaft als Beruf 1917/1919-Politik als Beruf 1919*, Tübingen: J. C. B. Mohr (Paul Siebeck), 1992, p. 97（以下，MWG I/17）.〔＝マックス・ウェーバー，野口雅弘訳『仕事としての学問　仕事としての政治』講談社学

術文庫，2018年，60頁。〕
(8) こうした解釈を前提にして，ウェーバーは実証主義の理論家ではなく，価値に関する抗争的な多元主義の理論家として読まれる可能性が出てくる。Cf. Noguchi, Masahiro, *Kampf und Kultur: Max Webers Theorie der Politik aus der Sicht seiner Kultursoziologie,* Berlin: Duncker & Humblot, 2005.〔＝野口雅弘『闘争と文化──マックス・ウェーバーの文化社会学と政治理論』みすず書房，2006年。〕
(9) ウェーバー研究において「ウェーバー・テーゼ」という表現が用いられるとき，通常それはプロテスタンティズムの倫理と資本主義の精神の親和性についての，周知のテーゼを指す。これに対してシュトラウスにおけるそれは，諸価値の葛藤が理性によっては解決できないという命題のことである。
(10)『自然権と歴史』の第Ⅱ章は，もともと雑誌 *Measure* に掲載された論文である。この原論文には註がつけられていないなど，『自然権と歴史』とはいくぶん違うところがある。そして該当の箇所については，原論文で must だったものが has to に変えられているのと同時に，「, or」の「,」が省略されて，ただの「or」になっている (Strauss, Leo, "The Social Science of Max Weber," in *Measure,* Vol. 2, No. 2, Spring 1951, p.206)。「, or」であれば，日本語の訳者がそうしているように「すなわち」と訳すべきだが，「or」であれば質的なズレを含んだ二項の並列という可能性が強くなる。しかしシュトラウスの文体を調べると，A or B はしばしば「ないし」あるいは「や」くらいの意味で用いられているので，「あれか，これか」という二項対立を読み込むことは難しいかもしれない。
(11) シュトラウスは実証主義的な「新しい政治学」を論じるとき，それとウェーバーの立場との区別をつねに付言している。たとえば以下を参照。Strauss, Leo, "Epilogue," in *Liberalism Ancient and Modern,* Cornell University Press, 1968, p. 221-222.〔＝石崎嘉彦ほか訳『リベラリズム　古代と近代』ナカニシヤ出版，2006年，340-341頁。〕
(12) 1935年6月23日付け，カール・レーヴィットへの書簡 (*GS 3*, 648)。シュトラウスは1921年にカッシーラーのもとで博士論文を書き，1922年に初めてハイデガーの講義を聞いた。ここで22歳というのは，この時期である。ハイデガーと比べると，ウェーバーは「孤児」のように見えた，とシュトラウスがフランツ・ローゼンツヴァイクに言うのもこのころのことである (*RCPR*, 28=71頁)。
(13) Strauss, Leo, "Comment," in *Church History,* Vol. 30, No. 1, March 1961, p. 101.
(14) Steiner, Stephan, *Weimar in Amerika. Leo Strauss' Politische Philosophie,* Tübingen: Mohr Siebeck, 2013, p. 23.
(15) 西永亮「シュトラウスのM・ウェーバー論における「神学‐政治問題」──『自然的正と歴史』Natural Right and History 第Ⅱ章の再検討」『シュトラウス政

治哲学に向かって』小樽商科大学出版会, 2015年, 41-65頁を参照。
(16) Weber, Max, *Die Wirtschaftsethik der Weltreligionen. Konfuzianismus und Taoismus. Schriften 1915-1920*(＝MWG I/19), Tübingen: Mohr Siebeck, 1989, p. 95.〔＝マックス・ヴェーバー, 大塚久雄・生松敬三訳『宗教社会学論選』みすず書房, 1972年, 48-49頁。〕
(17) Cf. Masuzawa, Tomoko, *The Invention of World Religions, or, How European Universalism was Preserved in the Language of Pluralism*, Chicago: The University of Chicago Press, 2005.〔＝増澤知子・秋山淑子・中村圭志訳『世界宗教の発明——ヨーロッパ普遍主義と多元主義の言説』みすず書房, 2015年。〕
(18) 日本におけるウェーバー受容については, 以下を参照。Schwentker, Wolfgang, *Max Weber in Japan: Eine Untersuchung zur Wirkungsgeschichte 1905-1995*, Tübingen: J. C. B. Mohr (Paul Siebeck), 1998.〔＝ヴォルフガング・シュヴェントカー, 野口雅弘・鈴木直・細井保・木村裕之訳『マックス・ウェーバーの日本——受容史の研究1905-1995』みすず書房, 2013年。〕
(19) 野口雅弘「1964年の丸山眞男とマックス・ウェーバー研究——「複数の近代」multiple modernities をめぐって」, 中野敏男編『マックス・ヴェーバー研究の現在——資本主義・民主主義・福祉国家の変容の中で』創文社, 2016年, 353-365頁を参照。
(20) 飯島昇藏「レオ・シュトラウス——テクスト解釈の課題と方法」『政治思想史の方法』早稲田大学出版部, 1990年, 45-83頁を参照。
(21) Strauss, Leo, "What Is Liberal Education ?," in *Liberalism Ancient and Modern*, p. 8.〔＝石崎嘉彦ほか訳『リベラリズム 古代と近代』ナカニシヤ出版, 2006年, 11-12頁。〕
(22) Drury, Shadia, *Leo Strauss and the American Right*, New York: St. Martin's Press, 1997, p. 64.
(23) ドストエフスキー, 亀山郁夫訳『カラマーゾフの兄弟』2, 光文社古典新訳文庫, 2006年, 273頁。
(24) MWG I/17, p. 240.〔＝マックス・ウェーバー『仕事としての学問 仕事としての政治』199-200頁。〕
(25) 野口雅弘『比較のエートス——冷戦の終焉以後のマックス・ウェーバー』法政大学出版局, 2011年を参照。
(26) Hennis, Wilhelm, *Max Webers Fragestellung. Studien zur Biographie des Werkes*, Tübingen: J. C. B. Mohr, 1987, p. 37.〔＝ヴィルヘルム・ヘニス, 雀部幸隆・嘉目克彦ほか訳『マックス・ヴェーバーの問題設定』恒星社厚生閣, 1991年, 62頁。〕

# 第4章
# 歴史的研究の方法をめぐる
# シュトラウスのウェーバー批判

西永　亮

## 1　「価値相対主義」批判から「歴史的研究」の方法論へ

『自然的正と歴史』 *Natural Right and History* 第Ⅱ章は，きわめて大雑把に見るならば，2つの部分によって構成されているように思われる。分岐点は次のように表現されている。「われわれがこの地点までに言ってきたほとんどすべては，ウェーバーの中心的テーゼの理解に対する最も重要な諸々の障害を取り除くために必要であった。ようやくいまになって，われわれはその精密な意味を把握することができる」(*NRH*, 62)。「この地点」までの前半部の多くでシュトラウスは，ウェーバーの社会科学あるいは「歴史的アプローチ」の方法論を批判的に検討する。つまり，そこでの議論の多くは第Ⅰ章の内容と直接的につながっている。そして，そこにおいても彼は，自身の「歴史的研究」の方法を呈示する。本稿の目的は，第Ⅱ章におけるウェーバー批判のいわば予備的な部分を読み解くことによって，その批判の妥当性それ自体を検討するのではなく，むしろシュトラウス自身の「歴史的研究」の特徴を少しでも明らかにすることである。[1]

## 2　社会科学における価値判断の不可欠性

### （1）ウェーバーの価値の「特異な観念」——生命主義

シュトラウスはウェーバーの思想と歴史主義との異同を分析するなかで，両者の相違点として，前者が価値のなかでも「具体的で歴史的な」ものについては「超-歴史的」性格を認めていたことを指摘し，そして彼の自然的正の拒否

は逆説的にもそうした彼の価値の観念に基礎づけられていたと主張する。

　無時間的な諸価値の承認こそが，ウェーバーの立場を歴史主義から最も意義深く区別する。歴史主義というよりも無時間的な諸価値の特異な観念（a peculiar notion of timeless values）が，彼の自然的正の拒否の基礎である（*NRH*, 39）。

　価値についてのウェーバーの「特異な観念」としてシュトラウスが注目するのは，「純粋に『生命主義的な（vitalistic）』諸価値」である。それらは，「個性」の領域に属し，したがって「純粋にパーソナルな」ものであり，「大義〔理由〕（cause）の諸原理」ではない。「このことから，それらは厳密に言えば諸価値ではない」（*NRH*, 46）。ここにシュトラウスはニヒリズムを見るのだが，(2)
しかし本稿で重要なのは，このような価値の観念がウェーバーの学問論におけるいわゆる価値判断排除につながっていると彼が考えていることである。つまり，「価値」は「信仰」と同列に扱われる。西洋文明の展望に関して，精神的更新と機械的石化のいずれかの選択肢に直面したウェーバーは，その決断は「価値あるいは信仰の判断（a judgment of value or faith）」であり，「理性の能力を越えている」と見なしたのである（*NRH*, 42, 47）。(3)

（2）真正のものと偽のものの区別

　ウェーバーの「価値」についての「特異な観念」が彼に自然的正を拒否させ，そして学問における価値判断排除にいたらせたという解釈を踏まえて，シュトラウスは，ウェーバーは本当に価値判断を回避することができるのか，と問う。ウェーバーにしたがえば，歴史家や社会科学者にとって，ある「生の類型（type of life）」——たとえば精神のない専門人と心のない享楽人——を精神的に空虚なものとして叙述することは許されない。これに対してシュトラウスはこう疑問を投げつける。「もしもわれわれは，まず最初に，ある社会的現象をそれが存在する通りに〔ある社会的現象について，それが何であるかを〕見る（see it as what it is）のでなければ，いかにわれわれはその因果的説明を与えることができるのか？　われわれは石化や精神的空虚さを見るときに，われわ

れはそれを知るのではないか？」(NRH, 49-50)

　ここから，シュトラウスはウェーバーの倫理と宗教の社会学に批判の焦点を合わせる。それは「エートス」と「処世術 (techniques of living)」(あるいは「慎重な (prudential)」規則) の根本的区別を前提する。したがって，ウェーバーはエートスを他のものとの区別において認識することができなければならない。彼はそれへの何らかの「感触 (feel)」と「感賞 (appreciation)」をもっていなければならない。ここにシュトラウスは，ウェーバーの社会学が価値判断を免れていないことを見る。

　しかし，そのような感賞は価値判断を必然的に含意するのではないか？　それは，ある所与の現象は真正の (genuine)「エートス」でありただの (mere)「処世術」ではない，という理解を含意するのではないか？　……その宗教の社会学者〔ウェーバー〕は，宗教的性格をもつ諸現象と非宗教的である諸現象とのあいだを区別しなければならない。これをすることができるためには，彼は宗教とは何であるか (what religion is) を知らなければならず，彼は宗教の理解をもたなければならない。いまや，ウェーバーが示唆したこととは反対に，そのような理解は彼に，真正の (genuine) 宗教と偽の (spurious) それとのあいだを，より高い諸宗教とより低いそれらとのあいだを区別することを可能にし強いる。……原因と結果の両者が見えるようになるのは，ただの諸価値への参照 (mere reference to values) から区別されるものとしての諸々の価値判断 (value judgments) を基礎にしてのみである (NRH, 50-52)。

　このようにしてシュトラウスは，ウェーバー自身が，価値判断から区別される価値関係にみずからを限定しているのではなく，むしろ価値判断を前提にしているのだと主張する。

(3) 知識社会学批判

　シュトラウスが思想と社会の調和を当然視する「知の社会学 (sociology of knowledge)」を批判したことは比較的よく知られていようが，『自然的正と歴史』第Ⅱ章のなかにもその事実は確認される。ウェーバーにしたがえば，社会

科学が価値判断を回避しうるのは，「純粋に歴史的あるいは『解釈的な』アプローチ（purely historical or "interpretive" approach）」の制限内にとどまることによってである。つまり社会科学者は，自分の研究対象の側の「自己解釈（self-interpretation）」にひたすらしたがわなければならない。ここにシュトラウスはある種の「知の社会学」を見出す。そこでは，どんなに無意味なものであれ知を標榜するものを，社会科学者はすべて知として受けいれなければならないのである（*NRH*, 55）。

ここにおいて，ウェーバーのいわゆる支配の「正当性（legitimacy）」の類型論が参照される。ウェーバーは，正当的支配の諸類型としてみずからが判断するものを扱うのではなく，研究対象である時代の当事者たちによってそう考えられているものにみずからを制限すると主張する。これに対してシュトラウスは，この制限が研究対象の欺瞞，あるいは「自己欺瞞（self-deception）」の犠牲になる危険を指摘する。たとえば，ある将軍の政治的行動を歴史因果的に説明するとしよう。そのとき，研究対象が失敗ばかりする将軍の場合，彼の「自己解釈」を政治史家はそのまま受けいれることができるであろうか？　あるいは，詩人を研究対象とするとき，その詩人が愚かな詩人である場合，その詩人の「自己解釈」を文芸史家はそのまま受けいれることができるであろうか？　同様に社会科学者も，当事者である個人や集団によって正当的支配として承認されている現象に，つまり当事者たちの「自己解釈」にそのまま満足するわけにはいかない（*NRH*, 55）。

そしてここにおいてもシュトラウスは，ウェーバー自身が，実際にはただ当事者たちの自己解釈にしたがっているのではなく，価値判断を自分の立論に忍び込ませている，と主張する。たしかにウェーバーは，ある資質をもつ個人を「カリスマ的」として叙述する際に重要なのは，そのカリスマ的権威に服従している追従者や弟子たちによって当該の個人がいかに見なされているかである，と述べる。しかしその直後に彼はこう述べる。カリスマ的指導者の一類型として挙げられるモルモン教（Mormonism）の創設者は，「絶対的確実性」をもってカリスマとしては類型化されえない，というのも彼は「ぺてん師（swindler）の非常に洗練された類型」である可能性があるからだ，と。つまり，彼はカリスマをもっていると標榜しているだけかもしれないことをウェーバーは認めて

いるのである。ここからシュトラウスは，真正の（genuine）カリスマと標榜されたカリスマ，真正の預言者と擬似的預言者，真正の指導者と成功をおさめたほら吹きとのあいだの差異の重要性を強調する。社会科学者は，ある人びとが自分たちを支配する権威を「現実に（actually）」いかに評価しているかの問題と，当該の権威の「真の（true）」性格とを区別しなければならない，つまり価値判断を前提にしなければならない，というのである（NRH, 55-56）。

## 3　価値判断排除の正当性——哲学と歴史的アプローチ

しかしながら，われわれはここで次の点に注意しなければならない。つまりシュトラウスは，社会科学における哲学的な，そしてその意味において客観的な価値判断の不可欠性のみを指摘しているだけではない。それどころか，彼は価値評価を差し控える「厳格に歴史的なアプローチ（the strictly historical approach）」に一定の正当性を認めているのである。彼は逆説的にも，「非評価的社会科学（nonevaluating social science）への要求の下にある正当的動機（legitimate motive）」を把握しようと努める（NRH, 56）。

このために，シュトラウスはウェーバーの社会科学方法論をいわば逆手にとる。ウェーバーによれば，われわれが社会現象のうちのどれを問いとしてとりあげるかは，「われわれの利害関心の方向」や「われわれの視点」に依拠し，そしてそれらは「われわれの諸々の価値観念（value ideas）」に依拠する。しかし，価値観念は歴史的に相対的であるがゆえに，社会科学の実体は「根源的に歴史的（radically historical）」である。価値観念と利害関心の方向性とが，社会科学の「概念的枠組み（conceptual framework）」あるいは「参照枠（frame of reference）」を規定する（NRH, 38-39）。したがって，社会科学者が自分自身の社会とは異なる他の諸社会を理解しようとするとき，そうした概念的枠組みが不可欠となる。しかしそれは，当該の社会科学者自身の社会の現在における自己理解の単なる反映にすぎない傾向にある，とシュトラウスは述べる。その場合には，彼が他の諸社会を理解しようとしても，それらの社会とはまったく異質な観点からそれらを解釈することになるだろう。それは，研究対象の諸社会の側の「自己解釈」に即した理解にはならないだろう。そして，シュトラウス

はこう追加する。「もしもひとは他の諸社会を理解しないならば，ひとは自分自身の社会を十全に（adequately）理解することはできない」。ここから，社会科学者は自分自身の社会を十全に理解するためにも，自分の価値観念に規定された概念的枠組みから解放されなければならない，つまり主観的な価値評価を差し控えなければならない。「彼はしたがって，過去と現在のさまざまな社会を，あるいはそれらの社会の意義深い『諸部分』を，それらがそれら自身を理解するあるいは理解したように精確に（exactly）理解しなければならない」（NRH, 56-57）。

そして，このことは「教説（doctrine）」のような現象にとくに当てはまる，とシュトラウスは議論を展開する。「ひとがそれ〔教説〕を理解してしまう前に，つまりひとがそれをその創始者がそれを理解したように精確に理解してしまう前に，ひとはその健全さについて判断することはできない」。ある教説が真であるかどうかの哲学的判断は，それについての「十全な」理解を前提し，そしてそれは歴史的に「精確な」理解に他ならない。この「純粋に歴史的な」あるいは「厳格に歴史的なアプローチ」による作業は，哲学的批判にとって「準備的（preparatory）」あるいは「助手的（ancillary）」である。この限定内において，主観的価値判断の排除による「客観性」は「あらゆる視点から見て正当的（legitimate）であり，そして不可欠でさえある」とシュトラウスは主張する（NRH, 57）。

しかしながら，ウェーバーはこの点においても不十分であったと論じられる。「諸々の価値判断の差し控えを要請するような種類の客観性をあれほど好んだウェーバーが，非評価的客観性の家(ホーム)である，そして唯一の家であると言われるかもしれない領域に関してほとんど盲目(ブラインド)であったのは，好奇なことである」。ここにおいてシュトラウスは，ウェーバーへの歴史主義の影響に光を当てる。彼は自分の概念的枠組みが，自分の時代の社会的状況に規定されていたことを十分に自覚していた。それは「政治社会の自然（nature）についての包括的省察」ではなく，単に「2，3世代の経験」によって方向づけられているにすぎない。しかし，彼はそのことに真剣に当惑することはなかった。というのも，彼は，いかなる概念的枠組みも「局所的（parochial）」で「束の間の（ephemeral）」ものでしかないと信じたからである。したがって彼は，自分の概念的枠

組みが過去の政治的状況の「偏りなき (unbiased)」理解を妨げるかもしれないという危険に，真剣に当惑することはなかった。かくして彼は，自分の概念的枠組みが，研究対象の側の自己理解に果たして適合するかどうかを疑わなかった，とシュトラウスは主張する (*NRH*, 39, 57-58)。

## 4　著者の意図とその誤解

　以上のように，シュトラウスにとって，ウェーバーの学問の方法論は，二重の意味において「客観性」に欠ける。すなわち，真正のものと偽のものとのあいだの哲学的・客観的価値判断と，自分自身の価値観念に規定された概念的枠組みからの解放としての主観的価値判断の差し控えとにおいて，不十分である。前者は生命主義に，後者は歴史主義に起因する。
　このようなウェーバーの方法の非十全性について「最も多くを語る」例として，シュトラウスはカルヴィニズムという歴史的現象に関する議論を引き合いに出す。

> ウェーバーは言った：何かをある歴史的現象の本質と呼ぶことによって，ひとが意図しているのは，その現象のなかでひとが恒久的価値をもつと考えるような側面か，さもなければ，その現象がそれを通して最も偉大な歴史的影響力を行使したような側面である。彼は第3の可能性をほのめかすことさえしなかったのであり，それは，事実においては第1のそして最も明らかな可能性である，つまり，たとえばカルヴィニズムの本質は，カルヴァン自身が彼の仕事の本質，すなわち主要な特徴と見なしたものと同一化されなければならないであろう，という可能性である (*NRH*, 58-59)。

この例をめぐってシュトラウスは，ある種の知性的区別の観点から批判を展開する。つまり，ウェーバーがカルヴァン自身の「意図」や「自己解釈」ではなく，彼の「エピゴーネンたち」と「一般層 (the general run)」の信者たちしか参照していない点が注目される。シュトラウスは，一方におけるカルヴァン級の人間と，他方における彼のエピゴーネンたちおよび一般層の人びととのあ

いだの区別に基づいて反論する。「もしもひとがカルヴァンの教えほどの位(ランク)の教えについて話すならば、ただの『エピゴーネンたち』と『一般層』の人間たちへの参照は、予定の教条 (the dogma of predestination) についてこれらの人びとが採用したような解釈についてのある価値判断を含意する：エピゴーネンたちと一般層の人間たちは決定的な点を非常に逃しやすい」。エピゴーネンたちと一般層の信者たちの解釈から区別される、カルヴァン自身の神学的「教説」それ自体に眼を向け、その「自己解釈」を理解した後では、資本主義的精神の出現にいたったと申し立てられている予定説の解釈——エピゴーネンたちと一般信者たちによるそれ——は、カルヴァンの教説の「根源的誤解」に基づいたものであると言わざるをえない。それはその教説の「堕落」であり、「霊的教えの肉的解釈」である。したがって、仮にウェーバーが証明したと主張しうるものがあるとすれば、それはせいぜい、「カルヴァンの神学の堕落あるいは退化が資本主義的精神の出現にいたった」ということまでである。しかしながらウェーバーは、この点において不可欠な価値判断をタブー視してそれを回避してしまったがゆえに、彼はカルヴィニズムの「本質」をその「歴史的に最も影響力のある側面」と同一化してしまった (NRH, 59-60)。

## 5　シュトラウスの「政治哲学の歴史」

　知の社会学とは異なり、シュトラウスは哲学と社会の緊張を、つまり「神学‐政治問題」を重視する。したがって、彼にとって、「資本主義の精神」の出現を、あるいはかつての彼自身の用語で言えば「ブルジョア道徳」の出現を説明するためには、社会的現象や神学的現象ではなく哲学的現象の精確な理解が必要となる。第Ⅱ章の注22はウェーバー並みの長文であるが、そこには次のような記述が見られる。ウェーバーは、資本主義的精神の出現の原因は「神学的伝統の変容 (transformation)」のなかに、つまり宗教改革のなかに追求されなければならないことを当然視した。しかし彼は実際には、その原因をせいぜいカルヴィニズムの「堕落」に追求したにすぎない。彼の研究対象である「資本主義的ピューリタニズム」は「後期ピューリタニズム」であって、それはすでに「現世〔世界〕」と和解しているそれである (R. H. トーニー)。つまり、それ

第 4 章　歴史的研究の方法をめぐるシュトラウスのウェーバー批判

は資本主義的世界〔現世〕の原因ではない。したがって，資本主義的精神は，「神学的伝統の変容から区別されるものとしての，哲学的伝統の変容」を通して出現したのではないか，と疑われうる。ウェーバーが観察し損なったのは，「16世紀のなかに哲学的伝統の全体との意識的断絶が，つまり純粋に哲学的あるいは合理的あるいは世俗的な思想の平面（plane）の上で起こった断絶が存在したこと」であった。そして「この断絶が創始されたのはマキアヴェッリによってであり，そしてそれはベーコンとホッブズの道徳的教えにいたった」。ベーコンとホッブズの諸著述は，ウェーバーのテーゼの基礎である彼らのピューリタンの同国人の諸著述に数十年先行している。言いうるのは，ローマ・カトリシズムおよびルター主義と比較してピューリタニズムが，「異教の」哲学的伝統と断絶し，新しい哲学に対して開かれている，ということだけである。かくしてピューリタニズムは，新しい自然哲学および道徳哲学の，つまり「まったく非‐ピューリタン的な特質の人間たち（men of an entirely non-Puritan stamp）」によって創造された哲学の「運搬者（carrier）」[8]であった。要するに，ウェーバーは「神学」における革命の重要性を過大評価し，「合理的思想」における革命の重要性を過小評価したのである（*NRH*, 61）。このようにシュトラウス自身は，ある神学的教説が社会的にどう受容され，通俗化し，実践的あるいは倫理的に影響していったか——その教説の創始者の意図とは別に——ではなく，多数とは区別されるものとしての少数の哲学者たちのあいだでの受容，変更，あるいは断絶——もちろん，そこには多数に配慮した慎重な表現の有無という問題がともなう——に，つまりこの意味における「政治哲学の歴史」に注目するのである[9]。

『自然的正と歴史』第Ⅱ章でのウェーバー批判において示されたシュトラウス自身の「歴史的研究」の方法と意義をより精確に理解するために，それに先立って公刊された「政治哲学と歴史」[10]を少し参照することによって，本稿を締めくくることにしよう。

シュトラウスの意図する「政治哲学」とは，政治的事柄についての「われわれの諸意見」をそれについての「知」に置き換えようとする「試み」である。それゆえに，その第1の課題は，政治的事柄についての「われわれの諸観念（ideas）」を明示的にすることである。しかし，われわれの諸観念は，過去の思

想の省略や残余である。過去の思想は，われわれの世代に伝達されるなかで「変容された (transformed)」かもしれない。たとえば「国家 (the state)」の観念は，「よりエレメント的な (more elementary)」諸観念の，とくに「都市 (the city)」の観念の「変容 (transformation)」あるいは「再解釈」を通じて出現した。したがって，「変容」以後のわれわれの諸観念を明示的にするためには，「諸観念の歴史 (the history of ideas)」による以外にない，つまり「歴史的諸研究 (historical studies)」に従事する以外にない (WIPP, 73-74 ; cf. NRH, 7)。シュトラウスによれば，歴史的研究の必要性は，とくに「変容」を遂行した近代以後に増大した。[11] というのも，古典古代の哲学的努力の「最終的結果(ファイナル)」である根本的諸概念は，中世の哲学的努力の基礎でありつづけたのに対して，近代の哲学的努力の「出発点」となったからである。それらは，近代的政治哲学の創設者たちによって部分的には「当然視され」，そして部分的には「変更され」，あるいは「反対」された。そしてさらに変更された形において，それらはわれわれ現代の政治哲学あるいは政治科学に引き継がれている。言い換えれば，中世的哲学はみずからの基礎と「同時代的 (contemporaneous)」であったので，それは依然として歴史的研究を必要としていなかったのに対して，近代的哲学にはもはやみずからの基礎との「同時代性 (contemporaneity)」が存在しないので，それは「内在的に歴史的な」哲学へと変容したのである。さらには，「進歩」の観念がその基礎を覆い隠した。したがって現代においてわれわれは自分たちの基礎を明らかにするために，歴史的研究を，つまりみずからの根本の「回想 (recollection)」を必要とする (WIPP, 75-76 ; cf. NRH, 7)。回想とは「起原での発見を再生すること (revitalizing)」[12] を意味し，それによって，引き継がれてきた知のなかで「真正の (genuine)」のものと「偽の (spurious)」ものを区別することができる。そしてこの区別自体は「独立的に (independently) 獲得された知」であり，つまりこの意味において哲学的である。この区別こそが，もはや言うまでもなく，主観的なものとは区別される客観的価値判断である。かくして，歴史的研究は哲学的機能を果たすのである (WIPP, 77)。[13]

ここにおいて改めて確認されるべきは，シュトラウスが古代的そして中世的政治哲学を「同時代的」なものではなく，「変容」以前の異質な他者として捉えている，ということである。それゆえに，たとえばプラトンやマイモニデス

の政治哲学は，現代の研究者自身の価値観念——たとえば歴史意識という先入見あるいは常識——から解放されて，偏りなく，彼ら自身が理解したように「精確に」理解されなければならない。これによって，「われわれの観念」の明示化，言い換えれば「十全な」理解が可能になる。[14] 自分自身の社会を十全に理解するには他の諸社会を理解しなければならないように，現代の知的状況を十全に理解するには他者としての古代・中世哲学を精確に理解しなければならない。

注
（1）「ウェーバーの中心的テーゼ」に関するシュトラウスの議論については，cf. 西永亮「シュトラウスのM・ウェーバー論における「神学‐政治問題」——『自然的正と歴史』 *Natural Right and History* 第Ⅱ章の再検討」，西永亮編著『シュトラウス政治哲学に向かって』小樽商科大学出版会，2015年。
（2）このようなウェーバー解釈に対しては，それはニヒリズムであるとしても「高貴なニヒリズム」と呼ばれるべきだという反論をシュトラウスは想定する。これに対して彼は，その場合には高貴さと下劣さの区別がなされており，そしてこの区別のためには，何が高貴であり（what is noble）何が下劣であるか（what is base）をある程度知っていなければならない，と主張する。したがって，「ウェーバーのニヒリズムを高貴なものとして叙述するためには，ひとは彼の立場と断絶してしまっていなければならない」（*NRH*, 48）。また，ウェーバーの意図したことは「諸価値」や「諸理念」といった用語では表現されえないのであって，彼が客観的な諸規範を拒否したのは，それらが「人間的自由」や「行為の可能性」と両立不可能であるからだという，もう1つ想定される反論に対して彼は，「ウェーバーの現実の教説（Weber's actual doctrine）」の基礎にあるのは「『価値』と『理念』の諸観念（notions）」であり，そしてそうした現実の教説こそが現代の社会科学を支配しているのだ，と主張する（*NRH*, 48-49）。
（3）この2箇所においてシュトラウスはvalueとfaithをorでつないでいるが，別の箇所でウェーバー自身の用語を英語で引用する際には両者を——独語の原語通りに—— andでつなぐ（*NRH*, 49）。
（4）Cf. *NRH*, 56, n. 20. ここにおいてシュトラウスは，独語の原文が英訳よりも明示的でないからといって，英訳者（パーソンズ）によって暗示的に提起された問題を無視することはできない，と述べる。
（5）「政治哲学と歴史」の冒頭部分にも同様の主張が見られる（cf. *WIPP*, 56-57）。シュトラウスがドイツ時代にすでに歴史的研究を政治哲学の準備として捉えていた

ことについては，cf. Heinrich Meier, *Die Denkbewegung von Leo Strauss : Die Geschichte der Philosophie und die Intention des Philosophen*, J. B. Metzler, 1996, S. 20-22.〔＝ハインリッヒ・マイアー，石崎嘉彦・飯島昇藏・太田義器監訳『レオ・シュトラウスと神学‐政治問題』晃洋書房，2010年，84-86頁。〕
(6) 別の表現を用いるならば，彼はまさに研究対象の「(自己) 欺瞞」に騙されてしまった，とシュトラウスであれば言うかもしれない。いずれにせよシュトラウスにとって，たとえばハイデガーの存在論に関して示唆されたように，「最も影響力がある」ことと「真である」ことは別の事柄である (cf. *NRH*, 30)。
(7) トーニーとシュトラウスとの関係については，cf. S. J. D. Green, "The Tawney-Strauss Connection: On Historicism and Values in the History of Political Ideas," in *The Journal of Modern History*, vol. 67. no. 2, 1995.
(8) Cf. Max Weber, *Gesammelte Aufsätze zur Religionssoziologie I*, J. C. B. Mohr, 9. Aufl., 1988, S. 84.〔＝大塚久雄訳『プロテスタンティズムの倫理と資本主義の精神』岩波文庫，138頁。〕
(9) Cf. Meier, *Die Denkbewegung von Leo Strauss*, S. 31ff.〔邦訳，94頁以降。〕のちのスキナーによる批判に関しては，cf. Nathan Tarcov, "Quentin Skinner's Method and Machiavelli's *Prince*," in *Ethics*, vol. 92, no. 4, 1982. もっとも，直後にシュトラウスは，ウェーバーの「中心的テーゼ」へと議論を展開するために，「カルヴィニズム的神学が悪いことであると想定すれば，その堕落は善いことであるだろう」という可能性をもち出す。つまり，ここにおいて争点は，著者カルヴァンとその追従者たちとの——「神学的伝統」の平面の上での——区別から，「神学的伝統」それ自体と，新しい「純粋に哲学的あるいは合理的あるいは世俗的な思想」——マキアヴェッリによって創始されたとされる——との争点へと，そしてより一般的に言えば「宗教対無宗教の，すなわち真正の宗教対高貴な無宗教の争点」へと移行する (*NRH*, 62)。Cf. Nasser Behnegar, *Leo Strauss, Max Weber, and the Scientific Study of Politics*, The University of Chicago Press, 2003, pp. 110, 112-113.

　ところで，このように当時シュトラウスがウェーバーの思想における「本当の争点」に光を当てようとするとき，アメリカ社会科学（シカゴ大学を含む）におけるウェーバー理解の在り方——「アメリカ化された」ウェーバー——への批判を含意しているのであろうか？（アメリカでのウェーバー受容史については，cf. Agnes Erdelyi, *Max Weber in Amerika: Wirkungsgeschichte und Rezeptionsgeschichte Webers in der anglo-amerikanischen Philosophie und Sozialwissenschaft*, aus dem Ungar. von Klara Bodnar, Passagen Verlag, 1992, Kap. 5; Lawrence A. Scaff, *Max Weber in America*, Princeton University Press, 2011, Part 2.）もっとも，もしそうだとしても，シュトラウスにとって「本当の」ウェーバーは単にド

第 4 章　歴史的研究の方法をめぐるシュトラウスのウェーバー批判

イツ的なものだというわけではない。たとえそれが"シュトラウス化された"ウェーバーであるとしても。Cf. Meier, *Das theologisch-politische Problem: Zum Thema von Leo Strauss*, J. B. Metzler, 2003, S. 49ff〔=『レオ・シュトラウスと神学‐政治問題』34頁以降〕; Meier, *Leo Strauss and the Theologico-Political Problem*, trans. by Marcus Brainard, Cambridge University Press, 2006, pp. xv-xvii; 西永「シュトラウスのM・ウェーバー論における「神学‐政治問題」」, 55-58頁。

(10) 本テクストの英文の初出は1949年であり,『自然的正と歴史』の元であるウォルグリーン・レクチャーズと同年であるが, その「ヘブライ語訳 a Hebrew translation」は1946年に公刊されているようである。Cf. "Political Philosophy and History," in *Journal of the History of Ideas*, vol. 10, no. 1, 1949, p. 30, n. 1. それは1959年に『政治哲学とは何であるか？とその他の諸研究』に第Ⅱ章として収録される。

(11) Cf. Nathan Tarcov and Thomas L. Pangle, "Epilogue: Leo Strauss and the History of Political Philosophy," in Leo Strauss and Joseph Cropsey eds., *History of Political Philosophy*, 3rd edition, The University of Chicago Press, 1987, pp. 911-912.〔=ネイサン・タルコフとトマス・パングル, 飯島昇藏訳「レオ・シュトラウスと政治哲学の歴史」,『思想』2013年6月号, 32-33頁。〕

(12) ここでの「起原における発見」を,『自然的正と歴史』第Ⅰ章において議論される「歴史の発見」——シュトラウスが事実においては「発明」なのではないかと疑ったもの (*NRH*, 33)——と比較せよ。

(13) この意味においては, 歴史的研究は単に準備的ではなく, それ自体が哲学的営みである。Cf. Meier, *Die Denkbewegung von Leo Strauss*, S. 28-29.〔邦訳, 91-92頁。〕

(14) それでは,「同時代的」思想家たちにはいかなる解釈の仕方が適切であるとシュトラウスは考えているのか？　少なくとも近代的変容以後に生きるシュトラウス自身は, たとえばウェーバーの教説を, 彼の意図ないし自己理解とは別に, 彼よりも善く理解しようとしている, という可能性を考慮する必要がある。「彼〔ウェーバー〕の諸々の誤謬 (errors) がどのようなものであったとしても, 彼はわれわれの世紀の最も偉大な社会科学者 (social scientist) である」(*NRH*, 36)。彼はシュトラウスにとって「政治哲学者」ではないであろう。Cf. Behnegar, *Leo Strauss, Max Weber, and the Scientific Study of Politics*, p. 69, n. 4; 西永「シュトラウスのM・ウェーバー論における「神学‐政治問題」」, 62-64頁；飯島昇藏「訳者あとがき」, レオ・シュトラウス, 石崎嘉彦・飯島昇藏・小高康照・近藤和貴・佐々木潤訳『都市と人間』法政大学出版局, 2015年, 413頁以降。

# 第5章
# はじめにコンヴェンショナリズムありき
―― 『自然権と歴史』第Ⅲ章を読む ――

中金　聡

## 1　順序の問題

　『自然権と歴史』で古代ギリシアの哲学による「自然」の発見と「自然的正」の理論の誕生を論じたことが決定的な機縁になり，シュトラウスは「古代主義者」なる悪名を馳せるようになった。しかし「自然」の発見はただちに「自然的正」の理論を，そして「自然的正」の理論のみを結実したわけではない。そもそも「自然的正の観念の起源」と題した第Ⅲ章でシュトラウスが主題的に取り上げているのは，「自然的正」を擁護したソクラテスやプラトンではなく，彼らのいわば敵役ともいうべきソフィストたちやエピクロス主義者である。内容からいうとこの章は，哲学による「自然」の発見を論じる第1の部分（第1～第17段落），あらゆる正を「自然」にあらざる人為の所産と見なすコンヴェンショナリズムの主張を紹介する第2の部分（第18～第38段落），そのコンヴェンショナリズムに2種を区別する第3の部分（第39～第48段落）の3部構成になっており，「自然的正」の理論は次の第Ⅳ章「古典的な自然的正」にならなければ本格的に論及されない。シュトラウスは現実に生じたことがらの順序にしたがって筆を進めたのだと考えるべきだろう。つまり哲学による「自然」の発見がもたらした最初の衝撃は，まずこの世に存在するあらゆる正を人間の約束事に還元するコンヴェンショナリズムを帰結し，そののちにはじめて「自然的正」の存在を論じることが可能になったのである。
　コンヴェンショナリズムについては，すでに第Ⅰ章「自然的正と歴史的アプローチ」で次のように説明されていた。

正の観念の多様性から自然的正の非存在を結論することは，政治哲学それ自体とともに古い。政治哲学は，正の観念の多様性は自然的正の非存在を，あるいはすべての正の約束事としての性格を証明するという主張とともにはじまるようにみえる。われわれはこの見解を「コンヴェンショナリズム」と呼ぶことにする（*NRH*, 10=26-27頁）。

　だがこれはあくまで暫定的な定義であり，のちにみるように，正確に言えばコンヴェンショナリズムは「正の観念の多様性」から「自然的正の非存在」を導く思想ではない。シュトラウスが言いたいのは，そのように理解されるコンヴェンショナリズムが，ともかくも政治哲学の起源に深くかかわっているらしいということである。古典的な「自然的正」の理論が登場するには，その露払い役としてコンヴェンショナリズムが必要であった。むしろ，古代哲学そのものがすでに誕生の瞬間からコンヴェンショナリズムと「自然的正」の理論の2つの選択肢をもっていたと言うべきなのかもしれない。事実シュトラウスは，「哲学」の名でしばしばその両方の営為を指示しながらこう述べている。「コンヴェンショナリズムは古代哲学の一形態である。コンヴェンショナリズムと，たとえばプラトンのとった立場とのあいだには，明らかに深い相違がある。しかし古代の論敵たちは，もっとも基本的な点にかんしては一致している。両者とも自然と約束事の区別が基本的であるとみとめているのである」（*NRH*, 11=28頁）。両説が調停不可能な対立の関係にあったとしても，そもそも対立は，対立する当事者間にある重要な点において合意が存在しなければ成立しない。これは『自然権と歴史』という作品を貫徹する決定的に重要な視点である。「近代的自然権」とその「危機」を論じる第V章以降で問題となるのは，「すべての伝統的思想との決定的な断絶，あるいは『プラトン主義』と『エピクロス主義』が長年にわたって抗争を繰り広げてきた平面そのものの放棄」（*NRH*, 170=234頁――強調は引用者）が政治哲学になにをもたらしたかなのだ。

　そう考えるならば，シュトラウスの奉じる古代哲学を単純に「自然的正」の理論と同一視できないのはもちろん，近代における哲学の堕落の責をコンヴェンショナリズムにばかり帰するのも不適切なことになるだろう。政治哲学は，「自然的正というものは存在するか？（Is there any natural right?）」を主題と

する両説の論争のなかから，すなわちそれ自体1つの問題として誕生した。そこでコンヴェンショナリズムがはたしたとされる役割を第Ⅲ章「自然的正の観念の起源」から明らかにすることが，本章の課題である。

## 2　「自然」の発見

紀元前5世紀中葉のこととされる「自然」の発見は，ヨーロッパ知性史上に一大画期を刻した。その衝撃は「哲学の歴史全体が，二千六百年余の昔に幾人かのギリシア人によってなされたこの決定的発見の含蓄する意味を，十分に把握しようとして絶えずくりかえされた試みの記録にほかならない」（*NRH*, 82=120-121頁）と称しうるほどにも大きい。

シュトラウスによれば，「自然」は「区別をあらわすことば」（*NRH*, 82=121頁）として発見された。「自然」の発見以前に「自然」に相当したのは「先祖のもの」，すなわち「『古い』と『われわれ自身のもの』を結合した観念」（*NRH*, 83=122頁）であった。神々，あるいは「通常のわれわれ死すべき者ども」よりも神々に近い人びとのさだめた神的な掟こそが，ものごとの「正しい仕方」を規定すると信じられていたのである。しかしそのような「正しい仕方」が時代により，地域により，人間集団により多様で相互に矛盾するという経験が，「先祖のもの」の権威に対する哲学的懐疑を醸成する。

> こうして，どの掟が正しい掟であるか，最初のものごとにかんするどの説明が正しい説明であるかについての疑問が生じる。正しいやりかたは，こうなるともはや権威によっては保証されない。それはひとつの問題，あるいは探求の対象となる。善いものと先祖のものとの原初的同一視は，善いものと先祖のものという基本的区別にとってかわられる。正しいやりかたや最初のものごとの探求は，先祖のものから区別されるものとしての善いものの探求である。それはやがて，たんに約束事によって善いものから区別されるものとしての，自然によって善いものの探求であることを明らかにするだろう（*NRH*, 86=126頁）。

ひとたび自然が発見されると，自然的集団やさまざまな人間部族の特徴的な，あるいは通常的なふるまいをひとしく慣習や風習として理解することは不可能になる。自然的存在者の「慣習」はそれらの自然としてみとめられ，さまざまな人間部族の「慣習」はかれらの約束事とみとめられる。もっとも古い時代からあった「慣習」や「仕方」の観念は，一方の「自然」という観念と他方の「約束事」という観念へと分裂する。自然と約束事，ピュシスとノモスの区別は，それゆえ自然の発見と，したがって哲学と時期を同じくするものである（*NRH*, 90=131頁）。

哲学により発見された「自然」は，「約束事によって善いもの／自然によって善いもの」の根源的な亀裂を生じさせた。それでは「約束事によって正̇しいもの／自然によって正̇しいもの」の区別，つまり「先祖のもの」や「慣習」や「法律」による正しさと「自然的正」の区別はどうであろうか。「自然の発見，あるいは自然と約束事との基本的区別の発見は，自然的正の観念が出現するための必要条件である。しかし十分条件ではない。すべての正が約束事であるかもしれないのである。このことがまさに，政治哲学における基本的論争の，すなわち自然的正というものは存在するか？　のテーマである」（*NRH*, 93=135頁）。「自然によって正̇しいもの」の探求は政治哲学として遂行される。すなわち，この「自然的正というものは存在するか？」という問いをめぐって以下しばらくつづくコンヴェンショナリズムと「自然的正」の理論の間の論争（第19〜第37段落）のかたちで探求されるのである。

シュトラウスはその冒頭部分において，これが「自然に合致するがゆえに善い生，人間らしい生という観念」を共有する2つの理論の間での真の論争であることを強調している。「論争の両陣営とも，そのような生が存在することをみとめている。より一般的にいえば，かれらは正しいものとは区別された善いものの優位をみとめている。論争点は，正しいものは善い（自然本性的に善い）のかどうか，あるいは人間の自然に合致した生は正義あるいは道徳を必要とするのかどうかである」（*NRH*, 95=137頁）。この論争は，実質的には第24段落の「コンヴェンショナリズムによって用いられている標準的議論の分析」（*NRH*, 97=139頁）からはじまるが，そこで用いられている「正義（justice）」および

## 第5章　はじめにコンヴェンショナリズムありき

「正しいもの（the just）」という語は，なにが正しいことかについて社会の内部あるいは複数の社会の間で意見の一致をみているものを一貫して指示し，また「自然」ないし「自然本性的に善いもの」と一貫して対比されている。そして結論から言えば，コンヴェンショナリズムも「自然的正」の理論も，「正しいものは自然本性的に善いか？」という問いにはともに「否」と答え，「人間の自然に合致した生は正義あるいは道徳を必要とするか？」という問いにはやはりともに「条件つきで否」と答える。両説の真の対立点はそこにはないのだ。一方，「自然的正（natural right）」という語は，ここではさしあたりその使用の文脈を限定することば（「……はいたるところでみとめられている」，「……についてわれわれが語るときに意味していること」，「……についてのこのような見解」，「いわゆる……」）を付され，いまだ成否のさだかでない概念として用いられることが多い。結果としてこの論争は，コンヴェンショナリズムと「自然的正」の理論とがたがいに異論を戦わせあうというよりは，両説が協力して「自然的正というものは存在するか？」という問いの解を探求する対話の様相を呈している。実際それは，「自然的正」を論じる不十分なやりかたを列挙することによって，真の「自然的正」探求の開始を準備する作業にさえ見える。

　この仮想対話の末尾（第37段落）で，シュトラウスはコンヴェンショナリズムの主張を「正は本質的に都市に属し，そして都市は約束事にもとづくがゆえに，正も約束事にもとづく」（*NRH*, 107-108=153頁）と要約し，「コンヴェンショナリズムが自然的正をしりぞけるのは，つぎのような理由による」と述べて3点を挙げる。

①すべての人間の自然的欲求は自分自身の善のみをめざすのだから，正義はこのようなすべての人の自然的欲求と不可避的な緊張関係にある。
②正義が自然のうちに基礎をもつかぎりにおいて——正義が一般的にいって個人に有利なものであるかぎりにおいて——，正義の要求は都市という人為的な単位の成員に限定される。
③「正」や「正義」によって一般的に意味されていることによって，「援助」や「加害」や「共通善」の厳密な意味が規定されることはまったくない。これらの用語は細目の特定化をまってはじめて真に意味あることとなるが，

このような特定化はすべて約束事に基づく (cf. *NRH*, 108=154頁)。

　コンヴェンショナリズムの3つの命題が「自然的正」をしりぞける理由として妥当であるかどうかについて，シュトラウスはなにも論評していない。それが暗示するのは，少なくとも古典的な「自然的正」の理論にとってコンヴェンショナリズムの提示する三命題は「自然的正」をしりぞける理由とはなりえず，そのかぎりではむしろ容認すらされうるということである。つまりそこにも両説の真の対立点はないのだ。だがそうすると，正義をめぐるこの論争的対話がコンヴェンショナリズムそのものの批判を意図したものだとは考えにくい。批判されているものが仮にあるとすれば，コンヴェンショナリズムの三命題を転倒させるだけで「自然的正」の存在を証明できると信じる「自然的正の教師 (the natural right teacher)」であり，「自然的正や自然的正の本質をなすといわれる諸原理の信奉者たち」，すなわち近代自然権論者である (*NRH*, 99=142頁)。そしてこの対話に秘められた意図があるとしたら，「自然的正というものは存在するか？」という問いを文字どおりの open question として維持すること以外にはないだろう。「自然的正」はいまだ存在せず，あるのはただ「自然的正」をめぐる pro と con の果てしない応酬だけである。

## 3　通俗的コンヴェンショナリズム——ソフィストたち

　ここであらためて順序の重要性を確認しておこう。はじめに引用した『自然権と歴史』第Ⅰ章での定義にしたがえば，コンヴェンショナリズムは政治哲学そのものと発生の時期を同じくする。「自然」発見後に最初に登場した哲学者は，「自然」を楯に地上のあらゆる正義を相対化し，返す刀で「自然的正というものは存在するか？」の問いに否と答えるコンヴェンショナリスト，すなわちソフィストたちであった。

　ソクラテス以前には否定的な答え，すなわち，われわれが「コンヴェンショナリズム」と呼んだ見解が支配的であったようにみえる。哲学者たちが最初のうちコンヴェンショナリズムのほうに傾いていたことは，驚くべきことで

はない。正は，まず最初は，法律や慣習と同一のこととして，あるいはそのような性格のこととしてあらわれる。そして哲学の出現とともに，慣習や約束事は自然を隠すものとして立ちあらわれてくるのである（*NRH*, 93=135頁）。

　正義と法の背後に神々や慣習の権威をみる点では，プロメテウス神話もソフィストたちも同じである。また，正義が確立する以前の「野獣のごとき」生活から合意や契約によって政治社会が成立する経緯の歴史的説明なら，ソフィストたちにかぎらず，ヘラクレイトスやヘロドトスにも見られる。その意味では「自然」発見以前のコンヴェンショナリズムを語ることも可能であるが，「自然」発見の前後では，コンヴェンショナリズムの実践的な意図が正反対になっている。かつてのコンヴェンショナリズムが実定的な法秩序を正当化するために神々の権威や慣習を引き合いに出していたのに対して，「自然」発見以後のソフィストたちは，この世の正義がもっぱら権威によって維持されていること，あるいは正義の起源が本質的に約束事でしかないことを暴露するためにコンヴェンショナリズムに訴えたのであった。
　ソフィストたちの主張を知るうえで主たる典拠となるのはプラトンの対話篇である。ヒッピアスもいうように，変転する法とつねに同一なる人間の「自然」とを対比するとき，前者はつねに劣ったものとしてあらわれる。カリクレスによれば，不正をおこなうことが悪とされるのは，弱者たる多数者のさだめた法や習慣による人為の所産にすぎない。順序の問題へのシュトラウスのこだわりは，たとえば次のような場面に発揮される。「『ポリテイア』のなかで自然的正の議論がはじまるのは，父であり家長である老ケパロスが神々に聖なる供物を捧げるために立ち去ってしばらくのちのことである。ケパロスあるいはケパロスが代表するものが不在となることが，自然的正の探求にとって必要不可欠のことなのだ。あるいは，もしそういってよければ，ケパロスのようなひとは自然的正を知る必要がないのである」（*NRH*, 84=124頁）。ケパロスが退場したのちに登場するのはトラシュマコスである。彼はケパロスの息子ポレマルコスとソクラテスの間ではじまりかけた対話に割り込むようにして，優者が劣者より多くを得るのは「自然」なことであるがゆえに，「強者の利益」こそが自然的に正しいと広言してはばからない。これがラディカルな主張であることは，

そのあとにつづくグラウコンの「正義の自然」論——正義とは「不正をはたらきながら罰せられないという最善と，不正な仕打ちをうけても仕返しできないという最悪との中間的な妥協」に利益を見いだす弱者たちの一種の社会契約に他ならない——との対照によって明らかになる(5)。トラシュマコスがやや性急に持ち出してソクラテスに突きつけたのは，正義ならぬ「自然的正」，コンヴェンショナリズムの立場から必然的に帰結する「自然的正」の観念なのである。

　シュトラウスはこれらの主張を導くコンヴェンショナリズムの推論を三段論法のかたちで次のように表現する。「すべてのひとは自然本性的に自分自身の善をもとめ，自分自身の善以外のなにものももとめない。しかし，正義はわれわれに他人の善をもとめるよう命じる。したがって，正義がわれわれから要求することは自然に反することである」(*NRH*, 106=152頁)。コンヴェンショナリストは懐疑主義者と異なり，正義の意味が多様であることを理由に正義の不在を導くわけではない。「われわれが最初に受けた印象とは反対に，コンヴェンショナリズムは，正や正義の意味がまったく恣意的であるとか，正や正義にかんしてはいかなる種類の普遍的合意も存在しないということを主張するものではない。むしろその反対に，コンヴェンショナリズムは，すべての人間が正義を基本的には同一のものとして理解していることを前提している」(*NRH*, 108=154頁)。正しいと理解されているものの内容が人間集団や時代ごとに異なっていることは，たしかに経験的な事実である。にもかかわらず，いかなる正義も自分自身の善をもとめる人間の「自然」に反しており，それゆえそれが徳としてあらわれるときにはつねに強制にならざるをえないという一点において，正義は本質的に同一不変なのだ。

　正義の徳を有用性から説明する場合でも，その点は変わらない。たとえばエピクロスいわく，「一般的にいえば，正義はすべてのひとにとって同一である。なぜなら，正義とは人間相互の交渉にさいしての一種の相互利益のことだからである。しかし，地域それぞれの特殊性やその他さまざまな条件があるために，同じことでも結局は万人にとっての正義でなくなってしまう」(*DL*, X. 151)。これは正義を「相互利益」の観点から正当化する主張ではなかった。正義の確立した強制的社会に生きることを人間が選んだのは，孤独と野蛮の状態よりもそのほうが有用であるという「計算」の，それゆえ思慮の結果であり(6)，正義が

第5章　はじめにコンヴェンショナリズムありき

それ自体のゆえに欲せられる自然本性的に善きものとして選択されたことを意味しない。人間が個人として追求する自然的善と都市の正義が要求するものとの間には，どこまでいっても対立が存在する。「都市がこの対立を解決するには，都市や正義が個人の私的利益よりも崇高なものであり，都市や正義が神聖なものであることを宣言することによらなければならない。しかし，このような都市と正義の本質にかかわる主張は，本質的に虚構の主張である」(NRH, 107=153頁)。

コンヴェンショナリストたちにとって，人間の自然に合致した善なる生活とは快楽の生活のことであった。

善と先祖的なものの原初的な同一視が，まっさきに善と快楽の同一視にとってかわられたとしても，驚くにあたらないだろう。というのも，善と先祖的なものの原初的同一視が自然と人為の区別を基にしてしりぞけられるとき，先祖伝来の慣習や神的掟によって禁止されていたことがらが，きわめて自然なこと，したがって本来的に善きこととして浮かび上がってきたからである。……快楽による方向づけが先祖的なものによる方向づけにかわる最初の代替物になったのである（NRH, 108-109=155頁）。

しかし，快楽の無限定な追求は都市の平和と調和を脅かしかねないがゆえに，政治社会は快楽の追求に一定の制約を課し，他者への配慮を「正義」の名において強制する。性愛，名誉，所有の快楽，とりわけ他者を支配する快楽を追求する人間から見るならば，実定的な法秩序は最高の善の獲得にとっての障害以外のなにものでもありえない。したがってこの快楽主義の行き着く先は，法なきところですべての他者に優越すること，あるいはこの優越が正義のみかけをとること，すなわち僭主の生活とならざるをえなかった。「幸福の絶頂は僭主の生活であり，都市全体を自分の私的利益に従属させるという最大の犯罪を首尾よくやりおおせた人間の生，正義と合法性の外見すらかなぐり捨てることのできる人間の生である」(NRH, 115=162頁)。

以上がコンヴェンショナリズムから整合的に帰結する正義および「自然的正」についての見解であった。それを特徴づけるのは，「自然」への無媒介で

直接的な訴えであり，都市の法の，それゆえ政治的生活の根底に存する正義についての「意見」の徹底した軽視である。だが，歯に衣着せないソフィストたちのいわば科学的態度が地上のあらゆる正義の「自然」に反した性格を暴露して，はじめて「自然的正」を探求する対話を開始することも可能になったのであった。「コンヴェンショナリズムは，意見のうちに含まれている知性的理解を無視し，意見に訴えるかわりに自然へ訴える。他の理由はともかく，この理由のゆえに，ソクラテスとその後継者たちは，コンヴェンショナリズムによって選びとられた地盤に立って，自然的正の存在を証明しなければならなかった」(NRH, 126=177頁)。しかしそれだけのことならば，コンヴェンショナリズムの意義とはいっても，「自然的正」の理論的系譜が誕生するための触媒や跳躍板以上のものではない。シュトラウスはコンヴェンショナリズムの系譜のなかに，「自然」にかなった最善の生をもとめて僭主の生活を擁護するにいたったソフィストたちの「通俗的」ヴァージョンとは異なり，人間性の完成した生を哲学者の生活にみるエピクロス主義的なヴァージョンがあるという。次にそれを検討しよう。

## 4　哲学的コンヴェンショナリズム——エピクロス主義者

　シュトラウスによれば，エピクロス主義は「古典的快楽主義のもっとも発展した形態」であり，「コンヴェンショナリズムのうち，あらゆる時代をつうじてもっとも影響をあたえた形態」であるとともに，「まぎれもなく唯物論的」(NRH, 109=155頁) である。だがエピクロスの教えの説明にあてられた第39段落の本文は快楽主義を論じるのみで，コンヴェンショナリズムは注で論及されるにとどまり，唯物論にいたっては言及すらされない。その凝縮された議論を正確に理解するには，シュトラウスが指示するエピクロス主義のテクストに直接あたってこれを敷衍する必要がある。[7]

　エピクロスの正義論がコンヴェンショナリズムにカテゴライズされるのは，『主要教説』で「自然の正義 (φύσεως δίκαιόν)」にあたえられた定義，「たがいに害をあたえたり受けたりしないこと (τὸ μὴ βλάπτειν ἀλλήλους μηδὲ βλάπτεσθαι) から得られる利益をあらわす符号 (σύμβολον)」(DL, X. 150) が根拠になっている。

## 第5章　はじめにコンヴェンショナリズムありき

　この定義は，エピクロスなりのあるべき正義観を述べた規範的命題ではなく，むしろ正義が非自然性を本質とすることを暴露する典型的なコンヴェンショナリズムの主張である。それは「諸都市において一般に受け入れられている正義の神話的あるいは迷信的な説明に反するものである。……こうして『自然の正 (the right of nature)』は，正にかんする誤れる意見に反して，『正の自然 (the nature of right)』と同じ意味のものとなる」(NRH, 111. n. 44=429頁)。[8]

　エピクロス主義的コンヴェンショナリズムの特異な性格は，「快楽の究極，完全な快楽」を「われわれが自然によって向かっていく目的であり，ただ哲学によってのみ到達可能なもの」(NRH, 110=157頁) とみなすエピクロスの快楽主義と結びつけられるときにあらわになる。たしかにエピクロスは，正義と法がたとえ社会の平和と調和に資するものではあっても，所詮は快楽の追求を制約する強制の体系にすぎないこと，「正義および正義とかかわりのある結合体——都市——の存立は強制にかかっている。しかも強制は快適でない」(NRH, 111=158頁) ことをソフィストたちとともにみとめる。しかしエピクロスは，「人びとから煩いを受けないように自分を守るにあたり，およそこの目的が達成される手段となりうるものは，なんでも自然にかなった善である」(DL, X. 140) とも述べている。他者への優越に最高の快楽をみるがゆえに，快楽の過度の追求を禁じる正義と法を攻撃したソフィストたちとは対照的に，哲学こそが最高の快楽の源泉であり最善の生きかたを可能にすると考えるエピクロス主義者にとって，平和と安全 (εἰρήνη καὶ ἀσφάλεια) をもたらす都市の正義は，哲学的生活に必要な閑暇を確保するためにもさしあたり擁護されるべきものとなりうる。[9]

　正義に対してエピクロス主義が示すこのアンビヴァレンスは，シュトラウスによれば，快楽主義的な徳の理解から必然的に帰結する。「正義と他の諸徳とのあいだには決定的な相違がある。慎慮，節制，勇気などの徳が，それらの自然的結果をとおして快楽をもたらすのに対して，正義はそれから期待されている快楽——安全の感覚——をただ約束事にもとづいて生みだすのである」(NRH, 110-111=157頁)。正義の徳が安全を享受することでおぼえる快楽ゆえに望ましいのだとしたら，この快楽は外面的な行為のうえで都市の法に反しさえしなければ享受できるだろう。「不正はそれ自体では悪ではない」(DL, X. 151)

や,「不正を犯しながら発覚されずにいることはむずかしい」(*VS*, 7 ; cf. *U*, 532) のようなエピクロスのポレミカルな断片は,同じことを反対から語ったにすぎない。つまりこれは不正の勧めではなく,より大きな善を知る哲学者が,より小さな善をもたらすための条件になぜ服するのかの快楽主義的説明として理解されねばならない。要するに,エピクロス主義者にとって「自然に合致した生は,約束事に拘束されず,しかも外見上は約束事に合致した行動と結びあわさったような完全に内的な自由を要求する」がゆえに,「ごく少数の者,自然のエリート,人間であって奴隷に生まれつかなかった者にのみ許された特権」(*NRH*, 114-115=162頁) なのである。

ついでシュトラウスは,ルクレティウスが『事物の本性について』第 5 巻で展開する世界誌(コスモグラフィア)のなかに,地上の正義と法に対してエピクロス主義が示すこのアンビヴァレントな態度の起源を探っていく(第40段落)。かつて人類がおたがいにいたわりあいながら,簡素で粗野ではあるが平和な生活をおくり,「共同の幸福を考えることすらできず,相互のあいだに習慣や法を実施する術も知らなかった」(*DRN*, V. 958-959) のは,「燃えあがる世界の壁 (flammantis moenia mundi)」によって保護された安定して有限な宇宙に生き,その閉じた地平の内部で幸運なる無知を享受していたからであった。やがて人類は火の利用をおぼえ,家族を形成し,言語を獲得することによって穏和になり,「たがいに害をあたえたり暴力を受けたりしない (nec laedere nec violari)」合意を結んで絶滅をまぬがれるすべを得るにいたった (*DRN*, V. 1011-1027)。しかし太古の純真さと引きかえに知恵を獲得した人類は,単純で幸福な生活を約束していた「世界の壁」への無垢なる信頼を失い,はじめておのれの可死性に直面し恐怖をおぼえるようになる。そのような境涯からの解放をもとめて,人間はみずからの周囲に強制的な社会を「城壁 (urbis arx)」として張りめぐらし,また全能にして善なる神々を信仰することに慰めを見出した。要するに正義,法,宗教,技芸は,かつて人類を無限の深淵から保護していた「世界の壁」の代用品 (*NRH*, 113=160頁) なのである。『事物の本性について』第 6 巻は,アテナイを襲った疫病の惨禍でおわる。病に斃れた者のみならず,生き残った者を見舞った過酷な運命を記してトゥキュディデス以上に悲惨なその描写は,都市の文明生活が死をまえにしてまったく無力であることを示している (*DRN*, VI. 1138-

1286)。

　さて，以上の議論をシュトラウスが明示的には語らないエピクロス主義の「まぎれもなく唯物論的」な自然哲学に関連づけてみよう。エピクロスによれば，「天上のことと地下のこと，総じて無限の宇宙で生じるあらゆる事象が気にかかったままでは，いくら人間同士の関係で安全が確保できても無益である」(*DL*, X. 143)。人間の心の平静（ἀταραξία）を脅かす最大の要因は神々および死にかんする臆見から生じる恐怖（φοβος）であり，誤った信念を追い払うには自然学的な知が欠かせないのであった。しかしその知が開示する真理とはどのようなものであったか。この世界，そのなかのあらゆる存在，そして生きとし生けるものは，虚空のなかを落下する原子同士の偶然的な衝突から生じ，いずれは原子へと解体して，ふたたび虚空のなかに消滅していく。「その他すべてに対しては，そこなわれることのない安全を獲得することができる。しかし死にかんしては，われわれ人間はすべて城壁のない都市（πόλις ἀτείχιστος）である」(*U*, 339)。いくら周囲に堅固な「城壁」を張りめぐらしても，可死性という人間の永遠の条件だけは克服できない。真の哲学者とは，この過酷な真理に耐えられる者，それを直視することに真の救済をみて快楽すらおぼえる者をいう。だが少なくとも哲学者ならぬ大多数者にとって，エピクロスの哲学が開示する真理はそれ自体があらたな恐怖の源泉となるだろう。彼らはむしろ「城壁」を必要とする——公序良俗を乱すふるまいはかならず法の制裁を招き，たとえひとの眼はごまかせても，死後の魂に神々がくだす恐ろしい処罰はまぬがれないと信じて生きなければならない。賢者が偽りの約束事からなる社会に背をむけ隠棲するのは，哲学的真理が万人のものではないことを承知しているからなのだ。

　これがシュトラウスの言う「哲学的コンヴェンショナリズム」である。エピクロス主義論をしめくくる一節は，これらのことを前提したうえで読む必要があるだろう。

　　唯一の救済策は，宗教がそのまえで立ち止まっていた「世界の壁」に突破口を開けること，そしてわれわれはあらゆる点で城壁のない都市，無限の宇宙——そこではわれわれが愛着するものはいずれも永遠ではありえない——の[11]

なかに住んでいるという事実を受け入れることにある。唯一の救済策は哲学することのうちにある。それのみがもっとも確固とした快楽をあたえてくれる。しかし哲学は、「われわれの世界」への帰属から自由になることをもとめるがゆえに、人びとの反発を買う。そうかといって、人びとは初期社会の幸福な素朴さへと引き返すことはできない。したがって人びとは、強制的社会と宗教の協力によって特徴づけられるあの全面的に自然に反した生活をつづけなければならない。善き生活、自然に合致した生活は、政治社会の辺縁に生きる哲学者の隠遁生活である。政治社会と他人への奉仕に捧げられた生活は、自然に合致した生ではない（*NRH*, 113=160頁）。

## 5　コンヴェンショナリズムのゆくえ

エピクロス主義の「政治思想」に従来あたえられてきた解釈は、以下の3つに分類される。

① 「隠れて生きよ（λάθε βιώσας）」（*U*, 551）というモットーに要約されるエピクロス主義の政治軽視は、古代にあってすらあまりにも例外的であり、政治思想としては「荒涼たる砂漠」（C.ベイリー）であるとする通説的解釈。
② エピクロス主義の宗教批判のなかに本質的に啓蒙主義的な性格とラディカルな民主政志向をみる B.ファリントンの解釈。
③ エピクロス主義者の政治的活動を「隠れて生きよ」の適用除外例とするもので、ガッサンディを嚆矢とし、現代では A.モミリアーノ以降に主流となった解釈[12]。

シュトラウスの解釈は、エピクロス主義をコンヴェンショナリズムの哲学として整合化することにより、その正義論の真意を倫理学のみならず自然哲学との密接不可分の関係から説き明かそうとする点に特徴がある。だがこの解釈がエピクロス主義の評価にもたらすものはそれに尽きない。その最大の眼目は、エピクロス主義の非政治性の根拠とされてきた隠棲こそが実はエピクロス主義者にとっての政治なのだという主張にある。

## 第5章　はじめにコンヴェンショナリズムありき

　シュトラウスによれば、「通俗的コンヴェンショナリズムは哲学的コンヴェンショナリズムの通俗版である」(*NRH*, 115=162頁)。2つのコンヴェンショナリズムは、「誰もが自然本性的にはただ自分自身の善のみをもとめ、他人の善にいかなる考慮も払わないことは自然に合致しており、他人への配慮はただ人為によってのみ生じる」と考える点で一致する。この「自然に合致した生」を権力や富によってすべての他者に優越する僭主的生活とみるか、それとも哲学的生活にもとめるかで両者は袂を分かつようにも見えるが、シュトラウスは「哲学者は……自然に合致した生を僭主の生と同一視することはおそらく（possibly）できないであろう」(*NRH*, 115=163頁) という表現で、この相違が決定的に重要ではないことを暗示する。2つのコンヴェンショナリズムを真に分かつのは、「自然に合致した生」とはなにかをめぐる理論的な見解の相違であるよりも、そこから導かれる実践的結論の相違なのだ。コンヴェンショナリズムの堕落は、ソフィストたちが「ソクラテス以前の哲学者たちのコンヴェンショナリズムの教えを『公言し』、またそれとともにその質を低下させた」(*NRH*, 115=163頁) ことによりもたらされたのである。

　シュトラウスが順序について語った文章をふたたび引用しよう——「正は、まず最初は法律や慣習と同一のこととして、あるいはそのような性格のこととしてあらわれる。そして哲学の出現とともに、慣習や約束事は自然を隠すものとして立ちあらわれてくるのである」。だが「自然」はその尋常ならざる高さと尊厳ゆえに、ある意味では都市から隠されたままであるべきこと、そして法という約束事がこの隠蔽の必要性にある程度までは——「自然がまず最初はただ『慣習』として経験されるか『あたえられる』という程度には」(*NRH*, 91=132頁)——応えていること、それをソフィストたちは知らなかったか、あるいは知っていても知らないふりをした。「自然」を発見した哲学者たちは、同時に「自然的正」を探求する哲学が都市とは矛盾せざるをえないことも発見したのだ。この二重の発見から導かれる実践的意味の自覚に秀でていたのが、シュトラウスによれば、かつてソフィストの1人であったソクラテスである。

　古典的哲学者たちは、善きものと先祖的なものの同一視の根底に存している偉大な真理を十分に正しく評価していた。だが、もしかれらがまず最初に善

きものと先祖的なものの同一視そのものをしりぞけていなかったとしたら，かれらはその同一視の根底に存する真理を明るみに出すこともできなかったであろう。とりわけソクラテスは，かれの政治哲学から帰結する究極的な実践的結論にかんするかぎり，きわめて保守的な人間であった。しかしアリストパネスは，ソクラテスの基本的前提にしたがえば，息子が自分の父親をさんざん打ちすえるように，すなわち，もっとも自然な権威を実際に否認するように導かれうることを示唆することによって，真実をいいあてたのである（NRH, 93=134-135頁）。

エピクロス主義には明確な「ソクラテス以後」の刻印がみとめられる。哲学的生活の至上性を説くエピクロスが，たとえ都市の法と正義への軽蔑をソフィストたちと共有しても単純にその否定に向かわないのは，「自然」への直接的で無媒介な訴えをソクラテスにならって自制したからであった。(13) 隠棲はその必然的な帰結である。多数者の「意見」を軽蔑し，弁証術(ディアレクティケー)をしりぞけるのみならず，公的生活とのかかわりをいっさい断つエピクロス主義には，いわゆる政治哲学が，あるいはプラトンやアリストテレスの「政治哲学」によって通常理解されている営為に相当するものは，たしかにない。しかしシュトラウスは，哲学知の快楽を確保するとともに，約束事によって成り立つ都市を危険な哲学から保護するために哲学者が選ぶ隠棲は，哲学が都市との共存をはかってするある種の政治，つまり「哲学的政治」の1ヴァリエーションとして理解できることを暗示しているように思われる。「正の最大の果実は心の平静である」（U, 519）とすれば，この果実は万人が平等に享受するものとはなりえないだろう。裸形の真理を得て心の平静にいたる者は，「自然」によって少数者であり，それ以外の人びとは地上の正義がもたらす平和をもって救いとしなければならない。それこそが「哲学的コンヴェンショナリズム」の立場から整合的に帰結する「自然的正」なのである。

こうして，「自然的正というものは存在するか？」と問うてはじまった古代の論争は，「いかなる自然的正を？」という問いをめぐる哲学的対話に——政治哲学になる。コンヴェンショナリズムは古典的な「自然的正」の理論の登場により論破されたのではない。少なくともその「哲学的」なヴァージョンであ

るエピクロス主義は,「ソクラテス以後」の哲学の在り方をめぐってプラトン主義と競合するその最大のライヴァルとなり,政治哲学の歴史を支配するアンビヴァレンスの一方の極を形成することになるだろう。ただしそれは,「自然的正」の存在をめぐる論争的対話のかたちで保存されてきた両説の緊張に満ちたアンビヴァレンス——「『プラトン主義』と『エピクロス主義』が長年にわたって抗争を繰り広げてきた平面」!——を古代哲学の失敗のあかしと誤認し,それを揚棄するなどという不遜な気を哲学が起こさなければの話である。この章の末尾(第45~第48段落)でシュトラウスは,その不穏な徴候をソクラテス以前の「平等主義的な自然的正の理論」,つまり古代の社会契約論がその後にたどった歩みにみる。正義を自由かつ平等な個人間の契約に基づくがゆえに軽蔑した社会契約論が,同じ理由によって正義を正当化し,あまつさえそれを礎とする政治社会を構想するとき,「17, 18世紀の社会契約論の特異な性格と驚くべき政治的効果」があらわになる。このときもはや「自然」は基準であるとは見なされず,「なんであれ約束事にもとづくものや契約にもとづくものに捺されていた烙印は消去されてしまった」のである(*NRH*, 119=167-168頁)。

注
(1)「政治哲学とは何であるか?」の第一節の表題「政治哲学という問題」(The Problem of Political Philosophy)を参照(cf. *WIPP*, 10=11頁)。
(2) 正義をめぐるこの仮想対話を展開する箇所で,シュトラウスはプラトンの『ポリテイア』と『法律』,またそれらを模したキケロの『国家について』と『法律について』から多くを取材しており,実際にもこの対話はこれら古代の対話篇と構造的に似ている。特にキケロ『国家について』の,紀元前155年にカルネアデスがローマでおこなった講義を再現した第3巻の内容については,中金聡「カルネアデスの講義——正義をめぐる二つのトポス」,国士舘大学政経学部付属政治研究所編『政治研究』第1号(2010年),参照。
(3) Cf. Charles H. Kahn, "The Origins of Social Contract Theory," *The Sophists and Their Legacy*, ed. G. B. Kerferd (Wiesbaden: Franz Steiner, 1981): G. B. Kerferd, *The Sophistic Movement* (Cambridge: Cambridge University Press, 1981), chaps. 10 and 12.
(4) プラトン『ゴルギアス』482c4-486d1,『プロタゴラス』337c-e2 参照。
(5) プラトン『ポリテイア』338c-339a, 358e3-359b5 参照。人為の法の本質的な恣

意性については，アリストパネスの喜劇『雲』における「邪論」とそれに感化されたペイディピアデスの発言を (1421-1429)，また優者常勝を「自然」のさだめた法とする思想については，トゥキュディデスによって記録されたメロス会談におけるアテナイ使節団の主張を (V, 85-116)，それぞれ参照。
(6) エピクロスによれば，思慮（φρόνησις）は「すべての始源にして最大の善」であるがゆえに「哲学よりも尊い」のであり，また「残りの徳すべてはこれに由来する」(*DL*, X. 132)。
(7) シュトラウスが引照するエピクロス文書は，ディオゲネス・ラエルティオス『主要哲学者の生涯と意見』第10巻「エピクロス伝」，『主要教説』(*Ratae sententiae*)，『ヴァチカン箴言集』(*Gnomologium Vaticanum*) の 3 点，すなわちヘルクラネウム・パピリを除くエピクロスの伝存作品のほぼすべてをカバーしているが，使用した版は不明である。ちなみに『スピノザの宗教批判』(1930年) では，Hermann Usener (hrsg.), *Epicurea* (Leipzig: Teubner, 1887) を主たる典拠とし，それに未収録の『ヴァチカン箴言集』は，発見者 C. ヴォトケの校閲初出版 (*Wiener Studien*, 1888) を用いたと推測される。
(8) 「法的に正しいとみとめられている行為のうち，人間の相互的な交渉の必要のうえから利益になるということが確証されるものは，すべてのひとにとって同じであろうとなかろうと，正の保証をもっている。だが，法を制定しても，相互的な交渉のうえから利益にならないならば，このような法はもはや正の自然（δίκαιου φύσιν）をもたない」(*DL*, X. 150)。
(9) この点でエピクロス主義はストア派よりもプラトン主義に近いと言える。「古いアカデメイア派は，自然にしたがうものであって，生活においてわたしたちを助けるものはすべて善であるとさだめたが，他方，ゼノンは立派なものでなければいかなるものも善ではないと考えた」（キケロ『法律について』(I, 54)）。
(10) ルクレティウスはたびたび「世界の壁」に言及している (cf. I. 73, 1102 ; II. 1045, 1144 ; III. 16 ; V. 119, 371, 454, 1213 ; VI. 123)。現存するエピクロスのテクストにこの表現はないが，「ピュトクレス宛の手紙」で「世界とは星々と大地とすべての現象を包み込み，天空のある限界づけられた部分であり，それが解体すると，内部のすべてのものは混沌としてしまう」(*DL*, X. 88) と述べられているものがこれに相当すると考えられる。中金聡「城壁の哲学——ローマのエピクロス主義について」，国士舘大学政経学部付属政治研究所編『政治研究』第 3 号 (2012年)，参照。
(11) この表現はパスカル『パンセ』(B206=L201=S233) の「この無限の空間の永遠の沈黙はわたしを恐れさせる」(*Le silence éternal de ces espaces infinis m'effraie*) からとられている。
(12) Cf. Cyril Bailey, *The Greek Atomists and Epicurus* (Oxford: Clarendon Press, 1928), p. 520; Benjamin Farrington, *Science and Politics in the Ancient*

*World* (London: George Allen & Unwin, 1939), chaps. 10-12; Pierre Gassendi, *Opera omnia*, Bd. 2, Faksimile-Neudruck der Ausgabe von Lyon 1658 in 6 Bänden mit einer Einleitung von Tullio Gregory (Stuttgart-Bad Cannstatt: Friedrich Fromman Verlag, 1964), 706A, 762B; Arnaldo Momigliano, "Review of *Science and Politics in the Ancient World*, by B. Farrington," *Journal of Roman Studies*, Vol. 31 (1941), pp. 151-157. モミリアーノ以降の同趣旨の研究に *Philosophia togata: Essays on Philosophy and Roman Society*, eds. M. Griffin and J. Barnes (Oxford: Clarendon Press, 1989); Yasmina Benferhat, *Ciues epicurei: les Épicuriens et l'idée de monarchie à Rome et en Italie de Sylla à Octave* (Bruxelles: Editions Latomus, 2005) などがある。

(13) エピクロスはしばしば意図的にソクラテス=プラトンの語彙を使用する。「美しく (καλῶς) 生きる修練と美しく死ぬ修練とは，結局同じものである」(*DL*, X. 126)。「思慮ぶかく (φρονίμως) 美しく (καλῶς) 正しく (δικαίως) 生きることなしには快く (ἡδέως) 生きることもできず，快く生きることなしには〈思慮ぶかく美しく正しく生きることもできない〉」(*DL*, X. 132)。Cf. Cyril Bailey, *Epicurus: The Extant Remains* (Oxford: Clarendon Press, 1926), p. 339.

# 第6章
## エピクロス哲学とレオ・シュトラウス

髙木酉子

## 1　哲学的コンヴェンショナリズム

　エピクロス哲学，ないし古代のエピクロス主義へのレオ・シュトラウス『自然権と歴史』における言及は，第Ⅲ章「自然権観念の起源」に始まり，第Ⅳ章「古典的自然権」，第Ⅴ章「近代的自然権Ａホッブズ」，「同Ｂロック」，第Ⅵ章「近代的自然権の危機Ａルソー」，「同Ｂバーク」の各章にわたっている。なお重要なことには，自然的正の概念をめぐって，本書の冒頭，第Ⅰ章「自然権と歴史的アプローチ」で古代哲学の一形態としてのコンヴェンショナリズムが紹介される。シュトラウスによれば，コンヴェンショナリズムとは自然と人為との区別があらゆる区別のうちで最も基本的であるという前提に基づいたうえで，すべての権利の人為的性格を主張するというものである(1)。シュトラウスの観点からは，エピクロス哲学を特徴づけているのがこうしたコンヴェンショナリズムであった。コンヴェンショナリズムの思想は第Ⅲ章「自然権観念の起源」で解説され，これと対立する古典的自然権の諸理論が第Ⅳ章で分析されることになる(2)。

　ただ，歴史的に見るならば，エピクロス自身は古典的理性主義の伝統のただなかにあり，そのコンヴェンショナリズムは哲学的コンヴェンショナリズムであると言われる(3)。時代的には，シュトラウスが主題的にソクラテス以前の思想状況におけるコンヴェンショナリズムを分析する(4)『自然権と歴史』第Ⅲ章においては，本来，その登場はまだ早いのではないかと考えられるかもしれない(5)。われわれになじみ深いソクラテス以前のコンヴェンショナリズムとしては，第Ⅲ章でわかりやすく説明されているのが，シュトラウスの分類によるところの

97

通俗的コンヴェンショナリズムである。しかるに,シュトラウスが『自然権と歴史』第Ⅲ章「自然権観念の起源」においてエピクロス哲学に言及するのは,通俗的コンヴェンショナリズムとの対比のうえで哲学的コンヴェンショナリズムを明確化させるためであった。

問題は,こうした哲学的コンヴェンショナリズムが,自然本性的な人間の善を問う観点からは,はたして根本的に古典的自然権の教理と相容れない思想であるかということである。[6]

## 2 哲学的コンヴェンショナリズムとエピクロス的快楽主義

哲学的コンヴェンショナリズムとはどのようなコンヴェンショナリズムなのか。これと対比される通俗的コンヴェンショナリズムは,シュトラウスによれば次のような考え方である。

> 最大の善,あるいは最も快適なことは,他人たちよりも多くを所有すること,あるいは他人たちを支配することである。しかし都市や正は必然的に,最大の快楽への欲求に対して制限を課す。都市や正は,最大の快や自然本性的に最大の善きものとは相容れないものであって,それらは自然に相反するもの,人為において生じるものである。[7]

これに対して,

> 哲学的コンヴェンショナリズムは,まず次の点で,その通俗版である通俗的コンヴェンショナリズムと一致している。すなわち,誰もが自然本性的にはただ自分自身の善のみを求めるということ,他人の善にいかなる考慮も払わないことは自然に合致しているということ,他人への配慮はただ人為によってのみ生ずるということ,これらの点では一致している。しかし哲学的コンヴェンショナリズムは,他人にいかなる配慮もしないことが他人より多くを所有したいと欲求すること,あるいは他人に優越したいと欲することを意味するとは考えない。哲学的コンヴェンショナリズムは,優越性の欲求を自

第6章　エピクロス哲学とレオ・シュトラウス

然的とみなすどころか，むしろ空しいこと，意見の産物とみなしている。哲学者は富や権力などのもたらす以上に確固とした快楽を味わっている者であるが，彼らは自然に合致した生を僭主の生と同一視することは多分できないであろう（*NRH*, 162-163頁）。

総じてコンヴェンショナリズムというものの快楽主義的基盤が，上述の引用には明らかである。(8)哲学的コンヴェンショナリズムが基盤とする快楽主義の内実をより明らかにするために，それがエピクロス哲学に該当する場合を念頭に置き，快楽をもたらす欲求に関するエピクロスの考え方を確認しておこう。

もろもろの欲望のうち，あるものは自然的なものであり，また必要（不可欠）なものであるが，あるものは自然的なものではあるが，必要でないものである。またあるものは自然的なものでも必要なものでもなくて，空しい想いによって生じるものである。(9)

以上に見るように，何を自然な欲求と見なすか，どんな生を自然と合致した生と見なすかで哲学的コンヴェンショナリズムはその通俗版と区別される。通俗的コンヴェンショナリズムは人が欲望するものを得ること，もしくはその欲望の充足による快楽について，その欲望の強さに応じて，より善と見なす。最低限の身のわずらいの心配がない者が他人よりも多く所有し他人を支配することを眼前の最大の欲求としてもつならば，この欲求を満たすことが最大の善となる。自然本性という観点から言えば，このような最大の善こそが追求すべきものであるということになる。

これに対して，エピクロスの哲学的コンヴェンショナリズムの立場が最大の善と見なすのは，（どんな欲望でも，ということではなく）必要不可欠な，あるいは自然な欲望の充足に基づき，確固とした快楽を得ること，もしくはその手段である。この，確固とした快楽を得ること，これを人生の目的，目指すべきところであると考える。しかるに，エピクロスの哲学では，たしかに快楽自体はいずれも悪いものではない。だが，身体の快楽よりも魂の快楽の方を大きいと見なす。身体の快楽や苦痛がその場のことにすぎないのに比べ，魂の快楽の方

は過去，現在，未来のことに及ぶ，という考え方が背後にある。そうすると，魂の快楽，すなわち，より確固とした善に基づく快楽を，どのようにして手に入れることが目指されるべきなのか。以下に引用するのは，人生の目的に到達するために得るべき最大の善は思慮である，ということをエピクロスが述べている箇所である。

　というのも，快適な生活をもたらすのは，酒宴やどんちゃん騒ぎをひっきりなしに催すことでもなければ，少年や女たちとの交わりをたのしむことでもなく，魚その他の贅沢な食卓が差し出す限りのものを味わうことでもなくて，むしろ，すべての選択と忌避の原因を探し出したり，また，極度の動揺が魂を捉えることになる所以のさまざまな思惑を追い払ったりするところの，醒めた分別こそが，快適な生活をもたらすのである。
　ところで，そういったことすべての出発点であり，また最大の善であるのは，思慮(フロネーシス)である。それゆえにまた，思慮は，(純粋な知識愛としての)哲学よりもいっそう尊いものである。そしてその思慮から，それ以外のすべての徳は生まれるのである。つまり，思慮深く，立派に，かつ正しく生きるのでなければ，快適に生きることはできないし，逆にまた，快適に生きることなしには，思慮深く，立派に，かつ正しく生きることもできないということを，思慮は教えてくれるからである。というのも，もろもろの徳は，快適に生きることと本来一体となっているものなのであり，快適に生きることは，もろもろの徳から切り離せないからである。

　思慮が最大の善であるということは，すなわち，そのような能力をもっているということにではなく，思慮をはたらかせ醒めた分別をもって，実際に思慮深く立派に，かつ正しく生きるということに価値を置くということである。結果的になにかを得る，もしくは得ている幸運よりも，考えて行為すること自体が「まさっている」ことであり「よりよい」ことであると言われる。

　さらに，思慮ある人は，よく考えることもなしに行動して幸運であるよりも，よく考えて行動しながら不運である方がまさっていると信じている。なぜな

第**6**章 エピクロス哲学とレオ・シュトラウス

ら，もろもろの行為においては，立派に判断したことが偶然のせいでうまく行かないとしても，その方がよりよいことだからである。(13)

したがって，たしかに，〈さまざまな欲求（自然で必要な欲求，自然な欲求，不自然な欲求）の充足によるさまざまな快楽＝さまざまな善〉ではあるが，さまざまな善はすべてが自然な，——あるいはより厳密に言うならば，エピクロス哲学の立場からは——その追求を推奨されると言う意味での自然の欲求に基づくものではない。また，いかなる快楽もそれ自体は悪いものではないと言っても，ある種の快楽をつくり出すものは，それらの快楽そのものよりも何倍も多くの煩いをもたらす。しかるに，〈確固とした快楽＝人生の目的となる善〉であるが，確固とした快楽とは，不自然な欲求の成就に基づく快楽に依存することなく，身体および魂の自然にしたがった快楽を確保するところにある。同じく善と呼ばれながらも，人が追求すべきとされるのは後者の善，すなわち人生の目的となる善である。(17)

エピクロスの哲学において人間の本性的な自然とは，その都度ただちに感じとられるものではなく，まず，さまざまな善の対照的な評価，査定を経て，発見されていくものである。善は，もたらされる快という意味ではいずれも自然ではあるのに，その善をもたらす欲求がすべて自然なものとは見なされないのはなぜか。それは，眼前の快よりも，確固とした快が優先されるからである。エピクロスのコンヴェンショナリズムが哲学的コンヴェンショナリズムと呼ばれて通俗的なコンヴェンショナリズムと区別されるのは，——通俗的コンヴェンショナリズムがそうであるように——快をもたらすあらゆる欲求が，その強さに応じて自由な充足を推奨されるのではなく，個人の欲求充足に関して，感受される欲求の強さという規準への単純な依存からは一線を画して，いわば理性主義的な秩序が導入されているからである。

さらに，エピクロス主義の考え方に基づくならば，ある欲求が自然なものであるからといって，ただちにそれが獲得すべき善であることにはならない。というのも，自然であっても必要不可欠ではない欲求という分類をもっており，このような欲求の充足に関しては，たとえその充足が当人に望ましく思われたとしても，状況によって必ずしもそれが許されるわけではない。ことに，自然

という意味では，他者の善との比較のうえでもっぱら自分の善に配慮することは自然ではある。しかしながら，この「自然」は，「自然かつ必要」である他者の欲求充足と同等の価値をもたないであろう。

　第Ⅳ章でのシュトラウスによれば，コンヴェンショナリズムの基本的前提は，善いことと快いことを同一視することにある[20]。したがって，古典的自然権の教説の基本的部分は，そうした快楽主義の批判であった（*NRH*, 178頁）。しかしながら，善いことと快いこととの同一視自体は，次のことを意味するにすぎない。それは，コンヴェンショナリスト的立場からは，人間の自然が指し示す「善いこと」は「快いこと」であるということ，あるいは，「快い」とは「善い」ことであるかどうかの判断基準となる[21]，ということである。しかるに，さまざまな快をもたらすさまざまな欲望やそれら欲望のさまざまな強さ，これらはただちに感受できる自然ではあるが，また別の重要な自然の発見がそこに加わるとすればどうか。すなわち，人間は確固たる最大の善を追求すべきである，あるいは換言するならば，人間は自然本性的に確固たる最大の善を追求するものである，という発見が加わるとすればどうか。エピクロス哲学においては，最大の善を確保する自然本性的に善き生とは，自然を発見する哲学が導くものであり，最大の善の内実は，自然本性的に善き生のもたらす精神的平安である[22]。

　コンヴェンショナリズムは，たしかに善と快との同一視という意味での快楽主義的基盤をもつ。だが，快のいわば適正な追求という理性的目標は，哲学的コンヴェンショナリズムに決して欠けてはいないのである[23]。とすれば，古典的自然権の教理が政治哲学という観点からコンヴェンショナリズムの快楽主義を批判するとき，その主要な標的となる快楽主義は哲学的コンヴェンショナリズムの快楽主義ではなく，通俗的コンヴェンショナリズムの快楽主義であるということになる。

## 3　『自然権と歴史』第Ⅲ章におけるコンヴェンショナリズム

　だが，通俗的か哲学的かということはともかく，少なくともコンヴェンショナリズムは古典的自然権の教理とは異なり，自然的正の存在を否定するのでは

第 6 章　エピクロス哲学とレオ・シュトラウス

ないか。

　シュトラウスによれば，コンヴェンショナリズムは，正や正義の意味がまったく恣意的であるとか，正や正義に関してはいかなる普遍的合意も存在しないということを主張するものではない。むしろ反対に，コンヴェンショナリズムは，すべての人間が正義を基本的には同一のものとして理解していることを前提している。正しくあるとは，すなわち他人に害を加えないこととか，他人を援助すること，共通善を配慮することを意味する。そこで，シュトラウスはコンヴェンショナリズムが自然的正を斥ける理由として，以下の3点を示している（*NRH*, 154頁）。

①すべての人間の自然的欲求は自分自身の善のみを目指すのだから，正義はこのようなすべての人の自然的欲求と不可避的な緊張関係にある。[24]
②正義が自然のうちに基礎をもつかぎりにおいて，――正義が一般的に言って個人に有利なものであるかぎりにおいて，――正義の要求は都市という人為的な単位の成員に限定される。[25]すなわち，いわゆる「自然的正」は，ある特定グループの成員に対してのみ有効な，そしてそれに加えてグループ内の関係においてさえ普遍的な有効性を欠くようなある種の粗雑な社会的便益の諸規則から成り立つ。
③「正」や「正義」によって一般的に意味されていることによって，「援助」や「加害」や「共通善」[26]の厳密な意味が規定されることはまったくない。これらの用語は細目の特定化をまってはじめて真に意味あることとなるのであるが，このような特定化はすべて人為的である。

　以上を概観して気がつくことは，ここには通俗的コンヴェンショナリズムの立場が依拠する重要な発想が記されていないということである。すなわち，正義が必要となるのは，もともと人間が他人より多くを所有したい，他人に優越したいという欲求をもつからだという発想である。
　そこで，順番に見ていくと，まず①は，ここでの自然的欲求を哲学以前の人間の原初的な欲求と考えるかぎりで，コンヴェンショナリズム一般が自然権の教理と共有し得る前提を含むと言えよう。換言すれば，たとえ「自然的正」の

103

存在を直接に導くことはないとしても、少なくともこの前提自体は、万人に普遍的に妥当する自然で不可欠の要求をみずからの単なる自然な要求よりも優先すべきである、といった理性的見解を否定する根拠とはならないだろう。

また、②の根幹にあるのは、正義の徳はその有益性にあずかる個人にとっては目的のための手段となるということ、すなわち、当人の幸福に資する[27]ということである。しかるに、このこと自体は自然権の教理の立場からも認めないわけにはいかない客観的事実と言えよう。ただ、コンヴェンショナリストが②で積極的に問おうとしているのは、いわゆる「自然的正」と言われるものが、はたしてほんとうに全体としての共通善を視野に置いていると言えるのかという問いである。[28]

では、③に関してはどうか。共同体の特定の状況において、実際に「援助」[29]や「加害」や「共通善」として該当するものは何か、それらが何を含むかという観点に限定した場合、「正」や「正義」の一般的、あるいは原理的な前提の含意にもかかわらず、社会の要求する決定は普遍的規則によっては導かれない。こうした実情は、実際にはコンヴェンショナリストに指摘されるまでもなく、市民的社会に妥当する原理の問題、自然的正と市民的社会との両立の問題、あるいは、低位の原理によって希釈された自然法の問題（*NRH*, 209-213頁）といった形で、まさに古典的自然権の教理に対して難題を提供し続けることになる。[30]

このように、自然的正を斥ける理由としてシュトラウスが挙げる三項目のコンヴェンショナリストの見解は、それらが人間の原初的自然の自己中心性、正義の徳の結果としての有益性、状況に応じた具体化を必要とする正義の適用性といった一般的洞察に依拠しつつ、自然的正に関する抜き差しならぬ探究上のアポリアを自然権の教理と共有していることをうかがわせるものである。だが、上述の三項目は、通俗的コンヴェンショナリストの見解に関しては、なにを示しているだろうか。

先に、古典的自然権の教理がコンヴェンショナリズムの快楽主義を批判するとき、第1の主要な標的が通俗的コンヴェンショナリズムの依拠する快楽主義であることを見た。ひるがえって、いま注意すべきは、コンヴェンショナリズムが「自然的正」を斥ける理由としてシュトラウスがあげる上述の3点の見解が、いずれも、以下に見ていくように、厳密には通俗的コンヴェンショナリズ

ムの見解を代表するとは言えないということである。

　第1に，コンヴェンショナリズムの見解とされる上述の①で，正義は，自分自身の善のみを目指すすべての人の自然的欲求と不可避的な緊張関係にあると言われている。しかし，通俗的コンヴェンショナリズムの考え方ではむしろ，自然に合致した特権的生活は，みずからの自然的欲求と正義との不可避的な緊張関係の中に放り込まれることはない。正義の外見だけが必要なものであって，それさえ，かなぐり捨てることのできるものである（NRH, 161-162頁）。

　さらに，コンヴェンショナリズムの見解とされる上述の②で，正義の要求は都市という人為的な単位の成員に限定されると言われているが，これに反し，通俗的コンヴェンショナリズムであれば，より正確には，都市や正は必然的に最大の快楽への欲求——他人たちよりも多くを所有する，あるいは他人たちを支配すること——に制限を課すゆえ，最大の快や自然本性的に最大の善きものとは相容れない，と考える。通俗的コンヴェンショナリズムの考え方に基づくなら，幸福を目指す個人の理想は，取り決めごとである人為的正に外見上は合致した行動と結びついた内的な自由である。もしくは究極的には，首尾よく都市全体を自分の私的利益に従属させることであり，人為的正に拘束されることのない完全な特権的自由である[31]。

　また，③については，通俗的コンヴェンショナリズムの立場では「正」や「正義」の意味するところは個人の利害に即して具体的に明快であり，「援助」や「加害」や「共通善」の意味するところも，各々の条件のもとで彼らの考える自然に基づいて，快楽主義の立場から明快に導出されるであろう[32]。

　とすると，コンヴェンショナリズムが自然的正を斥ける理由としてシュトラウスがあげる3点の見解はいずれも，通俗的コンヴェンショナリズムではなく，基本的には哲学的コンヴェンショナリズムの見解として理解すべきものであるということになる。したがってまた，『自然権と歴史』第Ⅲ章で，古典的自然権の教理と対照されるものとして念頭に置かれたコンヴェンショナリズムとは，通俗的コンヴェンショナリズムならぬ哲学的コンヴェンショナリズムの方であるということになる。

　しかし，それでは，ソクラテス以前の思想状況が主題であるはずの第Ⅲ章のコンヴェンショナリズムとして問題となっているのは，——哲学的コンヴェン

ショナリズムとして——時代をくだったエピクロスの哲学なのだろうか。実は，これに関連して，『自然権と歴史』第Ⅲ章の終盤において，次のような記述がある。

　通俗的コンヴェンショナリズムはその起源を，哲学的コンヴェンショナリズムの堕落に仰ぐものである。その堕落を「ソフィスト」にまで跡づけることは，当を得たことである。ソフィストは，ソクラテス以前の哲学者たちのコンヴェンショナリズム説を「流布させ」，それとともにこの説の質を低下させたと言うことができよう（NRH, 163頁）。

　もし，通俗的コンヴェンショナリズムこそがソクラテス以前のコンヴェンショナリズムであり，哲学的コンヴェンショナリズムの方は後代のエピクロス哲学固有のものだと考えるとするならば，この記述は一見，奇異に感じられよう。だが，むしろプラトンやアリストテレスからストア派へと解説が進む第Ⅳ章が，時代的にはエピクロスの登場箇所であるはずにもかかわらず，シュトラウスがソクラテス以前に比べればかなり後代のエピクロス哲学，もしくはその表現であるルクレティウスの著作に第Ⅲ章において長々と言及しているのは，それが記録に残っている最大の哲学的コンヴェンショナリズムだからであった。つまり，ソクラテス以前のコンヴェンショナリズムに関しては，個別の思想としてルクレティウスが伝えるものほどには整った包括的文書が残っていないということなのである。整った個々の思想としては残っていないけれども，しかし，ソクラテス以前のコンヴェンショナリズムは決して通俗的コンヴェンショナリズムにつきるものではなく，むしろ，哲学的コンヴェンショナリズムこそが本来のコンヴェンショナリズムの姿であったということ，これが，上のシュトラウスの記述の言わんとするところである。したがって，『自然権と歴史』第Ⅲ章とは，いわば哲学的コンヴェンショナリズムそのものであるコンヴェンショナリズムの本来の姿を描いたものであったということになる。

　このことを理解するためには，シュトラウスが言うところの哲学の存立がかかっている区別，すなわち理性と権威との区別という基本的立脚点に戻る必要がある。人間本性にとって，またシュトラウスの関心にしたがって社会哲学の

## 第❻章　エピクロス哲学とレオ・シュトラウス

観点からは，理性とは自然を発見するはたらきを担うものである。そして，シュトラウスにしたがうならば古代のコンヴェンショナリズムは，この理性と権威との区別という哲学的な基盤をあくまで自然権教理の伝統と分かち合う。

一方，通俗的コンヴェンショナリズムにあっては，理性によって顕されていくべき人間の自然本性——ひいては，社会の自然本性——という哲学的目標はなく，むしろ，思い切りのよい固定的なイデオロギーが社会の在り方を規定することをよしとする。というのも，通俗的コンヴェンショナリストは，各々の自然の力量にしたがい，もっぱら自己の安全と所有欲との妥協点を求めることに終始し，各々の欲求に基づいて都合の良い社会，これを本来の社会であるとする(35)。眼前の現象を超えた自然を，理性によって顕わにする(36)，という目標を放棄している点で，通俗的コンヴェンショナリズムは哲学の伝統からは逸脱していると言える。そこに欠如しているのは，本来的に尊重すべき他者の善という視点である。より厳密に言うならば，彼らの人為的正の解釈は，他者の欲求の尊重のための理論的根拠の不在に基づき(37)，本性的な共同的社会的善という視点を単に欠落させているというばかりではない。それどころか，共同的社会的善の価値(38)を正面から否定することにより，1つの肯定的価値としての正の基本的意味からも離れ，いわば倒錯した正観念を説く(39)。

理性と権威との区別という観点からは，通俗的コンヴェンショナリズムにおいては，——行為の規準としての——人間の本性的自然の理性的発見はその目標と意義を失い，理性ではなくあいかわらず権威が，望ましい社会の在り方の規準となっている。いわば，権威の対象が伝統的神々や伝統的慣習から利己的快楽に代わっただけであり，理性による自然の発見という哲学的営為の代わりに，むしろ，あらたな権威への固執が顕著である(40)。

こうしたスタンスは，シュトラウスが第Ⅲ章で説明するような古代コンヴェンショナリズムの基本的立場，すなわち，「自然一般から区別された人間の自然本性が，道徳的区別の基礎となりうる」（*NRH*, 136頁）といった立場とは，あまりにも対照的である。以下の引用は，古代コンヴェンショナリストの見解に基づき，正義が超人間的な支持基盤をもつものではないこと，正義が善で不正義が悪であることはもっぱら人間の働きに帰せられること，つまり，神的正義を信じなくとも自然的正の存在を認めうるということを，シュトラウスがソ

クラテス以前の最もよく知られた教理である原子論によって説明している箇所である。

原子が善悪を超えているという事実は，原子の合成体，とりわけ我々が「人間」と呼んでいる合成体にとって，自然本性的に善いものあるいは悪いものは何も存在しないという推論を正当化するものではない。実際，人間がなしている善悪の区別や人間の選好のすべてが単なる約束事にすぎないとは，誰も言うことができない。我々はそれゆえ，人間の自然本性的な欲求および傾向性と，約束事から生じてくるそれらのものとを，区別しなければならない。さらに我々は，人間の自然に合致し，それゆえ人間にとって有益な人間の欲求および傾向性と，人間の自然ないし人間性を損ない，したがって有害なそれらのものとを，区別しなければならない（NRH, 136-137頁）。

古代コンヴェンショナリズムの真髄を物語るこうした思索は，社会的公正についてはあくまでこれを追求するという姿勢を古典的自然権の教理と共有している(41)。共有しているというばかりではない。こうした古代コンヴェンショナリズムは，社会的正の追求に関して最も一般的な自然的基盤を与えようとする試みである点で，古典的自然権観念のまさに思想的起源であったと言える。

だが，社会的公正発見への通路を尊重するような発想をもたない通俗的コンヴェンショナリズムは，社会的正をめぐって自然権の教理と対峙できるような基盤を共有していない。哲学的コンヴェンショナリズムとは対照的に，古代の通俗的コンヴェンショナリズムとは，コンヴェンショナリズムの名は共有するけれども，古代の理性主義的伝統からはこのように逸脱した，倒錯した倫理的ニヒリズムであるということになる。

## 4　古代コンヴェンショナリズムと自然権

一般的には，通俗的コンヴェンショナリズムとの違いがともすれば明確になされないままに，コンヴェンショナリズム，もしくはソクラテス以前のコンヴェンショナリズム，という言い方がなされる場合がある(42)。こうしたなかで，通

第6章 エピクロス哲学とレオ・シュトラウス

俗的コンヴェンショナリズムならぬ哲学的コンヴェンショナリズム自体をソクラテス以前のコンヴェンショナリズムとして浮彫にさせたことは，堅実な古代史理解を支えとしたシュトラウス独特の『自然権と歴史』における手柄であったと言えよう。すなわち，哲学的コンヴェンショナリズムや，またこれとかかわりの深い快楽主義を，通俗的快楽主義や通俗的コンヴェンショナリズムとの対比のなかに浮かび上がらせたシュトラウスの手腕，それが第Ⅲ章の真髄であると言えよう。しかるに，エピクロス哲学は，こうした哲学的な快楽主義や哲学的コンヴェンショナリズムを最も包括的にわれわれに伝える哲学的思想である[43]。エピクロス哲学，ないしはその快楽主義やコンヴェンショナリズムの種々の側面に関しては，『自然権と歴史』の後続する各章でも言及されており，この哲学がシュトラウスの自然権思想の思索に与えた細かな陰影を垣間見ることができる。

なお重要なことは，この哲学的快楽主義やコンヴェンショナリズムが，もしこれらの通俗版を排除するなら，自然権の存在や認識可能性を否定するどころか，むしろ，これらに独自の基盤を提供しうる，という点である。というのも，シュトラウス自身の目的から言えば，すなわち，自然権の存在と認識可能性の主張に対する歴史的根拠の想起という観点から見るなら[44]，古代コンヴェンショナリズムにおいて，たしかに権利という社会的保証は人為的な基礎をもつものであるが，しかし，エピクロス哲学がわれわれに明確に伝えるように，万人の最も基本的な要求は「自然的，かつ必要不可欠」な要求であり，それゆえ，不可侵なのである。この最も基本的な要求とは，すなわち，「幸福のため，身体に煩いがないことのため，そして，生きることそのことのために」必要とされる要求である[45]。

したがって，コンヴェンショナリズムが一般的には自然権の存在を否定する見解であるとされるなかで，哲学的コンヴェンショナリズム理解がシュトラウスの自然権擁護の思想へいかに寄与しているかを見極めることは，われわれ読者に残された課題であるとも言えよう。『自然権と歴史』全体を視野に入れる場合に，こうして第Ⅲ章は，シュトラウスの自然権擁護の思想的基盤を知るうえで注意深く読む価値のある章となっている。

## 注

（1）「正の観念の多様性から自然権の非存在へと推断することは，政治哲学それ自体とともに古い。政治哲学は，正の観念の多様性が自然権の非存在を，あるいはすべての権利の人為的性格を証明しているという主張とともに始まるように思われる。我々はこの見解を『コンヴェンショナリズム』と呼ぶことにする。」（*NRH*, 26-27頁）「コンヴェンショナリズムは，自然と人為の区別があらゆる区別のうちで最も基本的であると前提していた。それは，自然が人為的なものや社会の命令とは比較にならぬほど高い尊厳を有すること，つまり自然が規範であることを意味していた。権利と正義が人為的であるという命題は，権利と正義が自然のうちに基礎をもたないこと，それらが究極的には自然に反するものであること，そしてそれらが明示的にせよ暗示的にせよ共同社会の恣意的決定に根拠をもつことを意味していた。つまり，それらはある種の合意の他には基礎をもたないのであり，そして合意は平和を生み出すことはあっても，真理を生み出すことはできないのである。」（*NRH*, 27頁）

（2）コンヴェンショナリズムに対比されて，「ソクラテスによって創始され，プラトン，アリストテレス，ストア学派，それにキリスト教思想家たち（とりわけ，トマス・アクィナス）によって発展させられた独特の自然権の教理は，これを古典的自然権の教理と呼ぶことができよう。それは，十七世紀に現われた近代的自然権の教理とは区別されなければならない。」（*NRH*, 169頁）「自然と法（人為）の区別は，ソクラテスにとっても古典的自然権一般にとっても，その完全な意義を保持していた。古典的思想家たちは，法が自然によって打ち立てられた秩序に従うべきであると主張したり，自然と法の協調関係について語ったりするとき，そのような区別が妥当なことを前提している。彼らは，自然的正と自然的道徳性を否定する立場に対しては，自然的正と法的正の区別ならびに自然的道徳性と単なる人為的道徳性の区別とをもって対抗する。彼らはそのような区別を，真正の徳と政治的ないし通俗的徳を区別することによっても，保存するのである。プラトンの最善の国制を特徴づける諸制度は，『自然と一致したもの』であり，『習慣や慣習に反するもの』である。他方，それとは反対の実際にどこででも行なわれているような諸制度は，『自然に反するもの』である。」（*NRH*, 170-171頁）

（3）ここではシュトラウスの説明に沿い，「感覚的知識の助けをかりて自然を発見する人間の能力を理性，ないし知性」と考えることにする（*NRH*, 134頁）。ただし，ソクラテスやプラトン，アリストテレス，ストア派の哲学に該当するような理性概念は，エピクロス主義者が思考について説明するときに依拠するものではない。古代ギリシアの理性主義については，M. Frede and G. Striker eds. (1996), *Rationality in Greek Thought*, Oxford University Press を参照されたい。同書（pp. 221-237）には，エピクロスの認識論に関連して Malcolm Schofield, '*Epilogismos:*

*An Appraisal'* が収められている。同論文では，哲学に必要な種類の思考は，数学者や問答家に限定されるような特殊な知的技術ではなく誰にでもできるまったく普通の営みである，というエピクロスの姿勢に基づき導入された用語 *epilogizesthai* が分析されている。

（4）「コンヴェンショナリズムと，たとえばプラトンのとった立場との間には，明らかに深い相違がある。しかし，古代の論敵たちは，最も基本的な点に関しては一致していて，両者とも自然と人為の区別が基本的であることは認めている。それというのも，この区別は哲学の観念そのもののうちに含まれているからである。哲学することは洞窟から太陽の光の方へと，すなわち真理の方へと上昇することを意味している。洞窟は知識と対立する意見の世界である。意見は本質的に変易する。意見が社会の命令によって安定させられなければ，人間は生きて行くこと，すなわち共に生きて行くことができない。意見はかくして権威的意見となる。すなわち，公的ドグマあるいは世界観となる。そこで，哲学することは公的ドグマから本質的に私的な知識へと上昇することを意味する。公的ドグマは本来，全体包括的な真理や永遠の秩序の問題に答えるには不十分な試みである。永遠の秩序の観点からすれば，いずれも偶然的ないし恣意的である。不十分な見解はその妥当性を，その内在的な真理性にではなく，社会の命令すなわち人為に仰いでいる。したがってコンヴェンショナリズムの基本的前提にあるのは，哲学とは永遠なるものを把握せんとする試みであるとする考えに他ならない。」（*NRH*, 28-29頁）

（5）「自然的正というものは存在するのだろうか。ソクラテス以前には否定的な答え，すなわち，我々が『コンヴェンショナリズム』と呼んでいた見解が，支配的であったように思われる。哲学者たちが最初のうちコンヴェンショナリズムの方に傾いていたことは，別に驚くべきことではない。正しさ（権利）は，まず最初は，法律や慣習と同一のこととして，あるいはそのような性格のこととして現れる。そして哲学の出現とともに，慣習や約束事は自然を隠すものとして立ち現われてくるのである。」（*NRH*, 135頁）

（6）「我々は，自然に合致するがゆえに善い生，人間らしい生という観念に導かれる。論争の両陣営とも，そのような生が存在することを認めている。より一般的に言えば，彼らは公正とは区別された善の優位を認めている。論争点は，公正は善（自然本性的に善）であるか，あるいは人間の自然に合致した生は正義や道徳を必要とするか，という問題である。」（*NRH*, 137頁）

（7）都市への言及に関連して，「他者に優越したいと願う欲求は，都市の内部においてのみ発揮されることができる。しかしこのことは，自然に合致した生が，約束事によって生み出された機会を上手に活用することや，多数の者が人為的取り決めによせた善意の信頼を利用することにおいて成り立つことを，意味するにすぎない。そのようにうまく利用するためには，なまじ都市や正に対する真剣な尊敬によって

妨げられることのないようにすることが必要である。」(*NRH*, 161頁)
(8) シュトラウスによれば，善と先祖的なものの原初的同一視が，真っ先に，善と快の同一視に取って代わられたとしても驚くに当たらない。善と先祖的なものの原初的同一視が自然と人為の区別を基にして斥けられるとき，先祖伝来の慣習や神的掟によって——まさに欲求の対象であるという理由で——禁止されていた事柄が，自然的なこと，本来的に善きこととして浮かび上がってきた。人為の約束によって禁止されているという事実は，それらが約束事に基づいて欲求されているのではなく，自然によって欲求の対象となっていることを示す。自然的善は，こうして快楽であるように思われる。快楽による方向づけが，先祖的なものによる方向づけに代わる最初の代替物となった。古典的快楽主義の最も発展した形態が，エピクロス主義である (*NRH*, 155頁)。
(9) ディオゲネス・ラエルティオス著，加来彰俊訳『ギリシア哲学者列伝 (下)』(岩波文庫，1994) 第10巻第1章149.29. 以上，三種類の欲求を傍点で示した。また，それぞれの種類の欲求に関して，「[エピクロスが，自然的で必要 (不可欠) な欲望と考えているのは，例えば，渇いているときに飲みものを欲するように，苦痛を解消する欲望のことである。また，自然的ではあるが，必要でない欲望と考えているのは，贅沢な食事を欲するように，苦痛を取り去るのではなく，快楽をただ多様化するだけの欲望のことである。また，自然的でもなければ，必要でもない欲望としているのは，例えば，王冠や銅像の建立を望むことである。]」もちろん，苦痛を解消する欲望がすべて自然的で必要 (不可欠) な欲望ということではない。「自然的な欲望ではあるが，充足されなくても苦痛へ導くことのない欲望のなかに，対象への激しい熱望が宿っている場合には，そのような欲望は空しい想いによって生まれているのである。そしてこれらの欲望が解消しないのは，欲望自体の本性のゆえにではなくて，その人の空しい想いによるのである。」(同書，第10巻第1章149.30.)
(10) 同書，第10巻第1章137. もっぱら現在の快楽に目を向けるタイプの快楽主義と対置される。欠乏の充足にともなうような動的快楽に重点を置く快楽主義と異なり，欠乏のない状態としての快楽を重視するエピクロス的快楽主義は，過去の充足を回顧したり未来の確実な充足や非欠乏を予測することにより現在の静的な快楽を獲得することができる。同時代のキュレネ派の快楽主義との比較のなかでエピクロス的快楽主義における過去や未来の快を論じ，また，非欠乏の快楽論と死の恐怖を乗り越えるエピクロス的指南とのかかわりを論じているのが，James Warren, 'Epicurus and the Pleasures of the Future', *Oxford Studies in Ancient Philosophy*, volume XXI, Winter 2001 (pp. 135-179)，並びに同著者の 'Epicurean Immortality', *Oxford Studies in Ancient Philosophy*, volume XX, Summer 2000, (pp. 231-261) である。「魂の快楽」については，注17も参照されたい。

(11) 同書，第10巻第1章132.
(12) エピクロスの快楽主義が穏健な古代倫理思想として，いかに徳の育成や他者への配慮を人生の目的に組み込むことに腐心しているかを論じたものに Julia Annas (1993), *The Morality of Happiness*, Oxford University Press がある。同様に，A. A. Long (1999), 'The Socratic Legacy', in K. Algra, J. Barnes, J. Mansfeld, and M. Schofield (eds.), *The Cambridge History of Hellenistic Philosophy*, Part V, Ethics and Politics, Cambridge University Press (pp. 617-641), p. 635.
(13) 同書，第10巻第1章135.
(14) 歴史的にはエピクロスの快楽主義が考察の課題としていたのは，快そのものの本性の問題よりも，幸福にいたるためにはどのような欲求に基づいてどのような充足の状態を目指すべきか，という問題であった。
(15) 同書，第10巻第1章141.7.
(16) 必要不可欠な身体的快楽自体は，それほど獲得の難しいものではない。獲得がより困難であるのは，自然だが多様化した快楽である。そうした快楽への欲求は，もしその快楽の獲得の不成功が精神的な苦痛をもたらすなら，もはや自然なものであるとは言えない。不自然な欲求を見極めることが，エピクロス的人生の求めるところである。
(17) エピクロスの快楽主義が心理的事実としての psychological hedonism ではなく指針としての normative hedonism であること，またその快楽主義を理解するうえで，生来の自然な善とはなにかという問いと人生全体の適切な目的はなにかという問いを区別する必要があることを指摘した論文に John M. Cooper (1999), 'Pleasure and Desire in Epicurus', in *Reason and Emotion:* Essays on Ancient Moral Psychology and Ethical Theory, Princeton University Press (pp. 485-514) がある。同論文では，知的な快楽も身体活動に基づく快楽とみなすなど，「魂の快楽」に関して興味深い見方を提供しているが，こうしたエピクロス哲学解釈上の難題は，本章では取り上げることができない。Cooper とは対照的に，エピクロスの快楽主義を psychological hedonism と解するのは Michael Erler & Malcolm Schofield (1999), 'Epicurean Ethics', in K. Algra, J. Barnes, J. Mansfeld, and M. Schofield (eds.), *The Cambridge History of Hellenistic Philosophy*, Part V, Ethics and Politics, Cambridge University Press (pp. 642-674).
(18) ギリシア語では，*epilogizesthai*. 注3を参照。
(19) 「感覚的知識の助けをかりて自然を発見する」(*NRH*, 134頁)，また注3を参照。これに関連して，「自然権の観念は，自然の観念を知らない限り知ることができないはずである。ところで，自然の発見は哲学の仕事である」(*NRH*, 120頁)。
(20) 「プラトンが自然的正の存在を確立しようと試みたとき，彼はコンヴェンショナリストの命題を，善は快と同一であるという前提へ還元している。」(*NRH*, 155頁)

(21)『ギリシア哲学者列伝（下）』第10巻第1章129．「というのは，われわれは快楽を，われわれが生まれるとともに持っている第一の善と認めているからであり，そしてこの快楽を出発点にして，すべての選択と忌避を行なっているし，また快楽に立ち戻りながら，この感情を規準にして，すべての善を判定しているからである」「しかしながら，このもの（快楽）が第一の善であり，われわれに生まれながらにそなわっているのだからといって，そのことのゆえにまた，快楽であればどんなものでも，われわれは選び取りはしないのである。……快楽はどれもすべて，われわれの本性に親近なものであるがゆえに，善いものではあるが，だからといって，すべての快楽が選び取られるべきものではないのである。」
(22) 同書，第10巻第1章129．さまざまな欲望についての「迷うことのない考察こそが，すべての選択と忌避とを身体の健康と魂の平静さに関連づけることを可能にするからである。けだし，そのこと（身体の健康と魂の平静さ）こそが至福なる生の目的なのだから」
(23) エピクロス主義者の議論としてシュトラウスがまとめるところ，人が意見に導かれて向かう三種類の選択の対象（快適なもの，有用なもの，高貴なもの）のうち，快適なものに関して言えば「様々な種類の快楽は苦痛と結び合わされていることを我々は経験しているから，より好ましい快楽とより好ましくない快楽の間で区別するように仕向けられる。こうして我々は，自然的快楽のうちで必要不可欠なものとそうでないものとの差異に気づく。さらに我々は，苦痛が全く混入していない快楽とそうでない他の快楽とが存在することを認める。最後に我々は，快楽の究極，完全な快楽が存在することを知るに至る。そしてこの快楽は，我々が自然本性的にそれを目指す目標であり，ただ哲学によってのみ到達可能なものであることが分かってくる」(*NRH*, 156-157頁)．
(24) コンヴェンショナリズムの考えでは，「正（権利）が自然的であると主張する人でさえ，正義が一種の相互関係に存していることを認めなければならない。人間は他人から自分にしてもらいたいことを，他人に対してなすよう命じられる。他人によって利せられることを欲するがゆえに，他人を利するよう強いられる。」(*NRH*, 152頁) コンヴェンショナリストの議論の要点は，「正は本質的に都市に属し，そして都市は人為的なものであるゆえ，正も人為的」だというところにある。「個人の私的利益と都市や正義の要求との間の対立は避けられない。都市がこの対立を解決するには，都市や正義が個人の私的利益よりも崇高なものであることを宣言することによらなければならない。」が，このような主張は本質的に虚構であると言われる (*NRH*, 153頁)．
(25) コンヴェンショナリズムの立場からは，都市は人為的なあるいは虚構の統一体であるように見える。自然的存在であれば，暴力なしに成立し存在するからである。さらに，市民というものは，（子としては自然的産物であっても）市民たる両親の

合法的結婚に根拠をもつものであるし,「帰化」によって「自然的」異邦人が人為的に「自然的」市民へと移変する。市民と非市民との違いは自然的でなく人為的である (*NRH*, 148-149頁)。

(26) 自然的正を支持する立場であれば,法は,都市やその他すべてのものを救う,つまり共通善を保証すると主張するだろう。共通善とはまさにわれわれが「正しいこと」によって意味していることである。法は,それが共通善に貢献するかぎりにおいて正しい。そして,もし正しいことが共通善と同一のものであるとしたら,正しさや正(権利)は約束事ではありえない。したがって,それぞれの場合になにが正しいことかを決定するのは事柄の自然本性であって,取り決めではない。このことは,正しいことが都市ごと時代ごとに変化してさしつかえないことを含意している。正しいことの多様性は,正しいことは共通善と同一であるという正義の原理と,両立可能であるのみならず,その1つの帰結である。シュトラウスによれば,コンヴェンショナリズムはこのような結論にいたることを避け,共通善が実際に存在することを否定した。「共通善」と称されるものは,実際にはそれぞれの場合の善であるが,それも全体のではなく,一部の者の善である。法は都市の決定であるが,都市はみずからが有している統一と存在とを,その「国制」ないし体制に負うている。体制の相違は,都市を構成する部分や階層の違いにその根拠がある (*NRH*, 145-147頁)。

(27) このような文脈では,有益性,幸福という言葉を通俗的に解してしまいやすい。基本的に古典的理論家たちは,道徳的事柄や政治的事柄を人間の完成という観点の下に見ていた。ことに,古典的自然権の教理の立場からは,幸福の核心は当人の人間的(倫理的,知的)卓越性にあった (*NRH*, 188-189頁)。

(28) たとえ,部分の利益(個人や一集団の利益)を全体の利益に従属させる徳性として正義を理解するとしても,共通善の人為性に関するコンヴェンショナリストの議論では,都市が真正の全体ではないならば,不正なことや利己的なことに対比して「全体の善」や正しいことと称されていることは,実際には集団的利己心の要求にすぎない (*NRH*, 150-151頁)。

(29)「正義は二つのあるいは二組の異なる原理をもっている。すなわち,一方においては,社会の安全性の要求,つまり,極限状態においては社会の存在ないし独立そのものを維持するために必要な条件,他方においては,より厳格な意味での正義の諸規則がそれである。しかし,どのようなタイプの状況において社会の安全が優先し,どのようなタイプの状態において正義の厳格な規則が優先権をもつかを,明白に規定する原理は存在しない。」(*NRH*, 221頁)

(30)「アリストテレスは,すべての正が——したがってまたすべての自然的正が——可変的であることを明言している。」シュトラウスはこのアリストテレスの自然権の教説に関して,自然的正の特殊的諸規則がそこから導出される公理である自然的

正の諸原理は普遍妥当性をもち不易である，といった（トマス・アクィナスによる）留保を斥けている（*NRH*, 216頁）。「人々が実行しうる正義の要求の可変性は，アリストテレスのみならずプラトンも同様にこれを認めている。両者は，我々があえて次のように表現しても良いような見解を抱くことによって，「絶対主義」と「相対主義」の間で進退きわまることを回避できた。すなわち，諸目的の普遍的に妥当する位階的秩序は存在するが，行為の普遍妥当的規則は存在しない，とする見解である」（*NRH*, 222-223頁）。つまり，なにがなされるべきかを決定するに際しては，競合する目的のうちどれがより上位であるかだけでなく，どれがその状況において最も緊急であるかをも考え合わせなければならない。

(31)「自然に合致した生は，人為的取り決めに束縛されず，しかも外見上は取り決めごとに合致した行動と結び合わさったような完全に内的な自由を要求する。実際の不正と結びついた正義の外見こそ，人を幸福の頂点へと導くであろう。不正を大々的に実行しながら，不正をうまく隠しおおせるためには，人は怜悧でなければならない。しかしこのことが意味しているのは，自然に合致した生活は，ごく少数の者，自然のエリート，人間であって奴隷に生まれつかなかった者にのみ許された特権であることを意味しているにすぎない。一層正確に言えば，幸福の絶頂は僭主の生活であり，都市全体を自分の私的利益に従属させるという最大の犯罪を首尾よくやりおおせた人間の生，正義と合法性の外見すらかなぐり捨てることのできる人間の生である。」（*NRH*, 161-162頁）

(32) 以下に本文で見るような，コンヴェンショナリズムの質を低下させたとされる歴史的「ソフィスト」たち——「哲学者（愛知者）」と対比される人々——（*NRH*, 163頁）を念頭におけば，こうした明快さは，真正の識見や真実に対する無関心の現れである。

(33) 第Ⅳ章の章題は「古典的自然権」となっているため，形式上は，エピクロス哲学を取り扱う必然性はない。ただし，古典的自然権とエピクロスの哲学的コンヴェンショナリズムとの関係について，本文を参照されたい。

(34)「哲学的コンヴェンショナリズムの最大の文書，しかも実際のところ，信頼できると同時に包括的な内容をもつ文書で我々の手にしうる唯一のものは，エピクロス主義者ルクレティウスの詩『事物の本性について』である。」（*NRH*, 158頁）

(35) 自己のなかで欲求間に葛藤がある場合は，各々の欲求の直接的な強度が唯一の優先権の規準となるだろう。

(36)「もし自然が「現象の総体」と理解されるならば，自然の発見の意義は把握されえないであろう」（*NRH*, 121頁）。

(37) エピクロスの哲学的コンヴェンショナリズムが基づく欲求の分類では「自然，かつ不可欠な欲求」は，単なる「自然な欲求」と異なり，各人にとってその欲求充足が，まさに必要不可欠なものとして認められる。他者の「必要不可欠な欲求」は，

原則として，あらゆる自己の「自然な欲求」よりも優先すべきものとなるだろう。
(38) エピクロス主義における共同的社会的善は，他者との友情においてその肯定的価値を発揮する。「正義と自然本性的に善きものとの緊張関係は，正義と友情とを対比するとき最も際立って現われる。正義と友情の両者とも計算に由来するが，友情の方は内在的に快適なもの，それ自体として望ましいものとなるに至る。友情はいずれにせよ強制とは両立不可能なものである。しかし正義および正義と関わりのある結合体——都市——の存立はこの強制にかかっている。」(同書，第Ⅲ章 p. 158.) また，エピクロスの政治的隠遁についての古代以来の誤解を解く試みとして，A. A. Long (2006), "Pleasure and Social Utility", *From Epicurus to Epictetus*: Studies in Hellenistic and Roman Philosophy, Oxford University Press, pp. 178-201. また，A. A. Long & D. N. Sedley (1987), *The Hellenistic Philosophers*, volume 1, Translations of the Principal Sources, with Philosophical Commentary, Cambridge University Press, pp. 134-138 を参照されたい。
(39) あるいは，みずからに言いきかせる。社会的共同的視点を放棄しているからには，そうするより他ないであろう。
(40) *NRH*, 133-134頁では，次のように言われる。「哲学は先祖的なものの権威を根絶することによって，自然が権威そのものであることを認めたのである。だが，哲学は権威を根絶することによって，自然が規準そのものであることを認めたと言った方が，誤解が少ないかもしれない。それというのも，感覚的知識の助けをかりて自然を発見する人間の能力は理性ないし知性であるが，理性ないし知性のその対象に対する関係は，なぜ権威そのものに合致するのかという理由を詮索することなく聴従するのとは全く異質のことだからである。自然を最高の権威と言ってしまえば，哲学の存立がかかっている区別，つまり理性と権威の区別を曖昧にするおそれがある。」
(41) 社会的公正の追求が自然に基づくか約束事に基づくかという点ではコンヴェンショナリスト独特の見解がある。しかし，(神話とは区別された) 哲学の出現以降の古典的哲学者たち一般について，たとえば*NRH*, 134頁ではこのように言われる。「古典的哲学者たちは，善きものと先祖的なものの同一視の根底に存している偉大な真理を，十分に正しく評価していた。だが，もし彼らがまず最初に善きものと先祖的なものの同一視そのものを斥けていなかったとしたら，彼らはその同一視の根底に存する真理を明るみに出すこともできなかったであろう。」
(42) 第1に，シュトラウス自身がそのようにこの語を用いている。だが内実は，たとえば，第Ⅴ章「近代的自然権Ａホッブズ」の本文中，古典的自然権の立場を代表するソクラテス，プラトン，アリストテレス，キケロその他の人々と対置させて，シュトラウスが「プロタゴラスやエピクロスやカルネアデス」に言及している箇所がある (232頁)。通俗的コンヴェンショナリストと哲学的コンヴェンショナリスト

とを区別して懐疑主義者と並べているわけである。
(43) 古代理性主義の伝統のもとにある非ラディカルな快楽主義として。本文ならびに注12を参照されたい。
(44) 同書，序論21頁。
(45) 『ギリシア哲学者列伝（下）』第10巻第1章127.

# 第7章
# Classic Natural Right の教理における最善のレジームとジェントルマン

近藤和貴

## 1 『自然権と歴史』第Ⅳ章の位置づけとジェントルマン論

　『自然権と歴史』第Ⅲ章は，「正」を自然に反する約束事に過ぎないと見なす古代ギリシアのコンヴェンショナリズムを詳述し，その生成と論理のなかに自然的正（natural right, 以下 NR）というアイデア出現の条件である哲学の誕生と自然の発見を看取していた。この議論を受けて第Ⅳ章では，「正」を人間の自然に根拠づける「古典的な自然的正（classic natural right, 以下 CNR）」の教理が，ソクラテスを始めとする古代の著述家におけるヴァリエーションを通じて描き出される。

　リチャード・ケニントンによれば，第Ⅳ章は構成上『自然権と歴史』の中央に位置している。序論および第Ⅴ章と第Ⅵ章の各節（A・B）をそれぞれ独立した部分と見なすなら，『自然権と歴史』は全部で9つの部分をもつことになり，第Ⅳ章はその5番目，つまりちょうど真中になるからである[1]。

　しかし，こうしたシュトラウシアン好みの形式的表層やある種の数秘学めいた議論に訴えずとも，第Ⅳ章が『自然権と歴史』の中核であることは著作全体の内容的連関を見れば明らかである。『自然権と歴史』の各章は2章ずつのペアを形作っている。第Ⅰ・Ⅱ章は現代を，第Ⅲ・Ⅳ章は古代を，そして第Ⅴ・Ⅵ章は近代を扱うペアである。まず，これらは各パートがそれに続くパートの導入になるという意味で円環構造をなしている。現代のパートの末尾は科学に変更される以前の自然的世界を知る必要があるとの認識から古代の自然理解の分析を導き，古代のパートは近代への言及で終わる。最終章で扱われるバークは「『歴史学派』への道を整えた」（*NRH*, 316=405頁）[2]と評され，第Ⅰ章で扱わ

れる歴史主義へとつながり議論を循環させる。さらに，この円環構造の中心には古代のパートがあり，他の章はそこからの遠心性によって特徴づけられる。というのも，シュトラウスは現代から議論を始めているが，各章を主題の古い順に並び替えるならば，『自然権と歴史』は，古代において発見，展開されたNRの教義が近代において変容し，現代では「歴史」と「科学」の名においてその存立可能性が脅かされるという流れを叙述しているからである(3)。このように，『自然権と歴史』は古代への遡及というベクトルを有してはいるものの，主題であるNRの起点は，概念的・歴史的にはあくまで古代にある。第Ⅲ章で論じられた哲学の誕生とコンヴェンショナリズムは第Ⅳ章のCNRの教理を論じる準備として機能しているので，古代のパートの中でも第Ⅳ章こそがNR論の核であると見なすことができる。

　第Ⅳ章は，歴史的に長期間にわたる哲学的議論を簡潔にまとめた大胆な章である。シュトラウスは，ソクラテスをCNRの教理の創始者として比較的丁寧に論じながらも，それを①ソクラテス—プラトン（—ストア）的，②アリストテレス的，③トマス的の3つのタイプに分け（*NRH*, 146=202-203頁），各々の論理を解説する。したがってシュトラウスの論じるCNRは，古代ギリシア・ローマに限定されるのではなく，中世，とりわけキリスト教哲学における教理をも含む。第Ⅳ章は，主に約1700年にわたる西洋哲学史の簡潔な見取り図を描き，トミズムと近代自然法ないしは近代的NRとの差異にまで言及して終わっている。

　シュトラウス独自の視点から描かれるこの広大な哲学史はさまざまな角度から検証されてしかるべきであるし，CNRに関する彼の立場に対しては厳しい批判も可能だろう。まず，古代・中世哲学の網羅的な要約という形で述べられるCNRに関して，彼のテキスト解釈，あるいは哲学史理解の妥当性を専門的見地から吟味することができる。たとえばシュトラウスは，ストア派をプラトンの延長線上に位置づける自身の解釈が，前者はまったく新しいタイプのNRの教説を創始したとする一般的な解釈と相容れないことを認めている（*NRH*, 146=202頁）。実際ダニエル・タンガイが指摘しているように，シュトラウスのNR論は，自然法思想はストア派を出発点にして中世キリスト教を経て近代思想の基礎となっている，という伝統的な思想史観と対立している(4)。さらには古

## 第7章　Classic Natural Right の教理における最善のレジームとジェントルマン

代の政治理論に NR の概念は含まれていないとの視角から、NR を軸に古代政治哲学を論じるシュトラウスを批判することもできよう。もちろん、哲学史解釈の妥当性に関してのみならず、シュトラウスが肯定的に語っているように見える CNR の反リベラル・デモクラシー的な性格を現代の一般的な政治的価値に立脚しながら非難することも可能だろう。

　こうした論点は重要ではあるものの、本章では、まずもってシュトラウスによる CNR 解釈の独自性を明確にし、彼自身どの程度 CNR の教理に与しているのかを測定することを目的とする。議論の手掛かりは彼のジェントルマン論である。シュトラウスによれば、CNR の教理は本質的に政治的な性格を有しており（*NRH*, 144=199-200頁）、それは最善のレジームとはなにかという問いに対する二重の答え——無条件的に最善のレジーム（the simply best regime）としての賢者（the wise/wise man）の支配と、実践的に最善のレジーム（the practically best regime）としてのジェントルマンの支配——でもって頂点に達する（*NRH*, 142-143=198頁）。唯一絶対の最善のレジームだけでなく第2のレジームの構想を余儀なくされたという事実にシュトラウスが見出したものこそ、CNR の理論家たちが取り組んだ NR をめぐる「政治的問題」（*NRH*, 141=197頁）である。本章では第1に、CNR の教理が最善のレジーム論で頂点に達する理由を概観したうえで、最善のレジームに関するシュトラウスの解釈とプラトンの国制論に関する一般的な解釈とを比較する。ここから本章は、シュトラウスの独自性は、賢者と多数者のあるいは知恵と同意の緊張関係のなかに賢者の支配の限界が存在すると解し、それがジェントルマンの支配を要請することを見て取った点にあると主張する。第2に、代表的なシュトラウス研究者であるシャディア・ドゥルリーの「シュトラウスが解釈する CNR は賢者の僭主政を正当化する議論であり、彼自身それを全面的に支持している」との見解を、上記ジェントルマン論を手引きに批判的に検討する。この議論は、全肯定でも全否定でもない、CNR へのシュトラウスの微妙な態度を理解するための基準になるだろう。

## 2　最善のレジームとジェントルマン

　自然的な正しさに関する教理が個人的な徳性や私的領域における道徳行為にとどまらず，政治共同体の在り方，その最善の形態にまでかかわるのはなぜだろうか。さらに，古典作家たちが，無条件的に最善のレジームだけでなく，実践的に最善のレジームを構想しなければならなかったのはなぜだろうか。

　シュトラウスによるNRの説明は，人間の自然から出発し，人間が住む市民社会，そして市民社会の最高の形態である最善のレジームへと展開する。第1に，NRの教理は人間の自然についての理解を基礎にしており，その自然には人間の社会性も含まれる。シュトラウスは，コンヴェンショナリズムとCNRを対比するなかで人間の自然に言及している。コンヴェンショナリズムは善を快楽と同一視する。対して，CNRの教理において人間の自然をより根本的に規定するのは人間の自然的体質であり，動物から人間を区別するのは「言葉や理性や理解」である。したがって，人間固有のはたらきとは知性的な特質を発揮して思慮深く生きることとなる。善き生とはこうした人間の自然的傾向の要求が可能なかぎり満たされている生と解される（*NRH*, 126-127=178-179頁）。人間の自然とそのはたらきは個人で完結しない。なぜなら，言葉はコミュニケーションにかかわるからである。言葉を有する人間にとって，他者とのかかわりは自然的なものである。人間性とは社会性であり，それゆえ人間性の完成には一種の社会的徳（正義や正しさ）が要請される（*NRH*, 129=181-182頁）。NRの基礎とはこのように理解された人間の自然である。

　第2に，人間の自然が社会性を含む以上，人間は市民社会に属さないかぎり自己の人間性を完成させることができない。古典作家たちが考えた市民社会は，小規模な閉じた社会であった。それは，すべての構成員が直接知り合いであるとまではいかなくとも，すべての構成員の知り合いと知己になれる程度の規模の社会である。こうした社会では市民間の信頼関係が醸成され，その信頼関係は専制に陥らない自由を可能とする。他者に積極的な関心をもてる範囲には自然的な限界があるので，構成員の完成にかかわる相互責任と監督が可能なのは，相互信頼のある小さな社会のみである。バビロンのような大きな社会では，人

## 第7章 Classic Natural Right の教理における最善のレジームとジェントルマン

は行為とマナーに関する監督を受けず，抑制のない剥き出しの欲求のみを導き手とするだろう（*NRH*, 130-131=183-184頁）。時に強制も排除しない，他者への積極的な関心を持続させる社会でこそ，さらにはその社会に能動的に関与することによってこそ，人間性の十全な実現がはかられる。

　第3に，人間の自然が市民社会を要請し，その陶冶が市民社会に依存しているのであれば，人間が人間としての高みに到達し善き生を送るためには，人間の自然的卓越性に沿った最善の社会に住まなければならない。シュトラウスは，この最善の社会を最善のレジームと呼ぶ[8]。最善のレジームという問いに対する古典作家たちの答えは二重である。シュトラウスはそれを次のように要約している。

　　無条件的に最善のレジームは賢者の絶対的な支配だろう。実践的に最善のレジームは，法の下におけるジェントルマンの支配，ないしは混合的なレジームだろう（*NRH*, 142-143=198頁）。

この2つのレジーム論において，「本質的に政治的な性格」をもつCNRの教理は頂点にいたる。

　シュトラウスの議論はNRから出発しているという点で独自色はあるものの，最善のレジームの理解に関してはオーソドックスな解釈に近いようにも見える。実際，政治思想史におけるプラトン研究では，プラトンには実現はできないが理想的である国制と理想としては劣るが実現可能な国制という2種類の国制論があるとの説が半ば常識のように繰り返されてきた。たとえば，藤原保信は『西洋政治理論史』のなかでこう述べている。

　　ところで，ごく一般的にいって，『国家』から『政治家』を経て，『法律』に至る過程は，最優秀者＝哲人王という人の支配が次第に法の支配に席を譲っていく過程であり，それはまたプラトンの理想国家がその実現可能性を求めて次第に現実化されていく過程である。すなわち，『政治家』においても，プラトンはなおも究極的な最高の理想としては，知恵ある哲人王の支配をかかげている。「政治的理想は，法の完全なる支配ではなく，王たるものの術[9]

を理解し，王たる能力を有する人の完全な支配である」。しかし，それにもかかわらず，現実には，そのような精神的，肉体的能力においてきわだち，すべてのことを知恵にしたがって正しく処理しうるような哲人王を獲得することが不可能であるがゆえに，「人びとが集まって成文法を制定し」，それによって政治をおこなわざるをえないというのである。そしてプラトンはこれを，「われわれがいま述べてきた理想をわきに置くとして，次善（the second best）のものとして最も正しくかつ最も望ましいもの」[10]であるとするのである[11]。（傍点は原文のまま）

　藤原は，2つの国制論をプラトンの思想的変遷のなかに位置づけ，『国家』という理想的な「人の支配」から『法律』でのより現実的な「法の支配」への移行を見出す。この移行を余儀なくさせるのは，哲人王たるに相応しい稀有な人材を獲得することが「不可能」だとのある種の諦念である。実現可能な法治国家があくまで「次善」にとどまるのは，プラトンが哲人王という理想を撤回したわけではないことに加えて，法律が社会状況の変化に対応できないという欠点を有しているためである[12]。
　こうしたオーソドックスな解釈とシュトラウスのそれとの根本的な相違点の1つとして，シュトラウスが第2のレジームを「法の支配」に還元していないことが挙げられる[13]。上で引用したように，実践的に最善のレジームは，無条件的な「法の支配」ではなく，「法の下におけるジェントルマンの支配（the rule, under law, of gentlemen）」（傍点引用者）と理解されている[14]。シュトラウスにとっては，「人か法か」ではなく，どのような種類の人間による支配であるかが重要なのである。これは彼にとって，法よりもレジームの方が都市の在り方にとって根源的で，法はレジームによって規定されるものだからだろう。レジームはどのような種類の人間が尊敬され事実上支配しているかにかかわる。法は人から独立しては存在せず，どのような人が法の作成や執行に携わるかはレジームの問題である（*NRH*, 136=190-191頁）。
　CNRの教理におけるジェントルマンが具体的にどのような人物を指すのかは，賢者との対比のもとで論じられている。賢者は，各人の魂にとって自然的に善いものをそれぞれのケースにおいて知っているとされる（*NRH*, 147=204頁）。

## 第7章 Classic Natural Right の教理における最善のレジームとジェントルマン

　ジェントルマンは，この賢者の政治的写像，ないしはイミテーションである。一方で，両者に共通するのは，俗衆が尊重する多くの物事を軽蔑し，高貴なものを「経験している」という点である。他方で，ジェントルマンが賢者と異なるのは，前者が「正確さに対する高貴なる軽蔑」を有していること等に加え，彼らがまさにジェントルマンとして生活するために裕福でなければならないことである (*NRH*, 142=197-198頁)。典型的なジェントルマンとは，農業を基盤とする大き過ぎない財産を受け継ぎつつも，生活が都会的であるような都市貴族である。哲学者ないしは賢者を最高の人間類型とする CNR の教理においてジェントルマンが重要な位置を占めるのは，何世紀にもわたる経験から明らかになったように，彼らこそが，断続的にではなく，慣習的に哲学者に共感的な階級であったからである。王は気まぐれであり，一般大衆は決して哲学に共感しない。哲学者以外で恒常的に哲学に耳を傾けるのは，ジェントルマンだけである。

　CNR の理論家は，なぜジェントルマンが支配する第2のレジームを構想する必要があったのか。古典作家たちが最善のレジームを賢者の支配としたのは，善が知恵に依存するからである。したがって，最高度に自然に合致した支配の資格は知恵であると思われた。賢者でない者に対する妥協は自然に反するため，知恵の支配は絶対的であるべきだと考えられていた (*NRH*, 140-141=195-196頁)。シュトラウスによれば，実践的に最善のレジームを構想する必要があったのは，藤原らが解釈するような哲人の得難さに起因する「理想国家」の不可能性のためではない。もちろんシュトラウスは，賢者の支配が「極めて困難」だと指摘しているし，それが本質的には行為ではなく言論のなかに存在すると理解してはいる (*NRH*, 138-139=193-194頁)。しかし，彼の強調点は賢者の得難さではなく，賢者自身あるいは彼らの支配自体に内在する問題にある。

　賢者の支配は実行不可能 (impracticable) である。少数の賢者は多数者を力で支配することができないし，自身がもつ能力を彼らに説得できないからである。賢者の支配に必要なこうした「条件」がみたされることは，きわめてありそうにない (extremely unlikely)。シュトラウスが賢者の支配を困難だとするのは，賢者が存在しないからというよりも，賢者が絶対的な支配者となる「条件」が満たされないからである (*NRH*, 139=194頁，141=196頁)。賢者の支配が確

立できない状況では，ある者が多数者の低次の欲求に訴え僭主政を確立してしまうかもしれない。これを防ぐためには，賢者の絶対的支配は多数者の同意によって希釈されねばならない。知恵の優先性を維持しつつ彼らの同意を確保するためには，賢者たる立法者が法典を作成し，十分に説得された市民団が自由に受容することがよい方策である。ここにおいて法の支配が人の支配に取って代わる。しかし，法は執行されねばならない。この任務は，立法者の精神に則って法を最も公平に執行し，立法者が見越していなかった状況に応じてそれを完成させることができる者に委ねられる。これこそがジェントルマンである。ジェントルマンの支配は，「都市貴族でもあり，育ちがよく公共精神に富んだ土地もちのジェントリが，法に従い法を完成させながら，交代で支配し支配されながら，主導権を握り社会にその性格を与えるような共和国である」(*NRH*, 142=198頁)。こうして第2のレジームは，賢者の支配を大衆に認めさせることの限界を契機にして導出される。それは賢者の法にしたがいジェントルマンが形成するレジームである。(15)

　上で見てきたように，シュトラウスが論じるところでは，CNRの教理は二重の最善のレジーム論で頂点に達する。これは，理想国家の提示とその部分的撤回の軌跡ではない。賢者と多数者の間の緊張こそ古典作家たちが取り組んだ問題であり，その解答こそジェントルマンの支配である。シュトラウスがCNRの教理から読み取ったのは，いわゆる政治的理想主義とその妥協のプロセスではなく，賢者の支配を最善と見なしながらも，もう1つの最善のレジームを構想せざるをえないという「政治的問題」(*NRH*, 141=197頁)であった。

## 3　シュトラウスとCNR

　シュトラウスはCNRをどう評価し，どの程度自己の政治哲学のなかに取り込んでいるのだろうか。シュトラウス研究者であり批判者でもあるドゥルリーは，シュトラウスが解釈したCNRの教理と彼自身の政治的アイデアを同一視している。本節では，前節で明らかにしたシュトラウスのCNR理解を基準にして，ドゥルリーのシュトラウス論を検証する。ここでは，ドゥルリーのシュトラウス像が彼の議論の一部からのみ構成された誤解を招くものであること，

## 第7章 Classic Natural Right の教理における最善のレジームとジェントルマン

さらには，シュトラウスは CNR への共感を示しながらも彼女が主張するほど強くはそれに与していないことを示す。

　ドゥルリーによれば，シュトラウスの政治的アイデア・教説の危うさは，彼が CNR を全面的に肯定していることに由来する。シュトラウスは単に CNR を客観的に解釈したり，哲学史のなかに位置づけたりしているだけではない。彼の政治的アイデアは CNR から引き出され，それと同一である。まず，ドゥルリーの理解では，シュトラウスが拠って立つ CNR の教説は結局のところ賢者の僭主政に帰着する。

　　唯一の NR は賢者が絶対的に，あるいは法なしに支配する正（right）である。……CNR はしたがって賢者の僭主政と同一である（強調は原文のまま）[16]。

ドゥルリーが賢者の支配を僭主政と呼ぶのは，シュトラウスが法のない支配を僭主政と見なしている，と彼女が考えているからである[17]。もちろん，ドゥルリーもシュトラウスの議論が賢者の支配で終わらず，ジェントルマンの支配にも及ぶことを認めてはいる。しかし，この実践的に最善のレジームは，賢者が「遠くから」[18]政治を方向づけることを許容するので，事実上は賢者の支配である。

　　哲学的支配が直接的であれ間接的であれ，それは，その基礎として NR の教理を有している[19]。

　　ジェントルマンの支配は，賢者ないし哲学者の「隠れた支配」に過ぎない[20]。

　次に，シュトラウスの政治的アイデアはこのように理解された CNR そのもの，つまり僭主政肯定論であるとドゥルリーは主張する。彼女は以下のように結論づける。

　　あれだけ多くのしるしがあるにもかかわらず，シュトラウスが古代人たちの側に立っていない，あるいは彼が理解するところの古典作家たちの側に立っ

ていないという提案は，人を混乱させる不合理な試みである。[21]

実際シュトラウスは，CNR の名において，近代の相対主義，ニヒリズム，そして歴史主義を批判している。それゆえ，ドゥルリーにとっては，彼自身の政治哲学と彼の CNR 理解とを同一視することにはほとんど論争の余地がない。[22]

賢者という知的エリートによる，法の支配を受け付けない絶対的な僭主政を擁護するシュトラウスの政治的アイデアは，人間の平等や万人の政治参加を拒絶する。彼は，リベラル・デモクラシーの批判的改善者では断じてない。それどころか彼は，真理を独占する者が権力を握るべきでありその権力を制限することは自然に反する，との誤った信念に導かれたエリートを育成しようと目論んでいる。ドゥルリーによれば，彼はリベラル・デモクラシーの破壊者である。[23]

こうしたドゥルリーのシュトラウス像に対しては，2 つの問題点を指摘することができる。第 1 に，シュトラウスは CNR の教理を賢者の支配の提示に収斂するものと見なしていない。前節で見たように，シュトラウスの解釈の特徴は，理想国家の不可能性を哲人王の得難さに求めるのではなく，賢者の支配に内在する限界がジェントルマンの支配を要請すると解した点にあった。ここには，CNR から唯一絶対の支配原理を導出しようとの意図はほとんど見られない。むしろ，知恵と同意の調整こそが，シュトラウスが CNR にみた政治的問題である（*NRH*, 141=197 頁）。言い換えれば，彼の CNR 論は最善のレジームの在り方という「答え」，「教理」，「教説」だけを分析対象とするのではなく，最善のレジームを導く「問い」や賢者の支配が抱える「問題」を明らかにすることをも射程に入れている。ドゥルリーが注目する「答え」に関しても，シュトラウスは「誤解を避けるために」というフレーズから始まる長いパラグラフで，最善のレジームの問いに対する二重の答え，すなわち賢者の支配とジェントルマンの支配双方に言及している。

要約すれば，最善のレジームの問いに対する二重の答え（a twofold answer）において頂点に達することが，CNR の教説の特徴であると人は言い得るだろう（*NRH*, 142=198 頁）。

## 第7章　Classic Natural Right の教理における最善のレジームとジェントルマン

シュトラウスが分析したCNRの答えはあくまで二重である。彼は一方が他方に還元される関係だとは考えていない。CNRの問題や答えの二重性の意味を捨象したドゥルリーのシュトラウス像は，単純化というよりもむしろ「誤解」を招くものだろう。シュトラウスのCNR論は，「正」や「正しい統治」についての一元的な答えを用意するのではなく，答えの複雑さそして答えを方向付ける問いの世界にも開かれている。

第2に，シュトラウスのアイデアを賢者の僭主政に一元化するのは問題であるにしても，彼が最善のレジームの問いに対する答えに言及していることはたしかである。しかし，ここで描かれた問いと答えの枠組み自体が，シュトラウスのCNR論，あるいはもっと広く彼の古典的政治哲学理解の全体像であるとは言い難い。なぜなら，シュトラウスはここでCNRの教理がもつ政治的側面を強調する半面，古典的政治哲学の探究的側面を希釈しているからである。ドゥルリーの解釈と批判は，シュトラウスがレトリカルに強調したCNRの政治的側面から引き出された1つの答えのみに焦点を合わせたものだろう。

第Ⅳ章の記述が政治的であることは明白である。シュトラウスは主題であるCNRの教理を政治的だと見なしているからである。

> CNRの教理がもつ本質的に政治的な性格は，プラトン『国家』の中に最も明確に現れる（*NRH*, 144=200頁）。

この引用文に続いて彼は，CNRにおいてなにが自然的に正しいのかという問いは言論のうえで最善のレジームを構築することによって答えられる，と述べている。もちろん，哲学がすべて政治的であるわけではない。CNRは哲学者の議論のなかの政治に関する部分に過ぎないからである。第Ⅳ章は，哲学の政治的な側面，あるいは政治的な問題に取り組む哲学を扱ったものである。

第Ⅳ章における哲学の記述を見てみると，この政治的な議論の流れに呼応するかのように哲学が政治的に描かれている，あるいは政治的な問題に対して答えを与えるものだと見なされている。大雑把に言って，そもそもシュトラウスにとって，哲学は真理の獲得を目指すものであって，真理に到達することはない。哲学者がなんらかの答えを出しても，それは最終的なものではなく暫定的

なものに過ぎない。ところがシュトラウスは，CNRの政治的側面と教理に言及するなかで，哲学がもつこの探求的な要素を薄めている。実際この章では，哲学が探求的なものなのか，最終的な答えに到達可能なものなのか曖昧になっている。

比較のためにシュトラウスの他の著作を参照しよう。たとえば「政治哲学とは何であるか？」(24)では，古典的な哲学・政治哲学はこう描写されている。

> 哲学は本質的に，真理の所有ではなく，真理の探究である（WIPP, 11=3頁）。

> 政治哲学はしたがって，政治的事柄の自然に関する意見を，政治的事柄の自然についての知識に置き換えようとする試みだろう（WIPP, 11-12=3-4頁；Cf. WIPP, 14=6頁）。

ここでは，哲学はあくまで探求的なものであることが強調され，その営みは最終的な知識や真理に到達することはないがそれらを希求する試みであるという哲学の限界が明確に述べられている。

ところが『自然権と歴史』第Ⅳ章では，シュトラウスは以下のような表現をしている。

> 哲学の本質は，したがって，諸々の意見から知識への，あるいは真理への上昇に存する（NRH, 124=174-175頁）。

> 最善のレジームの問いに対する，古典作家たちに特徴的な，答えについて……（NRH, 140=195頁）。

「探求」や「試み」が強調され，それが哲学の本質とされる「政治哲学とは何であるか？」と比べると，『自然権と歴史』では，真理への上昇や哲学者たちによる答えの提出を限定なしで語る場面が多く見られる。そもそもCNR論はなにが自然的に正しいかという問いへの答えを扱ったものだと考えれば，これは第Ⅳ章全体の傾向と言えるだろう(25)。

第**7**章　Classic Natural Right の教理における最善のレジームとジェントルマン

　しかし，哲学が答えを出せることを当然視するような記述をそのままシュトラウスの最終的な哲学像と解することはできない。実際シュトラウスは，「政治哲学とは何であるか？」で語られた哲学を本質的に探究的なものとする見解を，政治的な論調の『自然権と歴史』においても撤回はしていない。ここでは，問いに対する解答を与える哲学の姿が示される一方で，あくまで探究を旨とする哲学の姿も保持されている。(26) 第Ⅳ章で哲学による問題解決が描かれることに関しては，シュトラウス政治哲学の発展や変遷と見なすよりも，古典作家たちが取り組んだ政治的問題とその答えに言及する文脈に対応した強調点の違いと見なすのが妥当だろう。哲学が暫定的な答えを提出することができるとしても，それが最終的な解答と見なされているかは曖昧なままである。少なくとも，この政治的な答えの部分のみをクローズアップしてシュトラウスの政治哲学そのものとすることには慎重であらねばならない。(27) 哲学が探求的なものであるならば，CNR の教理，ないし答えはあくまで暫定的なものにとどまるはずだからである。(28)

　シュトラウスは，哲学を探求的なものと理解しているのに，なぜ『自然権と歴史』ではCNR の「答え」に言及し，それへの留保を控え目にしたのか。実際，『自然権と歴史』第Ⅳ章からシュトラウスがリベラル・デモクラシーの破壊者であることが読み取れるかどうかはともかくとして，彼がCNR の議論はなにが正しいかという問いに対する答えに到達できると見なしているように，そして彼が最善のレジームというある種の政治改革プログラムを示しているように読めることはたしかだろう。さらに，ドゥルリーが言うように，現代のNR 理解を批判した後に古代の章を置いていること，そして現代につながる近代のNR を古代から断絶したものと捉えていることを考慮すれば，シュトラウスがCNR を支持しているように見えることも事実である。彼はなぜそのように見えるのか，あるいはなぜそう解釈されるように書いたのか。

　タンガイによると，シュトラウスの目的は，NR の完全な教理を提示することではなく，NR の問いを甦らせることであった。(29) タンガイはシュトラウスの次の言葉を引いている。

　　私自身は，この本〔『自然権と歴史』〕を，問いを解決する論考としてではな

く，適切な哲学的議論のための下準備だとみなしている。[30]

もしそうであるならば，シュトラウスがCNRの政治的側面とその教理を強調し哲学の探究的側面を弱めたのは，NRの問いへの解答が可能であると現代において示唆することがその問いの復活に有益であると判断したうえでの戦略であったのだろうか。この点に関して飯島昇藏は明快である。

シュトラウスがこの〔古代人たちと近代人たちとの〕論争においてあたかも古代の側に与しているかのように，あるいは古代の最も優れた代弁者であるかのように登場するのは，彼が近代に対する古代の端的な，すなわち，無条件的な優越性を確信しているからでは断じてなく，まさに古代がそれ自身を理解し（提示し）たように「古代」を提示できる研究者が存在しなければ，そもそもその論争は本当の意味ではけっして再開されないからである。[31]

しかし，シュトラウスが古代と近代のNRの間で中立であると見なすのは妥当だろうか。初版出版から20年近く経って書かれた「諸言」（Preface to the 7th Impression（1971））で，彼はCNRへの彼自身の態度を垣間見せている。

私がこれまで学んできたことの何も，実証主義者のものであれ歴史主義者のものであれ支配的な相対主義よりも「NR」を，とりわけその古典的形態におけるものを好む私の傾向を揺るがしはしなかった（*NRH*, vii）。

シュトラウスは通常テキスト解釈者を装っているため，彼自身の立場を明確につかむことは困難である。しかしここでは，シュトラウスのCNRへの好意的な態度が示されているようである。ここから，シュトラウスのCNRに対する立場は，賢者の僭主政の擁護でも，問いの単なる復活でもなく，その中間にあると考えることはできないだろうか。もちろん，ここで言及されるのがNRであって哲学そのものではないことには注意せねばならないが。

本節で見てきたように，シュトラウスを賢者の僭主政の擁護者であり，それゆえリベラル・デモクラシーの破壊者と見なすドゥルリーの見解は，『自然権

と歴史』第Ⅳ章における「問い」の広がり，そして，シュトラウスの他の作品と比較したときの，この章の部分性を軽視したものである。シュトラウスの議論は哲学がもつ未完性の枠内で行われており，CNRへの彼の立場は全面支持とも中立的とも言い難い曖昧さを残している。

## 4　シュトラウス政治哲学の理解に向けて

　本章では，シュトラウスによるCNR解釈の特徴を明らかにし，そのうえでCNRに対する彼の態度を検討してきた。第1に，シュトラウスのCNR論は，実践的に最善な市民社会を，一般的なプラトン論で言われる「法の支配」としてではなく，賢者の制定した法を執行するジェントルマンが中心となるレジームと見なした点に特徴がある。彼は，実践的なジェントルマンの支配を導く論理的プロセスのなかに，賢者と多数者の間にある断絶，ないしは「政治的問題」を発見した。第2に，一見するとシュトラウスはCNRを支持しているように見える。しかし，テキストを詳細に分析してみると，明確な批判対象になっている近現代のNRの扱いよりは好意的ではあっても，CNRの教理をシュトラウス自身の政治哲学とすべて重ねることはできない。

　『自然権と歴史』を書いた以上，シュトラウスが「自然権論者」であることに異論の余地はない。しかし，本書において彼がNRをどのように，どの程度論じようとしていたのか，そしてそれを論じることによってなにを成し遂げようとしたのかを捉えるのは容易ではない。シュトラウス読解もシュトラウス評価も困難な作業である。彼の記述を過度に単純化したり既存の枠組みに押し込めたりする誘惑を退け，態度の曖昧さや微妙な表現を切り捨てずに文字通り解釈の遡上にのせる姿勢を出発点としてこそ，彼の政治哲学を理解する道を歩き始めることができるのではないだろうか。

注
（1）Kennington, Richard, "Strauss's *Natural Right and History*," *Review of Metaphysics* 35, 1981, pp. 61-62. 第Ⅴ・Ⅵ章の長さを考慮すれば近代の章を4つ設けた方が自然であったかもしれないが，ケニントンによれば，シュトラウスは表層的に

ペアの構造を作り上げることを好んだ。
(2) 本章で用いる訳文は基本的に筆者自身によるものであるが，既出の訳がある場合にはそれを参考にした。
(3) *Ibid.*
(4) Tanguay, Daniel, *Leo Strauss: An Intellectual Biography*, Yale University Press, 2007, p. 118.
(5) Tierney, Brian, *The Idea of Natural Rights: Studies on Natural Rights, Natural Law and Church Law 1150-1625*, Eerdmans Publishers, 1997, p. 1.
(6) ただし，後にこの政治的な性格は，古代の平等主義的 NR と聖書信仰の影響により本質的なものではなくなる（*NRH*, 144=200頁）。
(7) シュトラウスは「ジェントルマン」をギリシア語の "καλὸς κἀγαθός"（美にして善なる者）の意で用いているようである。Cf. Strauss, Leo, *Xenophon's Socratic Discourse: An Interpretation of the Oeconomicus*, St. Augustine Press, 2004, p. 128. ただし，シュトラウスは *XSD* ではそれを "perfect gentleman" と表現している。『自然権と歴史』第Ⅳ章におけるジェントルマンの説明は，*NRH*, 141-143=197-199頁を参照。
(8) シュトラウスのレジーム論については，*NRH*, 135-138=190-192頁を参照せよ。端的に言えば，レジームは古典作家たちの言う "*politeia*" にあたり，法現象ではなく，たとえばフランスのアンシャン・レジームについて語るときに含意されている「社会の生き方（the way of life of a society）」を指す。それは，「政治権力に関する人間の事実的『アレンジメント』」である（*NRH*, 136-137=190-191頁）。
(9) 原文は "τὸ ἄριστον"。『政治家』294a7.
(10) 解釈の妥当性はともかく，原文には「理想」「次善」という用語は出てこない。『政治家』297e4.
(11) 藤原保信・中金聡・厚見恵一郎編『藤原保信著作集3　西洋政治理論史（上）』新評論，2005年，73頁。佐々木毅もほぼ同一の見解を提示している。彼は『ノモイ（法律）』を取り上げるなかで『ポリテイア（国家）』との関係についてこう解釈する。「『ポリテイア』は依然として原型……であることにかわりはない……。この前提の下でゼウスの時代において可能な最善の国制像が問われるが，この国制は徹底的に人間の国制である点で『ポリテイア』との乖離は不可避である。……次善……に位置するこのポリスは，自己愛と欲望とに狂奔する人間の現状に配慮をしながら，他方で可能な限りその弊害を除去し，共有性の実をあげるのを基本理念とする。」佐々木毅『プラトンと政治』東京大学出版会，1984年，349頁。Cf. *Ibid.*, 279頁.
(12) 松田安央「プラトン：哲学と政治」，藤原保信・飯島昇藏篇『西洋政治思想史』新評論，1995年，18頁。
(13) その他の相違点としては，たとえば，シュトラウスは二重のレジーム論をプラ

## 第7章 Classic Natural Right の教理における最善のレジームとジェントルマン

トンのみの特徴と見なしておらず，CNR の論者に広く共有された見解だと見なしていることが挙げられる（*NRH*, 143=198頁；n. 18=433頁）。プラトン『国家』は，CNR の政治的性格を明瞭に見て取れる典型例に過ぎない（*NRH*, 144=199-200頁）。さらに言えば，シュトラウスは最善のレジームを「理想のレジーム」や端的に「理想」と呼ぶことへの違和感を表明している。「理想」という近代の言葉は古典作家が最善のレジームと呼んだものの理解を妨げてしまう多くのコノテーションを有している（*NRH*, 138-139=193-194頁）。「おそらくは今日においてより理解しやすい仕方で言うと」（*CAM*, 127=207頁；cf. *NRH*, 167=230-231頁）『国家』は政治的理想主義の分析ではあるが，「理想」はプラトンの用語ではない（*CAM*, 121=198頁；127=206-207頁）。なお，伝統的政治哲学を「理想主義的な伝統」と見なす近代的解釈と，近代的な政治的理想主義に関しては，『自然権と歴史』第Ｖ章を参照せよ。

(14) シュトラウスは，実践的に最善のレジームが法の支配であることを否定してはいない。ただし彼は，最善のレジームの議論の要約において，以前用いた"the rule of law"（*NRH*, 141=197頁）という表現を"the rule of … gentlemen"（*NRH*, 143=198頁）と言い換えている。少なくとも，シュトラウスの議論においてジェントルマンの役割が強調されていることはたしかだろう。

(15) ジェントルマンの支配を法が支配する統治形態ではなく法現象の源泉であるレジームと解しているため，ここでのシュトラウスの議論に「法の支配の欠点はその硬直性である」との論点は見られない。むしろ，ジェントルマンに法の執行を委ねることによって，賢者の精神は社会状況の変化に応じて柔軟に遂行されるようである。

(16) Drury, Shadia, *The Political Ideas of Leo Strauss,* Palgrave Macmillan, 1988, p. 95.

(17) *Ibid.*, p. 95.

(18) *Ibid.*, p. 98.

(19) *Ibid*.

(20) *Ibid.*, p. xv.

(21) Drury, Shadia, "Leo Strauss's Classic Natural Right Teaching," *Political Theory* 15, 1987, p. 299.

(22) Drury, 1988, p. 90.

(23) *Ibid.*, pp. xiii, xix. ドゥルリーはシュトラウスを単なる古典回帰主義者とは見なしていない。彼女によれば，シュトラウスの古典理解はニーチェの影響下にあり，彼の政治的アイデアはプラトンよりもニーチェに近い。実際，彼の賢者論はニーチェの超人思想と重なっている。*Ibid*., p. xix, 87. ドゥルリーの解釈では，シュトラウスはニーチェを批判的に継承しながら，近代的な平等主義を廃し，自然的な階層秩序の再導入によって「新しい様式と秩序」を定立しようとする，ポストモダン・

プロジェクトに携わっている。*Ibid.*, pp. 170-181.
(24) Strauss, Leo, "What is Political Philosophy?" in *What is Political Philosophy? and Other Studies*, The Free Press, 1959.〔＝レオ・シュトラウス，石崎嘉彦・近藤和貴訳「政治哲学とは何であるか？」，飯島昇蔵・石崎嘉彦ほか訳『政治哲学とは何であるか？とその他の諸研究』早稲田大学出版部，2014年。〕
(25) この流れのなか，賢者（知を所有する者）と哲学者（知を探求する者）の区別もぼやけている。シュトラウスは『自然権と歴史』第Ⅳ章で賢者についてこう述べている。

> 賢者は支配することを望まない。……彼らの生全体はどんな人間的事柄より尊厳において絶対的に高次な何か——不変の真理——の追求に捧げられている。……正義や道徳的徳一般は……それらが哲学的生の条件であるという事実によってのみ十全に正当化される（*NRH*, 151=208頁）。

ここでは，賢者は真理を追究する者として哲学者とほぼ同一視されている。だが，別の箇所では「賢者のみが，魂にとって各々の場合に善いものを真に知っている」（*NRH*, 147=204頁）と賢者に知の所有が可能だとも言われている。『自然権と歴史』では哲学者は真理を探究する者としても，それに到達できる者としても描写される。
(26) 以下の表現は『自然権と歴史』のなかでシュトラウスが哲学を探求的なものと見なしている例だろう。「哲学が議論や論争の段階を正当にも越えて，解決の段階に至るという保証はない」（*NRH*, 125=177頁），「全体の十分な分節化の探究がもつ終わりのない性格」（*NRH*, 125=177頁），「哲学者の階級的な利益は一人で探求に勤しむこと」（*NRH*, 143=199頁），「もし，人間の究極目的が永遠の真理についての知識を探求することなら」（*NRH*, 151=208頁）。
(27) 政治的な特性をもつCNRを扱った『自然権と歴史』第Ⅳ章が，別の著作で論じられるシュトラウスの哲学論から見て部分的であることは，以下の2つの観点からも示唆される。第1に，『都市と人間』では，正しい都市は自然に反するがゆえに不可能だとされている（*CAM*, 127=206頁）。しかし『自然権と歴史』では，賢者による最善のレジームはその実現を運に依存しているため実現しないかもしれないとの記述はあるが，それが自然に反するとまでは言われていない。むしろ，それは自然にしたがうがゆえに可能なものであるとさえ言われている（*NRH*, 139=193-194頁）。第2に，『都市と人間』の第Ⅰ章は，政治哲学の創始者をソクラテスとしながらも，政治科学の創始者はアリストテレスであったと論じている。この議論は，ソクラテスを「政治哲学ないしは政治科学」の創始者とする「伝統的見解」に意識的に反対したものである（*CAM*, 13=45-46頁，19-21=52-56頁）。これに対して，『自然権と歴史』の第Ⅳ章は，政治哲学の創始者はソクラテスだと「言われている」，

第 7 章　Classic Natural Right の教理における最善のレジームとジェントルマン

「これが真理である限りにおいて，彼は NR の諸教説の伝統全体の起源に位置する者（the originator）であった」いう議論から始まり，アリストテレスをこの伝統のなかに組み入れている（*NRH*, 120=169頁）。大雑把に言えば，『自然権と歴史』第Ⅳ章は伝聞に基づく，伝統についての限定的な議論である。『自然権と歴史』の「序（Foreword）」でジェローム・カーウィンはシュトラウスの作品を「伝統主義者の観点の基礎的諸原理を見事に提示したもの」（*NRH*, v=6頁）と評しているのに対して，『都市と人間』の「序文（Preface）」ではシュトラウス自身がこの本を古典的政治思想の「どちらかと言えば看過されてきた側面」についての自己の見解を発展させる機会を得た成果と位置づけている（*CAM*, Preface=26頁）。また，『政治哲学とは何であるか？』に収められた「政治哲学とは何であるか？」および「古典的政治哲学について」における政治哲学と政治科学の扱われ方も参照せよ。

(28) この点に関して，『都市と人間』第Ⅱ章におけるプラトン『国家』の解釈が参考になる。プラトンの対話篇はアポリアで終わるものが多いのに，『国家』においては不完全ではあれ正義とはなにかという問いに対する答え・真理が提示されていることについて，シュトラウスはこう説明している。『国家』のテーマは政治的であり，喫緊の政治的な問いを先延ばしにすることはゆるされない。したがって，正義という問いは，たとえ適切な答えに必要な証拠がすべてそろっていなくても，何としても答えられなければならない（*CAM*, 105-106=175-176頁）。

(29) Tanguay, 2007, p. 123. Cf. Kennington, 1981. p. 60.
(30) Tanguay, 2007, p. 123.
(31) 飯島昇藏「『政治哲学とは何であるか？とその他の諸研究』の完全翻訳の意義」，飯島昇藏・石崎嘉彦ほか訳『政治哲学とは何であるか？　とその他の諸研究』早稲田大学出版部，2014年，352頁。

# 第8章
# シュトラウスにおける古典的自然権と近代的自然権

杉田孝夫

## 1 ある断絶

　レオ・シュトラウスの『自然権と歴史』を近代自然権の成立を論じた政治理論史あるいは政治哲学の歴史的展開を論じた書として読むと，ある種の戸惑いを覚える。通常の自然法の思想史の枠組みに慣れている読者にとって，中世自然法の歴史的展開について相当の分量と説明がなされて，そのうえで近代自然法の主題に入っていくと考えるのが相場である。ところがシュトラウスにおいては，古典的自然権の記述の大部分は古代の政治哲学に充てられており，中世自然法はその補足程度の記述となっている。シュトラウスにおいてアクィナスからホッブズへの転換は劇的であり，2人のトマスの間の断絶は鋭い。なぜこのような構成になっているのか，それが本章の主題である。

## 2 近代的自然権の発見は何をもたらし，何を失ったか

　シュトラウスは，トマス・ホッブズを，伝統的政治哲学と根本的に決別し，自然権のための新しい結論を引きだした最初の人物であったと位置づけた[1]。その「転換」をシュトラウスは，ホッブズは「ソクラテス的伝統がまったく不完全にしかなしえなかったことを，完全に実現することを目ざした」と表現し，「理想主義的伝統と基本的に一致しながらも，そのうえでこれを退ける」と診断する（NRH, 168=232頁）。ホッブズはどのようにしてそれをなしえたのか。まずはシュトラウスの説明に耳を傾けよう。
　伝統的政治哲学が人間は自然本性的に政治的ないし社会的動物であることを

前提したのに対して，ホッブズはその誤謬を見出し，この前提そのものを退け，人間は本源的に非政治的，非社会的であるというエピクロス的見解を，善いことは基本的に快いことであるというエピクロス的前提とともに受け入れ，その非政治的見解に政治的意味を与え，快楽主義の伝統のなかに政治的理想主義の精神を注入したのだという（NRH, 169=232-233頁）。かくしてホッブズは政治的快楽主義の創始者となるのだが，ホッブズは，その政治的快楽主義を可能にするためには，2つの点でエピクロスと対立しなければならなかった。エピクロスは厳密な意味での自然状態を否定していたが，ホッブズは政治社会の存立は自然権の存否にかかっているという点で理想主義的伝統と一致していたがゆえに，ホッブズはそれに反対しなければならなかった。第2に，エピクロスは必要な自然的欲求と不必要な自然的欲求とを区別したが，ホッブズにとってその区別は幸福の禁欲的スタイルの生活を求めることになり，幸福がやすらぎの状態からなることを意味し，それは現実主義的な政治理論にとって所詮ユートピアであり，受け入れることはできなかった（NRH, 189=256頁）。

　シュトラウスによれば，ホッブズの政治哲学を理解しようとするとき，重要なのは，彼の自然哲学である。ホッブズの自然学は，プラトンから学んだ「数学的自然学」とエピクロスから学んだ「唯物論的＝機械論的な，つまり無神論的な自然学」から学んだものであったということである。だがホッブズの自然学はプラトン主義とエピクロス主義という2つの方法の単なる折衷的結合ではない。それぞれの方法の地平の放棄と両者の綜合という方法によって，まったく新たな地平を切り開いた点に，ホッブズとそれ以前の伝統との断絶が見られるというのがシュトラウスの見立てである。ホッブズにおいてただ1つだけ伝統に負っている側面があるとすれば，それは「政治哲学あるいは政治学は可能であり必要である」という考えである。ホッブズはそれだけはそっくり受け入れた。こうしてホッブズは，政治哲学の伝統と近代の価値が切り結ばれる結節点に立つことになる。ホッブズの哲学が「政治的理想主義と唯物的で無神論的な全体観との典型的な近代的結合の古典的範例」とされる理由はここにある（NRH, 169-170=233-234頁）。

　ではシュトラウスは，こうした観点に立って，ホッブズにおける伝統からの転換の核心をどこに見たのだろうか。まず，近代以前の自然法の教理は，「人

間の義務」を教え,「人間の権利」は本質的に人間の義務から派生するものと考えられていたが,ホッブズは「無条件の自然的権利」を「一切の自然的義務」の基礎に据えた。その後の啓蒙の時代の過程のなかで,強調点は自然的義務から自然的権利へと移行し,義務はただ条件つきのものとなった。「義務」と「権利」の逆転が起こったというわけである。そのことによって自然法の教理の性格自体が根本的に変化することになった(NRH, 183=250頁)。こうして自然状態と自然権が政治哲学の必須の論点となる。

　自然法の哲学的教理が本質的に自然状態の教理となったのはホッブズ以降のことである。ホッブズ以前には,「自然状態」という用語が,政治哲学よりもキリスト教神学においてなじみのものであった。自然状態はとりわけ「恩寵の状態」から区別され,「純粋無垢な自然の状態」と「堕落した自然の状態」とに再分割されていた。ホッブズはそのような再分割は止めてしまって,「恩寵の状態」の代わりに「政治社会」(訳書では市民的社会)の状態をおいた。こうしてホッブズは「堕落」の重要性を否定してしまい,したがって自然状態の欠陥あるいは「不便」を救済するのに必要なものは,「神的恩寵」ではなく,「人間による正しい統治」であることを主張することになった(NRH, 184=251頁)。自然状態においては,「神学的な完全な義務」はもはや存在せず,「完全な権利」のみが存在することになる(NRH, 184=251頁)。

　自然本性的に「自己保存の権利」をもつのならば,「自己保存に必要な手段への権利」も必然的にもつことになる。かくして本来各人こそが各自の自己保存のためになにが正しい手段であるかの判定者であるということになる。すべての人が自然本性的になにが自己保存に導くかについての判定者であるならば,「知恵」よりも「同意」が優先することになろう。主権者が主権者であるのは,「知恵」によるのではなく,「同意」によるのであり,主権は,思慮や理性の働きによるのではなく,「同意に基づいた権威」によるのであると結論づけられる(NRH, 186=252-253頁)。ホッブズとロックの社会契約論の骨格はこの点で共通している。

　自然法あるいは道徳法を自己保存の自然的権利あるいは暴力死への恐怖から演繹する試みは,道徳法の内容に変化を与え,道徳理論を単純化する方向へ向かった(NRH, 186=253頁)。マキャヴェッリが徳を祖国愛という政治的徳に還元

したのとまったく同様に，ホッブズは徳を平和愛好という社会的徳へと還元した。平和愛好と関係のない人間的卓越性は，もはや厳密な意味での徳ではなくなる。

　ところで，ホッブズは主権理論の古典的代表者として一般に認められているが，そこでの主権の教理は法的な教理である。その要点は，全権力を支配的権力に帰属させることが便宜であるというのではなく，全権力が正当なこととして支配的権威に所属するというのである。主権の権利が最高権力に付与されるのは，実定法や一般的慣行に基づいてではなく，自然法に基づいてのことである。主権の教理は「自然公法（natural public law）」を定式化する。シュトラウスによれば，「自然公法」は近代の政治哲学に特徴的な2つの形態のうちの1つを表わしている。もう一方の形態は，マキァヴェッリ的「国家理性」という意味での政治である。両者はともに，古典的政治哲学から根本的に区別される。両者は相互に対立するにもかかわらず，基本的に同一の精神によって動機づけられている。すなわち「国家理性」学派は，「最善の体制」の代わりに，「効果的政府」をおき，「自然公法」学派は，「最善の体制」の代わりに「正統的政府」をおいた（NRH, 190-191=257-258頁）。

　古典的政治哲学は「最善の体制（best regime）」と「正統な体制（legitimate regime）」の違いを認識していた。そこではある状況においていかなるタイプの体制が正統であるかは，その状況次第である。それに対して，「自然公法」は，あらゆる状況において実現可能であるような正しい社会秩序に関係する。「最善の体制」の観念は，今ここで正しい秩序はなんであるかという問題に対する解答を与えるものではないし，また与えようとするものでもないのに対して，「自然公法」は，このような「最善の体制」という観念の代わりに，基本的な実践的問題に時と処を問わずきっぱりと答えてくれる正しい社会秩序という観念を提示した（NRH, 191=258-259頁）。

　古典哲学者たちによれば，本来の政治理論は本質的に，現場における政治家の実践的知恵によって補完される必要があったのに対して，「自然公法」という新しいタイプの政治理論は，それ自身で，決定的な実践的問題，すなわち，いかなる秩序が今ここで正しいかという問題を解決する。そうなると，決定的な点において，政治理論とは区別される政治家の見識が必要とされることはも

はやなくなる。シュトラウスはこの新しいタイプの政治理論を「純理主義（doctrinairism）」と呼ぶ。この「純理主義」が登場するのはまさにホッブズとともに17世紀からのことであった（*NRH*, 192=259頁）。

このように対比的に論じられる「古典的政治理論」とはいったいどのような性格をもっていたのであろうか。『自然権と歴史』の第Ⅳ章「古典的自然権」をテクストにして「古典的自然権」を構成する要素を見てみよう。

## 3　古典的自然権

### (1) ソクラテスによる転回の意味

ここで古典的自然権の教理あるいは古典的政治哲学というのは、「ソクラテスによって創始され、プラトン、アリストテレス、ストア学派、それにキリスト教思想家たち（とりわけトマス・アクィナス）によって発展させられた独特の自然権の教理」をさしている。ソクラテスは「哲学を天上から呼び降ろし、哲学を人生や生の様式や善悪のことがらについての探求へと向かわせた」最初の人物であったがゆえに、「政治哲学の創始者」と言われるわけだが、そのソクラテスによる転回とはいったいなにを意味したのだろうか。

シュトラウスによれば、「人間的なことがら」へと研究を向けかえたソクラテス的転回は、「神的なことがらや自然的なことがら」の無視によるものではなく、「あらゆることがらの理解」を目指す新しい研究方向に基づくものであったのであり、ソクラテスは、全体者あるいは存在するあらゆるものについての学を「各々の存在者」の理解と同一視したことによって、彼の先行者たちから逸脱していった。この逸脱がいわば「都市（ポリス）」に生きる「人間（市民）（ポリテス）」の「哲学」の作法を生み出したのである。

「在ること」とは「なにものかであること」を意味し、「在ること」は「部分」であることを意味し、全体は、「存在を超えて」いなければならない。そうであってはじめて全体は諸部分の総体である。だから全体を理解することは全体のすべての部分あるいは全体の分節化を理解することを意味する（*NRH*, 122=172頁）。しかし「全体を理解する」とは、コスモスの生成の根源を理解することではないし、カオスからコスモスへの変化の原因を発見することでもな

く，多様な事物の現れの背後にある統一性を見極めることでもなく，ただ「完成された全体の明白な分節化の中に示された統一性を理解すること」である (NRH, 123=173頁)。こうした捉え方が，さまざまな学問の区別に根拠を与え，その区別は全体の自然的分節化に対応する。しかもこのような捉え方が人間的なことがらそれ自体の研究を可能にする。これがソクラテスによる転回の意味である。この転回は「常識」への回帰であったが，ソクラテスは「知恵」を「節度」から切り離しはしなかった。

ソクラテスは自らの自然本性を理解するのに，事物の自然本性についてのもろもろの「意見」から出発した。というのも，事物の本性についての「意見」を無視することは，結局われわれの有する実在へといたる最も重要な通路，あるいはわれわれの手に届くところにある最も重要な真理の痕跡を，放棄することになると考えたからである。「哲学」は，「意見」から「知」あるいは「真理」への上昇，それも「意見に導かれて」と言いうるような上昇において成り立つ。ソクラテスが「哲学」を「問答法（弁証法）」と呼んだのは，この意味においてであった。会話あるいは友好的な論争こそ真理へと導くものであるが，それが可能になるのは，複数の意見の相互間に矛盾が見られたという事実による。矛盾が明らかになれば，そのような意見を超えて，当の事物の自然本性についての無矛盾的な見解を目指さざるをえなくなる。相互に矛盾していた複数の意見が相対的な真理でしかないことが明らかにされ，無矛盾的な見解こそ，包括的で総体的な見解であることが明らかになる。「真理」への上昇は，万人の「意見」がつねに予感している「自存する真理」によって導かれることが明らかになる。かくして正義についての1個の真なる見解の方向へと向かわざるをえなくなる。そして「部分」の意味は「全体」の意味に依存していることが明らかになる (NRH, 123-126=174-176頁)。

プラトンの「最善の国制」を特徴づける諸制度は，「自然と一致したもの」であり，「習慣や慣習に反するもの」である。どこでも行われているような「習慣や慣習に則った」諸制度は「自然に反するもの」であった (NRH, 121=170頁)。「人間的なことがら」についての研究は，「人間的なことがら」そのものがなんであるか，「人間的なことがらの理」のなんであるか，への問いである。それは，「人間的なことがら」と「人間的ならざることがら」との相

## 第8章 シュトラウスにおける古典的自然権と近代的自然権

違を,つまり「神的なことがらや自然的ことがら」との本質的な相違を把握しなければ,哲学的探求は不可能であるという立場であった(*NRH*, 122=171頁)。同様にソクラテスの「人間的なことがら」の研究も,「あらゆることがら」についての包括的な研究に基づくものであった。ソクラテスも「知恵あるいは哲学」の目標をあらゆる存在者の学と同一視した。

　古典的自然権のパラダイムにおいては,「自然と法(人為)の区別」の妥当性を前提にして,「自然的」正と「自然的」道徳性を否定する立場に対して,「自然的」正と「法的」正の区別ならびに,「自然的」道徳性と「政治的」道徳性の区別とをもって対抗する。さらに「真正の」徳と「政治的ないし通俗的な」徳とを区別した。古代哲学の一特殊形態とされるコンヴェンショナリズムも古典理論家たちと同様に自然と人為の区別を基本とした。しかしこのコンヴェンショナリズムにとって,「正の観念の多様性」は「権利の人為性」を証明するものであり,それは「自然権の非存在」を証明するものであった。そこでは自然は人為よりも圧倒的に高い尊厳を有し,自然こそが規範とされ,人為は自然に反するものであった。コンヴェンショナリズムにおいては「永遠なるもの」の探求だけが「哲学」であった。シュトラウスは,その基礎には善と快の同一視があったと想定する。だが古典的自然権の教理は,この快楽主義を批判する。古典的理論家たちの命題は,善は本質的に快とは異なり,善は快よりもいっそう根本的なことである,と考えた。なにが自然本性的な人間的善であるかを決定するためには,人間本性あるいは人間の自然的体質(constitution)のなんたるかを決定しなければならない。古典理論家たちが理解した自然的正(natural right)に基礎を与えたのは,人間の自然的体質の位階的秩序であった(*NRH*, 126-127=178-179頁)。

　人間の魂を動物の魂から区別するものは,言葉や理性や知性である。それゆえ,人間に固有の働きは,思慮深く生きること,知性を働かせること,思慮深く行為することにある。善き生とは,人間存在の自然的秩序に合致した生,よく秩序づけられた健全な魂にもとづく生のことである。善き生とはまさに,人間の自然的傾向性が正しい秩序において最高度に満たされているような生,可能な限り最高度に目覚めている人の生,魂のなかで陶冶されぬまま放置さ

れているものが全くないような人の生のことである。善き生とは人間的自然の完成態である。それが自然に従った生である。それゆえ善き生の一般的性格を画定する規則のことを「自然法」とよぶことができよう。自然に従った生は，人間的卓越性ないし徳の生であり，「一流の人」の生であって，快楽としての快楽の生ではないのである（*NRH*, 127=179頁）。

(2) 自然権の根拠としての人間の自然的社会性

「人間は本性的に社会的存在である。人間は他の者と一緒でなければ生きていけない，あるいは善く生きてはいけないように作られている。人間を他の動物から区別するものは理性や言葉であり，そして言葉はコミュニケーションの手段であるのだから，人間は他のいかなる社交的動物よりも根源的な意味で社会的である。つまり人間性それ自体が社会性である」，「この人間の自然的社会性こそ，権利の狭義の厳密な意味における自然権の根拠である。なぜなら，人間は自然本性的に社会的であり，人間の自然本性の完成は，とりわけ社会的な徳，つまり正義を含むからである。正義および権利は自然的なものなのである」（*NRH*, 129=181-182頁）。

人間の完成を可能にしようとする社会は，相互的な信頼によってまとまっていなければならず，そして信頼は相互に知己であることを前提とする。古典的理論家たちは，そのような信頼関係がなければ，自由もありえないと考えた。「人間の直接的知識が差し支えなく間接的知識によって置き換えられうるのは，ただ政治的多数を形成する諸個人が均質的で『集団人間』である場合に限られるのだからである。相互的信頼を可能にする十分小さな社会だけが，相互的責任あるいは監督をなすのに十分な大きさなのである」（*NRH*, 131=184頁）。だから「閉じられた社会としての市民社会（すなわち「都市」）は，それが自然に合致したものであるゆえに，自然に即して可能であり，必然的である。」（*NRH*, 132=186頁）

だが「人間の完成態」は，市民的社会（政治社会）（すなわち「都市」）におけるある種の受動的な構成員であることにおいて実現されるのではなく，政治家，立法者，設立者として適切な方針をもって活動することにおいて実現されるのである。「善き人間」とはただちに善き市民と同一なのではなく，「善き社会に

おいて統治の役割を果たしている善き市民」と同一なのである（*NRH*, 133=187頁）。

　古典的理論家たちは，道徳的ことがらや政治的ことがらを人間の完成という観点の下に見たのであるから，彼らは平等主義者ではなかった。人間は人間的完成という決定的な点において同等ではないのだから，すべての人間に平等の権利をというのは，（キケロも含めて）古典的理論家たちにとっては，最も不当なことに思えた。彼らは，ある者たちは自然本性的に他の者たちより優れており，したがって自然的権利によって他の者たちの支配者である，と主張した（*NRH*, 134-135=188-189頁）。

### （3）「最善の体制」と「正統な体制」

　ポリテイア（*politeia*）は constitution（国制）と英訳されるが，それは法的現象ではなく，法律よりも一層根本的であり，むしろ政治共同体内部での権力の事実的配分のことである（*NRH*, 136=190頁）。政治的権力に関する人間存在の事実的「整序」であり，むしろその「生き方（way of life）」を意味する regime（体制）と訳したほうが好ましい。古典理論家たちは「体制」と述べたが，現代人はそれを civilization（文明）と述べる。「文明」は「体制」の現代における代用語なのである（*NRH*, 138=192頁）。「社会の性格や基調は，その社会が何をもって最も尊敬すべきもの最も賞賛に値するものとみなすかにかかっている」（*NRH*, 137=191頁）。賞賛されるべき習慣や態度を身につけた人間も，真に権威的であるためには，共同体の内部で決定的発言権を公然たる形でもたなければならない。つまり彼らは体制を形成しなければならない。とりわけ「最善の体制」に関心をもつとき，彼らが意味していることは，最高の社会的現象，あるいは自然現象より他にはそれ以上に根本的なものがないような社会的現象は，体制であるということであった（*NRH*, 138=192頁）。「古典的政治学によって提示された最善の体制とは，当の哲学者によって解釈された貴紳たちの願望ないし祈念の対象なのである。しかし古典的理論家たちが理解した最善の体制は，単に最も望ましいものというだけでなく，それは実現可能なもの，地上において実現可能なものであることをも意味していた。それは自然に合致しているゆえに望ましいだけでなく実現可能なものでもある」（*NRH*, 138-139=193-194

頁)。だがそれは決して実現しないかもしれない。だから実際とは区別された言論においてのみ存在するというのが、最善の体制の本質である（NRH, 139=194頁)。唯一存在しうる「最善の体制」と多数存在する「正統な体制」との区別の根拠は、「高貴（noble)」と「正当（just)」の区別である。高貴なるものはすべて正当であるが、正当なるすべてのものが高貴なのではない（NRH, 140=195頁)。善さは、知恵に依存する。最善の体制とは賢者の支配である。賢者の支配を愚者の合意に依存させることは、本性的に優位のものを本性的に劣位の者の支配に服させることを意味する。それは自然に反した所業である。賢者の支配に必要な条件が満たされることは、滅多にない。僭主支配の可能性の方が賢者支配の可能性よりも大きい。知恵を不可欠の要件とする立場は、合意を要件とする立場によって緩和されなければならない。知恵の要件と合意の要件を調停するところに政治の問題がある（NRH, 141=197頁)。

　平等主義的自然権の観点からすれば、合意が知恵に優先するのに対し、古典的自然権の立場からすれば、知恵の方が合意に優先する。これら２つの異なる要求を統合させる最善の方法は、賢明なる立法者が法典を起草し、それを市民組織が十分に納得して自発的に採用することであった。知恵の具体化というべき法典は、なるべく変更されてはならない。みだりに変更することは、法律の支配が人間の支配にとって代わることになる。法律の執行は、それを最も公平に、つまり賢明なる立法者の精神に基づいて執行しそうな人物に、つまり立法者が予見できなかった状況の要求に合わせて法律を「完成させる」ことのできそうなタイプの人物に、委託されなければならない。古典理論家たちは、貴紳（gentleman）をこのようなタイプの人間であると考えた。貴紳は賢者ではない。貴紳は賢者の政治的な模像である。貴紳が賢者と共通する点は、ともに一般人が高く評価する多くのものを軽視すること、あるいは両者が高貴なもの美しいものに眼識があることである（NRH, 142=197頁)。貴紳は相続財産が莫大すぎることはなく、主に土地財産であって、それでいて生き方が都会風であるような人であり、農業から収入を得ている都市貴族である。そこでの最善の体制とは、都市貴族でもあり、育ちがよく公共的精神をもった郷紳階級が、法律にしたがいつつ法律を完成させ、順番に支配し支配されながら支配権を維持し、社会にその性格を与えようとしているような共和国である（NRH, 142=198頁)。

## 第8章　シュトラウスにおける古典的自然権と近代的自然権

　古典理論家たちは，最善の支配に役立つと思われるさまざまな制度を考察し，推奨したが，最も影響力を与えた構想は，王制と貴族制と民主制からなる混合体制であった。混合体制においては貴族制的要素（元老院）が媒介的な中心的・中核的位置を占める。混合体制は実際，君主制的諸制度と民主制的諸制度の混合によって強化され保護された貴族制である。正義とはなにかについての問いが，完全な解答を見出すのは，ただ言論による最善の体制の構築によってだけである（*NRH*, 144=200頁）。

　シュトラウスは，古典的自然権の教説は，最善の体制という問題に対する二重の解答，すなわち，端的に最善の体制は賢者による絶対的支配であるという解答と，実現可能な最善の体制は，法律の下における貴紳の支配あるいは混合体制であるという解答とに帰着するところにその特徴があると要約する（*NRH*, 142=198頁）。貴紳は賢者の精神に寄り添い個別の事案ごとに深慮を働かせ市民に同意を求める。

　自然権の政治的性格は，古代の平等主義的自然権と聖書信仰との両者の影響の下に，曖昧になり，本質的なものではなくなった。聖書信仰の基盤のうえでは，「最善の体制」は端的に「神の国」となり，したがって「最善の体制」は天地創造と同時的となり，それゆえ，つねに現実のものである。そして悪の終息あるいは救済は，神の超自然的行為によってもたらされる。かくて，最善の体制という問題は，決定的な意義を失うのである。古典理論家たちが考えた「最善の体制」は，もはや完全な道徳秩序と同一のものではなくなり，政治社会の目的は，「有徳的な生そのもの」ではなくなり，有徳的な生の一部分でしかない。立法者としての神の観念の登場により，自然権ないし自然法は最善の体制から独立し，（神の観念に従属するかたちで）最善の体制に優先するものとなった。キリスト教の登場以後，西洋思想に最大の影響を及ぼしたのは，このようにして根底から修正された形での古典的自然権であった（*NRH*, 144=200頁）。

　都市は市民的徳性を必然的に要求する。都市は知恵が合意と妥協することを求める。市民的生は，知恵と愚劣の根本的妥協を要求するが，このことは理性や知性の認める自然的正と，意見のみに基づく正しさとの間の妥協を意味する。市民的生は，自然的正が人為的正によって希釈されることを求める。政治的あるいは道徳的ことがらにおいて非厳密性が求められることの一半の理由は，こ

の必要性に基づく。だからこそ知恵と深慮の政治が不可欠となる (*NRH*, 149-153=206-210頁)。

　これについてアリストテレスの場合はどうであろうか。アリストテレスは，第1に，自然的正 (natural right) は政治的正 (political right) の一部である，と端的に言う。自然的正の最も発展した形態は市民仲間の間で成立しているものであるということ，すなわち，正 (right) や正義 (justice) の主題をなしている関係は，ただ市民仲間においてのみ，最も密度の高い，したがって最も成熟した状態に到達するということであった。第2に，すべての自然的正は可変的 (changeable) であるということを端的に主張した。正義や自然的正は，一般的規則よりも具体的決定のうちに，宿っていた。あらゆる人間的係争には，あらゆる事情を十分に見極めたうえでなされる正しい決定，つまり状況の要求する決定というものが存在し，自然的正はそのような決定から成り立つ。このように理解される自然的正は，決して抽象的かつ一義的に規定されるものではなく，明らかに可変的である (*NRH*, 157=215-216頁)。

## 4　「知恵」と「同意」の結合

　このようにテクストを辿ってみるとき，シュトラウスの意図からどのようなコンテクストが浮かび上がってくるだろうか。

　シュトラウスが19世紀歴史主義登場以降の政治的変容を批判するとき，批判の対象は一般規則にしたがった合理主義的な決定に無批判的にしたがい強要する法官僚主義であり，対案は最善を念頭におきつつ個別具体的な状況に即応して次善の解決策を求める政治的深慮と政治的生の救出である。そこにはマックス・ウェーバーの『職業としての政治』における政治家の使命が重なってくる。その意味で，本書は，人間の生の価値の個別具体性の擁護の立場からの，システム化した現代社会における価値相対主義とニヒリズムに対する「政治哲学」的批判である。なにかしらニーチェ的な大衆社会批判の趣も感じられる。彼ら3人の問題意識は意外に重なっているのかもしれない。ニーチェとナチズムとの決定的な相違点はニーチェとシュトラウスの決定的な共鳴点となっているようにも見える。

第8章　シュトラウスにおける古典的自然権と近代的自然権

　近代自然権理論の展開によって、古典的政治哲学のもっていた分別ある柔軟性は、狂信的な硬直性へと道を譲った。政治哲学者は次第に党派的人間と区別がつかなくなっていった。19世紀の歴史的思考は、「自然公法」が厳しく制限していた政治家の見識の活動する余地を回復しようと務めたが、しかし歴史的思考は近代の「リアリズム」の呪縛の下に完全に捉えられていたために、それが「自然公法」を打破することに成功したときは、同時にすべての政治の道徳的原理をも破壊していた（NRH, 192=259-260頁）。シュトラウスが問題にするのはこの点である。

　近代自然権理論が構築した近代社会において欠落しているのは、古典的自然権理論の世界において価値とされた「知恵」であり、「知恵」と「同意」の結合の作法を現代的に蘇らせることがなによりも必要なのだと言っているように思われる。『自然権と歴史』はこのことを弁証するための書であったのかもしれない。そうだとすれば、『自然権と歴史』は「政治理論史」的には近代自然権論の成立を論じた書ということになるが、「政治哲学」的には近代自然権論がもたらした近代社会の帰結に対する危機意識とその危機を克服するための方途を指し示した書と言える。


注

本文中の（　）内の数字は、シュトラウス『自然権と歴史』（ちくま学芸文庫）からの引用やパラフレーズの箇所を示す。また本文中の（　）内の原語は原書 *Natural right and History* の該当箇所による。

(1) シュトラウスによれば、フッカーの自然権はトマスの自然権概念であった。ロックとフッカーとの間にある種の一致点が見られるとしても、ロックの自然権概念はフッカーのそれとは根本的に異なるものであり、フッカーとロックとの間で自然権概念に根本的変化が生じたのだと述べ、その変化の転換点にホッブズが位置づけられる（NRH, 165=228頁）。
(2) シュトラウスは、このパラダイムを時系列的には(A)ソクラテス＝プラトン＝ストア派的自然権理論、(B)アリストテレス的自然権理論、(C)トマス的自然権理論の3つのタイプに分けて、それぞれを特徴づけている。シュトラウスが古典的自然権というときのパラダイムの典型はソクラテス＝プラトン＝ストア派的自然権理論である。アリストテレスが自然的正（義）は政治的正（義）の一部であるとし、それは

都市の生活である政治的生のなかで理解されるような正義であると言うとき，その自然的正は可変的なものである。その点はプラトンにおいても認められる。トマス的自然権理論は，教父に起源し，アリストテレスには無縁の要素に基づいている。アヴェロエスの「法律は自然的正である」という命題はユダヤ的アリストテレス主義，イスラム的アリストテレス主義に起因するものであるとしている。トマスの自然法観は究極的には，自然法と自然神学とが不可分であるばかりか，啓示神学とも不可分である点において，古典的理論家たちとは離れている。だから近代的政治理論家たちは，トマスよりも古典理論家たちに近かったと言えるし，実際かれらは古典理論家たちを媒介しトマスからの転回の道を切り開いたのである。トマスは神学による自然法の吸収の完成であり，近代自然法はそれに対する反作用であった（*NRH*, 146-164=202-225頁）。

（3）シュトラウスによれば，コンヴェンショナリズムには，通俗的コンヴェンショナリズムと哲学的コンヴェンショナリズムがあるが，両者ともに誰もが自然本性的には自分自身の善のみを求め，他人への配慮はただ人為によってのみ生ずると考える。しかし哲学的コンヴェンショナリズムは優越性の欲求を自然的と見なすどころか，空しいこと，意見の産物と見なす。前者は後者の通俗版であり，その起源は哲学的コンヴェンショナリズムの堕落にあり，その堕落はソフィストにまで跡づけられるとし，「ソフィストは，ソクラテス以前の哲学者たちのコンヴェンショナリズム説を流布させ，それとともにこの説の質を低下させた」（*NRH*, 115=162-163頁）と述べている。

またコンヴェンショナリズムと19・20世紀の「歴史主義」とを比べて，後者は，自然が規範であるという前提を神秘的だとして退け，自然が人間のいかなる作為より高い尊厳を有するという前提を認めず，反対に人間と，人間の変転する正義の観念をも含めた作為を，他のすべての実在物と同等に自然的と考えるか，さもなければ，自然の領域と自由あるいは歴史の領域との根本的二元論を主張する。したがって正・不正の観念が基本的に恣意的なものだとは考えない。その観念の由来を自由の行為にまで跡づけながら，自由と恣意性との根本的相違を主張する。古代人にしたがえば，哲学することは「洞窟から立ち去ること」を意味するのに対して，近代の「歴史主義」にとって，哲学は「洞窟にとどまること」を意味する。つまり哲学とは永遠なるものの探求であるという考え方を否定し，哲学は「歴史的世界」，「文化」，「文明」，「世界観」に属することだと考えていると批判的に対比している（*NRH*, 11-12=27-29頁）。シュトラウスはこのようにコンヴェンショナリズムと古典哲学を対比し，コンヴェンショナリズムと歴史主義的思考の相違を批判的に対比する。この図式からシュトラウスの「古典哲学の政治哲学」の現代における批判的可能性を明らかにするという戦略が見えてくる。

## 第9章
# 近代自然権論の創始者としてのホッブズ

高田　純

## 1　本論の目的と展望

　L. シュトラウスは『自然権と歴史 (*Natural Right and History*)』(1953) において，ホッブズは古代・中世における〈natural right〉の伝統的見解を転換したが，同時に伝統的見解を継承してもいると見なす。現代のホッブズ解釈をめぐる論争においては伝統的な国家論とホッブズの国家論との間の連続性と非連続性との関係が大きな論点となっているが，そのなかでシュトラウスの主張はユニークなものである。

　シュトラウスにおいて〈right〉は「権利」という主観的意味をもつだけでなく，「法」や「正」という客観的意味をもつ。そこで，ホッブズにおける〈natural right〉の概念の転換について検討する（第3節）まえに，古代，中世，近代における〈natural right〉の意味について考察する必要がある（第2節）。

　ところで，ホッブズは，自然権と自然法を示すのは理性であると見なす。このばあいの理性がどのような性格をもつかが問題になる（第4節）。また，理性はさらに近代の自然科学における理性（因果関係を認識する理性）と結合し（第5節），さらに，古代，中世の自然的理性との関係も問題になる（第6節）。

　シュトラウスは『ホッブズの政治哲学』(1952) においては自然状態における闘争を承認（特に名誉）をめぐる闘争と理解する。最後に，このような解釈がホッブズ自身の見解に一致しているかどうかを検討したい（第7節）。

## 2　自然的正と自然法の伝統的理解

　まず，シュトラウスが言う〈natural right〉における〈right〉の意味を整理しておきたい。英語の日常の法的用法では〈right〉は「正」と「権利」という意味をもつが，法（法律）という意味はもたない。これに対して，ラテン語の〈jus(ius)〉，フランス語の〈droit〉，ドイツ語〈Recht〉はより広く，「法」という意味をも含む。（英語では法を意味するのは〈law〉であり，これに相応するのはラテン語〈lex〉，ドイツ語〈Gesetz〉，フランス語〈loi〉であるが，これらは「法則」という意味ももつ）。法は，人間の行為を指示する規則や規範であるのに対して，権利は，他人や社会に要求することができる権能や資格を意味する。両者の意味を区別するために，「法」は客観的な〈Recht〉，「権利」は主観的なRechtと呼ばれる。〈right〉は「正」という意味も含むが，これは客観的であり，法に近い。
　シュトラウスの用法では，〈right〉は「権利」という意味と，「正」という意味をもつが，古代ギリシアにおいては権利という観念は明確ではなかったので，この時期に関連して使用される〈right〉は「正」を意味するであろう。シュトラウスは，自然法を意味するものとして〈natural law〉という用語も用いているが，〈natural right〉をしばしば自然的正という意味に理解している。[2]
　古代ギリシアにおいては，「ディケー」は法あるいは法律を意味し，神の権威を背景としていた。法に服従することが正しいとされ，「ディケー（法）」から「ディカイオス（正しい）」という形容詞が派生し，さらにそこから，「ディカイオン」（正しさ，正）という語が生まれた。現存の法が根本的な意味で正しいとはかぎらず，正に照らして，評価されなければならないと見なされた。法の正しさについての批判的意識が明確になるにつれて，「ノモス的（法律的）正」と「フィシュス的（自然的）正」とが区別されるようになった。「ノモス」は，「（人為的に）制定されたものとしての法（法律）」を意味する。[3] この区別を強調したのはソフィストであるが，この区別をめぐって3つの基本的立場が生じた。第1の立場は自然的正における万人の平等を主張し，現存の法律を批判する。この立場は，法律は人びとの間の契約に基づくという見解と結合する。

第2の立場はこれとは逆に，強者の支配が自然的正に適ったものであり，万人の平等という観念は，弱者が生み出す幻想にすぎず，自然的正に反すると見なす。第3の立場は自然的正義を否定し，あるいはこれに対して懐疑的態度をとり，法律的正によって強者の支配が正当化されると見なす(4)。

プラトンの『国家』は「正義，正しさ（デイカオシュネ）」を副題にしているが，そこでは正義についての明確な定義を示されず，ソクラテスに次のことを語らせているにすぎない。まず，国家においては3つの主要な階級（生産階級，防衛階級，統治階級）の間で適切な役割分担に基づいて秩序が保持されることのなかに「全体的正義」があるが，このポリスの秩序は個人においては節制，勇気，知恵という徳の間の調和となり，この調和のなかに個人の正義があると言われる（第2巻，10，第4巻，9，11）。これに対して晩年の『法律』においては，正義はより限定的な意味に理解され，個人の本性に応じた適切な配分にあると言われる（第6巻，6）。これはアリストテレスの配分的正義に先行するものであり，このような正義がプラトンにおける本来の自然的正義であろう。内容的に見れば，プラトンは真の自然的正を目指したと言えるであろう。この点では，シュトラウスがプラトンの思想のなかに自然的正の源流を見出すことは適切と言える。

アリストテレスは『ニコマコス倫理学』において自然的正義（正）について詳細に論じている。彼は自然的正義から法律的正義を区別し，自然的正を，法律が正しいかどうかについて判定するための基準と見なす。彼は正義の基本内容として法への適合と平等とを挙げ（第5巻，1），平等に関して配分的正義，矯正的（是正的）正義，交換的正義を区別する（第5巻，3〜5）。彼は，プラトンのように自然的正義を超越的なものと見なすことに対して批判的である。彼によれば，自然的正義は法律的正義から区別されるが，後者を通じて実現されるのであり，可変的である。このような見解は，イデアは個物に内在するという彼の基本思想の具体化である。

ヘレニズム時代にはストア派が，自然を支配する「正しい理法」としての「共通法」と，この法のもとでの万人の平等を主張し，その後の自然法概念に先鞭をつけた。この平等は，個別の国家（ポリス）の市民の平等を超えた世界市民としての平等を意味するが，ストア派の内向的性格のため，精神的な平等

（特に良心における平等）にとどまった。ローマ時代にキケロはストア派の影響のもとに，「自然法」は「自然と調和する正しい理性」に基づくと見なし，それに服従することを「義務」と見なした。

　ローマ時代には市民法，万人法（諸民族の法），自然法が区別されるようになる。<sup>(5)</sup>商品経済の発達に伴い，私法が整備され，権利の観念も明確化される。しかし，市民の権利はあくまでも法に服従するかぎりで保障され，法は権利に優先すると見なされた。

　中世においてトマス・アクィナスはアリストテレスの説とストア派の説を結合しつつ，神によって支配される「永久法」を重視し，被造物がこれに「参与する」ことを「自然的正（自然法）」と呼ぶが，この参与は特に，「自然の理性の光」によって導かれる理性的被造物としての人間に該当するとされる。

## 3　自然権と自然法──ホッブズにおける転換

　近代になって，自然法についての伝統的な概念を整理し，その後の自然法思想を準備したのはグロティウスである。彼は〈jus〉を「行為の属性」としての「正」，「人格の道徳的特質」としての「権利」（権能と適合性），および行為の「規則」としての「法（法律）」に区分し，法が権利に優先すると見なした。また，彼は法を自然法と意志法に区分したうえで，さらに意志法を神意法と人意法とに区別し，神意法も「正しい理性の命令」としての自然法に従うと主張した。<sup>(6)</sup>

　これに対して，ホッブズは自然権を重視し，自然法に優先させ〈natural right〉の観念を大きく転換させた。彼は『リヴァイアサン』においては次のように主張する。人間の最も基本的な欲求は自己保存である。自己保存のため力を任意に行使することは「自然権」（「自然の権利〔right of nature〕」，「自然的権利〔jus naturale〕」）である。「自分自身の自然，すなわち生命の保存のために，自分が意志するとおりに，自分自身の力を使用する」ことについての「自由」が権利である（*L*, 14=(1)216頁）。『市民論』においては次のように言われる。人間の自己保存は「自然の必然性」，「正しい理法」に従ったものである。権利は，「正しい理法（ratio）」に従って，自然的能力を行使するという各人がもつ自

由」を意味する（Cv, I. 7=40頁）。

　ホッブズは，権利を法（それに従う義務）から区別し，後者に優先すると見なす。「権利は，なにかを行ない，あるいは差し控えという自由のなかにあるが，これに対して，法は行為者をそれらのいずれかに決定し，拘束する。したがって，義務と自由が異なるように，法と権利と同一の事柄について両立しない」（L, 14=(1)217頁）。「自然の権利（right of nature）」も「自然の法（law of nature, lex naturalis）」に優先する。伝統的な見解では，自然権が主張されるばあいでも，それは自然法に基づくと見なされた。このことは，近代法の先駆的学者であるグロティウスにおいても同様である。これに対して，ホッブズは自然権と自然法の関係を逆転させた。

　ところで，自然状態においては，各人は自己保存のために，他人をも支配する権利（自由）をもつのであるから，他人の権利との全面的な抗争（「万人の万人に対する戦争」）が生じざるをえない（L, 13=(1)211頁；Cv, I. 12=44頁）。このような状態を脱却し，自己保存を確実にするためには，各人は自分の権利の一部を制限し，放棄しなければならない（Cv, II. 3=52頁）。『リヴァイアサン』においては，「平和への希望があるかぎり，それに向けて努力すべきであり，平和を得ることができないばあいには，戦争のあらゆる援助と便益を求め，利用してもよい」（L, 14=(1)217頁）という「第一の基本的な自然法」が挙げられる。続いて次のような「第二の自然法」が示される。「人は平和と自己防衛のために必要なかぎり，他人もそうであるばあいに，万物に対するこの権利を進んで放棄すべきであり，他人が彼自身に対してもつことを彼が許すべきであるばあいと同一の大きさの自由をもつことで，進んで満足すべきである」（L, 14=(1)218頁；Cf. Cv, 1.3=52頁）。

　各人の他人に対する権利の委譲は他人との間の合意，「契約（compact）」に基づく。他人を信頼し，相手に先行して自発的にこれを順守するばあいには，この合意は「信約（convenant）」と呼ばれる（L, 14=(1)222頁）。このような契約が締結された後では，信約を履行することは義務となる。「正義」も信約の履行に基づく（L, 15=(1)236頁）。このようにして，自然法は各人の自然権の保護のための不可欠な条件であり，自然法に服従する義務は自然権から派生する。

　シュトラウスもホッブズにおける自然法のこのような転換を指摘する。ホッ

ブズにあっては，自己保存は，「基本的で譲渡できない」，「自然的権利」である（*NRH*, 247頁）。伝統的な自然法は自然的義務を伴ったが，ホッブズは，自然的権利が自然的義務の基礎にあると見なす（*NRH*, 249頁；*PPH*, 189頁以下）。ところで，シュトラウスは他方で，ホッブズが「正しい社会的秩序」，「自然的正（natural right）」の実現のために，「自然法（natural law）の復興」を試み，「〈理想主義的〉伝統」に暗黙に同意したと主張する（*NRH*, 230頁以下，245頁）。一般には，ホッブズは経験論の立場に立ち，理想主義とは無縁と見なされており，この点でシュトラウスの指摘はユニークである。

## 4 理性の役割

ホッブズによれば，自然法は「理性」によって発見され（*L*, 14=(1)216頁），「自然的理性の諸指令（dictates）」，「正しい理性（理法）の自然的指令」を意味する（*L*, 31=(2)287頁；*Cv*, II. 1=49頁；*Cv*, XIV. 4=271頁，参照）。ここで「理性（reason, ratio）」の性格が問題となる。まず，理性が人間の認識能力という主観的なもの（理性）なのか，自然に備わる秩序（理法）という客観的なものなのか，次に，主観的理性については，それが近代的な自然科学的理性なのか，伝統的な理性（スコラ哲学における「自然の光」に従った）なのか，さらに客観的理性については，それが自然科学によって認識される自然法則なのか，伝統的意味での存在論的，形而上学な法則（根本理法）なのか，が問題となる。

ホッブズは一方では，「自然的理性」を「自然科学の原理」と見なし（*L*, 31=(2)248），また，理性を「推理（ratiocination）」の能力であると述べている（*L*, 5=(1)84）。ここでは理性は主観的なものと理解されている。しかし，彼は他方では，理性の命令は神の命令であり，自然法は神の法であるとも述べている（*L*, 31=(2)287頁）。

シュトラウスは『自然権と歴史』においては，ホッブズにおける「自然的理性」の扱いに言及していない。彼は，ホッブズによる古代の理想主義の継承に着目するので，この理想主義と結合した「自然的理性」を重視するのではないかとも想定されるが，彼はそのようには述べていない。

ホッブズは人間の「推理」の能力を重視する。知識（認識）は事実について

の認識と,ある断定から他の断定の生起(帰結)についての知識を含み,後者は推理であると言われる(L, 9=(1)146頁)。『市民論』においては,自然法を認識する理性は推理であると明言される(Cv, 2.2=50頁以下)[8]。理性が推理の能力であるとすれば,理性の指令が条件的なものなのか,無条件的なものなのかが問題となる。ホッブズの理性の近代的性格を強調する論者がその条件性を指摘するのに対して,その伝統的性格を強調する論者はその無条件性を指摘する。私見では,人間の理性による自然法の認識とそれへの服従は自己保存のために必要なものであり,この点で基本的には理性の指令は条件的なもの(カントがいう仮言命法)である。ホッブズ自身も,自然法は「人間の保存の手段として」平和を指令すると述べている(L, 15=(1)253頁)。しかし,他方で,自己保存を確実なものとするためには,理性の命令にしたがうことは無条件的であり,このかぎりで理性の指令を定言命法であると見なすこともできるであろう[9]。なお,ホッブズは,自然法への服従の命令は神の命令であるとも述べ,それが絶対的な指令であるかのようにも述べているが,彼にあって基本的なのは理性の指令であり,それが神の指令と一致すると言われるにすぎない。

　このように,ホッブズにおいては「自然の理性」は,自然によって与えられた人間の理性(それは主観的であるが,その内容は客観的である)と,自然自身に内在する理性(理法)とを含む。それは多くのばあいには前者の意味のものであるが,それが特に「理性の光」(L, 29=(2)249頁;L, 31-(2)293頁)と関連させられるばあいには,中世的用法にしたがって,後者の意味のものとされている。しかし,シュトラウスが主張するように,ホッブズがプラトンの自然的正の理想主義的性格を継承しているわけではないであろう。

　ホッブズにおいては自己保存の保障のための自然法は事実的なものであり,自己保存の権利(自然権)や自然法への服従の規範的側面はこの事実的側面と不可分である。したがって,いかにして事実としての法則から規範としての法が生じるかは問題とされない。ただし,両者の一体性はスコラ学におけるような存在論的意味をもたない。

## 5 自然学と政治学

　ホッブズの自然学は機械論的であり，これが心理学，道徳論，さらに政治学に適用される。人間の身体と心の運動も機械的である。国家はこのような機械的人間を模倣した「人工的人間」であると言われる（L, intro.=37頁，24=(2)145頁，26=(2)170頁）。ホッブズの哲学体系は物体論（自然学）人間論（心理学），国家論（政治学）から構成される。『リヴァイアサン』は人間論を第1部，国家論を第2部としており，『市民論』も内容的には同様である。

　しかし，シュトラウスは，ホッブズにおいて国家論が自然学に基づくという理解を批判し，国家論は自然学から独立していると主張する（PHW, iv=9頁）。その理由は，3点に大別される。第1に，ホッブズの思想形成過程において人間や政治の「道徳的基礎」についての構想は，自然学の構想に先行するとされる。ホッブズは第2回の大陸旅行（1629～1630年）の際にユークリッドの幾何学に出会い，自然学の確立に向かったが，シュトラウスによれば，ホッブズはそれ以前に人文主義的古典の研究を行なった際に，すでに人間と道徳についての構想を抱いていた（HPW, v頁，36頁，205頁）。[10]

　第2に，シュトラウスは出版の順序について，政治学的著作の『市民論』の序論において，この著作が『物体論』，『人間論』に先行し，これから独立に刊行されたと述べられていること（Cv, intro.=23頁）に注目する（HPW, 10頁）。しかし，『市民論』の最初の部分（『リヴァイアサン』第1部「人間」より簡潔である）は『人間論』における考察を踏まえたものである。『市民論』の刊行時には『物体論』，『人間論』が完成されてはいなかったとはいえ，それらの基本内容はすでに構想されていたであろう。『市民論』序論の言葉は，読者が『物体論』，『人間論』の内容を知らなくても，経験に照らして『市民論』を理解できるという趣旨を述べたものにすぎないのではないだろうか。

　第3に，シュトラウスは，ホッブズの哲学体系において政治学は自然学には基づかず，逆に後者は前者に従属していると主張する（HPW, 9頁；11頁以下）。しかし，このような主張には単純化が見られる。問題は，「基づく」ことの意味である。政治学は自然学から導出され，前者は後者の付属物であるという意

味で，シュトラウスはこのような表現を用いているのであろう。しかし，広い意味では，政治学にとって自然学は不可欠な前提であるが，後者に還元されない固有の高度の性格をもつと理解することもでき，ホッブズの見解はむしろこのようなものと思われる。

『リヴァイアサン』における哲学体系の分類によれば，哲学（学）は自然哲学と政治学（および社会哲学）の2部門から成立し，人間論（心理学，倫理学，さらに正義の考察など）は全体として自然哲学に属す（L, 9=148頁以下）。『リヴァイアサン』の第1部「人間について」は『人間論』を要約したものであるが，ここでは『人間論』における人間の身体と心の運動の在り方が，『物体論』において示された物体の機械的，力学的運動の高度の形態として説明されている。また，『人間論』における心理学は社会的性格ももつ。自然状態において自然権を求める人間の在り方も自然学の枠内にある。国家は機械的な人間を模倣した「人工的人間」であり，国家を構成する「素材」も，国家を目的にしたがって国家を設立する「製作者」も，このような機械的人間である（L, intro.=38頁）。

シュトラウスはホッブズにおける自然学からの政治学の独立を主張する際に，政治学への機械論の適用も限定的に解釈し，ホッブズの機械論は「宇宙論」にではなく，「認識論」に関係すると主張する。後者について次のように言われる。世界が機械的なものであれば，理解（認識）可能であるが，これは宇宙に人間が従属することを意味する。人間はその目的に従って世界を「構成」し，世界を支配することによって，自由であるが，そのためには世界の運動を予め見とおす必要はない。むしろそのことが不可能であるので，世界の自由な構成が可能となる（NRH, 240頁，269頁）。人間は因果関係の連鎖の外部に立つことによって世界を構成し，国家を人工的なものとして設立することも可能となる（NRH, 238頁，257頁以下）。

しかし，ホッブズにおいては世界の自由な構成，国家の設立は因果関係から独立しているというシュトラウスの解釈には問題がある。ホッブズは理性の作用の基本を推論に求め，因果関係に関する推論の機能を重視する。「原因と法則についての探求」は推論に基づく（L, 5=(1)93頁）。推論は，既知の結果から原因にさかのぼる下降の運動と，原因から未知の結果を求める上昇の運動とを含むが，ホッブズが強調するのは，結果を予想する推論である。「類似の原因

から類似の結果を生み出させる」ことの認識が推論である（L, 5=(1)92頁）。

ホッブズによれば，推論は理性の基本的機能であるが，理論的役割を果たすだけでなく，社会において実践的役割をも果たす。ホッブズは推理を因果関係と密接に関連させており，存在する秩序の因果関係から新しい秩序を予測し，これを作り出すことができると見なす。彼は国家を人工的人間になぞらえ，その機械的運動とメカニズムを明らかにする。したがって，「自由な構成」は，シュトラウスが主張するように，因果関係の外に立つことによってではなく，因果関係を予測し，それを創造的に利用することによってもたらされると言わなければならない。[11] ホッブズは世界観においても，認識論においても，実践論においても決定論の立場に立ちながら，これは自由と両立すると見なす。[12] 人間の認識と実践の因果的被決定性に基づくことによって，自由が可能となるというのが彼の見解である。[13]

## 6　神の法と自然の法——宗教と政治

『リヴァイアサン』の第3部は「キリスト教のコモンウェルス」と題され，同著の4割以上の分量を占める。なぜホッブズが国家とキリスト教の関係をこのように重視したかについては，2つの典型的な見解が相互に対立している。一方では，ホッブズは無神論の立場に立ち，自分の国家論を正当化するために，聖書の好都合の箇所を援用しているにすぎないと主張される。他方では，ホッブズにおいて自然法は，神によって示された法に依存しており，彼の政治学は神なしには確立されないと主張される。ホッブズの思想と中世の伝統思想との結合を強調する論者の多くはこのような見解を採用する。[14]

このような論争のなかでシュトラウスの立場は前者の立場に近いと言える。『自然権と歴史』においては，ホッブズは「政治的無神論」の立場に立つと簡単に言われる（NRH, 233頁；cf. NRH, 266頁）。『ホッブズの政治学』においてはホッブズのキリスト教との関係について次のように説明されている。ホッブズは本心では神を信じていないが（HPW, 100頁），無神論を公言せず，キリスト教国家の成員として慎重な態度をとった。彼はスコラ学に反対するが，聖書には反対しないかのように見せかけた（HPW, 102頁）。彼のキリスト教に対する

態度は二面的であり，一方で，理性に基づく自説を証明するために，聖書を利用し，他方で，キリスト教諸派による聖書の解釈を批判し，聖書の権威を動揺させようとする（*HPW*, 95頁）。

ホッブズは，キリスト教諸派が聖書を任意に解釈し，国家をそれぞれの宗教に従属させようとしたため，国家は分裂し，内乱状態に陥ったことを批判する（『ビヒモス』）。聖書における国家についての叙述を理性に一致させるように解釈することによって，諸派による恣意的な聖書解釈と，それに基づく政治支配を防止しようとしたと言える。彼によれば，自然の法は永遠で普遍的であり，神の法でもある（*L*, 31=(2)290頁，298頁）。神の法は「正しい理性の自然的な指令」，「自然的理性の指令」（*L*, 31=(2)287頁）に一致する。たしかに神の指令は，自然的理性を超える内容をも含むが，この理性には反しない（*L*, 12=(1)196頁；32=(3)334頁）。

なお，シュトラウスは，ホッブズが当初はイギリス国教会の「監督制（主教制）主義（episcopalianism）」（長老の上に立つ監督＝主教を基本とする）に立っていたが，やがて「独立教会（会衆）主義（independentism）」（それぞれの教会の独立を主張する）へ移行したと主張するが（*HPW*, 98頁以下），この主張はかなり独自の主張である。ホッブズは，政治を教会に従属させることに関しては国教会に距離をとるが，主教制に関しては支持を表明していた。独立教会主義へのホッブズの接近に関してシュトラウスは具体的証拠を挙げていない。[15]

## 7 承認の闘争と暴力死

シュトラウスは『ホッブズの政治学』において，ホッブズにあって自然状態から国家への移行の際に「承認をめぐる闘争」と「暴力死への恐怖」が重要な役割を果たすと解釈する。それによれば，人間の基本的欲望は自己保存であるが，この欲望は無際限であり，特に他人に対する「優越」への欲望として現れる。他人に対する優越は他人によって承認される必要があり，ここから名誉への欲望も生じる。このように自然状態においては優越の承認（名誉）をめぐって闘争が生じる。この闘争は「死の危険」を生み出し，生死を賭けた闘争へ先鋭化される（*HPW*, 25頁以下）。「死の危険」を回避するためには，理性に基づ

いて国家を設立しなければならない。他人の暴力による死への恐怖は欲望の際限のない追求を抑制する情念である。このように承認（名誉）と死への恐怖は対立し，後者は前者に優越する（*HPW*, 23頁, 28頁, 141頁, 182頁）。シュトラウスは『自然権と歴史』においても死への恐怖を「最も強力な情念」と見なしているが，闘争の動機としての承認の位置を後退させている（*NRH*, 247頁, 255頁）。

シュトラウスによるホッブズの闘争論のこのような解釈には一面化が見られる。まず，ホッブズが闘争の動機として承認（名誉）の獲得にどれだけの比重をおいているかが問題である。『リヴァイアサン』においては，競争の主要な形態として富，名誉，および支配権をめぐる競争が挙げられ（*L*, 11=169頁），または別の箇所では，抗争の主要な原因として競争，不信，および評判が挙げられる（*L*, 13=210頁）。『市民論』においては，人間の基本的な欲求は名誉と利便であるが，後者が前者に優先するとされる（*Cv*, I. 2=32頁）。また，名誉の獲得のほかに，物事の考え方の相違，同一のものへの複数の人間の欲求も葛藤の原因と見なされている（*Cv*, I. 4-6=38頁以下）。たしかにホッブズはこれらの主著において名誉（承認）の獲得を闘争の主要動機の1つとして扱っているが，これを他の動機よりも優先させているわけではない。

次に，ホッブズは暴力死への恐怖をどのように位置づけているであろうか。『リヴァイアサン』においては，自然状態のもとでは人間の間に相互の恐怖があり，他人の暴力による死への恐怖は最大の恐怖であり，国家へ向かうように人間をさせる情念は死への恐怖であると言われる（*L*, 13=211頁, 13=213頁）。しかし，国家の設立へ向わせる動機として死への恐怖のほかに，快適な生活に必要なものへの欲望，それを勤労によって獲得する希望も挙げられる（*L*, 13=213頁）。このようにホッブズは暴力死を，自己保存と最も鋭く対立するものと見なしているにすぎない。また，彼は闘争における死の危険性について語るが，生死を賭けた闘争に直接には言及していない。

シュトラウスによる承認の闘争と暴力死への恐怖の強調は，彼自身も認めるように（*HPW*, 79頁以下, 153頁），ヘーゲルの『精神現象学』を念頭においたものである。それでは，ヘーゲル自身は名誉をめぐる闘争と生死を賭けた闘争についてどのように説明しているのであろうか。『精神現象学』においては名誉

第9章　近代自然権論の創始者としてのホッブズ

の闘争には言及されていない。ただし，この著作のまえのイエナ期の論稿においては名誉をめぐる闘争に言及されている。『人倫の体系』においては次のように言われる。「名誉の侮辱」は所有の侵害のような人格の個別的側面の否定ではなく，その観念的側面の，さらには人格全体の否定となり，「人格の人格に対する闘争」が生じるが，この闘争が解消されるのは死によってのみである（上妻精訳『人倫の体系』以文社，84，86頁）。ここでは，所有をめぐる闘争から名誉をめぐる闘争へ，さらに生死を賭けた闘争への移行という構図の原型が見られるが，これがホッブズを念頭においたものかどうかは明らかでない。この時期のヘーゲルは古代ギリシアのポリス共同体への傾倒が強く，ホッブズを否定的に評価していた。『精神哲学II』においては「侮辱」には立ち入らずに，各人は他者のなかに自分を純粋な対自存在として確認するために，自分の生命への固執を放棄し，他者との生死を賭けた闘争に移行するとされるが（加藤尚武監訳『イェーナ体系構想』法政大学出版局，1999年，162頁），承認の闘争は，ホッブズにおける「万人の万人に対する戦争」に対応すると言われる（同，154頁）。この時期にはヘーゲルは人倫的共同体を近代的個人の立場から捉え直すという立場をとる。

　闘争における死の意味についてホッブズとヘーゲルの間には見解の基本的相違がある。ホッブズにおいては個人の自己保存が基本であり，死の危険を回避するために他人との合意に基づいて国家を設立すると主張される。これに対して，ヘーゲルにあっては闘争における死は，個別的在り方（欲求や所有）に固執する個人をその根本的限界に直面させるものである。『精神現象学』においては，個人は承認されるためには，自分が個別的在り方に固執しないことを他人に対して示す必要があり，自分の生命を賭けると言われ，他人による暴力死の恐怖よりも，自分の生命を賭ける勇気が強調される。このことを共同体（国家）との関係において理解するならば，個人は個別的在り方を克服し，その共同的在り方を自覚することによって，共同体において承認され，真の意味で存立を得るのであり，死の危険はそれへの移行のステップという位置を占める。[16]

　名誉の闘争と暴力死を重視するシュトラウスの解釈はこのようにホッブズ自身の見解ともヘーゲルの見解とも一致していない。シュトラウスの解釈は名誉をめぐる闘争から生死を賭けた闘争への移行というコジェーヴによる『精神現

象学』の独自の読解に影響されたものである。[17]

注
（1）ホッブズの国家論と伝統思想との接続に注目した先駆者はテーラーであり（A. E. Taylor, *The Ethical Doctorine of Hobbes's Philosophy*, 1938）、のちにウォレンダーがこの解釈を発展させた（H. Warrender, *The Political Philosophy of Thomas Hobbes*, 1957）。ポランはテーラーの解釈を批判したが（R. Polin, *Politique et Philosophie chez Thomas Hobbes*, 1953）、シュトラウスはこれに論評している〔シュトラウス『政治哲学とは何であるか？』〕。
（2）シュトラウスはしばしば「正（right）」を「正義（justice）」と言い換えている（NRH, 25, 27, 115, 143, 175, 199, 218頁）。〈right〉の意味内容の理解については、*Natural Right and History* の訳者の塚崎智氏も苦労を表明している〔邦訳『自然権と歴史』筑摩書房、2013年、486頁。〕本書の序章で石崎氏がこの問題について再考察しているが、拙論との間に見解の相違もある。
（3）「ノモス」はもともと慣習を意味したが、「ディケー」に代わり法律を意味するようになった。その原意は「ネメイン」（配分する）であり、ノモスは、〈適切に配分する〉という意味をもっている。
（4）シュトラウスは、プラトンの『国家論』において批判されるトラシュマコスをソフィストの典型と見なす。トラシュマコスはソフィストの第3の立場をとるが、第2の立場の方がラジカルである。プラトンの『ゴルギアス』（『国家』よりもまえの著作）において紹介されるカリクレスは第2の立場に立ち、強者の支配を自然的正あるいは自然の法に従ったものと主張した。プラトン自身は『法律』（『国家』よりもあとの著作）において平等に関して一律の無差別な平等（第1の立場のソフィストによって主張される）と、個人の本性に応じた配分という平等とを区別する。
（5）ローマ時代には、自然法は万人法よりも根本的であるという解釈も登場する。ただし、万人法と自然法との区別は絶対的ではないとされる。万人法においては奴隷制が容認されるのに対して、自然法においては否定されるという点でのみ両者の法は異なると見なされる。
（6）グロティウスの見解については、太田義器『グロティウスの国際政治思想』ミネルヴァ書房、2003年、114頁以下、参照。
（7）『市民論（*De Cive*）』（*Cv*, と略記）の引用は、章番号をローマ数字で、節番号を算用数字で示し、イコール（＝）の後に、本田裕志訳（京都大学学術出版会）の頁を示す。
（8）ホッブズは「推理」を「計算（account, reckoning）」の能力と見なす。（〈ratio〉の原意が比例であることを踏まえていると思われる。）計算は加算と除算に基づく

## 第 9 章　近代自然権論の創始者としてのホッブズ

が，それは算術的意味に限定されず，幾何学的意味，論理学的意味をももっており，さらには政治学にも拡大される（*L*, 5=84頁）。推理が加算と除算に基づくというホッブズの説明はラフであるが，デカルトの解析幾何学，現代の記号論理学を考慮すれば，これらを部分的に先取りしたものとも言える。

（9）藤原保信氏は，ホッブズにおける理性の指令を条件的なものと見なすこと（ワトキンス，ゴールドスミスらの見解）をも，この理性の指令を神の権威に基づく点で，無条件的であると見なすこと（テーラー，ウォーラー，フッド）をも批判する。氏は非神学的な立場から理性の指令を定言命令と見なすが，その理由は明確にされていないように思われる。〔藤原保信『近代政治哲学の形成』早稲田大学出版部，1974年，19頁，195頁，197頁以下。〕

（10）ホッブズの人文主義的研究のこれらの成果は，その後の代表作（『自然法と政治の基礎』，『市民論』，『リヴァイアサン』）においても維持されているとシュトラウスは述べる（*HPW*, 71頁，161頁以下，158頁，201頁，205頁）。この点について文献的証拠は必ずしも示されていないが，代表作における人間の情動，特に名誉欲に関するホッブズの分析とアリストテレスのそれ（『弁論術』における）との類似性が詳細に示されている（『ホッブズの政治学』第 3 章）。

（11）ホッブズは言及していないが，このような見解は，「自然に従うことによって，自然を支配する」というベーコンの見解と親近性をもつ。

（12）ホッブズにおける意志の自由と被決定性との関係については，拙著『カント実践哲学とイギリス道徳哲学』梓出版社，2012年，219頁以下，参照。

（13）シュトラウスはホッブズにおける政治学への自然学の適用について説明する際にも，ユークリッドの幾何学とガリレイの力学の方法上の役割を重視する。ホッブズは「数学的方法の政治学への適用」によって，政治についての伝統的理解を転換したとされる（*HPW*, 168頁）。それは，「明証的な推論」をつうじて（*HPW*, 169頁），「厳密で学問的な政治論」（*HPW*, 170頁）を確立したことに求められる。利己心，死への恐怖の情念が「公理」の位置にあり，そこから国家は「演繹」され，また，全体の諸要素への分解と諸要素の再結合による全体の再現の方法（分解 - 構成的方法）が国家に適用されると言われる（*HPW*, 184頁以下）。シュトラウスはさらにこの方法の技術的役割に注目し，国家の設立は，機械の諸部分の組み合わせと類比的であると述べる（*HPW*, 185頁）。なお，シュトラウスは，数学的方法の導入によってアリストテレスと絶縁し，プラトンへ接近したとも述べる（*HPW*, 42頁以下）。ここでは，プラトンが（ピュタゴラスの影響によって）幾何学を高く評価したことが念頭におかれているのであろう。

（14）ホッブズの自然法論のキリスト教神学への依存を強調するのはフッドであり（F. C. Food, *The Devine Politics of Thomas Hobbes*, 1964），テーラー，ウォレンダーの説を推し進めた。

(15) 近年，ジャクソンも，ホッブズによる監督制の批判に言及している（N. D. Jackson, *Hobbes, Bramhall and the Plolitocs of Liberty and Nescessity*, 2007, 矢島信「義務・意志論・自由意志論争」，『政策科学』19-4, 2012）。しかし，ホッブズ自身には，監督制を宗教に関する最良の統治として評価する発言もある〔高野清弘『トマス・ホッブズの政治思想』御茶の水書房，1990年，43頁。〕

(16) シュトラウスがホッブズにおいて名誉をめぐる闘争が「闘争の決定的動機」とされていると見なすことをL. ジープは批判している。また，ジープは暴力死への恐怖についても，これは自然状態からの離脱の「機会（可能性）」にすぎないと述べる〔ジープ「承認をめぐる戦い」上，政治哲学研究会『政治哲学』第4号，2006年〕。

(17) コジェーブの『精神現象学』読解の影響を受けて，名誉の闘争を承認の闘争の中心におく解釈が日本でもかなり拡大しているが，これは正確ではない。シュトラウスのヘーゲル論，コジェーヴのヘーゲル解釈の問題点については，拙論「ホッブズとヘーゲルにおける近代性」『ヘーゲル哲学研究』第11号，アクセス21出版，2005年，「承認の闘争と世界史」上・下，政治哲学研究会『政治哲学』第7，8号，2008，2009年，参照。ヘーゲルの承認論の形成と構造については，拙著『承認と自由』未來社，1994年，『実践と相互人格性』，北海道大学図書刊行会，1997年，参照。

# 第10章
## 政治化する哲学
——ホッブズの快楽主義，理想主義，無神論——

中金　聡

## 1　ホッブズ解釈の修正

　シュトラウスの弁を信じるなら，かれは研究史に名高い自著『ホッブズの政治哲学（*The Political Philosophy of Hobbes: Its Basis and Its Genesis*）』(1932) に「もろもろの欠陥」があることをみとめ，『自然権と歴史』の第Ⅴ章「A. ホッブズ」および『政治哲学とは何であるか？』(1959) 所収の「ホッブズ政治哲学の基礎について（"On the Basis of Hobbes's Political Philosophy"）」で「それらをひそかに除去してしまった」（*HPW*, 8f=xiv-xv 頁）。

　かつてシュトラウスが主張したのはこういうことだった。ホッブズの思想の発展史は，若き日にアリストテレスから学んだ「貴族主義的な徳」が，人間と習俗の観察から獲得された「ブルジョワ的道徳性」により漸次駆逐されていく過程として理解される。後者の「新しい道徳的態度」においては，卓越したふるまいで名誉をもとめる「誇り」はひとを盲目にする「虚栄心」と等視され，他人の手にかかって非業の死をとげることへの恐怖が真の徳の地位を占める。ホッブズの政治哲学は，一貫してこの「原則的に不正な虚栄心と原則的に正しい暴力死への恐怖との，道徳的な人間中心の対立」（*PPH*, 27=34頁）によって内容と目的とを規定されており，近代自然科学の影響はあとから加わって政治哲学の「方法」に変化をもたらしたにすぎない。こうして「近代意識の最下，最深の相」（*PPH*, 5=7頁）に降り立ったホッブズは，超越的かつ客観的な自然の法からはじめるのではなく，逆に人間の主観的請求権である自然権から自然法を引きだすことによって古典的伝統から決定的に断絶し，「近代政治哲学の創始者」になった。

『自然権と歴史』で展開されるホッブズ解釈は、「近代政治哲学の創始者」の称号をマキァヴェッリにあたえ、ホッブズはこの先達の発見した「大陸」のうえにみずからの建造物を樹立したとする点が旧説と決定的に異なる（cf. *NRH*, 177=243頁）。だが注目すべきはむしろ、そのような結論の大胆な変更が各論における最小の修正により導かれたことである。シュトラウスが改めたのは、かつて一枚岩的なものとして理解された古典的哲学の「伝統」のなかに、プラトン主義に代表される「自然的正」の理論とそれを否定するソフィストたちやエピクロス主義者のコンヴェンショナリズムとのせめぎあいを見るという点だけなのだ。「すべての伝統的思想との決定的な断絶、あるいは『プラトン主義』と『エピクロス主義』が長年にわたって抗争を繰り広げてきた平面そのものの放棄」（*NRH*, 170=234頁）はホッブズの前提であって、それに先鞭をつけたのはおそらくマキァヴェッリであった。それにもかかわらず、『自然権と歴史』でマキァヴェッリを押しのけてホッブズに1節が割かれる理由は、第Ⅰ章「自然権と歴史的アプローチ」で次のように説明されている。

　近代自然権ないし近代政治哲学の危機が、哲学そのものの危機となりえたのは、ひとえに近代においては哲学そのものが徹頭徹尾政治化されたからである。元来、哲学は永遠の秩序への人間的探求であった。そのゆえに哲学は人間の霊感と希求との純粋な源泉でありつづけた。17世紀以来、哲学は一個の武器、したがって一個の道具となってしまった（*NRH*, 34=58-59頁）。

　ホッブズにあって「すべての伝統的思想との決定的な断絶」は、快楽主義と理想主義と無神論の「政治化」となってあらわれる。「近代政治哲学の創始者」の座をマキァヴェッリに譲ったホッブズの政治哲学は、しかし、わけてもそのマキァヴェッリですらおそらくは躊躇したであろう「政治的無神論」の企てにより、近代哲学を決定的に方向づけ、またそれゆえ哲学の危機を昂進させるにあたってマキァヴェッリ以上に力あったのである。

## 2 政治的快楽主義と政治的理想主義

　ホッブズの世界における人間の生が終局のない至福獲得競争になってしまうのは，古代の快楽主義のような快楽の質的な区別を欠くがゆえに，善悪が完全に主観化され，他者との比較によって自己の優越を意識する以外に快楽を確認するすべがないためである。『ホッブズの政治哲学』のシュトラウスは，これを「伝統」からのホッブズの断絶は近代自然科学に依存しないとする有力な根拠の１つにしていた（*PPH*, 134-135=166-167頁）。『自然権と歴史』においても，ホッブズの政治哲学が近代自然科学の帰結ではないことの証拠になるのは新旧快楽主義の違いであるが，この相違の理解が異なる。ホッブズの快楽主義は，ソクラテス伝来の理想主義によってそれが帯びるにいたった政治的な性格により，エピクロスの快楽主義から決定的に区別されるのである。

　　かれはソクラテス的伝統が失敗したところで成功しようとする。かれは理想主義的伝統の失敗の原因を，ひとつの基本的誤謬，すなわち，伝統的政治哲学が人間は自然本性的に政治的ないし社会的動物であることを前提したことにまでさかのぼってもとめる。ホッブズはこの伝統をしりぞけることによって，エピクロス派の伝統に結びつく。かれは，人間は自然本性的あるいは本源的に非政治的，あるいは非社会的でさえあるというエピクロス的見解を，善いことは基本的に快いことと同じであるというエピクロス的前提とともに受け入れる。しかしホッブズは，エピクロス派の非政治的見解に政治的意味をあたえている。かれは快楽主義的伝統のなかに政治的理想主義の精神を注入しようと試みる。こうしてかれは政治的快楽主義の創始者となった。そしてこの理論は，いたるところで，他のいかなる教説によっても企てられたことのないような規模で，人間の生きかたを変革することになった（*NRH*, 168-169=232-233頁）。

　少なくとも古典的伝統においては，政治的な快楽主義とはキメラのような一個の矛盾以外のなにものでもない。エピクロスにしたがうなら，「自然」は人

間に対して，心の平静(アタラクシア)を脅かすあらゆるもの，特に公職その他の義務をしりぞけ，自分自身の私的快楽の享受を追求できる「エピクロスの園」に引きこもれと命じているからである。だが，快楽の追求ということには快楽享受の確実性の追求も含意されるのだとすれば，快楽主義の政治化はある意味で必然的な過程である。「政治的理想主義の精神」を注入されたホッブズの快楽主義は，各人が快楽を安んじて追求できないのは，「通常，自然が人びとに対して許している生きる時間をまっとうする保証のありえない」(L, XIV. 91=(1)217頁) 環境に原因があると考える。恐怖と苦痛にさいなまれない快楽の生活を確保するには，究極において恐怖と苦痛の存在しない世界を創造すればよい。

快楽主義は正義の問題についてはコンヴェンショナリズムをとる。そして政治社会の起源を人間の契約にもとめ，あらゆる正義を人為の所産と見なすホッブズは，政治社会を人間の約束事に基づくものだと主張するコンヴェンショナリズムの系譜に棹さすように見える。しかし伝統的にコンヴェンショナリストたちは，「自然」に即した生（ソフィストたちやエピクロスのようにそれを人間性の完成した生と見るか，モンテーニュのように政治社会に先行する生に見るかにかかわらず）を基準とし，それとの比較で約束事に基づく政治社会をつねに劣った状態と考えていたのであり，またその点に古典的な「自然的正」の理論家たちとの間での合意もあった。だがホッブズにおいてそれに相当する「自然状態」は，「原初」に仮構された欠陥のある——「継続的な恐怖と暴力による死の危険があり，……孤独で貧しく，つらく残忍で短い」(L, XIII. 89=(1)211頁) ——生の謂いであり，それを修復するべく政治社会が創造される (NRH, 184. note 23=441-442頁)。こうして「自然／約束事」の優劣が逆転したなかで，コンヴェンショナリズムはもっぱらそのような人為の法秩序を正当化するために呼び出されているにすぎない。

古典的な「自然的正」の理論家たちから継受したとホッブズ自身が信じた理想主義にも，根本的な誤解があった。ホッブズは伝統的政治哲学を「たんに政治的なことがらをあつかうからではなく，なによりも政治的精神によって鼓舞されているからこそ政治的といえる探求」，「実際あいまいだが今日でも容易に理解されることば」(NRH, 167=230-231頁) の意味でいう「理想主義的 (idealistic)」伝統と同一視していたと述べるとき，シュトラウスが暗示しているのは，

理想主義はかならず「知恵の現実化」をもとめるはずだと考える近代の先入見である。古典的な理論家たちの理想主義は，「自然」の命じるものを実現不可能な「ユートピア」に，それゆえ知恵の探求対象にとどめおく非政治的な理想主義であったが，それが近代人ホッブズの眼には「理想主義的伝統の失敗」と映る。しかしその「政治的理想主義」は，知恵を実現しようとして実は知恵の目標を実現可能なものへと引き下げる結果となる点で，マキァヴェッリの「現実主義」の裏返しにすぎない。実際マキァヴェッリとホッブズは，「ともに古典的政治哲学から根本的に区別される。両者は相互に対立するにもかかわらず，基本的には同一の精神によって動機づけられている」(*NRH*, 190-191=258頁；cf. *NRH*, 178=244頁) のである。

そのような誤解の端的なあらわれは，ホッブズにあって徳が厳密な意味での徳——それ自身のゆえに選択にあたいするもの——ではなくなり，「正しい社会的秩序の実現の保証」(*NRH*, 186=253頁) のことがらとなることに見られる。正義は「平和愛好」や「契約履行の習慣」のような社会的な徳に還元されるが，その実質は契約当事者たちの合意によって決定され，合意は結局のところ自己保存に資するかどうかの観点から結ばれる。正義の徳はもはや人間の意志から独立した基準にしたがうことではなく，人間性と等視される「啓蒙された利己心」の一致点となった。「この代置こそが『政治的快楽主義』とわれわれが呼んできたものの核心なのである」(*NRH*, 188=255頁)。

## 3 政治的無神論

正義の観念と「啓蒙された利己心」だけで維持されるホッブズの社会とは，敬虔の徳を必要としない無神論的社会のことでもある。「政治的無神論はすぐれて近代的な現象である。近代以前の無神論者で，社会生活が神や神々の信仰と崇敬を必要とすることを疑った者はいなかった。もしわれわれが一時的な現象によって欺かれないようにするなら，政治的無神論と政治的快楽主義とが一体のものであることがわかってくる。それらふたつのものは，同時にしかも同一の精神のなかにあらわれてくるものである」(*NRH*, 169=233頁)。しかしつづけてシュトラウスは，ホッブズの「政治的無神論」が単に神や神々の信仰を必

要としない社会生活の構想以上のなにものか，すなわちホッブズの無神論的な自然哲学のある種のコロラリーであった可能性を示唆する。

というのも，ホッブズの政治哲学を理解しようとするとき，われわれはかれの自然哲学を見落としてはならないからである。……ホッブズの個人的考えがどのようであったにせよ，かれの自然哲学はエピクロス派の自然学と同様に無神論的であった。かれがプラトンの自然哲学から学んだことは，数学が「あらゆる自然科学の母」であるということであった。数学的であるとともに唯物論的＝機械論的であることによって，ホッブズの自然哲学はプラトン的自然学とエピクロス的自然学の結合したものとなった。ホッブズの観点からすれば，この結合に思いいたらなかったために，近代以前の哲学ないし学問全体が「科学というよりむしろ夢想」なのであった。かれの哲学は全体的にみて，政治的理想主義と唯物論的で無神論的な全体観との典型的な近代的結合の古典的範例ということができよう（*NRH*, 169-170＝233-234頁──強調は引用者）。

問題は，そのホッブズが「『形而上学的』唯物論者たらんことを切に願ったが，『方法論的』唯物論で満足するにとどまらざるをえなかった」（*NRH*, 174＝238頁）のはなぜかである。ホッブズ自身は，エピクロスの原子論形而上学の独断性に対する懐疑論哲学からの批判を克服するために，自然学的認識のモデルを数学にもとめたのであった。しかし，確実な認識の可能性を幾何学的明証性──「われわれは自分でつくったものについてのみ，絶対的に確実な科学的知識をもちうる」──に担保することによって，人間は自分でつくったものではないもの，すなわち自然的存在者を理解することはできなくなる。人間が「自然の主人にして所有者」（デカルト『方法序説』［6］）になるだけなら，形而上学的理解などなくても自然を変形し，蹂躙し，支配すればよい。だが，本来無神論的な意図をもった自然哲学が，その意図に反して存在の起源を薄明のなかに放置せざるをえないこと，それゆえ「宇宙はつねに完全に謎のままでとどまるだろう」（*NRH*, 174＝239頁）ということは，ホッブズの形而上学的プロジェクトにとって蹉跌以外のなにものでもなかった。

## 第10章　政治化する哲学

　この議論の前提には、理性と啓示の抗争というシュトラウス畢生の問いがある。『自然権と歴史』第Ⅱ章「事実と価値の区別と自然権」において、シュトラウスは「哲学と神学のあいだの長年にわたる闘争」に言及し、啓示擁護論の妥当性が啓示への信仰を前提するように、啓示反対論も啓示への「不信仰」を前提してはじめて妥当するという。「もともと人間は、自由な探求、存在の謎の解明のなかに、自らの満足、自らの至福を見いだすことができるようにつくられている。しかし他方において、人間は存在の謎の解決を切望しながら、その知識はつねにかぎられているため、神の照明が必要なことは否定できないし、啓示の可能性も論駁できない」（NRH, 75=112頁）。ホッブズの自然哲学はそのような理性の窮境を典型的に露呈しているのである。(3)

　しかし、その欠陥を政治哲学が補うところにホッブズの真の新しさがみとめられる。「かれが政治哲学から期待したものは、古典的理論家たちが期待したものに比べてはるかに大きい。全体を真に展望したスキピオの夢といえども、ホッブズの読者たちに、人間になしうることなどすべて究極的には取るに足りぬものであることを思い出させることはないのである。このように理解された政治哲学にとっては、ホッブズがたしかにその創始者である」（NRH, 177=242-243頁）。シュトラウスによれば、ホッブズの自然哲学と政治哲学とは、相互にまったく無関係ではないが、同一原理の順次適用の関係にあるのでもない。自然哲学が神の非在を証明できないのならば、神への信仰や啓示を必要としない人間たちからなる社会の創造によって神を葬り去らなければならないのだ。ホッブズの自然哲学から政治哲学に託されたこの企てこそが、マキァヴェッリですら夢想だにしなかった「政治的無神論」である。

　それをシュトラウスは、人間がもたらす暴力死の恐怖と宗教がもたらす「見えざるもの」の恐怖とを対比したホッブズ『リヴァイアサン』の議論に見る。暴力死の恐怖は、それを回避する努力と創意を喚起するがゆえによい情念であるが、ホッブズにとっての問題は、それ以上に「見えざるもの」（暗闇、霊、地獄の劫火）の恐怖が人びとの心を領していることであった（L, XI. 75=(1)178-179頁）。「原因にかんする無知」の状態がつづく間は、「見えざるもの」の恐怖がつねに暴力死の恐怖にまさり、それを煽る聖職者権力によって人びとが喰い物にされる現下の状況に好転の兆しはない。それゆえ啓蒙あるいは「世界の脱魔

術化」によってこの呪縛を解き，暴力死の恐怖にその本来の力を取り戻させることがホッブズの企図には不可欠であった。そう見るかぎり，ホッブズの哲学はピエール・ベールやヴォルテールに先駆けて「社会的ないし政治的問題の解決策として，完全に『啓蒙された』，つまり非宗教的あるいは無神論的社会の設立を，必然性をもって明確に指し示した最初の教理」(*NRH*, 198=266頁)と呼ばれるにふさわしいのである。

## 4　啓蒙とエソテリシズムのはざまで

「力が力という名においてはじめて中心的テーマとなったのは，ホッブズの政治的教理においてである。ホッブズにおいては科学そのものが力のために存在するという事実を考慮すれば，ホッブズの哲学全体が最初の力の哲学ということもできよう」(*NRH*, 194=261-262頁)。こう述べたシュトラウスは，さらにそこからニーチェの「力への意志」の哲学へと一直線につづく道が敷かれたことを暗示する。ホッブズの場合に力がもっぱら政治哲学上の主題としてあらわれるのは，「正しい社会秩序の現実化の保証が必要な場合にもとめられる視界制限」(*NRH*, 195-196=263頁)のためでしかない。ホッブズの政治哲学は，快楽の享受を阻む恐怖と苦痛がもはや存在しない世界を創造しようとするだけではなかった。もしこの恐怖と苦痛が宗教によって，あるいは神や神々をもとめる人間の自然的性向によってもたらされるのなら，人間の「自然」そのものがいまや馴致・征服・改良されねばならない。もっぱら暴力死の恐怖から成立し，世俗的な正義の観念だけで維持されるホッブズの「無神論的社会」は，そのような「近代の此岸的・無宗教的実験 (experiment)」(*NRH*, 74=110頁)の嚆矢なのである。[4]

だがここにはパラドクスがある。人間の「自然」が征服されないかぎり，「無神論的社会」の実現も必然化することはありえず，「『神の都市』の廃墟のうえに建てられるべき『人間の都市』のビジョンは，まことに根拠のない願望でしかない」。

このように絶望の原因が多くあるところでホッブズがあれほど楽観的であり

えた理由を，われわれが理解することはむずかしい。人間の支配に服する領域内での未曾有の進歩を正しくも予測し，かつそれを経験することによって，かれは「この無限の空間の永遠の沈黙」に対して，あるいは世界の壁のひび割れに対して，無神経になってしまったにちがいない（NRH, 175=240-241頁）。

ここで「この無限の空間の永遠の沈黙（the eternal silence of those infinite spaces)」はパスカル『パンセ』からの引用であり，(5) ラテン語の「世界の壁（moenia mundi）」はエピクロス派詩人ルクレティウスが『事物の本性について』で多用した表現であることに注目しよう。科学者あるいは数学者としてケプラーやブルーノのコペルニクス的宇宙を知悉するパスカルは，そこにエピクロスの形而上学が「世界の壁」のほころびから垣間見させる裸形の宇宙像——無限に広がる虚空を無数の原子が音もなく等速で並行落下する——を重ねあわせることにより，「わたしの知らない，そしてわたしを知らない無限に広い空間」（『パンセ』[B205=L68=S102]）に抛擲された近代人の実存的な恐怖に光をあてた。エピクロスの暗鬱な「真の理論(ウェラ・ラティオ)」を説明するために，ルクレティウスはエンペドクレスの哲学詩をモデルとした六脚律(ヘクサメトロス)の詩を用いた。苦く嫌悪をもよおすニガヨモギの汁を子どもに薬として飲ませようとする医者は，杯の縁に甘い蜜を塗ってごまかす。詩は哲学に対してちょうどそれと同じはたらきをするのである。(6) この哲学者ならざる多数者への配慮が，あるいは『ディスコルシ』で古代回帰の外見を装いながら近代哲学を開始したマキァヴェッリの「一種の自制」（HPW, 10=xvii頁）が，普遍的啓蒙に性急なホッブズの政治化された哲学に欠けているのはたしかなことに見える。

だがほんとうにそうだったのか。たしかに「体系的哲学が組織的啓蒙となってあらわれるならば，偶然(チャンス)は征服されるであろう」（NRH, 200=267頁）。『人間論』[XIV. 13]で「民衆もやがては教育される（Paulatim eruditur vulgus）」と吐露したホッブズは，みずから『リヴァイアサン』を著してこの希望の遂行的(パフォーマティヴ)実現を企てたようにも見える。しかしホッブズの「成功」は，実に彼が乗り越えようとした哲学の「伝統」に多くを負っていた可能性がある。シュトラウスはホッブズの「無神論的社会」の構想を説明した箇所に付した注で，「ここでは，ホッブズ自身の無神論観によってさえ，かれが無神論者であったことをわ

たしは証明することができない」といい、ホッブズの著作のなかにある矛盾するふたつの神の概念が、哲学者と非哲学者の2種類の人間に宛てられたものであることを示唆する。「自然」は知性を平等に配分していない（理性がある者に多く、ある者に少なくあたえられていること自体は「自然＝偶然」である）こと、いまだ大多数の人間にあっては「見えざるもの」の恐怖が暴力死の恐怖にまさることを明瞭に自覚していたホッブズは、それゆえ「一般通念に対してどの程度まで警戒し、どの程度まで適応するか」をつねに考えていたのだ（cf. *NRH*, 199. note 4=446頁）。近代の「組織的啓蒙」の最初の試みが、なおもこのような人間の「自然」を前提とした古来のレトリック——エソテリックな著述の技法——に依拠せざるをえなかったことは、なにを意味するのだろうか。シュトラウスは明言していない。だが少なくともホッブズについては確実に明らかになったことがある。それは、「なぜかれがいくつかの重要な主題についてあのような曖昧さや矛盾をもってかれ自身を表現したのか」（*WIPP*, 196=208頁）が問われるべきであるということ、そして「かれの思想の諸前提は闇に包まれている。とはいえ、かれの難解さは、全部が全部意図せざる結果というわけではない」（*HPW*, 9=xv頁）ということである。

注
（1）シュトラウスの新旧快楽主義理解はV. ブロシャールに依拠していた（cf. *PPH*, 134. note 4=276頁）。ブロシャールによれば、エピクロスの快楽主義がホッブズによる「適宜な変更」を経て近代功利主義へと架橋されたとするJ. M. ギュイヨーは、新旧快楽主義の存在論的前提の相違を無視している。Cf. Victor Brochard, *Étude de philosophie ancienne et de philosophie moderne* (Paris: Vrin, 1954), pp. 287-288.
（2）特殊シュトラウス的な語義での「理想主義的」が近代政治哲学の特質を指示することは、『哲学と法』におけるその最初の使用例から明らかである。エピクロス主義者は「16世紀と17世紀の迫害のなかで『理想主義者（アイディアリスト）』になり、安穏と『隠れて生きる』ことに甘んじるかわりに名誉と真理のために闘って死ぬことを学んで、ついには良心を理由に神への信仰を拒絶する『無神論者』となる」（*PG*, 26）。「哲学的政治と、最善の体制を樹立しようとして、あるいは現実の秩序を改善しようとして哲学者が企てる政治的行動とを区別しそこねている」（*OT*, 206=456頁）と評されたA. コジェーヴは、典型的に「政治的理想主義」の、またそれゆえに「近代的」

な哲学者であった。
（３）Cf. David Leibowitz, "The Section on Hobbes in Leo Strauss's *Natural Right and History*: The Meaning of Hobbes's Claim to be the Founder of Political Philosophy," *ΚΛΗΣΙΣ: Revue philosophique*, 19 (2011), pp.133-138.
（４）魂の不滅を否定したエピクロスに『曙光』で「認識にかんするもっとも有用な業績」という賛辞を贈ったニーチェは，つづけて次のように述べている。「現在個人と世代とは，以前の時代には狂気と思われ，天国と地獄相手の戯れと思われたであろうような雄大さをそなえた課題を注視することができる。われわれは自分自身を実験（Versuch）してさしつかえない！　それどころか，人類は自分を実験してさしつかえない！　もっとも大きな犠牲は認識にはまだ供されていなかった。――否，現在われわれの行為に先駆するような思想を，ただ予感するだけでも，以前では神の冒瀆であり，永遠の救済の放棄であったことだろう」。Friedrich Nietzsche, *Sämtliche Werke Kritische Studienausgabe*, Bd. 3 (Berlin/New York: Walter de Gruyter, 1980), S. 294 [501]．『悦ばしき知識』の「生は認識者にとって一個の実験（Experiment）でありうる」という発言も参照。*Ibid.*, S. 552 [324]．
（５）「この無限の空間の永遠の沈黙はわたしを恐れさせる」（Le silence éternal de ces espaces infinis m'effraie）[B206=L201=S233]。同断章は「ホッブズ政治哲学の基礎について」で再度引用されている（*WIPP*, 181=191頁）。
（６）「この理論は慣れていない一般の人びとにとってはむずかしすぎるかもしれないし，世人はこれに尻込みする。そこでわたしは，ことば甘き詩神(ピエリス)の歌によってわれらがこの理論を君に説きあかしたいと思った。そして事物の本質がすべていかなるすがたをとっているかを君が了解してくれるまで，この説きかたを用い，いわば詩という甘い蜜の味を効かせて君の心をわが詩につなぎとめておくことができればと考えたのである」（『事物の本性について』[I, 943-950]）。
（７）中金聡「心の平静(アタラクシア)から社会の平和へ――ホッブズはどこまでエピクロス主義者か」，政治哲学研究会編『政治哲学』第12号（2012年），参照。

# 第11章
## 「近代的自然法の頂点」としてのロック

厚見恵一郎

## 1 シュトラウスのロック論

シュトラウスは，1968年刊行『国際社会科学事典』(David L. Sills, ed., *International Encyclopedia of the Social Sciences*, vol. 11, NewYork: Crowell Collier and Macmillan, pp. 80-85) 所収の小論「自然法について（"On Natural Law"）」のなかで，ロックの教説を「ホッブズ的教説の一つの深遠な修正」と位置づけ，「近代的自然法の頂点（the peak of modern natural law）」と呼んだ。[1]シュトラウスはロックの自然法論をホッブズの自己保存的自然権の延長上に捉える立場を一貫してとり続けたと言えるが，その出発点に置かれる『自然的正（権）と歴史（*Natural Right and History*)』（以下『自然的正（権）と歴史』ないし NRH）第V章「近代的自然権」におけるロック論をシュトラウスが執筆したのは，20世紀半ばに公開されたラヴレース・コレクションをもとにしたヴォルフガング・フォン・ライデン編集『自然法についての諸試論（*Essays on the Law of Nature*)』（以下『自然法論』）が出版（1954年）される以前であった。[2]その後フォン・ライデン版を検討したシュトラウスは，1958年に『アメリカ政治学レビュー（*American Political Science Review*)』に「批判的覚え書き：ロックの自然法の教説（"Critical Note: Locke's Doctrine of Natural Law"）」を発表し，同年のシカゴ大学[3]のセミナーでもロックを取り上げた。[4]この1958年の論文は，翌年刊行の『政治哲学とは何であるか？ とその他の諸研究（*What Is Political Philosophy ? and Other Essays*)』（以下『政治哲学とは何であるか？』ないし WIPP）に「ロックの自然法の教説（"Locke's Doctrine of Natural Law"）」として収録された。[5]『自然的正（権）と歴史』と『政治哲学とは何であるか？』の両ロック論を読み比べると

181

き，シュトラウスがフォン・ライデン版の検討によってみずからのロック解釈の立場を根本的に変更した痕跡は見受けられない。むしろシュトラウスは，フォン・ライデン版の翻訳と編集方針への批判や，ラテン語テクストに基づくロックの自然法論の精査によって，『自然的正（権）と歴史』でみずからが打ち出した，伝統的自然法への批判を巧妙に隠しつつ暗示する「賢明なるロック（the judicious Locke）」（*NRH*, 166=229頁）の印象をますます深めていったように思われる。

1970年に書かれた『自然的正（権）と歴史』第7刷への序文——PREFACE TO THE 7th IMPRESSION（1971）——でシュトラウスは，『自然的正（権）と歴史』執筆以降，自然的正（権）と歴史，とりわけ近代的な自然的正（権）についての自分の理解を深めてくれた書物としてヴィーコの『新しい科学　第Ⅱ巻』に言及し，ヴィーコについて自分が何も書いてこなかったという理由で，その間に書かれた「ホッブズ政治哲学の基礎について」と「ロックの自然法の教説」の2つの自分の論文を参照するよう，興味関心のある読者（the interested reader）に促していた（*NRH*, vii）。本章は，『政治哲学とは何であるか？』に収録された「ロックの自然法の教説」が『自然的正（権）と歴史』第Ⅴ章におけるロック論のかなりの程度まで十分な補完であるとシュトラウス自身が想定していたという前提に立ちながら，シュトラウスにおけるロックの自然法論の位置づけについて考察しようとするものである。しかしながら，これら2本の論稿に集約されるシュトラウスのロック論は，きわめて入り組んだ複雑な構造をなし，その論点も多岐に拡がっているため，限られた紙幅で論じるのは容易ではない。本章では，ロックの自然法がシュトラウスによって「近代的自然法の頂点」とされていることの意味を3つの観点から考察したい。第1はロック自然法論における利益と義務の問題，第2はロック自然法論における啓示と理性の問題，ないしは意志する神と創造神の問題，第3はロック自然法論におけるアヴェロエス主義の問題である。

## 2　ロック自然法論における利益と義務の問題

ロックの自然法論についてのシュトラウスの解釈の基本的立場は，ロックが

## 第11章 「近代的自然法の頂点」としてのロック

伝統的自然法論の装いを用いながらもそこから意図的に逸脱したというものである。ではそもそもシュトラウスにとって，伝統的自然法論とはいかなるものであり，ロックはどのような点でそこから逸脱したというのであろうか。

『自然的正（権）と歴史』のロックの項目によれば，「伝統的教え（the traditional teaching）」の特徴は，自然的諸権利が自然法に由来するという考え，また自然法は自然状態であれ市民的社会状態であれいかなる状態にある人間に対しても完全な義務を課すという考え，さらに実定的啓示の助けによらずとも自然の光によって知りうるかぎり自然法は理性の法であるという考え，である（NRH, 202=270-271頁）。シュトラウスによれば，ロックは一見するとこれらすべての考えを是認している。しかしロックは，こうした理性の原理から，「自然法であることが明らかな倫理学の体系」を作成することはなかった。その理由はシュトラウスによれば，「神学によって提出された問題」のためであった（NRH, 202=271頁）。「神学によって提出された問題」とはなんであろうか。シュトラウスはロックの自然法を2つの層に分けることでこの問題に接近しようとする。すなわちシュトラウスが「言葉の厳密な意味での法（a law in the strict sense of the term）」ないし「完全な自然法（the complete law of nature）」と呼ぶものと，「部分的な自然法（partial law of nature）」と呼ぶものとの区別である。「完全な自然法」とは，実定的啓示の助けを借りずに理性のみによって知られうる法であり，神によって与えられたものであることが万人によって知られうる法のことである。完全な自然法は，神の意志の表明であると同時に，理性のみによって論証されうるものであって，「完全な道徳」を完全に与えてくれる法典でなければならない。完全な自然法とは理性法にして神法であり永遠法でもある。「自然法が論証されうるのは，神の存在と属性が論証されうるからである」（NRH, 203=271頁）。ところがロックは，神の存在は理性的に確信しつつも神の人間に対する誠実さを認めない理神論者たちがいることを知っていた。自然が秩序立っていることを理性的に論証できただけでは，自然のうちに道徳的命令が内包されていることを論証したことにはならない。自然法が法としての拘束力をもつためには，来世における賞罰をもたねばならないが，来世の存在や魂の不死性は理性によって証明することができない。ただ啓示によってのみわれわれは，自然法の制裁や，自然法が道徳的正しさの唯一の真なる

試金石であることを知るのである。「それゆえ自然的理性は，自然法を法として知ることはできない。このことは，厳密な意味での自然法というものは存在しないことを，意味することになろう」(NRH, 203-204=272頁)。

これに対して，「古典的哲学者たち (the classical philosophers)」にして「異教徒の哲学者たち (the pagan philosophers)」は，死後の幸福を前提としない道徳の諸規則を確立した。しかしながら古典的哲学者たちも，「一種の繁栄ないし幸福と徳の一種あるいは一部分との必然的結合を認めていた」。そうした一種の幸福とは，現世における人類の福利である。シュトラウスによれば，結局のところ，こうした世俗的・政治的幸福に限定されたこの「部分的な自然法」のみが，「理性の法として，また真に自然法として，ロックの認めうるものであった」(NRH, 214=283頁)。ロックにおける部分的自然法は，「新約聖書や聖書一般の明晰かつ平明な教えと同じものではない」し，「神への信仰を必要としない」。こうしてシュトラウスは，ロックの自然法論の世俗的な部分的自然法の側面を強調することで，ホッブズ的な自己保存論者としてのロック像を描く。ロックは，完全な自然法が理神論者たちの前に論証不可能であることを自覚し，聖書に基づく道徳の論証を断念して，部分的自然法のみに訴えるという戦略を採用した。『自然的正（権）と歴史』におけるシュトラウスは，こうした部分的自然法の説明から，所有権，労働価値説，快楽主義といったロックの思想の特徴の説明へと進んでいく。

とはいえ，『自然法論』，とくにその最後の試論は，ロックとホッブズの親近性を主張するシュトラウスにとって決定的に不利な証拠であるかのように見受けられる。なぜなら，この試論の表題は次のようになっているからである。「各人の私的利益は自然法の基礎であるか？　否。」この試論の本文中でロックは，「あらゆる公正と正義が効用と同じものだとすれば，約束を守る理由はなくなり，社会の保存も，人びとのあいだの生や結合もなくなってしまう」と述べている (Locke [Horwitz 1990], 246-247)。このロックの主張をみて，ホッブズの自然法とロックの自然法の相違を強調する解釈があるが，シュトラウスはこうした結論は早計であるとする。シュトラウスはこの試論のうちに，ロック自然法論の自己保存的性格を読み取ろうとするのである。なるほどたしかにロックによるこの試論の目的は，「各人の私的利益は自然法の基礎 (fundamentum legis naturae）である」という断言を論駁することである。ロックは自然法に対するカルネアデスの挑戦から出発する。カルネアデスは「むしろ自然的正〔自然法〕（ius naturae）は存在しない：なぜならすべての人間と動物は自然の導きによって彼らの利益へと引きつけられるのであるから」と主張したが，カルネアデスほどの知性も雄弁も美徳ももち合わせないカルネアデスの追従者たちは，さらに進んで，「いかなる正も公正も外面的な法によってではなく各人固有の〔私的な〕利益によって評価されるべきである」と主張するにいたった。シュトラウスによれば，ロックが批判しているのはカルネアデスその人の主張ではなくその追従者たちの主張である。カルネアデスは利益の追求と法とが矛盾するとはいっていない。両者が矛盾すると考えたのはカルネアデスではなくその追従者たちである。ロックは利益追求の自然性を否定しているのではなく，逆にそれを肯定している。そのうえでロックは，法＝義務は利益追求に反するものではなく，むしろ自然法が利益追求を命じているとするのである。シュトラウスによれば，その際ロックは巧妙にも「法の基礎（fundamentum legis＝the basis of law）」の語を「基本的法（fundamentali lege＝the basic law）」の語によって言い換え，ホッブズが権利（自由）であるとした自己保存を義務（法）であるとしていった（Locke [von Leiden 1954], 204; Locke [Horwitz 1990], 236; *WIPP*, 216-217＝230頁）。もしも私的利益が自然法の「基礎」にすぎないのならば，各人は，ホッブズのいうように，よりよき自己保存のためには自然権を放棄して契約により主権者を設立し，主権者に服従しなければならなくなる。しかし自然法自体が「基本法」として私的利益の尊重を義務として各人に命じているのであるならば，各人は自然権を放棄する必要はない。

　だがしかし自己保存が単なる権利ではなく義務でもあるとすれば，資源が不足しているかぎり，ロックの自然状態は，ホッブズの自然状態以上に長期的で執拗な戦争状態を招くことになろう。そうならないのは，ロックにおいては，自然状態は貧困で悲惨な状態であるとしても，市民状態では「国内の平和と豊かさの通常の連関」が想定されているからである。自然状態を脱した市民状態において国内が平和であれば，豊かな生産と蓄積がもたらされ，自己保存を命じる自然法は達成されるであろう。「すべての実践的目的（all practical purposes）にとってはそれゆえ社会の基礎ないし目的は各人の私的利益ではなく，公

的利益すなわち大多数の利益であるといったほうがよりよいのかもしれない」(WIPP, 218=231頁)。シュトラウスはここでマキァヴェッリの名をもち出す。マキァヴェッリの共通善は「拡大された集団的自己利益」であるというのがシュトラウスの解釈であるが,「ロックは彼が一般にいわれたり考えられたりしている以上にマキァヴェッリにより接近している」(WIPP, 218=231頁)のである。

まとめよう。ロックは自然法の理性的性格についての伝統的教えを踏襲するかに見える。しかしシュトラウスによれば,ロックは啓示の理性的論証を必要とする全体的自然法を否定し,啓示を必要としない世俗的・部分的自然法のみが理性によって認識可能であると主張する。またロックは自然権重視のホッブズから離れて自然法重視の伝統へと回帰しているように見える。しかしシュトラウスによれば,ロックは自己保存を権利をこえた義務として指定し,自己保存と平和をともに自然法の義務の枠内で——マキァヴェッリ的な集団的自己保存の義務として——正当化することにおいて,ホッブズの自然権の教説を修正し深化させていった。

## 3 ロック自然法論における啓示と理性の問題,ないしは意志する神と創造神の問題

M. ツッカートによれば,シュトラウスはロックの自然法論のなかに3種類の自然法を読み込んでいる[8]。第1に人間が蹂躙することのできない自然法——重力の法則のような自然法則としての自然法——がある。第2に伝統的な意味での自然法,すなわち人間が蹂躙することのできる道徳法としての「固有の意味での自然法 (natural law proper)」がある。第3にホッブズ的な意味での自己保存の法としての自然法がある。ツッカートの区別に当てはめるならば,『自然的正(権)と歴史』における完全な自然法(=啓示を必要とする理性的道徳法)は第2の意味の自然法に相当し,部分的自然法(=啓示を必要としない現世的利益の法)は第3の意味の自然法に相当すると言ってよいかもしれない。

シュトラウスの見るところ,第1の意味での必然的自然法則としての自然法については,ロックは,神よりもむしろ自然のうちに源泉をもっているのがこの自然法であり,神の存在証明に依拠しないと考えている。第2の道徳法とし

ての自然法は神の存在に依存する。では，道徳法の源泉ないし立法者としての神の存在は理性によって確立されうるであろうか。ロックはこの問いに表面上は「然り」と答えるが，シュトラウスはロックの論理と意図に疑念を表明する。

> ロックは神の存在がすべての人間に明らかであるとはいっておらず（中略），それはすべての道徳的に関心のある人間に明らかであるといっているにすぎない。彼はこうして，神の存在の論証の地位はもろもろの幾何学的論証のそれと同一ではないことを暗示しているように思われる（WIPP, 202=214頁）。

　道徳法としての自然法をつくってその内容を定めた神の存在は，万人に共通する理性的・幾何学的論証によって知られうるのではなく，道徳の重要性によっていわば要請されるかのようである。理性のみによって万人に確証されうるのは，知的で意志をもち道徳に関心のある人格としての神ではなく，自然法則の秩序の源泉としての神のみである。道徳法としての自然法の知識は，神がみずからを啓示されたという信念に，すなわち聖書的啓示への信念に依拠している。もしも自然法が啓示に依拠するならば，それは自然的ではなく超自然的なものとなる。それゆえシュトラウスによるならば，ロックにおいては完全な道徳法としての自然法＝固有の意味での自然法は存在しない（NRH, 203-204=272頁）。否それだけではない。超越的・啓示的法であるかノモス的・習慣的法であるかを問わず，意志の表現としての「法（law）」と，非人為的で普遍的な「自然（nature）」とは，信念と理性の調停不能な対立に基づいており，相容れない概念であるため，言葉の厳密な意味での理性的道徳法としての自然法はそもそも存在することができず，われわれは，「道徳意志法」と「自然的正」との間で――そして究極的には啓示信仰と理性との間で――選択を迫られる，ということをシュトラウスはロックの自然法論の検討を通じて暗示しているように思われる（Struss, "On Natural Law", in *Studies in Platonic Political Philosophy*, pp. 137-138 を参照せよ）。シュトラウスの見たロックは，法と自然のこうした矛盾を自覚したうえで，あえて意図的に両者を混同させることで，伝統的・トマス的自然法を批判しようとした。ロックは，英語の natural law が物理的法則としての自然法則と道徳法としての自然法の2つの意味を含む曖昧な語である

ことを巧みに利用して，伝統的自然法を批判し，自己の用法，すなわち自然法則でも道徳法でもない第3の意味での自己保存の教えとしての自然法を主張していったのである（NRH, 229=300頁）。[10]

シュトラウスはさらに，意志をもった全知全能の聖書的人格神と「最も賢明である」創造神との，ロックによる巧妙な区別と混同を検討していく（WIPP, 207-212=219-226頁）。すでに見たようにシュトラウスは，ロックにおいて創造者としての神の存在証明は，蹂躙不可能な自然法則としての自然法の存在証明にはなっても，蹂躙可能な道徳法としての自然法の存在証明にはならないことを指摘していた。創造者としての神と意志をもった立法者としての神は，同じ神の2つの側面なのであろうか？ 「有無をいわせぬ力としての『力』は『正しさ〔権利〕』とともに一組をなし，そして両者は創造者トシテノ神（God qua creator）に特徴的であるように思われる；知恵は立法者トシテノ神（God qua legislator）に特徴的であるように思われる。人間が蹂躙することのできない自然法は創造者としての神に属し，人間が蹂躙することのできる自然法は立法者としての神に属するとしてよいのであろうか？」（WIPP, 207=220頁）もしも創造神と立法神が同じ唯一神の2つの側面だというのであれば，それは聖書のないし伝統的な神に近いであろうし，創造神はその全能のゆえに，みずからの立てた法にしたがわないことも可能であろう。しかしシュトラウスの見るところ，ロックはそうは考えていない。シュトラウスは，ロックの考えていた創造神が聖書のいう無からの創造神ではなく，混沌からの創造神であり，「聖書について何も知らなくても『最初の人間』を想定することが可能である」ことを示唆している（WIPP, 207-208=220-221頁）。シュトラウスはロックの創造神を理神論的な（それゆえ非聖書的な）神に近づけて解釈しようとしているように思われる。

ここで，R. ホロウィッツによって書かれたホロウィッツ版（本章注6参照）の序論によりながら，ロックの自然法論における「神」の語について記しておきたい（Locke [Horwitz1990], 55-59）。ロック自身が記したもともとの手稿（原稿 MS-A）では，一貫して小文字の deus が用いられていた。別人が筆記した筆記本（原稿 MS-B）においては，筆記者が小文字の deus を多くの場合大文字の Deus に書き換えており，筆記本をチェックしたロック自身も，その修正をだいたいにおいて黙認していた。しかし注意すべきは，ロックが筆記本の Deus

## 第11章 「近代的自然法の頂点」としてのロック

を再度 deus に直したり，逆に MS-A と MS-B の双方で deus と表記されていたものをその後ロックが Deus に直したりしている箇所が存在することである。前者の例は，「自然法は人びとのあいだの一般的同意から知られるか，否」をタイトルとする試論の冒頭の，「民の声は神の声」の文言である。MS-A では Vox populi vox dei であったものが MS-B で Vox populi vox Dei とされ，それをロック自身が dei に直したのだが，再度フォン・ライデンが Dei と直した (Locke [von Leiden 1954], 160; Locke [Horwitz 1990], 172)。後者の例は，「人間は自然法によって拘束されているか，然り」というタイトルの試論のなかの，「われわれは，最も善で最も偉大な神が意志するがゆえに神によって拘束される (a Deo enim optimo maximo obligamur quia vult; For we are bound by God, who is best and greatest, because he wills)」という文である (Locke [Horwitz 1990], 210-211)。この箇所はロック自身が大文字の Deus を用いることを意図したと思われる箇所であり，ホロウィッツ版のラテン語テクストで大文字の D が用いられている唯一の箇所である。また同箇所のフォン・ライデン版の訳文は，We are indeed bound by Almighty God because He wills, となっている (Locke [von Leiden 1954], 185)。フォン・ライデン版の編集方針は，ロックの神を聖書の神，トマスらキリスト教的な伝統的自然法論の神とみる立場からなっている。ラテン語の Deum optimum maximum（最モ善デ最モ偉大ナ神）は，ローマの異教徒たちが，神々の神殿の支配者ではあるが全能でも全知でもないユピテルを指して用いた用語であったが，フォン・ライデンはこれを全能の神（Almighty God）と訳すことで，聖書の神を示す語として解釈する。しかしシュトラウスやホロウィッツの解釈によれば，ロック自身が大文字の D を用いたほとんど唯一の箇所ですら，それが意味する神は聖書の神にかぎられないことになる。

　ホロウィッツは，ロックが，神法と自然法の関係，超自然的啓示の地位，魂の不死，道徳の諸基礎，来世における賞罰の保証といった根本的な問題を意図的にあえて未解決のままにすることで，対立する諸解釈を許容するような余地をみずからの自然法論のうちに残したと考える。その根拠としてホロウィッツが参照するのは，ロックと同時代人ティレル（James Tyrell）との間で交わされた書簡である。(11) オックスフォードにおけるロックの批判者たちは，ロックの

思想のうちに伝統的なキリスト教的自然法とは異なるものを感じ、神法と聖書との関係、自然法と啓示との関係を明確にするよう、そして神法とは聖書であると表明するようロックに要請したが、ロックはこれに応じなかった。(12) 自然法を神法と同一視すること、そして神法を聖書と同一視することを期待する同僚たちに対して、ロックは、聖書を端的に啓示された神のことばであるとすることを避けつつ、また、新約聖書における神の啓示を人類普遍の自然法の内容と同一視することを避けつつ、次のように書いた。「もしもひとが自分の行為をひとつの神法（a divine law）によるものとしてモーセやイエス・キリストの法によって判断するならば、……イスラム教徒たちのコーランやヒンズー教徒たちのサンスクリット、あるいは真であれ偽であれ他の神的啓示（divine revelation）と考えられているいかなるものも、この場合排除されえないでしょう」(13)。

## 4　ロックとアヴェロエス主義？

『自然的正（権）と歴史』第Ⅳ章では、アヴェロエス主義的アリストテレス解釈が「自然的正そのものの否定を含意する」と言われている（NRH, 158-159=217-218頁）。シュトラウスによれば、ロックが権威として引用しつつも暗に批判したフッカーの自然的正の概念は、（アヴェロエスではなく）トマスの自然的正の概念であった（NRH, 165=227-228頁）。このことは、ロックとアヴェロエス主義との間になんらかのつながりがあるとシュトラウスが想定していたことを意味するであろうか。

シュトラウスは「ロックの自然法の教説」の最後のパラグラフを、「結論において〔結論をつけるならば〕（In conclusion）」という表現で開始している。しかしそのパラグラフの内容は、ほとんどがフォン・ライデン版の編集の不適切さや誤訳の指摘、といった特殊なコメントに費やされている。後に『自然的正（権）と歴史』第7刷への序文（1970年）においてシュトラウスは、「ロックの自然法の教説」を近代的自然的正（権）についてのみずからの理解の深まりを示す論文として提示しているにもかかわらず、そして「結論において」という表現で「ロックの自然法の教説」の最後のパラグラフを開始しているにもかかわらず、そのパラグラフには、（近代的）自然的正（権）全体の総括はおろか

## 第11章 「近代的自然法の頂点」としてのロック

「ロックの自然法の教説」の総括のような表現すら見当たらない。最終パラグラフの最後の章句は，ロックがアリストテレスを間違って引用したとの指摘で終わっている（*WIPP*, 220=234頁）。ロックはアリストテレスを書き間違えて引用する際，アヴェロエスとまったく同じ間違いの仕方をした，というのである。（「ロックの自然法の教説」の最後の語は Averroes である。）このことは，ロックはアヴェロエスを通してアリストテレスを読んでいたことを示唆するものであろうか。さらに進んで，ロックの自然法解釈がトマス的アリストテレス主義ではなくアヴェロエス的アリストテレス主義の影響下にあることを示唆するものであろうか。このことを確認するためには，もう一度『自然的正（権）と歴史』へと向かう必要があろう。

『自然的正（権）と歴史』第Ⅳ章でシュトラウスは，古典的自然的正の教えのタイプとしてソクラテス＝プラトン＝ストア派的，アリストテレス的，トマス的の3つをあげ，そのうちアリストテレス的な自然的正の教えについて，さらに3種類の解釈の可能性を検討している（*NRH*, 146=202頁，157-163=216-223頁）。すなわち，トマス的アリストテレス解釈，アヴェロエス的アリストテレス解釈，そしてシュトラウス自身によって構成されるアリストテレス解釈である。シュトラウスは，トマス的解釈はアリストテレスの正確な解釈ではないとする。アリストテレスは「すべての自然的正は可変的である」と主張しているのに対して，トマスは自然的正の一部のみが可変的であるとしているからである。トマスはアリストテレスの自然的正の一部を普遍的かつ不変的な「自然法」へと改変した。トマスのアリストテレス解釈の対局にあるのがアヴェロエス的アリストテレス解釈である。アヴェロエス主義者たちは，トマスと同じくあらゆる市民社会に共通する規則の普遍性を主張するが，その規則は「コンヴェンション」に依存したものである。シュトラウスによってキリスト教世界内部のアヴェロエス主義者とされるパドゥアのマルシリウスは，自然的正は正確には準－自然的（quasi-natural）なものであって，それは人為的慣習に依存するのであるが，その慣習はあらゆる市民社会に偏在しているという意味で普遍的なものであると考えた。(14) あらゆる市民社会において，最小限の社会の要件を規定した同一の諸規則が生じてくる。しかしそれらの諸規則は，普遍的で必然的ではあるが，人為的であることはたしかである。法や正とはあくまでコンヴェ

191

ンショナルなものであるが，法が有効となるためには，あたかもそれが普遍的であるかのように提示されなければならない，というのがアヴェロエス主義者たちの主張であった[15]。しかしそれは，「固有の意味での自然的正（natural right proper）」ではない。自然の普遍的原理が存在したとしても，それは同じく普遍的な正義の慣習的諸規則とは別のものである。それゆえアヴェロエス主義者にとって，自然的正そのものは否定される（NRH, 158-159=217-218頁）。全面的に可変的でありつつも，なおかつ普遍的で自然的である正，というアリストテレスの概念に対して，トマス主義は正の可変性を欠落させ，アヴェロエス主義は正の自然性を欠落させた点で[16]，いずれも不十分なアリストテレス解釈である，というのがシュトラウスのアリストテレス解釈の立場であったと言えよう。

　シュトラウスの捉えかたをあえて図式的にまとめようとするならば，次のようになるであろう。古典的な自然的正（classic natural right）の教えのうち，ピュシスとノモスの緊張関係[17]，それゆえ哲学と都市の緊張関係を最も強く自覚していたソクラテス＝プラトンに対し，自然的正の完成態を政治的生のうちに見たアリストテレスは，自然的でありながら可変的なものがあることを，さらに言えば，すべての自然的正は可変的であることを主張した。「自然的なるもの＝可変的なるもの＝普遍的（universal）なるもの＝理性的なるもの＝正なるもの」というアリストテレスの等式に我慢できなかった中世は，ソクラテス＝プラトンの意味におけるピュシスとノモスの緊張関係に立ち戻るのではなく，自然的で普遍的な正を法として固定化する伝統的自然法の教え（traditional natural law teaching）の道を進む（トマス，フッカー）か，もしくは，普遍的な理論理性＝自然学と一般的（general）かつ準－自然的なコンヴェンショナルな道徳とを区別しつつ法をもっぱら後者に帰す道を進む（アヴェロエス，マルシリウス）か，そのどちらかになっていった。

　そしてシュトラウスはロックの自然法を検討するに際して，「ロックがその経歴の最初から伝統的自然法の教えにかんしていかに懐疑的であったか」（WIPP, 218=232頁）について述べている。ロックは，伝統的・トマス的自然法に対して，普遍的理性哲学の立場から批判をなす——それゆえに『自然的正（権）と歴史』での分類によれば「コンヴェンショナリズム」の陣営に属することになる——ところのアヴェロエス主義（的アリストテレス解釈）と親近性を

## 第11章 「近代的自然法の頂点」としてのロック

もつことを，シュトラウスは暗示するのである。近代人たちは古典的自然法に対して「古典作家たちにも受容可能であったであろう前提に一部もとづいて」(*NRH*, 164=225頁) 反論した。すなわちトマスにおいては，自然的理性そのものが神法のために仮定をつくりだし，この神法が自然法を補い完成させるのであるから，トマスの自然法観は究極的には，自然法は実際的には自然神学——すなわち，実際には聖書の啓示信仰に基づく自然神学——と不可分であるばかりでなく，啓示神学とも不可分であるという帰結にいたるのである。近代の自然法は，このような神学による自然法の吸収に対する反作用という側面をもっていた。近代の努力は，道徳的原理は自然神学の教えと比べてみても一段と高い明証性をそなえており，したがって自然法や自然的正は神学や神学的議論からは独立を保つべきだという，古典作家たちにも受容可能であったであろう立場に一部は依拠していた。シュトラウスによればアヴェロエス主義者たちとは，「哲学者たちとして啓示宗教にいかなる譲歩をなすことをも拒んだ中世のアリストテレス主義者たち(18)」のことである。アヴェロエス主義者たちは啓示宗教を拒み，自然法を拒んだ。前者が後者の結果なのか，あるいはその逆なのか。いずれにせよシュトラウスは，ロックの自然法論のうちに，自己保存の快楽主義的近代合理主義のみならず，〈聖書の啓示に依拠した伝統的自然法〉に対する哲学的批判をもまた見出していたのである。シュトラウスのみたロックは，トマスの道ではなく厳密な意味での自然法を否定するアヴェロエスの道を行った。そして自然的な理論理性は道徳法を論証できないというアヴェロエス的立場から，伝統的な自然的正の教えと伝統的な自然法論の双方を否定して，ホッブズ的な自己保存を準‐自然的な道徳法の義務命令と結びつけることにより，「近代的自然法の頂点」を形成していった。

ロックが誤って引用したアリストテレスの箇所，すなわちアリストテレスが自然的正について述べた『ニコマコス倫理学』1134bの箇所は，『自然的正（権）と歴史』第Ⅳ章末尾のテーマとなっている。シュトラウスによれば，アリストテレスは自然的正を可変的であるとしていた。しかしロックは，『ニコマコス倫理学』1134bでアリストテレスが「自然法とはどこにおいても同じ力をもっている法である」と述べているとして，アリストテレスを引用する。

同様に，第5巻第7章で正を市民的正と自然的正とに区分するに際し，彼〔アリストテレス〕は「この自然法はいかなるところにおいても同一の妥当性をもつものである」と述べている。したがって，いかなるところにおいても妥当する法が存在するのだから，自然法が存在すると結論してよいのである。Item lib 5 c. 7 Jus dividens in civile et naturale, τὸ δέ νομικὸν ψυσικὸν inquit ἐστι τὸ πανταχοῦ τὴν αὐτὴν ἔχον δύναμιν, unde recte colligitur, dari aliquam legem naturae cum sit aliqua lex quae ubique obtinet, (Locke [Horwitz 1990], 102).

しかし以下の引用に示すように，実際にはアリストテレスは法を自然法と慣習法〔人為法〕に区別しているのではなく，家政における正と区別された市民的な正を，自然的な市民的正と慣習的な市民的正とに区別しているのである。

　市民的正には2つの種類がある：自然的なものと慣習的なものである。自然的な正はどこにおいても同じ力をもっており，その存在を同意の如何によってはいない。慣習的な正とは，その諸規定がこうであってもまたそれ以外のしかたであっても本来は一向差し支えないものであるが，しかしひとたび確立されればそれらが重要となるような正である。(中略) いかなる性質のものが自然によるものであり，いかなる性質のものがそうではなくして慣習的であり契約によるものであるのだろうか。——ともに同じく変動的なものでありながら（『ニコマコス倫理学』1134b 24以下）。

アリストテレスのいう正を法へと解消したのはトマスであるが，アヴェロエスも同じ誤りをしていた。このことについてホロウィッツ版の注は次のように述べる。

アリストテレスのギリシア語のロックによる引用のうちに含まれる混乱は明白である。彼〔ロック〕は *nomikon* という用語を「慣習的な」という修飾語の意味ではなく「法」という主語の意味で扱っている。かくして彼はその用語を法律 *lex* と訳している（ここことフォリオ13の12行目，フォリオ14の1行目）。

## 第11章 「近代的自然法の頂点」としてのロック

聖トマスがすでに，アリストテレスによる自然的正義と慣習的正義 natural and conventional justice との明晰な区別を，自然法と慣習法 natural and conventional law との法学的な区別へと同化させていた：自̇然̇法̇ *ius natu-rale* と 実̇定̇法̇ *ius positivum: St. Thomae Aquinatis D. A. in X libros Ethicorum Aristotelis ad Nicomachum Expositio,* ed. P. Fr. Raymundi and M. Spiazzi, O. P. (Turin, 1964), p. 1016. そしてアヴェロエスが，ロックが『ニコマコス倫理学』への彼の注釈でなしているのとまさに同じ誤りないし修正をなしていた：*Iuris autem civilis, quiddam est naturale legale, et quiddam legale tantem. Aristotelis Stagiritae libri Moralem totam Philosophiam complectentes, cum Averrois Cordubensis in Moralia Nicomachia Expositione* (Venice, 1574), p. 74 をみよ (Locke [Horwitz 1990], p. 105, n. 14)。

アリストテレスによれば，固有の意味での自然的正ではないがひとたび確立されればかなりの程度は不変であるのが慣習的な正である。この「慣習的な」という形容詞 (nomikon) を名詞化して「法」と解釈することで，慣習法の普遍性をあたかも自然法の普遍性であるかのごとく扱う，というアヴェロエスの解釈を，ロックも踏襲していることを，シュトラウスは強調するのである。これはアリストテレスの自然的正概念の明らかな改変である。<sup>(19)</sup>

もう1つ，ロックの自然法がソクラテス＝プラトン＝ストア派的自然的正ともキリスト教的自然法とも異なるものであることを示すためにシュトラウスが言及するのが，自然状態＝原初状態＝原初的自然法についてのロックの見方である。シュトラウスによれば，ロックの自然状態＝原初的自然法は，人間による労働をまってはじめて産物を出すという意味で潜在的にのみ豊かな状態であるにすぎず，現実的には欠乏と悲惨の状態である。自然はそれ自体としてはなんら値打ちのない素材を提供するにすぎない。ロックの自然状態は聖書のエデンの園とはほど遠く，またそれは聖書のいう無垢の時代とも，堕罪以後の時代とも，異なっている (*NRH*, 215=285-286頁, 224-225=295頁)。労働価値説と所有権と自己保存が正当化される理由も，自然状態におけるこの欠乏と悲惨にある。「なぜ原初的自然法が，(1)労働のみによる専有を命じたか，(2)浪費の禁止を命じたか，(3)他の人間の必要に対する無関心を許容したか，という理由を説明す

るのは、世界の最初の時代の貧困なのである（NRH, 239=312頁）。」この自然状態についての教説こそフッカーの諸原理との断絶に基礎を置くものである（NRH, 221-222=291-292）。各人は自己保存に必要なすべてのものに対する権利を自然的に有している。自己保存に必要なものとは、ホッブズが信じていたと思われるナイフや鉄砲ではなく、むしろ食糧である。シュトラウスの見るロックによれば、自分が必要とする以上のものを自分のために得ようとする利己的な欲求たる獲得欲の解放こそが、世界の豊かさをもたらす原因であり、「他人の必要への配慮を欠いた無制限の専有こそ、真の博愛」である（NRH, 243=315頁）。それというのも、自己の個人的必要以上に囲い込みをする「合理的で勤勉な人」は、世界の共有地を減らして世界を窮乏に近づけることによって、怠惰な人を労働せざるをえない状態に追い込み、結果的に世界を豊かにすることに貢献しているからである。利己的で勤勉な人は、利他的で施しをする人にまさるというのである。自然ではなく人間が、自然の賜物ではなく人間の労働が、ほとんどすべての価値あるものの源泉である。自然に価値を与えるのは人間の自由な創造であり、あらゆる知識は労働によって獲得されたものである。最大の幸福は純粋な快楽の享受のうちに存するのではなく、最大の快楽を生み出すものをもつことのうちに、すなわち最大の力のうちに存する。快楽も苦痛も固有の対象をもたず、ただ欲求の強さによって規定される。そして欲求の自然的な大きさとしては、死という苦痛を避けようとする欲求がきわめて大きい。幸福へといたる道は、惨めな自然状態から逃れようとする運動のうちに、苦痛を除去しようとする苦痛であるところの労働のうちにある。こうして自由とは自然の否定のうちにある。自由とは否定的なものである。それゆえ快楽主義は、脱政治的快楽の享受ではなく、功利主義あるいは政治的快楽主義となる（NRH, 248-251=322-326）。こうして、マキァヴェッリの切り開いた「道徳の基礎の低次化」に立脚しつつ、ホッブズの自己保存をより発展させて世俗的・近代的快楽主義を徹底させていくという意味で、ロックは自然的所有権をきわめて重視した、というのがシュトラウスの見方である。また、自然的所有権よりも市民的所有権のほうが確実であるというロックの考えは、準－自然のアヴェロエス主義的コンヴェンショナリズムと親和的である。アヴェロエス主義という古典哲学を用いながら、プラトンともアリストテレスともキリスト教とも異

第11章 「近代的自然法の頂点」としてのロック

なる「近代的自然法の頂点」を形成していったロックの自然法論がここに提示されることになる。

## 5 「近代的自然法の頂点」の意味

　シュトラウスは，ロックの自然法論をホッブズの延長上にみる立場を貫き，さらに『自然法論』を「首尾一貫した」書物であると考えつつ，その内容や叙述様式がアリストテレスの自然的正とトマスの自然法とを批判するものであったことを論証していった。さらにシュトラウスは，理神論への反駁を装うロックの自然法論が，創造神と道徳律法の神を区別する理神論的な概念区分を採用しており，アヴェロエス主義とも親近性をもつことを仄めかした。
　シュトラウスは，ロックの自然法が自然権に由来せずとも自然権と同じ内容を命じているがゆえに，すなわち，私益が「自然法の基礎」であるにとどまらずそれ以上の「基本的自然法の命令」であるがゆえに，ロックの自然法はホッブズ以上に近代的であると解釈したのであった。シュトラウスは，ロックにおいては創造神と道徳意志神とが分離しており，それゆえロックの道徳は感覚経験や反省的理性によってすら確証不可能なものであったと示唆する。このことによりシュトラウスは，ロックが存在秩序面ではアヴェロエス主義的な理性主義によって，道徳面ではマキァヴェッリの「集合的利己心」と共通する世俗的快楽主義によって，伝統的な自然的正の教え——アリストテレス的な自然的正論とトマス的な自然法論——を批判していったと解釈したのである。ロックの自然法は，内容においても，認識根拠においても，前提となる神観や秩序観においても，アリストテレスやトマスのみならず聖書に示された神の啓示の法とも異なる，全面的に近代的なものであるとシュトラウスは考えた。シュトラウスやホロウィッツは，ロックが自然法論を公刊しなかったのは，「初期ロック」の自然法論の伝統的性格が後のロックにとって魅力を失ったからではなく，むしろロックがみずからの自然法論の隠れた過激さを自覚しており，それゆえ迫害を恐れたからではないか，と訝るのである（Locke [Horwitz 1990], 28, 44）。
　ロックの思想が「近代的自然法の頂点」であるとシュトラウスが言うとき，そのことの意味は，ホッブズ的な自己保存を所有権によってより獲得的なもの

へと改変していったことに尽きるものではなく、その前提としての、あるいはそれ以上の、哲学的転換もしくは哲学と神学の関係の改変をも含意するものであった。

付記　本章は、2014年9月10日に北海道大学で開催された第27回政治哲学研究会での報告をもとにした以下の拙論を大幅に修正したものである。厚見恵一郎「レオ・シュトラウスはジョン・ロックの自然法論をどう読んだか」、『政治哲学』第18号、2015年2月、38-63頁。本章の準備および執筆に際して、科学研究費基盤研究 C 研究課題番号25380176（研究課題名：デモクラシーと宗教、研究代表者：飯島昇藏、研究期間：2013年4月-2016年3月）の交付を受けた。

注

(1) Leo Strauss, "On Natural Law", *Studies in Platonic Political Philosophy*, The University of Chicago Press, 1978, pp. 144-145. ロックの自然法を指す語として、『自然的正（権）と歴史』では the law of nature が natural law よりやや多く用いられており、「ロックの自然法の教説」ではおもに natural law が用いられている。「ロックの自然法の教説」では、神によって創造された世界の普遍的な自然法則を指すのに the universal law of nature の語が使われており、普遍的自然法則に the law of nature、道徳的自然法に natural law、という使い分けがなされているようにも思われるが、すべてを確認することはできなかった。また、『自然的正（権）と歴史』では自然法の「教え（teaching）」という表現がなされ、「ロックの自然法の教説」では自然法の「教説（doctrine）」という表現がなされている。

(2) John Locke, *Essays on the Law of Nature, The Latin Text with a Translation, Introduction and Notes, Together with Transcripts of Locke's Shorthand in his Journal for 1676*, Wolfgang von Leiden, ed., Clarendon Press, 1954.〔＝浜林正夫訳「自然法論」、『世界大思想全集：ホッブズ・ロック・ハリントン』河出書房新社、1962年、137-184頁。〕周知のごとく『自然的正（権）と歴史』は1949年のシカゴ大学における講義をもとにしているが、ロック論の部分は、『自然的正（権）と歴史』刊行に先立つ1952年に独立した論文として発表されている。Strauss, "On Locke's Doctrine of Natural Right", *The Philosophical Review*, 61-4, 1952, pp. 475-502. シュトラウスが、『自然法論』公刊以前からロック哲学の核心を統治論・契約論（『統治二論』）や認識論（『人間知性論』）よりも自然法論（自然的正論）に見出していた点は、注目に値する。今日のロック研究者の間では、ロック思想全体の解読の鍵が自然法論の解釈にあることは、かなりの程度で共通了解となっているように思われるからである。

（3）Strauss, "Critical Note: Locke's Doctrine of Natural Law", *American Political Science Review*, 52-2, 1958, pp. 490-501. 翌年の『政治哲学とは何であるか？』収録版との相違は，1958年の論文は以下の5つのセクションに分けられている点である。I. Description of Locke's early essays on Natural Law. II. A Natural Law which cannot be transgressed. III. Is the Natural Law based on speculative principles? IV. Is the Natural Law duly promulgated? V. An alternative to the traditional Natural Law teaching.

（4）Michael Zuckert, "Strauss on Locke and the Law of Nature", Rafael Major, ed., *Leo Strauss's Defense of the Philosophic Life: Reading "What Is Political Philosophy ?"*, The University of Chicago Press, 2013, p.154.

（5）Strauss, "Locke's Doctrine of Natural Law", *WIPP*, 197-220=209-234頁。

（6）フォン・ライデンが省略したり改変したりしたロックのラテン語原稿を再度参照しつつ，大文字小文字の区別も含めてロック自身の手稿（の精神）のできるかぎり忠実な再現を目指す，R. ホロウィッツ，J. S. クレイ，D. クレイ編纂の新版が，『自然法にかんする諸問（*Questions concerning the Law of Nature*）』として1990年にコーネル大学出版局から刊行されている。*John Locke Questions concerning the Law of Nature*, Robert Horwitz, Jenny Strauss Clay, and Diskin Clay, eds. and trans., Cornell University Press, 1990. シュトラウスが用い批判したのはフォン・ライデン版である。本章では，フォン・ライデン版をLocke［von Leiden 1954］と，ホロウィッツ版をLocke［Horwitz 1990］と表記する。自然法についてロックによって完成されていた試論は8本だが，書かれなかった試論3本についてもロックはタイトルを書き留めて通し番号を付していたため，全部で11のタイトルがあることになる。フォン・ライデンはロックが自然法についての考察を論文（essay）として公刊する意図をもっていたと考えたため，タイトルのみで内容が書かれなかった部分は削除して，本文が書かれた部分のみを『諸試論（*Essays*）』と名づけて出版した。これに対してホロウィッツは，これらの資料はロックが討論演習のために記したものであって生前には公刊する意図はなかったと考えたため，本文のないタイトルのみの部分も含めて編集し，『諸問（*Questions*）』と名づけた。ホロウィッツ版の目次によると，ロックの草稿は，以下の11の問答から成っていた。＊がタイトル問答のみのものである。中央（第6問答）のタイトルは「自然法は人間たちの自然的傾向性から知られうるか？ 知られえない」である。

    I  An Detur Morum Regula sive Lex Naturae? Affirmatur. (Does there Exist a Rule of Conduct or Law of Nature? There does.)

    II  An lex naturae sit lumine naturae Cognoscibilis? Affirmatur. (Is the Law of nature Knowable by the light of nature? It is.)

*Ⅲ　An lex naturae per traditionem nobis innotescat? Negatur.（Does the Law of nature become known to us by tradition? It does not.）
　　Ⅳ　An Lex Naturae hominum animis inscribatur? Negatur.（Is the Law of Nature inscribed in the minds of men? It is not.）
　　Ⅴ　An Ratio per res a sensibus haustas pervenire potest in cognitionem legis naturae? Affirmatur.（Can Reason arrive at a knowledge of the law of nature through sense experience? It can.）
　　*Ⅵ　An ex inclinatione hominum naturali potest cognosci lex Naturae? Negatur.（Can the law of Nature be known from the natural inclination of mankind? It cannot.）
　　Ⅶ　An lex naturae cognosci potest ex hominum consensu? Negatur.（Can the law of nature be known from the consensus of mankind? It cannot.）
　　Ⅷ　An Lex naturae homines obligat? Affirmatur.（Is the Law of nature binding on men? It is.）
　　*［Ⅸ］　An Lex naturae obliget bruta? Negatur.（Is the Law of nature binding on brutes? It is not.）
　　［Ⅹ］　An obligatio legis naturae sit perpetua et Universalis? Affirmatur.（Is the obligation of the law of nature perpetual and Universal? It is.
　　［Ⅺ］　An privata cujusque utilitas sit fundamentum legis naturae? Negatur.（Does the private interest of each individual constitute the foundation of the law of nature? It does not.）
（7）『自然的正（権）と歴史』第7刷に追加された序文の重要性については，飯島昇藏と西永亮による序文の全訳を含む飯島昇藏「レオ・シュトラウスの Natural Right and History の邦訳のタイトルについての覚え書き」『武蔵野大学政治経済研究所年報』第9号，2014年，131-165頁，および，飯島昇藏「訳者解説『自然権と歴史』への補論としてのホッブズ論とロック論──「奇妙なヴィーコ論」？」飯島昇藏・石﨑嘉彦・近藤和貴・中金聡・高田宏史訳『政治哲学とは何であるか？とその他の諸研究』，2014年，早稲田大学出版部，350-358頁を参照せよ。
（8）Zuckert, *op. cit.,* p.157.
（9）「ある賢明な「最初の製作者」の存在の証明はロックによれば厳格な意味における自然法（a natural law proper），すなわち人間が蹂躙することが可能である自然法の存在を確立するためには十分ではない」（*WIPP*, 206=219頁）。ロックが神の存在を断言する際の神の語が小文字の deus であること──すなわち全能の創造主というよりも理神論的な神的存在もしくは異教の神がみを示唆する小文字の deus であること──をシュトラウスは指摘する。そしてシュトラウスは，「なんらかの神 some deity が世界を統べている」ことを疑うのは間違い（wrong）というより

第 11 章　「近代的自然法の頂点」としてのロック

も邪悪（wicked）なことだとロックが書いていることに注意を促す（*WIPP*, 202=214頁）。理神論的な神＝最初の製作者の存在は理性によって証明可能であるかもしれないが，そのことは道徳法の必然性の証明に直結しない。道徳法の根拠としての「なんらかの神」を疑うことは，理論的に誤りなのではなく道徳的に邪悪なことである，ということをロックは強調しようとしている，というのがシュトラウスによるロック解釈である。

(10) シュトラウス自身が，『自然的正（権）と歴史』第 7 刷への序文において，*Natural Right and History* についてのみずからの理解の深まりを示す文献として，みずからの論文である「ロックの自然法の教説」をあげている事実は，Natural Law という語の曖昧さを利用したロックと Natural Right という語の曖昧さを利用する自身とを重ね合わせようとするシュトラウスの意図を示唆しているといえるかもしれない。飯島昇藏「レオ・シュトラウスの *Natural Right and History* の邦訳のタイトルについての覚え書き」，157-158頁。

(11) Locke [Horwitz 1990], 19-28; *The Correspondence of John Locke*, 8 vols, E. S. de Beer, ed., vol. 4, Clarendon Press, 1979, pp. 107-109, 110-113.

(12) Locke [Horwitz 1990], 22. シュトラウスもこの点には着目している。シュトラウスは1967年に Philip Abrams 編 *Locke: Two Tracts on Government* への書評を発表しているが，そこでシュトラウスは，自然法の内容と啓示された法の内容とを同一視することについてロックが消極的であったことを示唆している (Strauss, "John Locke as 'Authoritarian'", *Intercollegiate Review*, 4-1, 1967, pp. 46-48)。

(13) *Locke to Tyrell, 4 August 1690, The Correspondence of John Locke*, vol. 4, p. 113.

(14) Leo Strauss, "Marsilius of Padua", *Liberalism Ancient and Modern*, The University of Chicago Press, 1968, pp. 199-200.〔＝厚見恵一郎訳「パドゥアのマルシリウス」石崎嘉彦・飯島昇藏訳者代表『リベラリズム　古代と近代』ナカニシヤ出版，2006年，306-308頁。〕

(15) シュトラウスにとってアヴェロエス主義は，啓示宗教とソクラテス＝プラトン＝ストア派的な古典的自然的正の教えとの双方に対して，別種の自然哲学の立場から対抗しようとする理性主義の立場，それゆえにロックのような近代の啓蒙主義にも連なる立場，しかも民衆や法に対する「賢明な」政治的態度をともなった立場として映ったのではなかろうか。中金聡「快楽主義と政治――レオ・シュトラウスのエピクロス主義解釈について」『政治哲学』第 9 号，2009年，67頁。

(16) Zuckert, *op. cit.*, p. 166.

(17) シュトラウスの論稿「自然法について」では，プラトンとアリストテレスについては自然的正（natural right）の語が用いられている。ノモスとの対照において

自然を発見したギリシア人にとって「自然法（*nomos tes physeos*）」の概念は語義矛盾であった。ギリシア人にとっての主要な問いは，自然法ならぬ自然的正をめぐるものであり，自然的正が存在するのか，それともすべての正が人為的であるのかであった，とシュトラウスはいう。自然法が初めて哲学的テーマとなったのはストア主義においてであった。そこでは自然法は道徳哲学や政治哲学ではなく自然学のテーマであった。自然法・神法・永久法は，神（God）と，ないしは火やアイテールや気といった最高の神（the highest god）もしくは神の理性と，同一視された（"On Natural Law", p. 140）。

(18) Leo Strauss, "Niccolo Machiavelli", *Studies in Platonic Political Philosophy*, p. 226.

(19)「『ニコマコス倫理学』（1134b 18-1135a 5）において彼〔アリストテレス〕は，実は自然法にかんしてではなく自然的正にかんして語っているのである（"On Natural Law", pp. 138, 140）。」

# 第12章
## 秘教としてのロック,顕教としてのロック
——シュトラウスのロック読解と戦後アメリカの保守主義——

井上弘貴

## 1 シュトラウスのロック読解が戦後アメリカの保守主義にもたらしたもの

　シュトラウスによるロックの自然法論読解をめぐる前章の議論からも明らかであるとおり,ロックの思想体系全体における自然法論の意味と位置づけは,これまで解釈上の重要な争点となってきた。とりわけ「ロックの思想における合理的なものと宗教的なものとの関係」をどのように解釈するかをめぐっては,マイケル・P・ツッカートが整理をおこなっているように,主要な論者たちのあいだで見解がわかれてきた[1]。そうしたなかでシュトラウスのロック読解は,狭義の——アカデミックな研究としての——ロックを大いに触発してきた。

　他方において,ロックが建国の思想的礎になったアメリカ合衆国〔以下,原則としてアメリカと略記〕では,ロックの解釈をめぐる議論は,政治的な論争をも誘発してきた。特に戦後アメリカの保守主義の論者たちのなかで,シュトラウスのロック読解の継受をめぐっては鋭い対立が実質的に生じてきた。この対立は端的に言えば,戦後アメリカの保守主義は『自然的正(権)と歴史』が切り拓いた秘教的(エソテリック)なロックを受け継ぐのか,シュトラウスのロック読解を踏まえたうえで,それでもなお顕教的(エクソテリック)なロックを受け入れるのか,というものである。

　本章では前者の代表的論者としてウィルモア・ケンドールを,後者としてドナルド・J・ディヴァインとハリー・V・ジャファを挙げ,この対立の見取り図を示すことで,シュトラウスのロック読解以降の,アメリカにおけるロック解釈のもう1つのコンテクストを示したい。

## 2　忘れられたロック読解の系譜——ケンドールとシュトラウス

　戦後アメリカの保守主義の思想家のなかで，シュトラウスの『自然的正（権）と歴史』におけるロック読解を高く評価した人物として第1に挙げられるのは，戦後アメリカを代表する保守主義の評論誌である『ナショナル・レヴュー』誌の創刊にウィリアム・F・バックリー・ジュニアとともにかかわった，みずからもロック研究者としての側面をもつウィルモア・ケンドールである。ケンドールは，シュトラウスの弟子たちを除くなら，シュトラウスの政治哲学をアメリカでおそらく最も先駆的に高く評価した人物のひとりであるとともに，『ジョン・ロックと多数派支配の教説』(1941)において，当時一般的に流布していたホッブズとロックの非連続性を強調するジョージ・H・セイバインのロック解釈を批判し，シュトラウスに先行して両者の「近さ」を言い当てていたロック解釈者でもある。[2]

　シュトラウスがケンドールのロック論を評価していたことは，両者の間で交わされた書簡からうかがい知ることができる。[3] 1960年6月4日，ケンドールは滞在中のパリからシュトラウスに手紙を送り，シュトラウスに対して『自然的正（権）と歴史』のロックを取り扱った部分をはじめて学んでいると書いている。[4] このケンドールの手紙に対して，シュトラウスは同月10日にすぐ返信を送り，そのなかで『自然的正（権）と歴史』のロックの章とケンドールのロック解釈について，次のようにみずからの所感を述べている。

　　大部な私の書いたもの，とくに『自然的正（権）と歴史』のロックに関するわたしの章についてあなたが言ってくださったことは，わたしをとても喜ばせるものでした。ご存知かもしれませんが，わたしがこれまでにおこなってきた他のいかなる説明にも増して，この章の説明をめぐっては，わたしは愚かであると同時に下品な非難にさらされてきました。「リベラルなロック(Locke the liberal)」は，リベラリズムの寺院のなかの主たる，そしておそらくは唯一の偶像であり，この偶像に疑問を投げかけるものは誰でも，リベラルたち自身が「正統ではない」と呼ぶ罪を犯すことになります。（昨年の自然

第12章　秘教としてのロック，顕教としてのロック

法フォーラムのことを思い出してください。）あなたは，ロックの適切な解釈をめぐってご自身が達成されたことに関して，謙虚にすぎます。公けに述べる適切な機会がこれまでまったくありませんでしたが，ぜひとも申し上げたいのは，ロックに関するあなたの研究と等しい価値がある，あなたやわたしの世代の合衆国に生まれた，あるいは訓練をうけた人間による，いかなる理論的研究もわたしは知らないということです。[5]

このシュトラウスの書簡からは，アメリカにおいてなかば神格化されてきた，リベラルなロック像に対するシュトラウスの強い異議とともに，近代の意味におけるリベラリズムに席巻されたアメリカのなかでケンドールのロック解釈が有している意義を，シュトラウスが高く評価していたことがうかがわれる。

ケンドールが後年になって回想しているように，戦前の西洋政治思想史において，各々の思想家をめぐる解釈に圧倒的な影響力を有していたのは，セイバインの『政治理論史』(1937)だった。[6]ケンドールによれば，セイバインはこの『政治理論史』において，名誉革命を擁護するという公然たる目的をもって『統治二論』を執筆するとともに，ホッブズに反論した人物としてロックを描いた。セイバインは，統治権力は道徳法則によって制限されるという中世的伝統に片足を置きつつ，各人は生まれながらの属性として「自然権」を有するという近代的世界観にもう一方の足を置いた人物として，さらには，伝統的な自然法の代弁者ではなく，「自然法」という言葉の意味を変化させ，それを侵すことのできない諸々の権利を授ける法へと作り変えた人物としてロックを位置づけた。[7]

ロックは『統治二論』の第8章「政治社会の起源について」の冒頭である第95節において，「どれだけの数の人間であろうと，人びとがひとつの共同体あるいは統治体をつくることに合意した場合，かれらは，それによって直ちに結合してひとつの政治体をなすことになり，しかも，そこでは，多数派が決定し，それ以外の人びとを拘束する権利をもつのである」[8]〔強調はロック本人〕と述べている。個人あるいは人数の多少を問わず少数派の侵すことのできない権利が多数派によって侵害される可能性は，ロックの政治思想のなかで十分に想定されているのか否かという問いが生じる箇所である。ロックの政治思想を検討

205

するうえで見落とすことのできない，この問いに対してセイバインは，多数派が僭主のようにふるまうことは，一見したところロックには思いつかないことだったと述べるにとどめ，個人の権利と多数決〔多数派支配〕との二兎を得ることについて特段の疑念をはさまなかった。<sup>(9)</sup>

これに対して，英国留学時代の師であるR・G・コリングウッドの教えに影響を受けて，「そのテクストに普遍的に向き合う」ことを学んだケンドールは，本人が後年において述べているようにシュトラウスに先駆けるかたちで，ロックがみずからを理解したようにロックを理解しようと試みた。<sup>(10)</sup>その試みの成果である『ジョン・ロックと多数派支配の教説』のなかでケンドールは，ロックを多数派支配に基づく民主主義者として整合的に理解するという立場を展開し，ロックが『統治二論』のなかで「個人にたいする共同体の数的優位性」という人民主権を前提とした命題を暗黙のうちに保持していること，そのうえで，多数派の決定と政治的平等とを両立させることの難しさに，いかにロックが無自覚であったかということを，『統治二論』のテクストに内在するさまざまな矛盾や論理的に不整合に見える箇所を注意深く検討することによって，1つの問いとして提起した。

ケンドールの1941年のロック論は多くの論点を含むものであるが，なかでも自然法に関する検討に焦点を絞るなら，ケンドールは『ジョン・ロックと多数派支配の教説』のなかのロックの『統治二論』における自然法論を検討した章において，ロックの自然法理解を6つのテーゼに整理した。そのなかでケンドールが第1テーゼとして集約したのが，「自然法は各人の，つまり各人の生命，自由，財産の「保存」を命じている」〔強調はケンドール自身〕というものであった。

ケンドールによれば，人間には侵すことのできない自然権があるという公理から，ロックの思考が変化しつつあるという印象をあたえるのは，自然法に関するロックのテーゼのなかでもこれである。もし至高の法を，各人の生命，自由，財産は神聖なものであり侵すことができない，という命題に還元する用意があるなら，その不可避的な帰結として，各人には生命に対する侵すことのできない権利，自由に対する侵すことのできない権利，財産に対する侵すことのできない権利，かくして，侵すことのできない諸権利があるということを擁護

する用意がなければならない。たとえロックのように，そうした文言を用いることを選択しなかったとしても，そうでなければならない。[12]

　そのうえで，もし各人は至高の法のもとで生命，自由，財産に対する権利を有しているのなら，さらにはもしその至高の法は，その法が与える諸々の権利を各人が尊重する義務を享受するものとして見なされるなら，各人には他者の諸々の権利を尊重する義務とあわせて，彼自身の生命，自由，財産を保存する義務があると主張する立場へはもうあと一歩であり，それゆえにホッブズの信念までは，もうあと一歩であるとケンドールは指摘している〔強調は筆者による〕。[13]以上の立論を踏まえて，ケンドールは1941年の著作において，こう主張した。

　　ロックは――それは立派なことだと言われているが――そこまで行ってはいないのであり，ロックは自らの心中にあるものに名前をつけなければならないとき，義務ではなくて自己保存の権利について語ることを選んでいる。しかしかれは，あたかもそれが義務であるかのように扱うところにまで進んでいるので，ホッブズやルソー，あるいは他の（多かれ少なかれ同様な考えを有している）倫理的快楽主義者たちにロックが同意していないのは，ほぼ言葉のうえだけのようにみえる。[14]

　このようにケンドールは，セイバインに代表される当時の一般的なロック解釈に対置させるかたちで，テクストの内在的な読解から，ロックの主張する自己保存の権利が抜きがたく帯びているホッブズの教えとの連続性を先駆的に指摘していた。この点においてケンドールのロック解釈は，『自然的正（権）と歴史』においてシュトラウスがそうしたように，ホッブズとロックの連続性を，確信をもって前面に押し出すところまで進むことはなかったものの，シュトラウスに先駆ける解釈の方向性を打ち出していた。

## 3　豊かさと多数派支配の無制限の最大化をめぐって

　それでは個人の権利と多数派支配との『統治二論』における両立可能性についてはどうであろうか。ピーター・ラズレットによれば，すべての諸個人は，

公式あるいは非公式の集団であれ単独の個人の場合であれ、他の人びとの存在、欲望、行為、あるいはニーズを許容するなんらかの傾向を有しているとロックは想定している。ラズレットはこの教説を「自然な政治的徳[15]」と名づけ、この教説によって、ロックの多数派支配に対する機械的な擁護を倫理的な観点から正当化することができると主張している。すなわち多数派は「この教説のもとで、少数派に属する人びとに対して何らかの責任をもって行動する傾向[16]」をもつことができるというのがラズレットの解釈であった。しかしケンドールは、このような教説には、実際にはなんの根拠もないと厳しくラズレット批判をおこない、ロックの想定する政治社会において、個人がそのようにふるまう保証は存在しないと主張した[17]。

　ただし、実はケンドール自身もまた、かつて『ジョン・ロックと多数派支配の教説』では、そのような保証のない状態からロックの政治思想を救う仮説的な道具立てとして、「隠れた前提（The Latent Premise）」なるものを主張していた。

　『統治二論』の第14章第168節においてロックは、人民全体としても、あるいは個人としても、権利を奪われ、権利なき権力の行使下に置かれながら、しかも地上には訴えるところがない場合、彼らは、十分に重大な根拠があると判断するときにはいつでも天に訴える自由をもつと主張している。その一方で、今度は第19章第230節では、「あちこちで不運な人間が受けた個々の不正や抑圧の事例だけで、人民が動かされることはない」ともロックは述べている。このようにロックは、権利の剥奪に対して個々人は声をあげる自由があると言いながら、多数派はそれに同調してなかなか動こうとはしないことを指摘することで、ロックの想定する政治社会においては、集団であれあるいは個人であれ、いずれにしても少数派からのありうる異議申し立ては、実質的に否定されてしまっているように見える。

　それに対してかつてケンドールは、コモンウェルスの多数派は、正しい意思を理解してそのために闘い、それを押し通す人びとであることを信頼できる、という確信をロックは『統治二論』のいくつかの節で明らかにしているのだと主張した。もちろんロックは、そのように明言してはいないが、上述の確信を仮定として置かなければ理解できない箇所が何箇所もある。ケンドールはその

## 第12章　秘教としてのロック，顕教としてのロック

ように主張し，ロックは人びとのなかの信頼のおける多数派は，合理的で正しいという命題を引き受けていたと見なした[18]。

しかし，もしもホッブズとの連続性におけるロックの真の意図を踏まえたならば，政治社会に関するロックの教えのなかにそのような「隠れた前提」の存在を想定することはできないことに，後年のケンドールは気づかされた[19]。1941年のケンドールは，より深いロック解釈を得る「ブレイクスルーの直前まで」到達していたものの，そのようなブレイクスルーに実際には到達することはできなかった。そのように後になってケンドールは自己批判した。

なぜ到達できなかったのか。なぜなら「政治に関してまじめに著述をしている人間が，まさか「いかさま (hanky-panky)」に手を染めているとはかれ〔当時のケンドール〕には思いもよらなかったから」[20]である。いかさま，すなわち秘教的な著述技法の存在を，当時のケンドールは見出すことができなかったということを，後年のケンドールは認めた。そのうえで，まさにこの秘教的な著述技法の存在を明らかにしたという点において，シュトラウスのロック読解はそれに先行するあらゆる解釈よりも優れており，そのような技法のもとで書かれていることを否定するような，今後提起されるどのようなロック像よりも優れているだろうと後年のケンドールは結論づけた。

ただし，ケンドールは自らのロック解釈が，シュトラウスのそれに勝らなくとも，劣るものだとは見なさなかった。シュトラウスによればマキアヴェッリがその扉を開き，ホッブズが推し進めた快楽主義をさらに徹底させ，ロックは「苦痛を除去する苦痛」(*NRH*, 250=325頁) としての労働を重視した。ここに，近代世界における生産と豊かさの無制限な最大化の思想的端緒が開かれた。これに加えてみずからがロックのなかに明らかにした無制限な多数派支配は，今や車の両輪のように西洋社会を脅かしているようにケンドールには思われた。「豊かさと多数派支配の双方の最大化は，われわれの同時代の知識人たちの政治理論のなかで最盛期を迎えている」[21]。ケンドールがこのように描いた1960年代当時のアメリカにあって，彼が憂慮したそのような双方の最大化とは，大統領の行政権力と結びつき，リベラリズムの名のもとで推進されている平等主義のなかに集約されるものであった。それゆえに，まさにこのリベラリズムとの対決こそが，保守主義者たるケンドールにとって，最も喫緊かつ重要な政治的

課題として見えていた。

　誤解のないように補足をするなら，ケンドールは一方においてこのように行政権力と結びついてリベラリズムと平等主義を推進する悪しき多数派を設定する一方で，アメリカの保守主義が真に依拠すべきもう1つの多数派を想定していた。ケンドールが依拠すべきと考えた多数派は——メイフラワー誓約にまで遡りうる——神のもとでの有徳な人びとの熟慮／熟議（deliberation）という，ケンドールがアメリカの伝統と位置づけるものを通じて浮かび上がってくる立法の「マディソン的」多数派であり，この多数派こそが，アメリカが準拠すべきパブリック・オーソドキシーを体現するものであるとケンドールは見なした。[22]

## 4　秘教的なロックか，それとも顕教的なロックか

　シュトラウスの『自然的正（権）と歴史』におけるロック読解を全面的に受け入れたケンドールに対して，シュトラウスのロック読解の意義を認めつつも，ロックを政治的快楽主義者と見なすその解釈に異議を唱える保守主義者は，アメリカにおいてその後も少なくない。たとえば，政治学者であると同時に実務家としての顔を持つドナルド・J・ディヴァインは，理性は自然法を証明することができないとシュトラウスはことさらに強調するが，ロックが言おうとしていることは，理性に基づくあらゆる知識は蓋然的なものであるということであると反論した。[23] また，シュトラウスが主張するようにロックの思想のなかに快楽主義的な側面があることを仮に認めたとしても，それは現在の快苦は永遠の賞罰にそって計られるべきという「キリスト教的快楽主義（Christian hedonism）」をロックがみずからの哲学に持ち込んだが故であり，その点において古典的哲学からのロックの断絶は事実だとしても，かれが自然法やキリスト教を信じていなかったということにはつながらないと，ディヴァインは主張した。[24]

　死後の生がたとえ蓋然的なものであっても，それは理性的な人びとを神の法にしたがうことへと向かわせるのに十分なものである。[25] なによりも，「ロックにとっての真の徳は，神の法に*自由*にしたがうことから生じる」[26]〔強調はディヴァイン自身〕。ディヴァインはこのように主張し，自由と徳の調和をはかっ

第12章　秘教としてのロック，顕教としてのロック

たロック像を打ち出すことで，アメリカの保守主義者が依拠するに値するロックを取り戻そうと試みた。自由と徳の調和をロックのなかに見出そうとするこのような立場は，自由を重視するリバータリアンの立場と客観的道徳秩序の存在を主張する伝統主義者の立場とを「融合主義（fusionism）」という観点から両立させようとした，ケンドールと同様に『ナショナル・レヴュー』誌の編集者を務めたフランク・S・マイヤーのような論者の立場と多くの点を共有するものである。

　ディヴァインにも増してケンドールに真っ向から激しく対立したのが，シュトラウスの高弟として知られ，「西海岸シュトラウス学派」の創始者と名指されてきたハリー・V・ジャファである。初期の代表的著作と言える『分かたれたる家の危機』（1959年）において，エイブラハム・リンカンとスティーヴン・A・ダグラスの間でなされたリンカン＝ダグラス論争を，ソクラテスとトラシュマコスの対立に重ね合せたジャファだったが，この『分かたれたる家の危機』のなかでは，ジャファは『自然的正（権）と歴史』のロックを踏襲し，ロックに依拠したがゆえに不完全な状態にアメリカをとどめてしまった建国の父祖たちの限界を乗り越える存在として，リンカンを描いた。

　ただし，ジャファのなかで，師であるシュトラウスのロック読解と，リンカンのみならず建国の原理をも擁護しなければならないというみずからの使命との間でどのような立場を確立するのかという点をめぐっては，その後も長く模索が続いたように見える。たとえば，1975年に刊行された論文集『自由の諸条件』に収められたシュトラウス追悼の文章のなかで，ジャファはアメリカの建国の原理的源泉として，ロックやフェデラリスト以外のものを読み込むことで整合性を確立しようと次のように主張していた。

　しかしアメリカの体制はロックのみによって形成されたのではない。多くのフロンティアの丸太小屋には哲学書などなく，そこにあったのは欽定訳聖書とシェイクスピアだった。そしてシェイクスピアこそ，アングロ・アメリカ世界の内部にあって，西洋文明の本質的にソクラテス的な理解を伝達するための偉大なる媒介だった。

ジャファによるシェイクスピアへの傾倒は，1964年にアラン・ブルームとの共著として刊行された『シェイクスピアの政治学』に結実していた１つの方向であったし，アングロ・アメリカ世界という視座は，リンカンにならぶ指導的政治家としてのウィンストン・チャーチルに対するジャファの高い評価へとつながっていった。だが，1973年のシュトラウスの死後，ジャファは次第に，シュトラウスが理解したロックと建国の父祖たちが理解したロックは異なるという見解を採るようになっていった。

　ロックをめぐるそうしたジャファの転回は，アメリカ建国200周年という節目の時期にさしかかりつつあった当時にあって，アメリカ建国の解釈をめぐる他の保守主義の知識人への批判のなかで生じていったと推測される。たとえば，1967年の急死後，ジョージ・W・ケアリーとの共著として死後出版された『アメリカの政治的伝統の基本的諸象徴』(1970年)のなかでケンドールは，アメリカの本来的な伝統ではない平等主義への逸脱をアメリカにもたらした代表的人物としてリンカンを批判するとともに，本章ですでに触れたように神のもとでの有徳な人びととの熟慮／熟議をアメリカの伝統として位置づけ，「万人は平等に創造されている」ことが謳われた独立宣言を重視しない立場を提示していた。

　それに対してジャファは『アメリカ革命についてどう考えるべきか』(1978年)のなかで，ケンドールの解釈を批判し，独立宣言のなかにこめられた自然権，ならびに独立宣言と憲法との原理的一体性を擁護した。ジャファにしたがえば，もしもケンドールが主張するような「同意」を究極的な原理としてしまうなら，かつてアメリカの南部で政治的共同体内の議論を経て奴隷制が肯定されたように，デマゴーグが人びとに対して同意するように説得に成功したものが「権利」になるのをとめることはできなくなってしまう。仮にそうなれば，有徳な人びとが神のもとで熟慮／熟議をおこなうというケンドールの描く象徴的光景は，悪徳の隠れ蓑にすぎなくなるだろう。それゆえにジャファは，アメリカの政治的伝統を平等ではなく熟慮／熟議——ジャファの言い換えに沿えば同意——にみるケンドールの見解に対して，次のような反論をロックと建国の父祖たちの名においておこなった。

　ケンドールとケアリーはあたかも同意が究極的で，他の何かから由来したの

ではない原理であるかのように扱っている。しかしそれは，ロックと父祖たちがそれを扱った仕方ではない。ロックと父祖たちは，それを人間の自然な自由と平等に由来させた。同意を生じさせるのみならず，同意に積極的な意味内容を与えるものこそ，平等（Equality）の認識なのである。[36]

ジャファがここで依拠しているのは，ロックが自然状態について述べた『統治二論』第2章第4節である。ケンドールに対して直截的に対置されていく，キリスト教的自然法のもとでの万人の平等を主張するそのようなロックは，まさに秘教的なロックに対する顕教的なロックであった。ジャファはその後も，ジェファソンとマディソンが「普遍的で，自然で，平等な人間の諸権利の古典的な源泉」[37]であると見なした『統治二論』を否定的にしか捉えないケンドールを，しばしば激しく批判していった。[38]さらに，『アメリカン・マインドの終焉』（1987年）のなかでアリストテレスとロックとを対置したうえで，自己利益のみを社会の基盤にすえる近代啓蒙思想の典型としてロックを位置づけたブルームへの批判を1つの画期として，ロックとアリストテレスの融合をアメリカ建国のなかに読み込んでいく，ジャファならびに彼の弟子や友人たちからなる西海岸シュトラウス学派が形成されていくことになる。[39]

かくして，ジャファを1つの契機として，建国の父祖たちが継承した顕教的なロック像こそ，戦後アメリカの保守主義者は受け入れるべきであるという立場は，シュトラウスの政治哲学を踏まえてもなお，否，シュトラウスの政治哲学を踏まえればこそ，今日1つの有力潮流を形成するにいたったのである。

## 5　シュトラウスの弟子たちを二分するものとしてのロック

本章が手短ながら概観したように，シュトラウスからそのロック読解を高く評価されたケンドールは，秘教的なロックを継受する立場をとりつつ，人びとによって取り交わされる神のもとでの熟慮や同意を戦後アメリカの保守主義が復権すべきものとして見なした。それに対して，シュトラウスのアメリカにおける最初期の弟子のひとりであるジャファは，そうした同意を枠づける「万人は平等に創造されている」という独立宣言にこめられた命題こそがアメリカの

核心にあると主張するなかで，顕教的なロックを自覚的に選びとっていくことになった。

ケンドールとジャファのどちらが戦後アメリカの保守主義者として，アメリカの正統な政治的伝統をより正しく析出しえているのかは，本章の検討の範囲を超えることである。また，ジャファがシュトラウスの教説から実際には逸脱しているのか否かについても，同様である。本章の検討から浮かび上がってくることは，真に依拠すべきなのは秘教的なロックなのか，それとも顕教的なロックなのかというシュトラウスの政治哲学の継承者たちを二分する問いをめぐって，『自然的正（権）と歴史』のロックの章はいまだ尽きることのない論争の出発点であり続けているということである。

付記　本章は科学研究費助成事業（基盤研究C）「環大西洋保守主義思想の形成と展開——社会改革思想との競合の思想史的検討（研究課題番号17K03541）」の研究成果の一部である。

注
（1）ツッカートによれば，ロックの自然法論をめぐって，解釈は主に3つの立場に分岐してきた。第1の立場はハンス・アースレフ，レイモン・ポラン，M・セリガーらに代表されるもので，ロックの自然法論に指摘される矛盾は一見したものにすぎず，彼は実際には首尾一貫した自然法に関する教説を有しているというものである。第2の立場はシュトラウスによるもので，ロックは実際には自然法をめぐる伝統的な理解を離れ，実際にはホッブズに同意しているが，秘教的な著述によってそのことを隠しているというものである。第3の立場は，ピーター・ラズレット，ジョン・ダン，リチャード・アシュクラフトらによるもので，ロックの諸々の主張の間に見られる一貫しない点や矛盾を歴史的な観点から理解しようとするものである。この第3の立場に対してツッカートは，テクストを読解する際には歴史的な文脈を考慮すべきであるという正当な考えから，歴史的文脈をめぐる自分たちの観念をテクストそれ自体に置き換えてしまうことに容易に横滑りすることで，説得力のある正確な歴史的理解を，逆説的に提供できていないと指摘している。Michael P. Zuckert, *Launching Liberalism: On Lockean Political Philosophy* (Lawrence: University Press of Kansas, 2002), pp. 25-52.
（2）本章で概括するケンドールのロック論と彼のシュトラウス受容については，拙稿「ウィルモア・ケンドールのロック読解について——『ジョン・ロックと多数派

支配の原理』(1941年) と「ジョン・ロック再訪」(1966年) を中心に」『政治哲学』第12号 (2012年2月) の議論ならびに叙述と重複する部分があることをあらかじめお断りしておく。
( 3 ) ケンドールとシュトラウスの書簡は，今日において以下の論文集の末尾に収録されている。John A. Murley and John E. Alvis eds., *Willmoore Kendall: Maverick of American Conservatives* (Lanham: Lexington Books, 2002).
( 4 ) Murley and Alvis, *ibid.*, p. 218.
( 5 ) Murley and Alvis, *ibid.*, p. 219.
( 6 ) George H. Sabine, *A History of Political Theory* (New York: Henry Holt and Company, 1937), pp. 523-526.
( 7 ) Willmoore Kendall, "John Locke Revisited (1966)," in Nellie D. Kendall ed., *Willmoore Kendall Contra Mundum* (Lanham: University Press of America, 1971), p. 419-421.
( 8 ) ロックの邦訳として，本章は加藤節訳『完訳 統治二論』(岩波文庫，2010年) に依拠している。ただし，必要に応じて訳文を調整している場合がある。ロックの原文については，John Locke, *Two Treatises of Government* edited by Peter Laslett (1960; Cambridge: Cambridge University Press, 2010) を参照している。
( 9 ) Kendall, ibid., p. 422. Sabine, *ibid.*, p. 533.
(10) Kendall, ibid., pp. 422-423.
(11) Willmoore Kendall, *John Locke and the Doctrine of Majority-Rule* (1941; Urbana: University of Illinois Press, 1959), p. 76.
(12) Kendall, *ibid.*, p. 76.
(13) Kendall, *ibid.*, pp. 76-77.
(14) Kendall, *ibid.*, p. 77.
(15) Peter Laslett, "Introduction," in John Locke, *Two Treatises of Government* (1960; Cambridge: Cambridge University Press, 2010), pp. 109-110.
(16) Laslett, ibid., p. 110.
(17) Kendall, ibid., p. 446.
(18) Kendall, *ibid.*, p. 134.
(19) 後年においてケンドールが述べているように，多数派との関係に即せば，ロックの政治社会のなかの人びとは実際には，「自然な」，「侵すことのできない」諸権利など有してはおらず，彼らの「諸権利」は，多数派によって与えられる諸権利にすぎない〔強調はケンドール自身〕。Kendall, ibid., p. 425.
(20) Kendall, ibid., p. 435.
(21) Kendall, ibid., p. 433.
(22) Willmoore Kendall, "The Two Majorities in American Politics," in *The Con-*

servative Affirmation in America* (1963; Lake Bluff: Regnery Gateway, 1985), pp. 21-49. なお、ケンドールがシュトラウスの影響のもとでみずからのポピュリズムを変容させたのか否かについては議論のわかれるところである。シュトラウスはそもそも「保守主義者」なのかというもう1つの論点と併せつつ、このことを主題的に論じたものとして、以下を参照のこと。Grant Havers, "Leo Strauss, Willmoore Kendall, and the Meaning of Conservatism", *Humanitas*, vol. 18 (2005).
(23) ディヴァインはレーガン政権のもとで合衆国人事管理局長官を務めた。
(24) Donald J. Devine, "John Locke: His Harmony between Liberty and Virtue," *Modern Age* (Summer 1978), p. 248-249.
(25) たとえばエドワード・フィーザーは、自然法の侵害に対して死後の裁きがあるという主張を正当化するために、ロックは哲学ではなく啓示に訴えるが、知性をめぐるロック自身の議論にしたがえば、啓示はあくまでも蓋然的なものにとどまるほかないという批判的指摘に対して、「しかしこれは、深刻な問題ではないように思われる」との主張をおこなっている。自然法に要請される知識は、正当化された信念にすぎないかもしれないが、それでも十分に、現世で生じた自然法の侵害に対して、来世で裁きがあることの必要な証拠を啓示はもたらす。フィーザーはそのように主張している。Edward Feser, *Locke* (Oxford: Oneworld Publications, 2007), pp. 116-117.
(26) Devine, ibid., p. 250.
(27) 後年のケンドールが懸念した多数派支配に関しても、「人びとの徳ならびにかれらが同意する指導者たちの徳」にロックは依拠しているとディヴァインは主張している。Devine, ibid., p. 252.
(28) 実際にディヴァインは1978年に刊行した別の著作のなかで、ロックの政治哲学の要点の1つを「各人は自由なものとして創造されたが、各人はまた、神の法に従うことでその自由を責任あるかたちで用いることを、創造主によって期待されてもいる」とまとめているが、この箇所の注で、レイモン・ポラン、ジョン・W・ヨルトンとならんでマイヤーの1962年の著作である『自由を擁護して（*In Defense of Freedom*）』に言及している。Donald J. Devine, *Does Freedom Work ?: Liberty and Justice in America* (Ottawa: Caroline House Books, 1978), p. 157. ディヴァインは近年においても、マイヤーを継承した融合主義的保守主義の主張を精力的に展開している。Donald J. Devine, *America's Way Back: Freedom, Tradition, Constitution* (Wilmington, ISI Books, 2013).
(29) ジャファの政治哲学については拙稿「分かたれたるシュトラウスの危機をめぐって——H. V. ジャファの政治哲学」ならびに佐々木潤「『政治哲学の歴史』におけるH. V. ジャファとC. ロードのアリストテレス論の比較——「哲学」の位置付けを中心として」西永亮編『シュトラウス政治哲学に向かって』（小樽商科大学出版

会,2015年)所収を参照いただきたい。なお,上記の拙稿で触れたように,シュトラウスの『自然的正(権)と歴史』では,その序論の冒頭において明示的にアメリカ独立宣言が念頭に置かれているが,それだけでなく「献身」という言葉の使用を通じてリンカンも念頭に置かれているとジャファは主張している。前掲拙稿,195-196頁。

(30) Harry V. Jaffa, "Leo Strauss: 1899-1973," in *The Conditions of Freedom: Essays in Political Philosophy* (1975; Claremont: The Claremont Institute, 2000), p. 7.

(31) Allan Bloom with Harry V. Jaffa, *Shakespeare's Politics* (Chicago: University of Chicago Press, 1964).〔=松岡啓子訳『シェイクスピアの政治学』信山社,2005年。〕

(32) チャーチルに関するジャファの見解については,1981年に刊行された以下の論文集を参照いただきたい。Harry V. Jaffa ed., *Statesmanship: Essays in Honor of Sir Winston Spencer Churchill* (Durham: Carolina Academic Press, 1981).

(33) Willmoore Kendall and George W. Carey, *The Basic Symbols of the American Political Tradition* (Baton Rouge: Louisiana State University Press, 1970).〔=土田宏訳『アメリカ政治の伝統と象徴』彩流社,1982年。〕

(34) 紙幅の都合により本章では検討することができないものの,ジャファはこの著作のなかでケンドールとケアリーの他に,アーヴィング・クリストル,マーティン・ダイアモンド,M・E・ブラッドフォードを主な批判の俎上に載せている。

(35) Harry V. Jaffa, *How to Think About the American Revolution: A Bicentennial Cerebration* (1978; Claremont: The Claremont Institute, 2001), p. 41.

(36) Jaffa, *How to Think About the American Revolution,* p. 40.

(37) Harry V. Jaffa, *American Conservatism and the American Founding* (1984; Claremont: The Claremont Institute, 2002), p. 199.

(38) ジャファは「ケンドールは南部連合の忠実な息子だった」と指摘したうえで,同意に対するケンドールのこだわりの背後には,奴隷制擁護に対する強い心情的共感があると批判的に推測をおこなっている。ジャファにしたがえば,奴隷制を有する共同体こそが,最善のアメリカの民衆であるという確信をケンドールは抱いていたということになる。このように推測を重ねたうえで,そうしたアメリカの保守主義はアメリカ的ファシズムないしは国家社会主義であるとジャファは痛烈にケンドールを批判している。Jaffa, *American Conservatism and the American Founding,* pp. 197-198. なお,ジャファはしばしばケンドールの主張をジョン・C・カルフーンのそれになぞらえている。そのカルフーンについて,ジャファは『自由の新たな生誕』(2000)のなかでも,アリストテレス,ロック,建国の父祖たちと対比させて批判的に論じている。Harry V. Jaffa, *A New Birth of Freedom: Abraham*

*Lincoln and the Coming of the Civil War* (Lanham: Rowman & Littlefield Publishers, 2000), pp. 414-415.
(39) 西海岸シュトラウス学派の形成，ならびにドナルド・トランプを強硬に支持するという，2015年のジャファ没後のこの学派の動向については以下の拙稿を参照いただきたい。拙稿「トランプをめぐるアメリカ保守主義の現在——旗幟を鮮明にする西海岸シュトラウス学派」『法学新報』第124巻，第 1・2 号（2017年 4 月）所収。

第13章
# 古代への回帰と近代の推進
——シュトラウスによるルソー再評価——

関口佐紀

## 1　シュトラウスによるルソー再評価

　シュトラウスがその論攷の標題にルソーの名を掲げることは稀であったが，さりとてシュトラウスにとってルソーの思想が重要性をもたなかったわけではない。むしろシュトラウスによるルソーの読解は，ルソーの思想が政治哲学史上に築いた指標を鮮やかに際立たせているのみならず，シュトラウスが生涯を賭けて取り組んだいくつかの政治哲学的な問題を反映させたものでもある。しかしながら，シュトラウスの流れを汲む一部の研究者たちを除いて，ルソーの思想を考察対象に据える研究者たちの間でシュトラウスの政治哲学が十分に吟味されてきたとは言い難い(1)。こと日本においては，シュトラウスの政治哲学に対する関心が高まりつつあるとはいえ，そのルソー解釈については副次的に言及されてきたにすぎない(2)。そこで本章の目標は，シュトラウスとルソーとを架橋する足掛かりとして，シュトラウスによるルソー解釈の意義と妥当性を明らかにするとともに，そのテクスト読解の方法を基にして，シュトラウスがルソーに託した政治哲学的な問題意識を抽出することである。

　シュトラウスがどのようにルソーを読解したかを知るための手掛かりは，主なものとして2つの論攷が遺されている。1つは1947年に独立した論文として発表された「ルソーの意図について（On the Intention of Rousseau）」(3)であり，いま1つは『自然権（自然的正）と歴史』の最終章にあたる第VI章の前半部である。数あるルソーの著作のうち，前者は『学問芸術論』に光を当てており，後者は『人間不平等起源論』（以下，『不平等起源論』）に光を当てている。ルソーは，1750年にディジョンのアカデミーへ提出した懸賞論文の当選を受けて，

一躍して時代の寵児となった。この論文が『学問芸術論』として後世に語り継がれるところのものである。ところが同時に，古代の徳の名のもとに雄弁な語り口で近代の学問と芸術（技芸）とを攻撃したまさにその論文によって，彼が同時代からの批判の矢面に立たされたのもまた事実である。その3年後，同じくディジョンのアカデミーによって出題された人間の間に見られる不平等についての論題に応答する形で，ルソーは1本の論攷を書き上げた。懸賞論文にしてはあまりにも長大なその論攷は，1755年に『不平等起源論』として出版された。一瞥したかぎりでは，古代を称賛し同時代すなわち近代を攻撃しているかのように思われる一連のルソーの論調について，シュトラウスは，「かれの古代への回帰は同時に近代的なるもの（modernity）の推進でもあった」（*NRH*, 252）と評している。つまり，ルソーを「反動思想家（reactionary）」などと理解するのは誤りであるというのだ。

　ところで，1970年代に入ってからシュトラウスによる「ルソーの意図について」を再び世に知らしめたM. クランストンとR. ピータースによれば，第2次世界大戦前後で政治哲学者としてのルソーに対する評価が著しく変化したという[4]。戦前には「不吉な空想家」や「ファシズムとコミュニズムの先駆者」，「心身ともに不健全な男」として斥けられていたルソーであったが，2人の解釈者の手になる論攷の出現によってその評価は一転する。その解釈者の1人が，他ならぬシュトラウスそのひとであった。もう1人は，フランスの思想家ベルトラン・ド・ジュヴネル（1903〜1987）である[5]。ジュヴネルのルソー論もまた等閑に付されてきた嫌いがあるが，現代においてなお有意義な視点を提供していることは疑いようもない。ジュヴネルのルソー論については別の機会に譲るとして，本書の目的に鑑みてより重要なのはシュトラウスによるルソーの評価である。したがって目下の課題は，ルソーの思想のうちに古代への回帰と近代の推進とを看て取ったシュトラウスの解釈が，いかなる点においてルソーの再評価に寄与したのかを明らかにすることにある。

　本章では，まず『自然権（自然的正）と歴史』におけるルソーの位置づけを確認する。ここではルソーが「近代性の最初の危機」と見なされる理由について考察する。次に，ルソーがその政治的著作で説示した一般意志や市民宗教の教理について，それらがどのようにして先行者たちの教理に取って代わるにい

たったかを示す。最後に，シュトラウスの研究に一貫している「個人と社会との衝突」および「哲学と宗教との対立」という問題が，ルソーのテクストのうちにいかにして読み取れるかを検討する。これらの試みを通して，シュトラウスによって浮き彫りにされたルソーの近代性が明確にされるとともに，シュトラウスがルソーに託した政治哲学的問題の諸相が審らかにされるであろう。

## 2　近代性の最初の危機

なによりもまず初めに確認しておかねばならないことは，『自然権（自然的正）と歴史』におけるルソーの位置づけが「近代的自然権の危機（The Crisis of Modern Natural Right）」という標題の付与された最終章の前半部であることだ。そしてそのセクションは，「近代性の最初の危機は，ジャン゠ジャック・ルソーの思想のなかに現れた」(NRH, 252) と，章全体の主題を凛然と表明する簡潔な文章で始められている。シュトラウスにしたがえば，ルソーの思想が近代的自然権の危機の端緒と見なされる理由は，ただ単に彼が近代的な企てのうちに根本的な誤りを看破して古典的な思想へ回帰した事実に求められるのではない。それどころかむしろシュトラウスは，ルソーが「近代人の運命を受け入れ」たからこそ古代へ回帰した点を強調している (Ibid.)。したがって火急の課題は，シュトラウスがルソーの思想に見出した近代性の最初の危機とはなんであるかを，シュトラウスによる近代政治哲学の理解に則して把握することである。

シュトラウスがルソーの理論的な諸原理を理解するために最も重要であると考えていた著作は，『不平等起源論』である。彼はその著作がルソーにおける最も「哲学的な作品」(NRH, 264) であることを繰り返し力説する。というのもそれは，「自然権（自然的正）に合致した政治的秩序を見出すため」(Ibid.) に人間の歴史が語られた作品であるからだ。周知の通り，ルソーが『不平等起源論』で献身した探究は，あるがままの人間の姿を剔抉しようとする試みであった。ルソーはその冒頭で，「人間のすべての知識のなかで，最も有用であって最も進んでいないのは，人間についての知識であるとわたしには思われる」(OI, 122) と嘆息を漏らし，不平等の起源に関する考察を人間そのものについ

ての知識から,すなわち「哲学が提起しうる最も興味深い問題」にして「哲学者が解決しうる最も厄介な問題」(*Ibid.*) から始めると宣言している。さらにルソーは,人間の自然本性の探求と自然権(自然的正)の理解との不可分の関係性を裏づけるべく,祖国の法学者を援用しつつ次のように述べる。

実行がそれほど困難で,これまでほとんど考えられなかったこの探求は,それにもかかわらず,人間の社会の実際の諸基礎にかんする知識をわれわれから奪っている多数の困難を取り除くべくわれわれに遺された唯一の手段である。こうした人間の自然についての無知が,自然権(droit naturel)の真の定義にあれほどの不確実さと難解さを引き起こしているのは,権利という考え,さらには自然権という考えが,明らかに人間の自然に関わる考えであるからだと,ビュルラマキ氏は語っている。したがって,その人間の自然そのものから,その構成から,その状態から,この学問の原理を導き出さなければならないと,かれはさらに続けて語っている(*OI*, 124)。

つまり,人間の間に見られる不平等を非 - 自然的な状態であると見なしたルソーにとって,あるがままの人間の姿を探求することと自然権の導出とは同一の研究と考えられたのである。この意味において,ルソーの『不平等起源論』は哲学的な作品に相違ない。

しかしながら,彼が自然権を導出するために自然状態まで遡る必要性を感じたのは,「哲学者」ルソー自らの創意によるのではなく,先行者たちの前提を,より厳密には「哲学者」ホッブズの前提を受け入れていたからこそであった。シュトラウスにしたがえば,ホッブズ以前の伝統は,市民的社会が個人に先立つという想定のもとで,人間の自然本性の完成は市民的社会においてこそ完成すると前提していた(*NRH*, 183-184)。翻って,義務に対する人間の自然的な権利の優位を主張しようとする近代的な企ては,個人がすべての点において市民的社会に先立つ存在であることを前提条件として要請した。換言すれば,個人が単なる個人であること,つまり市民的社会から独立して完結した存在であることを示す手立ては,市民的社会に先立つ自然状態の探求に委ねられたのである。ルソーが「社会の基礎を吟味してきた哲学者たちはみな自然状態にまで

第13章　古代への回帰と近代の推進

遡る必要を感じた」（*OI*, 132）と述べたのは，このような問題意識を継承していたからであった．とはいえ，ルソーがホッブズをはじめとする先行者たちと共有していたのはほとんど前提のみであって，やがて彼はそこから離反してゆく．ここにおいて，「近代自然権の教説はその危機的段階に達する」（*NRH*, 273-274）．

　ルソーが到達した人間の自然状態は，ホッブズが到達した人間の自然状態とは異なるものであった．というのもルソーは，ホッブズが自然状態の人間のうちに自然的でない特徴を描くという誤りを犯していることを看破したからである．ルソーがホッブズから離反した経緯を理解するためには，シュトラウスによる簡潔な描写を引用するに如くはないだろう．

　　ルソーの先行者たちは，現在の人間の様子から判断して，自然人の特性を確定しようと試みた．この方法は，人間が自然本性的に社会的であるという想定が成立している限りでは，合理的であった．……しかし，ホッブズとともに，ひとたび人間の自然的社会性を否定してしまえば，われわれが観察する人間のなかに生じる多くの情念も，それが社会の，したがって協約（convention）の隠微で間接的な影響を受けて生じたものである限り，人為的（conventional）であることを，可能性としてみとめなければならなくなる．ルソーは，かれがまさにホッブズの前提を受け入れたがゆえに，ホッブズから離反することになる（*NRH*, 267-278　訳文は文庫版334頁にしたがったが，括弧内は筆者が補足した）．

　シュトラウスは，ルソーが彼の先行者たちと同じ前提から出発して，彼らとは異なる結論へいたったと考えている．それでは，ルソーが到達した結論はいかなるものであったのか．それはすなわち——いささか衝撃的な表現であることは否めないが——「自然人は人間以下である（Natural man is subhuman）」（*NRH*, 271）というものだ．しかし，この命題に直面したわれわれ読者は，「あなたの著作を読むと，4本の足で歩きたくなります」などと皮肉を込めた冷笑で一蹴したヴォルテールのように単純な解釈で満足してはならない．ルソーが人間の自然状態を探求するうちに得た成果は，人間の理性に関する知識であっ

223

た。自然法を理性の命令と見なしていたホッブズと異なり、ルソーは理性を自然的なものであるとは考えなかった。というのも、理性は言語を操る能力と不可分の関係にあるが、その言語はまさに社会の存在を前提として成立すると推論されるからである。たしかにルソーは『不平等起源論』のなかで、人間の社会性が高まるにつれて言語の必要性が拡大していった過程を描き出している(8)。言語が相互的な意志疎通のために必要な道具であるということは、翻って、相互的な意志疎通が滅多に生じない自然状態では言語が発達しないことを意味している。つまり、ルソーの推論にしたがえば、「前‐社会的段階にあるので、自然人は前‐理性的である」(NRH, 270)という結論を導き出すことができる。さらにルソーはこの結論を出発点として、「人間の人間性ないし合理性が獲得される (Man's humanity or rationality is acquired)」(NRH, 272) 経緯の説明へと移行した。言い換えれば、身体の基本的欲求を満足させる過程で、生き残るために考えること、さらには考えることを学ぶことを余儀なくされた人間の精神が必然的に発展してゆく道程を示したのである。それはルソーが人間と動物との種差的条件として提示した「完成能力（perfectibilité）」の観念において、もっとも十全に表現されている。

　シュトラウスがルソーの自然状態に関する教理の説示において強調していることは、われわれが「人間」として理解しているところの「人間」は、自然本性的にそうあるものではなく、歴史的な発展の過程で獲得されるものであるという命題の意味と効力である。人間の自然的な権利（正）の根拠を人間の自然のうちに見出すべくホッブズの前提から出発したルソーは、しかしながら、「自然状態の人間は人間以下の存在である」という命題によってホッブズとは異なる結論へ到達した。ルソーは、「権利（正）の根拠を、自然のなかに、つまり人間の自然のうちに見出そうとする試みを全面的に放棄することが必要となった」(NRH, 274) のである。そして、シュトラウスをして「近代的自然権の教説の危機」と言わしめたルソーの哲学的思索の成果は、後世にまで影響を及ぼすほどの効力をもっていた。この点について、シュトラウスは「しばらくの間は——それは1世紀以上続いたのであるが——人間の行為の基準を歴史的過程のうちに求めることが可能であるように思われた」(Ibid.) と述べるに留めているが、ここでわれわれ読者は再び『自然権（自然的正）と歴史』の初章

へ，すなわち自然権（自然的正）と歴史主義の問題へと誘われる。ところがシュトラウスは，ルソーとともにさらに先の考察へと歩みを進める。いよいよ，『不平等起源論』で定礎された土台に基づいて著された『社会契約論』を繙かねばならない。

## 3　古代への回帰と近代の推進──自然の法から理性の法へ

### （1）伝統的自然法の代替物としての一般意志

　これまで，『自然権（自然的正）と歴史』の記述に沿って，ルソーの思想が近代的自然権の最初の危機と見なされる理由を検討してきた。そこでは，ルソーが近代政治哲学の前提から出発しながら，人間の自然権（自然的正）の基礎づけを自然状態のうちに見出すことは不可能であるという結論に達した道筋が確認された。それでは，ルソーはこのような困難をいかにして克服したのだろうか。本節の主題はルソーが伝統的な教説に代わるものとして提案した諸概念の意義を考察することである。

　ルソーの『社会契約論』は，人間をあるがままの姿で捉えることで市民的社会の秩序のうちに正当かつ確実な統治の規則があるかどうかを研究するという狙いから著されているが，そのなかで権利（droit）と権威（autorité）について次のように述べられている。

> だれでも自分の同胞に対して自然的な権威をもってはおらず，また，力（la force）はいかなる権利も生まないので，それゆえ人間のあいだのあらゆる正当な権威の基礎としては，諸協約（les conventions）だけが残る（第1篇第4章/*CS*, 355）。

　ここから，シュトラウスはルソーが人間の自然に関する考察に基づくのではない，別の自然権の教説の方向へと傾いていることを看取する。それは，「もはや自然の法としては理解されない理性の法（a law of reason）」（*NRH*, 276）の方向である。ルソーは人間による人間性の獲得が歴史的過程の産物であることを示したが，他方で歴史的過程には偶然が作用する可能性を認めてもいた。し

225

たがって，ルソーは人間の行為の基準を歴史的過程に求めることはできなかった。そこでルソーは人間の欲求を合理化した一般意志の教説のうちに自然法の代替物を見出したのである。理性の法としての一般意志に関するシュトラウスの説明は以下の通りである。

> その教説によれば，人間の欲望に対して制限が設けられるのは，人間の完成という効果性に乏しい条件によってではなく，人が自分自身に対して要求するのと同一の権利をすべての他者において認めることによってである。すべての他者がかれら自身の権利が承認されることに実際的な関心を必ず抱くのに対し，他人たちの人間的完成に積極的な関心を抱く者は，皆無か少数の者に限られるのである。これが事実なのであるから，私の欲求は「一般化される」ことによって，すなわち社会の全成員を平等に拘束する法律の内容として考えられることによって，合理的な欲求へと変形する（NRH, 276）。

自然法を理性の命令として理解しようとする近代の潮流に抗しつつ，ルソー[11]はその代替可能性を一般意志の教説に見出した。シュトラウスが示唆しているように，ルソーの一般意志はホッブズの主権概念が逢着したもろもろの困難を克服する可能性を備えている。ホッブズにおいては，自己保存の権利を保全するために確立されたはずの主権が，政治社会を形成しようとしたまさにその理由であるところの安全を脅かしかねない危険性が潜んでいた。しかしながらルソーは，『社会契約論』で鮮やかに描き出した人民主権の原理によって，また自由の教説によってその危険性を克服してみせたのである。

ルソーは，ホッブズと異なり，計算や利己心を基に人間の相互的な結びつきを説明することを避けた。というのも，功利的な計算は不安定であり，計算によって不正をはたらく人が増えれば，「ついには政治体の破滅を招く」（第1篇第7章/CS, 363）からである。それよりもむしろルソーは，社会契約に含まれている人為的な約束（engagement）を明らかにすることで，市民的社会の基礎を固めようとした。ルソーによれば，社会契約のうちには「各人は自由であるよう強制される」（Ibid., 364）という約束が暗黙裡に含まれている。この逆説的な言い回しのために読者の疑問は深まるばかりであるが，その意味するとこ

ろはルソーによる自由の教説を理解することで判然とするだろう。

　ルソーは人間にとっての真の自由を「自らに課した法への服従（l'obéissance à la loi）」という表現で説明している。欲望の衝動に突き動かされるだけの人間を「奴隷状態」にあると見なし，欲望を克服する自律的な人間を「自己の主人」と捉える古代ギリシア的な思想に則りつつ，ルソーはみずからの意志で一般意志に服することを選ぶ市民のうちに人間としての自由を見出している。一見すると「自由な」ように思われる自然状態における人間は，みずからの身体的欲求に隷従している点において「自由」であるとは言えない。他方で，自然状態から市民的状態へ移行しつつある人間は，一般意志へ服従するか服従せざるか，二者択一の選択を迫られる。それは取りも直さず，社会契約という人為的な約束の下に自己保存の権利を実定化するか，あるいはそれを放棄するかの選択である。いずれの選択も当人の意志以外には根拠をもたない点で，その責任は各個人に帰せられる。このような岐路に立たされた人間はみずからにとっての利益と不利益とを比較衡量し，なにものにも隷属しない自由を志向する。このとき，「義務の呼び声が肉体的衝動に置き換わり，権利が欲望に置き換わ」って，ひとは自然人としてよりも市民として生きる道を選ぶのである（CS, 364）。シュトラウスはルソーにおける「自らに課した法への服従」としての自由の教説が，無条件的な義務の確立をもたらすような創造的行為であると指摘している（NRH, 281）。これはつまり，義務に対する自由ないし権利の優先という近代的な観念に，市民的社会に生きる市民が果たすべき無条件的な義務が置き換わったことを意味する。市民は，個人的な欲求を一般化したところの一般意志にのみ服従し，その他のいかなる私的な意志にも服従することがないという意味において自由であるのだ。かくしてルソーは，伝統的な観念に訴えつつ，それを近代の要求に応答するよう洗練することで，近代の先駆者たちが直面した困難を克服する可能性を示したのである。

（2）立法者から市民宗教へ
　ルソーは，伝統的な自然法を一般意志で置き換え，自然権を契約に拠って立つ社会の実定法に吸収した。ただし，何人たりともいかなる他人の意志に服従することがないという自由の原理を実現するためには，すべての人が主権者の

構成員（un membre du Souverain）として契約に参加しなければならない。主権を一般意志の行使（l'exercice de la volonté générale）と認識していたルソーは，主権者が集合的存在（un être collectif）としての人民によってしか代表されてはならないと明言した（第2篇第1章／CS, 368）。したがってルソーの描く国家においては，各人が主権者の一員として一般意志を行使しつつ市民として一般意志に服従しており，主権者による自由の侵害といった弊害は克服されているように思われる。しかしながら，この主権および主権者の概念を前にして，ルソーは大きな障壁に直面する。それは，『社会契約論』第2篇第6章において以下のように語られている。

> 法は本来，市民的結合の条件にすぎない。法に従う人民が，法の制定者でなければならない。社会の条件を規定しうる者は，結合する人々のみである。しかし，かれらは社会の条件をどのようにして規定するのだろうか。……盲目の群集は，何が自分たちにとって善いかを滅多に知らないために，しばしば自分たちが何を欲するか分からないのであるが，かれらはどのようにして立法の一体系ほどの困難で偉大な事業を実行するのだろうか。人民はおのずから常に善を望むが，自分では必ずしもそれが分からない。一般意志はつねに正しいが，それを導く判断は必ずしも賢いとはいえない（CS, 380）。

このようにルソーは，人民に主権が存することを認めつつも，彼らは最善の法を発見する能力を欠いていると考えた。法を制定するはずの人民は，みずからにとっての善を希求しながらも，それを見極められずにいるというのだ。そこで，だれかが人民に相応しい法を彼らに示してやらねばならない。人民の求めるべき正しい道を教え，特殊意志の誘惑から守り，遠い将来の危険を警告し，目先の利益と将来の危険とを比較させることを人民に教える者がいなければならない。形式のうえで正しいはずの一般意志を，実際にも正しくあるように手助けする者が必要である。この重要な役割を与えられたのが，第2篇第7章で説示される立法者である。

人民に主権を認めつつ人民の立法能力を疑うルソーの不可解さが際立つ第2篇第7章の内容をめぐっては，これまでプラトンやマキァヴェッリの影響が指

摘されてきた。たしかに，ここには先行する政治思想家たちの影響を明らかに認めることができる。それではなぜルソーは，それまで近代的な人民主権の理念を説いていたにもかかわらず，突如として前‐近代的な立法者の存在に訴えなければならなかったのだろうか。シュトラウスは，ルソーによる立法者の教理が「市民的社会の基本的問題を明らかにすることを意図」していると解釈した (NRH, 288)。たしかに，ルソーは集合的な人民のうちに潜む危うさを看取し，「啓蒙」の必要性を示唆している。そして卓越した知性の持ち主である国父としての立法者によって，蒙昧な群集が市民へと脱皮させられる必要があると主張した。この点において，シュトラウスがルソーのうちに読み取った解釈は的を射ているだろう。しかしながら，シュトラウス自身も認めているように，ルソーが訴えた立法者は近代の要求にそぐわないため，最終的には市民宗教の提案に取って代わられることを考慮するならば，立法者の教説に込められた意図はさらなる考察の余地がありそうである。ルソーの立法者に込められた意図に関する考察は次節で論じるとして，ここでは古代への回帰と近代の推進という主題に基づいて，「立法者に元来委ねられていた役割は市民宗教によって果たされなければならない」(NRH, 288) というシュトラウスの読解の妥当性を検討しよう。

ルソーによれば，立法者は「諸国民に適した最上の社会規則を発見するため」に必要とされるすぐれた知性のひとである (第2篇第7章 /CS, 381)。非凡な才能をもつとされるこの立法者は，その名の示す通り立法行為にかかわる以上，主権をもつ人民から注意深く区別されなければならない。というのも，ルソーは「法に従う人民が，法の起草者でなければならない。社会の条件を規定することは，結合する人々にのみふさわしい」(第2篇第6章 /CS, 380) と認めたうえで，「立法権 (la puissance législative) は人民に属するものであり，人民にしか属しえない」(第3篇第1章 /CS, 395) と明言しているからである。実際のところ，ルソーは立法者の存在が人民にのみ属するはずの立法権を侵害しないよう巧妙に記述しており，読解の仕方によっては人民主権の理念と衝突することなく立法者の存在意義を説明することも可能である。こうした事情を考慮してか，シュトラウスはやや慎重に，古典的な立法者が「人民の主権を不明瞭にする傾きがある」(NRH, 288——傍点は筆者) と指摘している。立法者の存在

が人民に存する主権を脅かすとまでは言えないものの，一方で主権の構成員としての立場を認められながら他方で主権者としての能力に疑問が投げかけられているとすれば，たしかに人民の主権が意味するものは曖昧にならざるをえない。

　そこで，立法者に代わるものとして提案されるのが市民宗教である。『社会契約論』の最後から2番目に位置づけられ，宗教に関する考察をメインテーマとする第4篇第8章は，きわめて謎の多い部分である。全部で35のパラグラフから構成されるかの章は，そのうち30のパラグラフを費やして既存の宗教に対する批判が展開され，最後の5パラグラフにおいてようやくその主題であるはずの市民宗教に関する教理が示される。先行研究の間でも解釈が分かれるところではあるが，シュトラウスが示した解釈の要諦は[15]，市民宗教のうちに古典的な立法者の近代的な代替可能性を見出した鋭敏な視座に存する。

　ルソーによって提案された市民宗教は，市民に義務を愛するよう仕向け，教義としてというよりもむしろ「社会性の感情（sentiments de sociabilité）」として正義や法への愛を育むことが期待された信仰である。ルソーは既存の宗教とは異なる市民宗教の特徴をいくつか述べているが，なかんずく重要なのは，その信仰箇条を定める決定権が主権者に付与されている点である[16]。市民宗教の信仰箇条は市民全体の共通の利益にかかわるものであり，その宗教の信徒すなわち市民が他者に対して果たさねばならない義務と道徳に関係するものである。神（がみ）や権威から与えられた戒律にしたがう既存の宗教とは異なり，信徒みずからの手で信仰箇条を決定していく行為にこそ市民宗教の真髄が存するだろう。というのも，市民は自分たちが主権者として決定した信仰箇条に信徒として服従するとき，まさに全体の利益を目指す一般意志の行使としての主権を実現しているとともに，「自己に課した法への服従」としての自由を獲得するからである。かくして市民による法への服従を実現させる役割は古典的立法者から市民宗教へと委ねられたが，市民宗教の近代性を裏づけるのは人民の主権を侵害する危険性の回避だけではない。それは，宗教的寛容を明示することで近代の要求を満たしているという事実によってもまた支えられている。第4篇第8章の記述によれば，ルソーの市民宗教は各人の内的な信仰に干渉することはない。各人が市民として国家の法と正義を遵守しさえすれば，来世について

いかなる「意見」をもつことも許容されるからだ。各人の信仰に対する不寛容はルソーが既存の宗教に看て取った悪弊であり、彼が辛辣に非難しているように、過去に勃発したもろもろの争いの根源でもあった。血腥い戦争を経験してきた近代は、不寛容な宗教に対する批判が最高潮に達した時代である。それゆえ、ルソーは近代に相応しい信仰の一形式として、不寛容を内包しない市民宗教を提示したのである。

以上より明らかとなるのは、近代を批判して古代に回帰しているように見えながら、近代の要求に応答するよう古典的な概念を修正することで、同時に近代的なるものの推進を成し遂げたルソーの功績である。

## 4　シュトラウスの意図について

これまで、シュトラウスによって示唆されてきたテクスト読解の方法に則り、古代を称賛して近代を批判したように見えるルソーの思想が実際は近代性の推進に寄与していたことを示してきた。最後に、シュトラウスが必ずしも明示しているわけではない2つの論点について、ルソーのテクストに基づきつつ、政治哲学史を貫くシュトラウスの問題意識を再構成しうる可能性があることを指摘しておきたい。

（1）個人と社会との衝突

シュトラウスは、ルソーの思想のうちに自然人と市民との対立を看取していた。一方における自然人は、『不平等起源論』の精読から導き出されたように、理性も社会性も欠いた存在である。他方で、市民は市民的社会を前提としている。たしかにルソーは利欲と奢侈で塗れた同時代の人びとの在り方を批判し、人びとの間で当然視されて久しい不平等が自然的なものではないことを明らかにするために、自然状態への回帰に訴えた。しかしながら、自然状態に留まることが人間にとって最善の生と考えられたわけではない。ルソーは、市民的社会の構成員に対して一般意志への服従を奨励してさえいる。この点に関連して、シュトラウスはルソーに内在する自然状態への回帰と都市での市民的生活との間の緊張関係を改めて強調しつつ、安易に緊張関係を解消するような読解に満

足せず，その解消不可能な衝突を保存したままでルソーの著作の読解へ向かった（NRH, 255）。このことは，ルソーのみならずシュトラウスにとってもまた，ある「解消不可能な衝突（insoluble conflict）」が重要であることを意味しているように思われる。というのもシュトラウスは，ルソーにおける自然人と市民との緊張関係のうちに，個人と社会との間の衝突（the conflict between the individual and society）を見出しているからである。

シュトラウスがルソーにおける個人と社会との間の衝突を重要視していたことは，彼がその徳と善良さとの区別について詳細に論じている事実によって裏づけられる。シュトラウスは，「人間は自然本性的に善である（man is by nature good）」というルソーの命題に繰り返し言及している（NRH, 271；278；290）。さらに，「自然人」と「有徳な市民」とを区別しつつ（NRH, 263），徳は市民的社会と結合するものであると述べる（NRH, 290）。したがって，徳は善良さから区別されなければならないだろう。というのも，「危害を加える欲求の完全なる不在」であるところの善良さ（goodness）は自然的なものである（NRH, 269-270, 290）のに対し，徳は自然本性の克服としての努力や習慣化を前提しているからである（NRH, 290）。それゆえ，自然状態における「善良な自然人」と市民的社会における「有徳な市民」とは互いに異なる存在であるという結論が引き出される。

シュトラウスがルソーのうちに見出した徳と善良さとの区別および自然人と市民との区別をより深く理解するためには，『エミール』における次の箇所を参照するのがよい。

> ああ，エミール，自分の国に負い目を感じない有徳な人間がどこにいるだろう。……どこかの森の奥に生まれていたとしたら，かれはもっと幸福に，もっと自由に暮らしていられたかもしれない。しかし，なにものとも戦う必要を感じずに自分の傾向に従っていられるかれは，善良であってもなんの功績ももたないことになっただろう。有徳な人間にはなれなかっただろう。ところがいまかれは，自分の情念を克服して，有徳な人間になれるのだ（E, 858）。

ここには，国家のなかに生まれる人間の切実な葛藤が吐露されている。自然

のなかに，たとえば森の奥に生まれていれば，善良のままでいられたかもしれない。しかしながら，われわれは国家のなかに生まれる。もはや善良ではいられない人間に与えられる新たな希望は，有徳な人間となることである。

　それでは，人間はいかにして有徳になるのだろうか。先の引用文中でルソーは，「自分の情念を克服して」有徳な人間になる可能性を示唆している。つまり徳は，自然人に特徴的な情念の克服にかかわっていると考えられる。そもそも，自然人は森の奥のような限定的で閉鎖的な空間における生活で事足り，他者との接触の機会も限られているため，自らの性向にしたがっていれば十分であった。しかしながら国家のなかで生きる人間は，他者とのかかわりのなかで共同生活を営まねばならない。孤立した世界から他者とのかかわりの世界へ，この飛躍においては一種の力が要請される。

　非力と不足の状態にあっては，われわれを保存しようとする配慮がわれわれをわれわれの内部へと集中させる。能力と力の状態（l'état de puissance et de force）にあっては，われわれの存在を拡大したいという欲望がわれわれを外へ連れ出し，できるかぎり遠くへ飛び立たせる（*Ibid.*, 430）。

　ここから，自己の内部から外部へ，自然から外の世界への飛躍には，力（force）が要求されることが分かる。この力は生まれながらの人間には備わっていなかった力であり，人間が成長する過程で身につけていくものである。さらに重要であるのは，ルソーにとって「徳」と「力」が不可分の関係にあるとみなされていることである。

　わが子よ，勇気がなければ幸福はなく，戦いなしに徳はない。「徳（*vertu*）」ということばは「力（*force*）」からきている。力はあらゆる徳の源になるものだ。徳は，その本性からすれば非力でもその意志によって強い存在だけに与えられているのだ（*Ibid.*, 817――イタリックは原文中の強調）。

　ここから，徳と力との関連が明らかである。自己の内部に留まるしかない非力な存在は，力を得て自己の外部の世界へと飛び出してゆく。社会ないし国家

で生きる人間は，己の力を源泉として徳を獲得するのである。そしてこの徳こそが，人間を市民たらしめる要件なのだと言える。したがって，シュトラウスは自然人における善良さと市民における徳との区別を強調している点で正鵠を得ている。とりわけシュトラウスが，徳は「重荷であり，その要求は厳しい」(*NRH*, 290) と表現するとき，それは「束縛の一形態」(*NRH*, 255) にすぎない社会での生を余儀なくされた個人が——自然においては要請されないはずの——克己の状態に置かれていることを意味しているのである。社会に生きる人間は，自然的な欲求を克服しつづけなければならない。しかしそれは彼にとっての自然な状態ではない。人間はつねに葛藤しながら生きているのである。つまり，個人と社会との衝突は決して解消されえない。ルソーにとって，そしてルソーのうちにそれを見出したシュトラウスにとって，個人と社会との衝突は政治哲学が暴くべき病理の1つなのである。

（2）哲学と宗教

　シュトラウスがルソーを通して対峙したもう1つの問題は，個人と社会との衝突に関する考察に関連している。シュトラウスは，ルソーにおける個人と社会との衝突を明確化する鍵として『学問芸術論』を挙げ，学問と自由な社会とが相容れない理由を詳密に分析した (*NRH*, 255-261)。一見すると古代的な徳の観念の下で学問と芸術（技芸）を攻撃したかに見えるこの作品から導き出されるのは，「学問や哲学は少数者の領分でありつづけなければならない。それは一般人からは秘匿されていなければならない」(*NRH*, 260) というルソーの命題である。換言すれば，学問は少数の個人にとっては善いものであるが，「人民 (the peoples)」や「公衆 (the public)」や「一般人 (the common men/les hommes vulgaires)」にとっては悪しきものとして留保される必要がある。というのも，大衆化された学問は，「意見」へと堕落させられる危険があるからである。したがって，ルソーが攻撃を加えた対象は学問そのものではなく，学問の大衆化であった。

　ところで，ルソーが「幾人かの偉大なる天才」と「粗野な大衆」を区別していたことは，先述の立法者の教説からも明らかである。そこでは，「盲目の群集は，何が自分たちにとって善いかを滅多に知らない」(『社会契約論』第2篇第

6章／CS, 380）ために，最善の法を発見する役割をすぐれた知性の持ち主である立法者に託していた。とはいえ立法者の観念は近代の要求にそぐわないところも多く，すでに確認した通り，立法者の役割は最終的に市民宗教の提案で代替された。それにもかかわらずルソーが古典的な立法者の教理を経由したのは，立法者の教理においてこそ，哲学と宗教の対立がよりいっそう際立つからである。

　問題となっている対立は，立法者の教理に内在する逆説のうちに浮かび上がる。ルソーは立法者を傑出した存在として示したが，同時に，立法者がまさにその知性のゆえに直面する困難を認識していた。それはルソーのことばで次のように語られる。すなわち，「俗衆に対して，かれらの言語ではなく自分たちの言語で語り掛けようとする賢者たちは，かれらに理解されないだろう」（第2篇第7章／CS, 383）と。すぐれた知性の持ち主である立法者は，俯瞰的な位置から国家の地理的状況や人民の習俗を客観視し，人民に相応しい法を提案する。他方で，法を受け取る人民は，立法者が彼らの代わりに法を起草してやらねばならないほどに，粗野で蒙昧である。そのような人民に法を理解させるにはどうすればよいのだろうか。ルソーは，この立法者の逆説を克服すべく，別の権威に訴えるという打開策を提案する。それこそまさに宗教が必要とされる理由である。傑出した知性をもつ立法者が粗野で蒙昧な人民を「暴力なしに導き，説得なしに納得させる別の種類の権威」（Ibid.），それが宗教なのだ。俗衆が崇高な知性のはたらきを理解できないならば，人間の形成と同様に国家の形成には俗衆の理解の及ばない力がはたらいていることを俗衆に理解させ，彼らが自然の法にしたがうのと同じように国家の法にもしたがわせればよい。かくして立法者は，俗衆の理解が及ばないものとしてかれらが畏れる，「神々のことば」を借りて法を伝えたのである。

　ルソーの立法者が逢着した困難は，まさにシュトラウスが古典的立法者のうちに見出したのと同じ困難であった。シュトラウスは『古典的政治的合理主義の再生』のなかで，プラトンの『法律』に依拠しながら，立法者がいかにして聴衆に法を伝えるべきかを考察している。シュトラウスにしたがえば，立法者によって説得される聴衆は均質でも一様でもなく，彼は一方で知性的な者を，他方で知性的でない者を説得しなければならない。立法者の本分は「すべての

人に対して同じことを述べ，単純かつ明快に語ること」（RCPR, 178-178）にある。この文脈のもとでルソーの立法者とプラトンの立法者を同列に論じるのは早計に失する懼れがあるが，少なくとも，ルソーが立法者と聴衆の問題を意識しており，それを克服する方策として宗教に訴えたことはたしかである。

　シュトラウスが示唆する通り，ルソーは学問と社会との関係および宗教と社会との関係について明確な認識をもっていた。一方で『学問芸術論』は，意見を知識によって置き換えようとする試みであるところの学問ないし哲学が社会を脅かしかねないこと，それらが少数の特権的な魂の持ち主たちの領分でありつづけるべきことを示した（NRH, 258）。他方で『社会契約論』は，社会の設立と同時に自然人の市民への変容が問題となること，そして粗野な人間は立法に必要とされる崇高な理性のはたらきを理解できないために「神秘的で畏怖心を与えるような行為」（NRH, 287）によって法に服従するよう導かれなければならないことを示した。これらの作品を著したルソーの営みを通して，古代以来の政治哲学が対峙してきた社会をめぐる哲学と宗教との対立が浮き彫りにされるのである。

## 5　善き生とルソーの夢想

　これまで，『自然権（自然的正）と歴史』第Ⅵ章前半部の議論に則り，シュトラウスによるルソー解釈の道筋を辿ってきた。第1に，シュトラウスがルソーの思想のうちに見出した近代的自然権の最初の危機について，『不平等起源論』を基に，ルソーがその自然権（自然的正）に関する探求を近代の前提から出発しながら——そしてまさに近代の前提から出発したがために——それを放棄せざるをえず，結果として後世の歴史主義的なアプローチへの道を用意したことを確認した。第2に，ルソーが『社会契約論』で説示したもろもろの教理に関して，それらが人民主権という近代の要求に応じる形で伝統的な概念を変容させたものであることを明らかにした。第3に，シュトラウスの政治哲学に通底している「個人と社会との衝突」および「哲学と宗教との対立」という問題関心のもとで，ルソーがいかにしてそれらの問題を論じているかを分析した。こうした分析は，「いかにして個人と社会とのあいだの衝突を解消したかという

ことより，むしろそのような解消不可能な衝突をかれがいかに考えたか」(*NRH*, 255) を問題にすべきであるというシュトラウスの提言を反映している。

シュトラウスは『自然権（自然的正）と歴史』を通して政治哲学史における善き生の探求をなぞってきた。その考察によれば，自然権（自然的正）の根拠を自然状態のうちに求めつつも，人間は自然状態に留まることができないと考えるにいたったルソーは，「善き生とは自然状態に向かって人間性のレヴェルにおいて可能な限り接近することにある」(*NRH*, 282) という結論を導き出している。したがって善き生の可能性は，社会契約に則って設立された社会のうちか，社会契約よりも自然的な風習 (custom) によって形成された国民性 (nationality) に基づく社会のうちか，あるいはまた夫婦愛や父性愛に典型的な愛で結ばれた生活のうちに期待されるだろう。それでもなおそこに人為的な要素が認められることを厭うならば，残された可能性は孤立した人間の生のうちで「人間性のレヴェルにおける自然状態への接近」を実現するしかない。かくして，シュトラウスはルソーが晩年に遺した『孤独な散歩者の夢想』(以下，『夢想』) へと向かうのである。

ルソーの『夢想』はきわめて難解な作品である。隠遁者の日記を装いながらときに止め処ない思索が迸るさまを目の当たりにして，われわれ読者はそこに込められた著者の真意を汲みかねるからである。[20] シュトラウスは，『自然権（自然的正）と歴史』第Ⅵ章前半部の末尾で，『夢想』を政治哲学のテクストとして読解する可能性を示唆している。[21] ルソーがプルタルコスに傾倒していたという事実に読者の注意を促すシュトラウスは，暗黙裡のうちに『夢想』第4の散歩へ向かう道を整えている。プルタルコスへの憧憬から語り始められるその歩みにおいてとりわけ興味深いのは，ルソーが嘘を吐くことと真実を語ることとの間で葛藤しているという事実である。そしてこの葛藤は「正義」に照らされるとき，よりいっそう複雑な様相を呈している。そこに現れるのは，生まれながらの自由と社会の要求とのはざまで苦悩する1人の政治哲学者の姿である。

テクストにかんする注記

ルソーの著作からの引用に際しては，Rousseau, J.-J., *Œuvres complètes de Jean-Jacques Rousseau*, éd. publiées sous la direcion de B. Gagnebin et M. Raymond, I

~ V, Paris: Gallimard, Bibliothèque de la Pléiade, 1959-95（*OC* と略記）を使用し，前付に掲載した略号でタイトルを表記したうえで，引用頁数をアラビア数字で示している。訳出に際しては，『ルソー全集』（小林善彦ほか訳，白水社，1978-1984年）をはじめとする既存の邦訳を参照したが，訳語・文体の統一を図るために訳文は原文に応じて適宜変更してある。

注

（1）シュトラウスのルソー解釈に関する主な先行研究としては，Gildin, Hilail. "The First Crisis of Modernity: Leo Strauss on the Thought of Rousseau", *Interpretation: a Journal of Political Philosophy*, Winter 1992-93, Vol. 20, No. 2, pp. 157-64, および "A Note on Leo Strauss's Interpretation of Rousseau," in *Law and Philosophy: the Practice of Theory: Essays in Honor of George Anastaplo*, ed. by John A. Murley, Robert L. Stone, and William T. Braithwaite, Athens: Ohio University Press, 1992, pp. 311-7, Gourevitch, Victor. "On Strauss on Rousseau," in *The Challenge of Rousseau*, ed. by Eve Grace and Christopher Kelly, Cambridge: Cambridge University Press, 2013, pp. 147-167 が挙げられる。

（2）たとえば，シュトラウスの政治哲学に関する最新の研究を集めた論文集『シュトラウス政治哲学に向かって』（西永亮編，国立大学法人小樽商科大学出版会，2015年）のなかでルソーの名が言及された回数はわずか1回に留まり，それもマキァヴェッリやホッブズらの名前とともに政治哲学者のひとりとして数え上げられたにすぎない。シュトラウスの政治哲学におけるルソーの重要性に鑑みれば，より多くの比重が置かれてもよいだろう。

（3）Strauss, Leo. "On the Intention of Rousseau," *Social Research*, Vol. 14, 1947, pp. 455-487. なおこの論文は，1972年にはM. クランストンとR. S. ピータースによって編纂された *Hobbes and Rousseau: A Collection of Critical Essays*（Garden City, N. Y.: Anchor Books）に，2013年にはE. グレースとC. ケリーによって編纂された *The Challenge of Rousseau*（Cambridge University Press）に再録されている。

（4）*Hobbes and Rousseau: A Collection of Critical Essays*, ed. by Maurice Cranston and Richard S. Peters, Garden City, N. Y.: Anchor Books, 1972, pp. 2-3.

（5）Jouvenel, Bertrand de. «Essai sur La Politique de Rousseau», *Du contrat social de Jean-Jacques Rousseau*, Genève: Éditions du Cheval Ailé, 1947, pp. 15-160.

（6）ルソーがここで依拠しているビュルラマキ氏とは，ジュネーヴの法学者であったジャン＝ジャック・ビュルラマキ（1694～1748）のことである。ルソーは彼の著

作『自然権の原理（*Principes du Droit Naturel*）』(1747) から引用している。なお，『不平等起源論』におけるビュルラマキへの言及の意義については，小林淑憲「『人間不平等起源論』とジュネーヴ共和国との関連についての一考察」，『北海学園大学経済論集』，第54巻第2号，2006年9月，15-41頁に詳しい。

(7) ヴォルテールからルソーへ宛てた1755年8月30日付の書簡。Voltaire. *Correspondance,* janvier 1754-décembre 1757, tome IV, éd. par Theodore Besterman, Paris: Gallimard, p. 539.

(8) このとき，ルソーにおける言語の起源についてシュトラウスが依拠しているのはあくまでも『不平等起源論』の文脈であることに注意せねばならない。たしかにルソーは『不平等起源論』のなかで「人間の最初の言語活動，最も普遍的でもっとも力強い言語活動，集まった人々を説得しなければならなくなるまえに人間が必要とした唯一の言語活動は，自然の叫び声である。……人間のさまざまな観念が拡大し，増えはじめ，お互いのあいだでより緊密な交流が確立したとき，さらに多くの記号とさらに拡大した言語活動を求めたのだ」と述べている（*OI*, 148）。ところが後年に刊行された『言語起源論』(1781) においては，『不平等起源論』とはいくらか異なる推論がなされている。この相違については，『言語起源論』の方は音楽に関する考察（旋律や発声など）も含んでいることから，人間の自然状態には認められない人為的な不平等の原因を明らかにしようとした『不平等起源論』とは別の観点から執筆されたという事情に因るものと推察される。

(9) ヒレイル・ギルディンは，『自然権と歴史』の議論が円環の構造をなしていることに注意するよう読者を促している（Gildin, 163）。

(10)『社会契約論』第1篇の冒頭（*CS*, 351）を参照のこと。

(11) 近代自然法思想における理性の位置づけとルソーの自然法思想との関係については，西嶋法友「ルソーにおける自然法と実定法」，『経営と経済』，長崎大学経済学会，第66巻4号，1987年，77-118頁で詳細に論じられている。

(12)「市民的状態（l'état civil）において得るものに，精神的自由を加えることができる。ただそれだけが，人間を真に自己の主人たらしめる。というのも，専ら欲望だけの衝動は隷属状態であり，自らに課した法への服従が自由であるからだ」(*CS*, 365)。また同じ趣旨の記述を『不平等起源論』の献辞においても見出すことができる。すなわち，「わたしは自由に生き，そして死ぬことを望んだでしょう。それはつまり，法に服従して，ということです。法は，わたしであっても誰であっても，振りほどくことのできない誉むべき軛です」(*OI*, 112)。

(13) クセノフォンがわれわれに伝えるソクラテスの倫理学においては，欲望に囚われている人間は自由ではなく，真に自由である人間は肉体的な快楽に対する自制であるエンクラテイア（enkrateia, ἐγκράτεια）を発揮し，徳の力によって欲望を克服して自律を実現すると考えられた（『メモラビリア』第1巻第5章などを参照）。

239

(14) たとえば，Cucchi, Paolo M. «Rousseau, Lecteur de Machiavel», *Jean-Jacques Rousseau et son Temps*, éd. par Michel Launay, Paris: Librairie A.-G. Nizet, 1969 や MacKenzie, Lionel A. "Rousseau's Debate with Machiavelli in the *Social Contract*", *Journal of the History of Ideas*, Vol. 43, No. 2 (Apr.-Jun.), 1982, pp. 209-228, Masters, Roger D. *The political philosophy of Rousseau*, Princeton; Princeton University Press, 1968 [1976], pp. 354-68 など。

(15) たとえば，『エミール』等で開陳されるような内面の信仰を共同体内で実現する手立てとして解釈する立場 (Masson, Pierre M. *La Religion de J.-J. Rousseau*, Paris: Librairie Hachette, [1916] 1961) や，社会契約の契機に生じる困難を克服する装置として解釈する立場 (Waterlot, Ghislain. *Rousseau: Religion et politique*, Presses Universitaires de France, 2004) が存在している。

(16) 「したがって，主権者がその箇条を定める権限をもつ，純粋に市民的な信仰告白が存在する」(第4篇第8章／*CS*, 468)。

(17) 「そのうえ，各人は自分にとって好ましい意見を抱くことができるのであり，それは主権者の関知すべきところではない。なぜなら，主権者は彼岸の世界においてはいかなる権能を持たないため，来世の臣民の運命がどうであれ，かれらが此岸の世界において善良な市民でありさえすれば，それは主権者に関わりのない事柄だからである」(*Ibid.*)。

(18) ルソーは『エミール』中の別の箇所で，青年期にいたるまでの期間全体を「無力の時期」であるとしている (*E*, 426)。

(19) 改めて言うまでもなく，プラトンの『法律』においては立法者のみならず詩人の存在も考慮されなければならないからである。

(20) 永見文雄は『夢想』に「孤独と自由と幸福の三位一体的な内的連関をめぐるひとつの優れて哲学的な省察として読まれる可能性」を看て取っている〔『ジャン＝ジャック・ルソー——自己充足の哲学』勁草書房，2012年，345-346頁〕。また，ブリュノ・ベルナルディは『夢想』のうちに文学者であり同時に哲学者でもあるルソーの思想を再構成しようと試みている〔三浦信孝編・永見文雄ほか訳『ジャン＝ジャック・ルソーの政治哲学——一般意志，人民主権・共和国』勁草書房，2014年，第6章参照。〕

(21) シュトラウスの関心を引き継ぎ，『夢想』を政治哲学のテクストとして読解する試みの1つとしては，ハインリッヒ・マイアーによる研究が挙げられる。Cf.「ルソーの『夢想』について」(2003年10月にボストン・カレッジで行われた講演。邦訳は，政治哲学研究会編『政治哲学』第7号に所収)。

# 第14章
# 危機の理解とエソテリシズム

吉永和加

## 1 シュトラウスによる危機の理解

　ここでは前章に引き続き，シュトラウス『自然権と歴史』所収の「近代的自然権の危機」におけるルソー論を検討する[1]。ただし，「危機の理解とエソテリシズム」と題してこの稿で論じようとするのは，シュトラウスのルソー論の是非ではない。ルソーの思想は，たとえばスタロバンスキーが「病の内なる治療薬」としてその両義性を指摘し[2]，デリダがそれを「危険な代補」として定式化したように[3]，多義的で謎めいたものである。したがって，シュトラウスの解釈もまた，描かれうるルソー像の1つにすぎないと考えられるからである。
　そこで，われわれは，まずシュトラウスのルソー解釈の大筋を示し，それに対してルソー自身の言葉を引きつつ反論を試みる。むろんそれもまた，シュトラウスが述べる「解決不可能な反対論」にすぎず，シュトラウスの解釈とわれわれの解釈との間で雌雄を決することはもとより不可能であろう。だが，別様の解釈の可能性は，シュトラウスの解釈とルソー自身との間にありうる差異を指し示すであろう。そして，その差異の可能性が，シュトラウスのルソー像を，シュトラウス自身の危機の思想として浮き彫りにすると考えられるのである。シュトラウスはルソーの多義的な思想を，そのレトリックに言及しつつ明らかにする。その背後に隠された，シュトラウス自身のエソテリシズムを炙り出そうというのが，本稿の狙いである。
　そこでまず，シュトラウスのルソー解釈を概観しよう。その解釈の柱は，ルソーの自然状態の教理が危機的段階を示しているということである。ルソーのみならず，社会契約論者が，自然状態に遡行することを求め，自然状態の教理

の如何を問題とするのは，それが，自然権の基礎として，自然権の確立のために不可欠だからである。それゆえ，自然状態の危機は，そのまま自然権の教説の危機的段階を意味していることになる。そして，シュトラウスによれば，ルソーは，まさにその自然状態の概念を軸として，近代性の最初の危機を証示し，近代批判を展開するのだという。

　まず『学問芸術論』で，「自然」の名において問い質されるのは，哲学，徳，都市，社会である。そのなかで，シュトラウスの関心の中心は，ルソーが学問と社会との葛藤を解決不可能なものと描写した，その描写自体である。シュトラウスによれば，ルソーは自由な社会と徳とを同一視しつつ，学問と社会とが，換言すれば学問と徳とが相容れないことを証明している。その証明において明らかにされるのは，学問が反社会的な自由と真理を追究するのに対して，社会は人為的な自由・平等による紐帯とドグマの信奉を求めるという，両者の齟齬である。

　しかし，シュトラウスによれば，こうした齟齬にもかかわらず，ルソーは学問や哲学が社会とも徳とも両立しうることを「暗黙理に」認めているという (*NRH*, 259)。何故，「暗黙理」なのかといえば，学問の両義性，すなわち，学問は善き社会においては悪しきものだが悪しき社会においては善きものであること，学問は少数の天才や特権的な魂の持主にとっては善きものだが人民や公衆にとっては悪しきものであること，そして，学問には徳と両立しうるソクラテス的知と徳とは両立しえない知とがあること，という両義性ゆえ，すべての人に学問の有効性を伝える訳にはいかないからである。だからこそ，ルソーは，「最大限の留保とともに」哲学的，学問的教説を提示せざるをえなかったのだ，とシュトラウスは言う (*NRH*, 260)。シュトラウスによれば，学問は，「ただ秘教的な (esoteric) 理論的学問のみが善きものとなりうる」のだから，「人々を導くよう運命づけられた少数者の領分」に限定されなければならない (*NRH*, 263)。それゆえ，シュトラウスは，少数の真の哲学者に対しては，「彼らのみが，人類の教師として，人々を，その義務に関して，また善き社会の正確な本性に関して，啓蒙することができる」(*ibid.*) と鼓舞する一方，「この著作の役割は，すべての人がでなくただ一般人が学問から離れるように警告することにある」(*NRH*, 260) と断じるのである。

## 第14章　危機の理解とエソテリシズム

　次にシュトラウスは，近代批判の軸とされた自然状態が，実は問題の多い概念であることを，『不平等起源論』において明らかにする。シュトラウスによれば，ルソーは自然状態に関するホッブズの前提を受け入れつつ，そこから離反し，一方では自然状態に空無化（ex-inanition）をもたらし，他方ではその延命を図ったのだという。

　シュトラウスの見るところ，ルソーが継承したホッブズの前提とは，自然状態において人間は社交性をもたないこと，有効な自然権は情念に根差すこと，この2点である。だが，ルソーは，こうした前提を受け入れつつ，2つの理由でホッブズから離反したという。1つには，自然状態が非社交的なものであるにもかかわらず，描かれる情念が社会の影響の下にあるのは矛盾だからである。それゆえ，ルソーは自然状態を「人間の魂の第一のそして最も単純な働きの省察」に限定したという（NRH, 269）。もう1つには，ホッブズが自然権を情念のうちに根差すとしながら，自然法を理性の法とするのは矛盾だからである。それゆえルソーは，自然権ばかりでなく自然法，社会的徳をも情念のうちに基礎づけ，特に，憐憫の情を自己保存と並ぶ人間本性と見なすことで人間の本性的善を謳って，ホッブズから離反したのだという。

　シュトラウスによれば，こうした離反，すなわち自然状態における情念の先行は，自然人が，前‐社会的，前‐理性的，前‐道徳的段階にあって，人間以下の存在たることを導出する（NRH, 271）。その一方で，人間的なものとは，理性や思考力を含めてすべて獲得された人為的なものであり，人間は，これを増大させることで無限に進歩しうる。人間は社会のなかで，理性を発達させて，初期段階の経験と哲学の欠如とを克服し，堅固な基盤の上に公共的正義を確立することに成功するというのである（NRH, 273）。

　だが，自然状態がこのように描かれることによって，まさに近代自然権の教説が危機に瀕することになる。何故なら，自然状態が人間以下のものであるかぎりで，そこに回帰することは不条理であり，むしろ，そうした自然状態は全面的に放棄するべきだろうからである。他方で，自然権を，人間性を獲得していく歴史的過程のうちに見出そうとすれば，その過程が有意味だという基準を示さなければならない。だが，真の基準とは，歴史的偶然に晒されることのない，超歴史的な公共的正義の知でなければならないとルソーは「自覚してい

243

た」。だとすれば，自然状態は，「歴史的な」知ではなく，単なる「仮説」とならざるをえない（NRH, 275）。

　こうして，自然状態はアカデミックな仮説となり，自然権の内容と性格とは，この仮説をどのように構想するかによって決定されることになる。しかも，シュトラウスによれば，ルソーの自然権の教説が，自然状態に関する知にどのように基礎づけられていたのかを理解するのは困難である。それゆえ，自然権は，人間の自然の考察に依拠しない，理性の法へと傾斜していくことになる（NRH, 276）。

　そして，その理性の法は，『社会契約論』の「一般意志」に託される，とシュトラウスは言う。彼によれば，一般意志とは，自己保存の配慮を一般化することにより合理性と正当性を得たものであり，ここにおいて，理性の法が伝統的自然法に取って代わり，ルソー流の自然の法に合致することになる。シュトラウスはここに，自然状態が，仮説として残された意義を認める。つまり，ルソーは自然状態という観念を残すことで，理性の法が空理空論となることを回避しえたというのである。もちろん，シュトラウスの見るところ，その根拠たる自然状態はすでに，アカデミックな仮説として空無化し，内実を失ってしまっている（NRH, 278）。しかし，自然状態における人間の「独立」と「自由」の重要性を強調することによって，その空虚さは十分に補われるのであり，それが自然状態の観念を延命しえた理由だとシュトラウスは言う。そして，その結果，市民的自由のモデルはあくまでも自然的自由とされて，善き生とは人間性のレヴェルでこの自然状態に限りなく接近することだと説かれうる。このようにして，人間は，一般意志のもとで，人間性のレヴェルでの自然状態に到達すべく，人間の始原へと超出することが求められるのである。

　だが，一般意志は誤ることなく成員の共通善を志向するものだとしても，個々人がつねにそれを知るわけではない。そこで，「一般意志は啓蒙される必要」があり，そのために人民は導きを必要とする（NRH, 286-287）。ルソーが想定する導きは3つあり，立法者という「卓越した叡智の持主」によるもの，市民宗教によるもの，そして慣習によるものである。そのなかでも特に，立法者は「神秘的かつ畏怖心を与えるような」働きによって，人為的なものに自然的なものの資格を付与し，市民に意志すべき共通善を知らしめる。ただし，シ

## 第14章 危機の理解とエソテリシズム

ュトラウスの見るところ、立法者が市民を説得する議論が、「おのずと根拠の疑わしいものであることは言うまでもない」(*NRH*, 287)。それゆえ、市民を納得させた議論は直ちに忘れ去られねばならないという。「自由な社会の存否は、哲学ならば当然反対するような、一種の蒙昧化にかかっている」からである(*NRH*, 288)。つまり、『学問芸術論』解釈の際と同様に、市民にはある程度の啓蒙が必要であるが、完全な啓蒙は不都合だというわけである。

しかしながら、シュトラウスによれば、ルソーはこうした社会が人間の問題を解決するとも考えていなかった、という(*NRH*, 290)。何故なら、市民的社会は、義務と同じ広がりしかもたないかぎりで、義務や徳を超えるべき人間の自由を満たさないからである。他方、徳とは区別される善良さは、憐憫の情と直接的に結びつき、さらには愛と結びつく。愛は、市民的社会の義務や徳よりも自然状態に近く、いかなる人為的な絆よりも聖なる絆を作り出し、ここにおいて、人間性のレヴェルで自然状態への接近が果たされる。もっとも、この愛は社会的感情であるから、人間の本性的な非社交性を満たさず、その意味で未だ純粋な自然状態とはいえない。そこで最終的にいたるのが、「存在の感情」という、人間が自分の存在を自然に感じる最初の感情である。シュトラウスは、『孤独な散歩者の夢想』(以下、『夢想』と略記)を引きつつ、ルソーの描く人間は、孤独な瞑想に回帰することで、自然状態におけるよりも豊かな存在の感情を感受し、自由で幸福な段階に到達すると見る(*NRH*, 292)。

かくして、シュトラウスによれば、ルソーは、孤独な瞑想において、自然状態へ最も接近し、理想の境地にいたる。だが、その前提となる自然状態が明確な根拠を欠いていることは言うまでもない。それゆえ、シュトラウスは、ルソーにおいては、社会を超出して自然状態にいたるべしという要求の明確さと、「人間性のレヴェルでの自然状態への回帰」という要求内容の不明確さとが著しい対照をなしていると指摘する(*NRH*, 293)。しかしながら、この指摘でシュトラウスが真に示したいのは、自然状態の内容が不明確だからこそ、それを自由な理想的媒介として、社会に留保をつけたり、批判したりすることが可能であった、という逆説である(*NRH*, 294)。シュトラウスによれば、人間性のレヴェルにおいて自然状態に回帰するという発想は、社会からの自由、すなわち何によっても正当化不可能な個人の自由の究極的神聖性に訴える際に、理想

的な根拠となりうる。こうして，ルソーは空無化した自然状態を設定することによって，それを自由で満たし，社会を批判する装置とした，というのがシュトラウスの見立てである。その装置は近代批判を可能にすると同時に，近代における自然状態の最後の在り方を示しているのである。

## 2 ルソーの危機とシュトラウスの危機

さて，こうしたシュトラウスのルソー解釈に対しては，3つの観点から疑問が差し挟まれうるであろう。

1つ目は，自然状態が人間以下である，という解釈についてである。これに対しては，『社会契約論』とほぼ同時期に書かれた『エミール』が反論の材料となる。「万物の造り主の手を離れるときすべてはよいものだが，人間の手の渡るとすべてが悪くなる。……人は何ものも，人間そのものさえも，自然が造ったままにはしておかない」(*E*, 246)。ルソーは，ここで「自然」を，感官が働き，周囲から刺激され，理性が働いて，自分の感覚を変質させる，その変質前の状態だと規定して，教育の目標を「自然の目標そのもの」だと掲げ (*E*, 247)，教育の技術を「自然を邪魔しないこと」だと繰り返している。もちろん，人間は，成長する過程で，社会状態と自然の感情との矛盾を抱えざるをえず，その結果，「決して人間にも市民にもなれない」困難に直面する (*E*, 250)。だが，そのようななかでも「人を愛する感じやすい存在にすること」が目指され (*E*, 481)，教育の理想的な成果とは，社会のなかで「愛すべき異邦人」を作ることとされる (*E*, 670)。『エミール』の教育において，たしかに理性の発現とその育成が主たる関心の1つではあるが，それは，理性が自然の教育によって制御され，自然的感情を支えるべきものだからである。つまり，ここで見るかぎりでは，ルソーの目指す人間像とは，シュトラウスが解するように，人間以下の自然状態から人間的な社会状態へと啓蒙されるものではなく，善なる自然状態を社会のなかで破壊されることなく，理性を伴いつつ保持し続けるものだと解されうる。

2つ目の疑問は，シュトラウスが，ルソーの自然状態は社会状態によって克服され，さらに，真の自由を獲得すべく，孤独な瞑想といういわば高次の次元

## 第14章 危機の理解とエソテリシズム

へと止揚される、と考える点についてである。こうした解釈は、シュトラウスが最も重要な著作と見なす『不平等起源論』を中心に、『学問芸術論』、『社会契約論』、『夢想』が順に論じられることで可能になっている。だが、『社会契約論』から『夢想』までは、執筆に15年以上の開きがある。もし、『社会契約論』に続く社会論の展開を追うのであれば、『コルシカの法律に関する書簡』や『ポーランド統治論』を論じるべきであったろう。またもし、『夢想』に繋がる自伝的著作の線を追うのであれば、そして、シュトラウスのように、「存在の感情」を、『不平等起源論』からルソーの思想の基底に流れるものであり、かつルソーの到達点でもあると見なすのであれば(5)、さらに、ルソー思想における個人と社会の葛藤を考究するのであれば、『告白』あるいは『ルソー、ジャン゠ジャックを裁く、対話』(以下、『対話』と略記)は、看過できない題材であったと考えられる。

そして、実際にルソーの自伝的著作をひもとくならば、他者との腹蔵なき交流を求めながら、それが叶わなかったため、まずは率直な告白という形で、次いで無垢な「ジャン゠ジャック」を誤解する「フランス人」と、彼を弁護する「ルソー」の対話という形で、他者との関係修復を試みたルソー自身の姿を見出すはずである。その文脈に『夢想』を置くならば、シュトラウス解釈のように、自然状態を否定して社会状態にいたり、さらにはそれを克服して孤独な瞑想にいたった、というのではなく、ルソーは一貫して自然状態——その内実はともかくとして——を理想として保ち続けて、それが発現しうる社会状態を構想したが、その構想に失敗して、純粋な自然状態へと回帰した、と考えることも可能であろう。

3つ目の疑問は、シュトラウスのように、ルソーにおける自然権の危機の問題を、個人と社会との葛藤と捉えた場合に、その葛藤を描出する際の媒介概念として「自由」は必要十分であったのか、というものである。もちろん、「自由」が、ルソーの個人の在り方においても、共同体論においても、また教育論においても重要な契機であったことは間違いない。しかし、『不平等起源論』で、自然状態における人間本性として掲げられた「憐憫の情」が、他者を前提とすることからしても、また、『夢想』で、「存在の感情」の孤独な感受が称揚される一方で、「私は自分のすべてを自分のうちに集中させることができない。

他の存在へと拡張しようとするから」(RP, 1066) と語られ，その前年の『対話』でも，「絶対的な孤独は悲しく，自然に反する状態であり，……我々の最も心地よい存在の仕方は，相対的で集合的なものであり，我々の真の自我がすべて我々の中にあるわけではない。結局，この生における人間の仕組みは，他人の協力なしには決して自分を享受するに至らぬようにできている」(RJ, 813)(6)と語られることからしても，他者というものがルソーにとって重要なトピックであり続けたことは明らかである。

　そして，他者に焦点を当てることは，シュトラウスのルソー解釈に，さらに2つの疑問を呼び起こす。1つは，シュトラウスが「人間以下」だとしたルソーの自然状態が，本当に非社交的なものであったのか，という疑問である。たしかに，ルソーは，『不平等起源論』において，「存在の感情」を根本的な感情と語り，その最初の配慮を「自己保存」と見定めている。しかし，少なくともこの著作の段階では，ルソーは「憐憫の情」を，人間本性として自己保存と並列に置いている。(7)この憐憫の情が当然，他者を前提とした感情であるからには，自然状態が非社交的であるとは言い切れまい。まして，上で引いたように，孤独にあってすら，「存在の感情」が本性的に他の存在へと拡張していくと言われるならば，なおさらである。

　もう1つの疑問は，シュトラウスが再三指摘する少数者の性格についてである。ルソーは，『社会契約論』で立法者という少数者による支配を提唱するのみならず，同時期に書かれた『新エロイーズ』でも，また形を変えて『エミール』でも，少数者による多数者の支配を説いている。それは，シュトラウスも述べるように「神秘的」なものではあるが，問題は，その神秘性の内実である。たしかに，ルソーは，『学問芸術論』の末尾において，「弟子を作るよう自然が運命づけた人々」として，学問と芸術の少数の天才を偉大な人間として描いている (SA, 29)。しかし，その際の「偉大」とは，魂が対象とするものと釣り合うかぎりでの「偉大」であり，究極的にはすべての人に刻まれている「美徳」を指す (SA, 30)。また，『社会契約論』の立法者は，「偉大で強力な天才」として，力も理屈も用いることなく，「神々の口を借りて理性の決定を伝え，人間的な賢慮を働かせられない人々を神の権威によって納得させる」(CS, 384)，と称される。これはシュトラウスの言う，一般意志の啓蒙というよりは，万人に

備わる一般意志を括り出す「奇跡的な」業と見える。その業は，『新エロイーズ』のジュリが，みずからの地所を治める際に，意志にまで行き渡る絶対的な支配力を駆使して，「愛情を与えることによって，愛情を得る」(NH, 444) という仕方で使用人たちを掌握する，という在り方と相似をなしている。そして，『エミール』の家庭教師が，「愛されるべき有徳で善良な人間」として (E, 339)，自然にしたがうこと，エミールと愛で結ばれること，よく規制された自由を用いることを旨に，啓蒙以前に「愛情の鎖」を張り巡らせることによって生徒を支配するという仕方も，そうした業に重なる (E, 521)。

　こうした少数者は，シュトラウスが指摘するような学術上での，理性の卓越者というよりは，感情の深さ，広さ豊かさにおける卓越した感受性の持主と考えた方が適切であろう。そして，彼らの神秘性とは，その感受性の卓越性によって，みずからの内奥を他者へと開示し，直接的な影響を与えうることであろう。その際には，自己と他者との一致へいたる「率直さ」こそが，彼らの善性の指標とされ，その善性ゆえに彼らの支配も正当化されるのである。

## 3　エソテリシズムの効用

　しかし，以上のような反論は，シュトラウスが予め言うように「解決不可能な反対論」にすぎないであろう。彼によれば，ルソーはつねに「二つの真っ向から対立する立場の間で行きつ戻りつしている人間の混乱した光景」を読者に開陳するからである (NRH, 254)。また，彼の述べる通り，ルソーが自然状態を空無化したのだとすれば，読者はそこに何でも読み取ることができる代わりに，確定的な解釈を行うことはもはや不可能であろう。

　そこで，シュトラウスが言う自然状態の危機に関して，両義的な解釈を許す論点を改めて列挙してみよう。論点は次の4つであった。まず，自然状態は人間以下，つまり人間性なき人間を示すのか，それとも人間の在るべき姿を示すのか。次に，自然状態は人間以下のものゆえ社会状態へ上昇せねばならないのか，それとも自然状態は理想郷だが堕落させられたゆえ社会状態へ進まねばならないのか。また，自然状態は他人を容れない非社交的なものなのか，それとも他人を容れることを最初から必然とするのか。さらに，多数者を支配すべき

少数者は理性や学芸の天才なのか,それとも感受性や愛の卓越者なのか,以上である。シュトラウスが悉く前者を支持するのは言うまでもない。しかも,自然状態の概念が空無化されているという指摘がなされる以上,これらの雌雄を決することはできず,非決定それ自体がシュトラウスの手の内にあるのである。

　だが,その非決定を決定へともたらしうる契機が1つある。それがシュトラウスによるレトリック,すなわちエソテリシズムの議論である。シュトラウスは,このルソー論のなかで,『学問芸術論』に関してそのレトリックに言及し,ルソー自身は学問や哲学が徳と両立しうると考えつつ,敢えてそれを直截的に述べることなく,少数者には学問による多数者の指導をなすよう,多数者には学問に傾倒せぬよう細心の注意を払って著述したのだ,と指摘している。

　もっとも,『学問芸術論』のレトリックに着目することは,シュトラウスの独創ではない。この書は,ディジョン・アカデミーの課題「学問と芸術の再興は習俗を純化することに寄与したのか否か」に対して,「否」と応えたルソーが当選したというスキャンダラスな経緯ゆえに,つねにそのレトリックが問題とされてきたからである。だが,真の問題は,ルソーのレトリックが否と諾とを往還しつつ展開されるとして,それが,実のところ何を目指していたかである。傍証としうるのは,この書を著す動機を記したとされる「ヴァンセンヌ体験」の記録である。「……もし私がこの木の下で見たことや感じたことのせめて四分の一でも表わしえたなら,社会制度のすべての矛盾をきわめて明晰に示し,我々の制度のすべての悪を力強く説明し,人間は本来善良であること,彼らが邪悪になるのはこれらの制度によってのみであることを簡潔に説明できたろうに」(*LM*, 1135-1136)。少なくともここから導出されるルソーの意図は,自然状態の善性と社会制度による堕落を示すことである。だとすれば,ルソーのレトリックとは,シュトラウスの読みとは異なり,そうしたルソー自身の主張とアカデミーへの斟酌との間での,否と諾の往還ではなかったろうか。

　シュトラウスの主張する通り,たしかにルソーはさまざまな場面で,少数者による多数者の支配を説き,その際には,少数者が多数者に対してレトリックを用いて,ときにはみずからの意図を隠しつつ,多数者の意志を意のままに操ることを正当化している[8]。ただし,その前提として必ず少数者側に付されている性質があり,それが,感受性における卓越性とそこから来る神秘性である。

少数者の支配が正当化されるのは，彼らの卓越性を神秘性を背景にして，その支配が愛情や徳に根差す場合にかぎられている。そして，多数者の意志を操ることが，感受性の豊かな人間の内奥が他者の意志にまで到達するいわゆる「透明な関係」によって可能なのだとすれば，<sup>(9)</sup>むしろルソーが重視しているのは，レトリックそのものよりも，支配の基盤となるべき「率直さ」である。そのことは，ルソー自身が，みずからが迫害されていると信じて赤裸々に自らを語った『告白』はもちろんのこと，それでもみずからへの迫害が止まぬと信じて，本人の登場しないまま対話形式でジャン＝ジャックを弁護するという奇妙な『対話』ですら，みずからの善良さの証を「率直さ」に置いていることから裏づけられる。そうだとすれば，ルソーの神秘的レトリック，すなわちエソテリシズムについて論じる際には，エソテリシズムにおける否と諾との往還だけでなく，エソリテシズムそのものと「率直さ」との往還をも論じる必要があるだろう。

しかしながら，われわれはむしろ，シュトラウスが，一方では自然状態の空無化を暴露し，他方ではエソテリシズムを指摘しつつ，自然状態の危機と啓蒙の必要さらには学問の卓越者による少数者の支配をルソーに読み込む，そのことのうちに，シュトラウス自身の危機の思想を見出しうる。そして事実，「解決不可能な反対論」を示唆して予め反論を封じることで，彼自身は，反対不可能な解釈を提示することに成功している。かくして，ルソーに託して語られる，「政治的問題に対するこのような最善の解決策は，哲学によって，しかも哲学によってのみ見出される」(*NRH*, 260)，そしてそうした研究が「本来人々を導くように運命づけられた少数者の領分に留まる場合に限られる」(*NRH*, 263)という文言は，シュトラウス自身の言葉として読まれうるのであり，われわれは，彼の叙述のなかに，解釈が政治的行為そのものである，その実践を見出しうるのである。

注

（１）Strauss, Leo, "The Crisis of Modern Natural Right, A. Rousseau" in *Natural Right and History*, The University of Chicago Press, 1950, pp. 252-293.〔＝レオ・シュトラウス，塚崎智・石崎嘉彦訳『自然権と歴史』ちくま学芸文庫，2013年,

327-378頁。〕本文中の引用，参照個所に関しては原則として翻訳に倣い，*NRH*の略号と共に原書の頁数を記す。

（2）Starobinski, Jean, *Le Remède dans le Mal*, Éditions Gallimard, 1989.〔＝ジャン・スタロバンスキー，小池健男・川那部保明訳『病の内なる治療薬』法政大学出版局，1993年。〕

（3）Derrida, Jacques, *De la grammatologie*, Les éditions de Minuit, 1967.〔＝足立和浩訳『グラマトロジーについて』現代思潮社，1972年。〕

（4）シュトラウスは，市民的自由と自然的自由が区別されつつ，同時に曖昧にもされていると指摘している（*NRH*, 281）。

（5）山本周次『ルソーの政治思想——コスモロジーへの旅』ミネルヴァ書房，2000年。

（6）傍点を付した強調は，「自我」についてのみルソーによるものであり，その他はすべて引用者によるものである。

（7）ルソーにおける「憐憫の情」の変遷については，拙論「『憐憫の情』から『存在の感情』へ——ルソーの感情論」日本シェリング協会『シェリング年報』第14号，2006年，を参照されたい。

（8）ルソーにおける少数者による多数者の支配については，拙論「感情による支配——ルソーにおける閉じた共同体」関西倫理学会『倫理学研究』第39号，2009年，を参照されたい。

（9）Starobinski, Jean, *Jean-Jacques Rousseau, La transparence et l'obstacle*, Librairie Plon, 1957.〔＝ジャン・スタロバンスキー，山路昭訳『ルソー　透明と障害』みすず書房，1993年。〕

# 第15章
# シュトラウスのバーク
――なぜ近代性の危機は抗うほどに増幅されるのか――

佐藤一進

バークは「歴史学派」への道を掃き清める（*NRH*, 405頁）。

歴史学派の創始者たる卓越した保守主義者たちは，実際のところ，彼らの論敵たちの革命的な努力を継続し，先鋭化しさえした（*NRH*, 31頁）。

歴史主義はニヒリズムに達する。人間をこの世に安住させようとした試みは，人間を完全に故郷喪失の状態に陥れることで終わった（*NRH*, 36頁）。

## 1　ニヒリズムの高祖たち

　レオ・シュトラウスの『自然権と歴史』において，エドマンド・バークは，ニヒリズムが生み落とされる歴史過程の前史を飾った思想家，いわば，意図せざるニヒリズムの高祖である。バークは，ルソーがもたらした自然権の難局に直面して，前近代的への復帰を「土壇場になって試みた」（*NRH*, 378頁）。もとより実はルソーも，バークに先立って前近代，すなわち古代への回帰を試みている。しかし，「彼の古代への回帰は同時に近代的なものの推進でもあった」（*NRH*, 327頁）。同様の見解がバークにも適用される。つまり，ルソーもバークも近代性の昂りを危機として察知し，古代への回帰を志向するものの，結果として古代的な自然な正しさを回復するどころか，近代性の危機をいっそう増幅させた。とすれば，「おしゃべり，金持ち，理論家」の増大を忌み嫌うルソーのレトリックと，「詭弁家，守銭奴，計算屋」の時代を嘆き憤るバークのレト

253

リックは，ともに前近代の葬送を執り行なう挽歌となる。近代性の波浪の渦中にあって，それに抗うことは，それに身を任すことに劣らず虚しいのであろうか。なぜ，シュトラウスの見る近代性の危機は抗うほどに増幅されるのか。

## 2　ルソーの失敗

　「むかしの政治家たちは，習俗と徳とを，たえず口にしていました。現代の政治家たちは商業と金銭のことしか口にしません[3]」。ルソーは，いにしえのローマを引き合いに，彼我の差をそう語っている。政治と社会が経済に飲み込まれる時代状況に背を向け，素朴な習俗と実直な徳の回復を図って前近代へと遡行するルソーは，ところが，古代ギリシア＝ローマの都市国家(ポリス)をも突き抜け，真の自然状態へと到達する。そこに，真に自然な人間としての「未開人」が現われる。「社会の基礎を検討した哲学者たちは，みな自然状態にまで遡る必要を感じた。しかしだれひとりとしてそこへ到達した者はなかった。……つまり，彼らは未開人について語りながら，社会人を描いていたのである[4]」。

　人間の生を「孤独で貧しく，辛く，残忍で短い[5]」ものに押しとどめる状況として，ホッブズによって貶められた自然状態の概念，また，自然権の「享受がきわめて不確実で，たえず他者からの侵害にさらされている[6]」という見地から，ロックも克服の対象にすえた自然状態の概念に，ルソーはポジティヴな「基準」(NRH, 362頁)としての地位を奪還しようと試みる。そこから提示されるのが，未開人の根源的な自由と独立である。真に自然に生きる未開人は，疎外された文明人が喪失した「憐れみ[7]」と「自己愛[8]」に満ちているばかりか，自分の「存在」の感情をまっとうして生を送る。「自然人は自分がすべてである[9]」。「未開人は自分自身のなかで生きている[10]」。そこで享受されるのは，「自分自身と自分の存在以外のなにものでもない[11]」。対して，「社会に生きる人は，常に自分の外にあり，他人の意見のなかでしか生きられ」ないため，「偽瞞的で軽薄な外面，つまり徳なき名誉，知恵なき理性，幸福なき快楽だけをもつことになった[12]」。

　ところが，こうした前提からルソーは逆説的にも，自己保存の欲求に応える権利としての自然権という，非－純自然的なはずの概念を最終的に正当化する。

## 第15章 シュトラウスのバーク

なぜなら，そもそも「存在そのもの，単なる存在が本来快いものであるゆえ，人間は自分の存在の保持に配慮する」(NRH, 375頁)のであり，国家は，そうした個人の必要と権利に応えるべく，「主権者」の意志としての「一般意志」をもち，それを体現する主権的行為としての「法」を備えるがゆえ，個人の自己保存の追求と自己存在の享受に，自然状態における孤独な個人自身よりもいっそう有効に奉仕しうるからである[13]。こうして，「全員を包括する市民共同体による立法は，自然的同情にかわる人為的代替物」(NRH, 366頁)となり，前近代へのルソーの回帰の試みは，近代性の地平を超え出ることなく終焉する。

それだけではない。ルソーは心ならずも，「自然状態の価値低落や空無化」(NRH, 357頁)を引き起こす。なぜ，自然状態に規範を求めたルソーが，その価値を無に帰してしまうのか。それは，ルソーの見出した「自然人は人間以下」(NRH, 348頁)だからである。文明人ならぬ自然人は，社交としての社会において創出され，伝達され，獲得される言語をもたず，もつ必要もない。言語がなければ理性もない。言語と理性がなければ，記憶や心像とは異なるものとしての一般観念もない。言語も理性も一般観念も解さない人間を，人間とは呼べない。

人間は自然本性的に善であるというルソーの命題は，人間は自然本性的には人間以下のものであるという彼の主張に照らして，理解されなければならない。人間が自然本性的に善であるのは，彼が自然本性的に善くも悪くもなりうる人間以下の存在者だからである。人間には語るに値する自然的性質というものは何もない (NRH, 348頁)。

規範としての人間的な自然は存在しない。したがって人間は，ほぼ無限の順応性をもち，ほぼ無限に可塑的であるゆえ，ほぼ無限に進歩しうる存在者となる。シュトラウスのルソー解釈は，そのマキァヴェッリの人間本性観についての，「人間たちは悪か善かというよりも，自然によって可塑的なのである。善良さと悪さとは自然的資質ではなく，習慣づけの結果である」[14]という解釈と寸分も違わない。マキァヴェッリもルソーも，さらには，政治的動物というアリストテレスの人間本性観を「誤り」[15]として明示的に斥けたホッブズや，「自然

の賜物ではなく人間の労働」としての人為を「ほとんどすべての価値あるものの源泉」（*NRH*, 349頁）に位置づけたロックまで、古典的な自然権論者の対極に位置づけられる点で、みな一致している。なぜなら、「人間性それ自体が社会性」であり、「人間は本性的に社会的存在である」（*NRH*, 181頁）という人間観が、古典的自然権の根拠、本来の「狭義の厳密な意味における自然権の根拠」（*NRH*, 182頁）だからである。本来の自然権の母胎たる「自然法」との関連において、古典的な「善き生」の理想は、こう語られている。

> 善き生とは人間的自然の完成態である。それは自然に従った生である。それゆえ、善き生の一般的性格を画定する規則のことを「自然法」と呼ぶことができよう。自然に従った生は、人間的卓越性ないし徳の生であり、「一流の人」の生であって、快楽としての快楽の生ではないのである（*NRH*, 179頁）。

こうした生き方において、人間の行為と、それを導く欲求と目的は、その優劣を自然によって位階的に秩序づけられている（*NRH*, 178-179頁、185-189頁、222-223頁）。自然にしたがって生きるとは、アリストテレスを典型に、潜勢態（デュナミス）としての人間的な自然を現実態（エネルゲイア）へともたらすこと、人間本性の可能性を実現し、完成することであり、人間的に卓越すること、有徳な生を送ることであると考えられてきた。ここで自然と人間は、全体と部分の関係にある。人間は自然という全体に内属し、自然は人間という部分を包摂しているが、その自然は同時に人間を超越している。すなわち、人間的な生は、善と悪、徳と悪徳、卓越と低劣の基準を自然によって与えられることで、その当為を定義され、限界づけられている。それゆえ、自然に準じた人間の自由な行為には、「この自由の完全な無制限な行使は正しいものではないという感覚」と、「神聖なる畏怖、すべてのことが許されるのではないという一種の予見」（*NRH*, 183頁）が伴われる。

ところが、そんな「感覚」、「畏怖」、「予見」は、近代性が昂進するにつれ、払拭されてゆく。自然な矩を越えずに生きることの自然な正しさ（ナチュラル・ライト）は、「人民が本来もっている傾向が、よいものなのか、または悪いものなのか、どちらかにきめてみたところで、それにはたいした意味があるとも思えない」と明言する

マキャヴェッリによって，決定的に超克される。人間本性観のこうした改変は，政治においても道徳においても，人間の行為の目標をおのずと引き下げ，「近代性の第一の波」[19][20]を引き起こす。マキャヴェッリの切り拓いた地平にホッブズは，古典的自然法においては「最低次の地位」[21]に甘んじていた自己保存の欲求を最高次まで格上げしながら，新たな自然権の根拠として移植し，そこから新たな自然法を導出する（NRH, 245頁, 248頁）。同じく自然法に自然権を先行させたロックは，人為としての貨幣に媒介された，人為としての労働による，無制限の富の獲得と所有を道徳的な罪から解放し，「自然の否定こそが幸福へといたる道」（NRH, 325頁）であることを提示する。さらにルソーは，ホッブズやロックの自然状態の概念を根底まで掘り下げ，近代の自然権理論を「危機的段階」（NRH, 351頁）にいたらしめる。その「危機」が，ルソーによる人間本性の無化，自然の脱‐規範化の徹底から巻き起こる「近代性の第二の波」[22]に他ならない。

　自然状態の人間が，人間以下ないし人間以前の存在者であり，「無知蒙昧の動物」（NRH, 354頁）であるならば，人間はいかにして人間となるのか。ルソーは，「人間の人間性ないし合理性は獲得的なものである」（NRH, 350頁）こと，すなわち「究極的には作為ないし人為によるものであること」（NRH, 348頁），ひいては「歴史過程の産物であること」（NRH, 352頁）を示した。こうした「歴史過程」に，まったく別のアプローチから息を吹き込むことで，近代性の大浪を増幅する一助をなした思想家が，シュトラウスの見るバークである。

## 3　バークのルネサンス

　とはいえシュトラウスは，バークを歴史主義の先達として切り捨ててはいない。むしろバークは，古典的な自然権のパラダイムに最も肉薄した近代の思想家として遇されている。「バークはキケロやスアレスの側に立って，ホッブズやルソーに反対した」。「彼はイギリスの国制を，かつてキケロがローマの政体に対して抱いていたのと似通った精神において考えていた」（NRH, 378頁）。ただし，「自然権は，政府からまったく独立して存在でき，実際にも存在している」[23]こと，また「社会とは実に一種の契約である」[24]ことを，バークは受容して

いる。「彼は各人が自己保存および幸福追求への自然権をもつことは認める」（*NRH*, 380頁）。

　それでは、バークによる古代への回帰と接近とは、いかなるものなのか。それは、こうまとめられている。「彼は、これらの観念を古典的あるいはトマス的枠組みの中に組み込んだとも言える」（*NRH*, 380頁）。すなわち、近代的な自然権の概念を、バークは古代的な自然法の大地に埋め込んだ。こうしたバークの力業において、マキァヴェッリにもホッブズにもルソーにもない、古き思想のいくつもの特質が再び脈動する。

　ルソーは、ホッブズらの自然状態の概念を徹底して純化することで、結果的に人間本性を無化してしまった。対してバークは、「自然状態」を人為の所産の「文明社会」で読み替える。

　文明社会なくして、人間は、その本性において可能な完成に達する可能性をまったくもたないばかりか、そこから遠い地点にかすかに接近することさえ叶わない。(25)

　人為は人間の自然である。少なくともわれわれは、未熟で無力な幼年時代と同様、成人しても一種の自然状態にある。(26)

　何らの結合も一切なくして、いかに人びとはことをなしうるのか、わたしにはまったく理解も及ばない。(27)

　つまりバークは、人間本性が無にして不定形ゆえに無限に可塑的であるとは決してみなさない。国家そして社会の内部で他者と結ばれて在るのが、自然な正しさ、自然な欲求に適う生き方である。「われわれの自然の欠乏はすべて——たしかに、われわれのより高次の自然的欲求はすべて——自然状態から転じて文明社会のほうへと志向する」（*NRH*, 380頁）。ルソーによって無化された自然状態は、こうして規範としての復権への契機をえる。

　「自然状態が社会状態でなければならない」（*NRH*, 351頁）とする見解は、すでにロックも表明している。しかし、「伝統的自然法」が「人間の意志に先行

し，それからは独立した拘束力をもつ秩序」である一方，「近代的自然法」は「人間の意志に起源する一連の『権利』，一連の主観的要求」であるという区分[28]にしたがえば，ロックはホッブズ，ルソーと同様，後者を採っているのに対し，自然法としての「上位の法」を次のように語るバークは，明確に前者に立脚している。「上位の法は，いかなる共同体の力能，あるいは全人類の力能をもってしても変更しえない」。なお，この法は「神の意志」に発する「不変の法」[29]とされ，それにしたがうべき人間は本性によって「宗教的動物」でもある。[30]

ロックとバークの差異は，社会状態に置かれる個人の自然権の地位の扱いにも見られる。ロックは，契約によって統治に服従している人民が，直接的に自然権を行使しうる状況を詳説している。そこで正当化されるのが抵抗権，すなわち「革命の権利」（NRH, 304頁）である。抵抗権としての自然権が原理的に[31]たえず存在していることは，もちろんバークも否定しない。だが，バークにとって喫緊なのは，権利の有無よりも，「権利を行使するための知恵」（NRH, 389頁）のほうである。

バークは，自然権を再び自然法に従属させ，権利の原理よりも，権利を効果的に運用する知恵を重視した。とすれば，自己保存および幸福追求の権利は，自然法と知恵によって，どう保障され，どう実効的になるのか。バークにとって「幸福は，ただ徳によって，すなわち，『徳によって情念に対して課される』拘束によってのみ見出される」。それゆえ，「理性，統治体，法律に対する服従」や「道徳的束縛」（NRH, 381頁）は，自己保存や幸福追求と一体をなす自然な正しさ<sup>ナチュラル・ライト</sup>として，自然権<sup>ナチュラル・ライト</sup>のうちに含み込まれる。ここから，政治社会における統治の下，各人の享受する自然権は，「必ずしも政治権力に参加する権利ではなくなる」。「なぜなら，人間は優れた統治への権利を有するが，優れた統治と多数者の統治の間には，何らの必然的関係も存在しないからである」。自然法に関するバークの古典的な理解からは，「『真に自然な貴族政』の優位」（NRH, 382頁）が導出される。人民の欲求と必要に配慮するだけでなく，その徳をも促進するべく，卓越した慎慮や知恵を発揮する政治主体とは，有徳な立法者たる「本性上の貴族」に他ならない。バークによれば，「こうした貴族政を必然的に生み出す文明社会の状態は，一つの自然状態である。未開で，個々に散在した生の状態よりも，いっそう真にそうなのである」。[32]

本性上の貴族にバークが慎慮や知恵の名で期待する資質は，「実践知」として「理論」（*NRH*, 389頁）と対置される。実践知は，「個別的で可変的なもの」（*NRH*, 390頁）にかかわり，「つねに例外，変更，均衡，妥協，混合などを取り扱わなければならない」（*NRH*, 394頁）。実践は「自分自身のものに対して贔屓する」のが，すなわち，関与（コミット）するのが「必然的かつ正当」（*NRH*, 396頁）でもあり，また時間的な猶予に乏しいばかりか，一旦なされた行動は取り消すことができない。対して，「単純性，斉一性，厳密性」（*NRH*, 393頁）を旨とする理論は，「普遍的で不変的なもの」（*NRH*, 390頁）にかかわるため，個別具体の利害に中立をとりうるのみならず，誤謬に応じて何度でもやり直しがきく点で，きわめて自由度が高い（*NRH*, 396-397頁）。そうした広い地平から，理論は，「統治の正しい目的ばかりでなく，目的に対する手段をも取り扱う」。ところが，「手段に関する普遍的に妥当するような規則というものはまず存在しない」。現実の状況は，たえず新たに生起し，変化する。そんな現実に孕まれる「偶然性」（*NRH*, 391頁）を，理論が，臨機応変かつ的確に処理するのは至難の業である。実際の政治と道徳の問題の取り扱いに関して，実践知が理論に優越しているのは疑いない。

　個別性，可変性，偶然性を円滑に馴致し，処理する実践知，バークの言う「統治の学」を司る徳としての慎慮は，机上でア・プリオリに学びうる数学や形而上学とは異なり，その体得に，「いかに聡明で注意深い人であれ，生涯を費やして習得しうるよりもなお多くの経験(33)」を要する。長期にわたって幾多の「試練を通過」した末，慎慮を体得した者は，その身分にかかわらず，つまり，制度的な世襲貴族に限らず，誰であれ，統治に参画する資格を自然によって，「天からのパスポート(34)」として与えられる。そこに，本性上の貴族（ナチュラル・アリストクラシー）という名称が由来する。のみならず，「その存在なくしては国民（ネイション）が存在しない(35)」とも，バークは断言している。

　してみれば，統治における国民不在の危機，国民の実情が等閑視される危機の出現は，本性上の貴族の不在ないし後退，したがって，統治における慎慮の欠如と一体の現象となる。そこに伸張しているのが「空論主義」，「理論的精神による政治領域への侵犯」である。バークは，アメリカ植民地擁護とフランス革命批判のどちらに際しても，この空論主義と闘った。イギリス政府による統

治権の主張と，フランスの革命派による人間の権利の主張は，「あらゆる実践を統御する徳たる慎慮によって統御されていないという共通点をもっている」（*NRH*, 389頁）。バークが批判してやまないフランス革命に固有の特質は，「実践的アプローチから理論的アプローチへの根本的な変換」（*NRH*, 386頁）に求められる。そうした変換の様態を逆転させようと挑んだバークは，「理論だけでは実践の十分な指針とはなりえないとする古い時代の見解を復活させた」とも，「特にアリストテレスに回帰した」（*NRH*, 388頁）とも評される。そこが，バークによる古代ルネサンスの到達点である。

## 4　バークの蹉跌

　理論と実践の優越関係をめぐって，バーク以前には誰も「バークほどの力強さをもって語ってはいない」。理論に対する実践の優位を，バークは，「とりわけアリストテレスがなした以上に力点をおいて力強く語った」（*NRH*, 388頁）。しかし，まさにこの点からバークは，アリストテレスを突き抜け，古典的自然権のパラダイムに亀裂を走らせる。

　空論家たちの唱える「形而上学的な権利」は，「あたかも濃密な媒質に差し込んだ光線にも似て，共同生活のなかに入るや，自然法則によって直線から屈折させられる」ため，「形而上学的な真理であるのに比例して，道徳的また政治的には虚偽となる」[36]。「政治問題はそもそも，真理と虚偽に関わるものではない。それは善と悪に関係する」[37]。こうしたバークの言明は，理論の侵攻に対する実践知の防衛という範囲を超過して，哲学に対する，それも「とりわけ形而上学」に対する侮蔑の域に達している。そのことによってバークは，「アリストテレス的伝統と訣別する」（*NRH*, 399頁）。というのも，アリストテレスの理論と実践の区別は，根本的にバークと異なり，「理論ないし理論的生活の究極的優越性についての明確な信念に基づいて」（*NRH*, 400頁）おり，そこにおいて，至高の快と善と幸福を享受するのは観想的生であるとされているからである。[38]

　政治と思索の双方を股にかけた「活動の場の哲学者」を自称するように，バークも，理論的営為の必要性を排除してはいない。ただし，「思弁的哲学者」が統治の目標の確定をこととするのに対し，活動の場の哲学者の任務は，その

目標達成の「手段」の発見と，その効果的な「採用」に他ならない。活動の場の哲学者の軸足は実践の領域にすえられ，現実社会の善を促進し，悪を削減することを第一義に回転する。統治実践の観点からすれば，権利の所在や権力の根拠といった理論的主題は二次的以下のものであって，尊重さるべきもののアルファにしてオメガは，すでに確立され，永きにわたる時間を通じて有効性を発揮してきた古き制度である。統治の「権威」と，その「正統性」の究極の根拠は，時効性を備えた「古くからの慣習」(NRH, 383頁) にあり，可能なかぎり実践は，そうした「先例や実例や伝統に沿っていなければならない」(NRH, 398頁)。のみならず，実践は，理論が斥ける「誤謬や偏見や迷信」(NRH, 399頁) を利用することもいとわない。実践にとって，本来的に「国制」を超越する真理としての自然権は，それが古代的であれ近代的であれ，つねに「休眠状態」(NRH, 398頁) にあるのが望ましい。とはいえ，それは決して自然という規範からの逸脱ではない。なぜなら，慣習的な国制と所与の文明社会は，政治的で社会的かつ宗教的な動物としての人間本性に由来し，それにまさしく適合した真の自然状態に他ならないからである。

シュトラウスによれば，それでもなお，古典的自然権のパラダイムからの，バークの離反は否定しがたい。その証左に提示されるのが，バークの美学である。美学者バークによれば，「推論能力の介入を俟つまでもなく」，人間は「共感」や「模倣」などの感覚的な情念に快を感じるのであって，「崇高」と「美」の観念もまた，決して「推論」「知性」「理性」の所産とは言えない。バークは「可視的ないし感覚的な美を，知性的な美の視点から理解することを拒否している」が，そこに提示される重要な命題は，「イギリス感覚論と完全に一致し，古典的理論とはあからさまに対立する」。ここに，「理性」からの「感情と本能」の解放，ひいては「理性のある程度の価値低落」が予感される。つまり，バークの感性論(エステティクス)は，理論と実践の関連把握に示されたバークの「非‐古典主義的な論調」と密接な関係にある。あるいは，空論主義との闘いのさなか，近代的合理主義の批判から合理主義そのものへの批判へと「ほとんど無意識に」(NRH, 401頁) 横滑りしたバークの軌跡は，イギリス感覚論，さらにはイギリス道徳哲学という基礎によって素描されていた，とも言えよう。

バークの世紀，イギリス道徳哲学によって整備されたもう1つの学問体系が，

政治経済学である。言うまでもなく，政治経済学は「見えざる手」の隠喩で周知のアダム・スミスに画期を見る。その含意は，国富の増大が政府の指令も計画も介入しない諸個人の自由な経済行動の総和において最大限まで効果的に実現される，と原理化されよう。バークは，この「古典的原理とは正反対の政治経済学の原理を受け入れ」，その教示を「健全な政治秩序」を生み出す作用の認識に適用した。バークにおいて，「善き秩序や合理的秩序は，それ自体として善き秩序や合理的秩序に向けられていない努力の生み出す結果」，「偶然的な因果作用の予期せざる結果」（NRH, 403-404頁）となる。たしかにバークは述べている。「商業の法則は，自然法であり，神の法である」。「時間さえ与えられれば，類としての人間はほとんど常に正しく行動する」。「道徳判断という原因の真の効果は，つねに直接的とは限らない。それどころか，当初の瞬間には有害に見えても，より隔たった作用では優れていることもあり，また，その卓越性は当初にもたらされた悪しき効果からも生じうる」。こうした見地からバークは，「国制は『成長』しなければならないとする見解に与して」，「最善の国制は理性の考案物」，賢明な立法者による「制作」，「構想，計画，意識的作成の産物」であり，そうあるべしとする「古典的見解」（NRH, 401-402頁）を斥ける。

「人間の行為の結果であって，何ら人間の意図の遂行ではない制度」という観念が，政治的秩序の生成の説明に規範として応用されたことで，「人間における人間性も，偶然的な因果作用によって獲得されたもの」と理解されるようになる。これらの2つが，「歴史の発見」における「きわめて重要な要素」（NRH, 404頁）である。ここにバークはルソーと再会する。ルソーの試みの帰結が，人間本性を無と見なし，人間としての人間を歴史過程の所産とする見解の出現だとすれば，バークの試みからは，秩序の本性を不可知とし，健全な秩序は歴史過程を通じた生成変化から現在するという見解が帰結する。

ただしシュトラウスも断るように，バークは，「健全な政治的秩序は歴史の産物でなければならない」（傍点引用者）とは決して発言していない。バークの真意は，長期の因果作用から生成する善き秩序が，人間の眼には「局所的かつ偶発的なもの」（NRH, 403頁）としか映りえず，時間と空間を超越したアルキメデスの点から，その存在理由を見通すことは不可能であるという以上のもの

ではない。むしろ歴史それ自体は、「きわめて限られた価値しかもたない」（NRH, 392頁）。というのも、「歴史は、注意を怠れば、われわれの精神を蝕み、われわれの幸福を破壊することに用いられかねない」と、バークは見るからである。「歴史は、……この世界にもたらされた不幸から構成されて」おり、「不和と敵意を残存ないし再燃させ、内戦の狂乱に油を注ぐ手段を供給する武器庫になりかねない」。しかし、歴史過程についての思索の歴史過程は、まさにバーク個人の意図を超えて展開し、やがてヘーゲルに辿り着く。そこにいたって、「『歴史過程』は絶対的瞬間という頂点に達するものと考えられる」（NRH, 404頁）。バークの主張も虚しく、そこに人間の歴史の終焉を見晴かす巨匠が出現するのである。

　バークが、期せずして歴史主義の露払いを演じる役回りとなったのは、「フランス革命に反対するのにも、その革命理論の根底にあったのと同一の根本原理、これまでの思想とは異質の原理に依拠していた」ことに起因している。その原理とは、世俗化した摂理解釈に他ならない。かつての神学的伝統において、人間は、摂理の意味を解することも、神の意志を推し量ることも叶わず、その当為も「神の法」の遵守によってのみ導かれるものとされていた。しかし「永遠なるもの」の「時間化」としての「世俗化」（NRH, 405-406頁）によって、神の意志は地上の秩序に顕現する摂理のうちに読み取ることができる、という認識の転換が生じる。すると、悪として忌避されてきた利己的な行為も、「私悪すなわち公益」とする新たな観点から、国富の増大という摂理の秩序の一部たりうるようになる。こうした経済思想の変容が、悪しき政治的行為と善き政治的秩序の関係についての観念にも波及することを通じ、世俗化した摂理観が広く浸透することで、「人間の行為の目標は低いところに置かれるようになった」（NRH, 406頁）。そして、フランス革命を悪と断じたバークですらも、「摂理の配剤の意味を人は十分に理解しうる」（NRH, 408頁）という確信ゆえに、「フランス革命の勝利が摂理によって定められていることもありうるとみなしていた」（NRH, 407頁）という解釈が、次のバーク晩年の叙述を根拠に提示される。

　もし人事に大変革がなされるべきならば、それに人間の精神は適応させられるであろう。一般の輿論と感情は、その方向に引きつけられよう。それをあ

らゆる恐怖，あらゆる希望が推し進めるであろう。またそのとき，人事におけるこの強力な潮流に反抗し続ける人びとは，単なる人間の計画に対してではなく，むしろ摂理の神意そのものに対して抵抗するように見えるであろう。そんな人びとは，確固として不動なのではなく，天邪鬼な頑固者となるであろう。[46]

摂理のこうした肯定は，バークにおいて，空論主義の侵略に抗して，偶然への対応に不可欠な慎慮という実践知を防衛せんとする態度と不可分であり，あくまでも理論と実践の区別が大前提となっている。「慎慮の準則は，周知の正常な神の摂理の運びの上に形成される[47]」。にもかかわらずバーク以降，そうした文脈での前提は顧みられることなく，理論と実践の性格と関係が大きく組み換えられる。実践の「最高の形態」としての「政治社会の設立と形成」の過程は，反省によって統御しえない「準-自然的過程」と解され，実践の所産は，純然たる「理論的な主題」（NRH, 410頁）としての地位を宛がわれるのである。そこでは「理性的であるものこそ現実的であり，現実的であるものこそ理性的である[48]」。そのとき「政治理論」は，歴史の所産や実践の成果，つまり「現実的なもの」を理解する営為となり，「あるべきものの探究であることをやめた」。同時に「形而上学」も，「歴史は完結する」ことを前提とする「歴史哲学」となる。さらには実践それ自体も，「哲学の最高の主題となることによって，本来の実践，すなわち，なされるべきこと(アジェンダ)に関わることをやめた」（NRH, 410頁）。それらはいずれも，「基準が過程それ自体に内在しているとすれば」，「超越的な基準はなくて済ませられる」（NRH, 409頁）ということを意味する。歴史主義は，自然への志向と思考によって「いま」，「ここ」を超越するはずの観想(テオリア)を無用の長物と化すだけでなく，実践(プラクシス)の必要性と可能性すらも廃絶する。その先に待ち構えているのが，歴史の終焉以後の世界，あるいはニヒリズムの時代である。

## 5　近代性の危機の起源

アリストテレスやキケロに寄り添おうとしたバークは，なぜヘーゲルを招き

寄せてしまったのか。それは，バークが，「可能な最高度の『人格的自由』」としての「個性」の保護を国家に，その促進を文明社会に，それぞれ要求したからである。「自然的なものは個人的なもの」(NRH, 413頁)であり，個々の存在者の自由な行動による発展こそが自然である。こうした自由の理念に媒介されることで，バークにおいては，「個性への関心」と「徳への関心」(NRH, 414頁)が緊張しながら併存していた。つまり，シュトラウスの見るバークは，卓越主義を内包した自由主義的な多元主義者である。だがそこに，近代性の大浪に抗おうとしたバークの蹉跌も起因している。

ここから，「古代人と近代人の間の論争は，結局のところ，そしておそらくその最初から，「個性」の位置づけに関係している」(NRH, 414頁——傍点引用者)とも，シュトラウスは語る。さらに，「近代性は，存在と当為の間，現実と理想の間の裂け目への不満から生起した」[(49)]ともされる。とすれば，抗うほどに荒ぶる近代性の大浪は，規範としての人間的な自然における，当為および理想としての徳と，現存在としての個性の位置づけをめぐる葛藤の媒介変数(パラメータ)である。シュトラウスのバークから敷衍すれば，古き理想に導かれ，自然な卓越性の回復を求めながらも，存在者の多様性に自由を見出し，それをも自然の範疇に収めようとするとき，近代性の大浪は増幅されることになると言えよう。

だが，このようなシュトラウスのバークは，バークなのか。シュトラウスのバークは，ヘーゲルはもちろん，民主政と平等化を摂理と見たトクヴィル，革命と反革命の両者に摂理を適用したド・メーストルらから逆算して把握されたバークではないのか。「摂理の配剤の意味を人は十分に理解しうる」(NRH, 408頁——傍点引用者)と，はたしてバークは確信していたのか。バークが，ニヒリズムの高祖の1人，歴史主義の生成と展開の過程を構成する不可欠な思想家であるのか否かは，次のような叙述をどう読むのかにかかっている。[(50)]

> 一つの国家の命運に必然的に作用する内的原因についての正確な理論の根拠を，人類の歴史が十分に獲得したのか，それが万一にも可能であるとしてであるが，わたしは疑う。……それゆえ，われわれはそうした作用を単なる偶然，より敬虔に（おそらくより合理的に）言えば，偉大な裁定者の随時の介入，および，その不可抗な参与に帰さざるをえない。[(51)]

## 注

（1）ルソー「『ナルシス』の序文」前川貞次郎訳『学問芸術論』岩波文庫，1968年，202頁。
（2）Burke, Edmund, *Reflections on the Revolution in France,* Pocock, J. G. A. ed., Hackett Publishing Company, Inc., 1987, p. 66.〔＝バーク，半澤孝麿訳『フランス革命の省察』みすず書房，1987年，97頁。〕引用箇所は必ずしも邦訳にしたがっておらず，以下に挙げるすべての原書についても同様である。
（3）ルソー，前掲書，35-36頁。*NRH*, 328頁。Strauss, Leo, 'The Three Waves of Modernity', in Gildin, Hilail, ed., *An Introduction to Political Philosophy: Ten Essays by Leo Strauss,* Wayne State University Press, 1989, p. 89.〔＝シュトラウス，石崎嘉彦訳「近代性の三つの波」『政治哲学』レオ・シュトラウス政治哲学研究会，創刊号，11頁。〕
（4）ルソー，本田喜代治・平岡昇訳『人間不平等起原論』1972年，37-38頁。*NRH*, 344頁。Strauss, *ibid*.〔邦訳，同頁。〕
（5）Hobbes, Thomas, *Leviathan,* Tuck, Richard ed., revised student edition, Cambridge University Press, 1996, p. 119.〔＝ホッブズ，水田洋訳『リヴァイアサン（1）』岩波文庫，1992年，211頁。〕
（6）Locke, John, *Two Treatises of Government,* Laslett, Peter ed., student edition, Cambridge University Press, 1988, p. 350.〔＝ロック，加藤節訳『完訳 統治二論』岩波文庫，2010年，441頁。〕
（7）ルソー，前掲書，31頁，71頁，95頁，181頁。
（8）同上書，181頁。
（9）ルソー，今野一雄訳『エミール（上）』岩波文庫，1962年，27頁。
（10）ルソー，前掲書，129頁。
（11）ルソー，今野一雄訳『孤独な散歩者の夢想』岩波文庫，1960年，88頁。
（12）ルソー，前掲書，129-130頁。
（13）ルソー，桑原武夫・前川貞次郎訳『社会契約論』岩波文庫，1954年，59頁。
（14）Strauss, Leo, *Thoughts on Machiavelli,* The University of Chicago Press, 1958, p. 279.〔＝シュトラウス，飯島昇藏・厚見恵一郎・村田玲訳『哲学者マキァヴェッリについて』勁草書房，2011年，320頁。〕*ibid.,* p. 297.〔邦訳341頁〕も参照せよ。
（15）Hobbes, Thomas, *On the Citizen,* edited and translated by Tuck, Richard and Michael Silverthorne, Cambridge University Press, 1998, p. 22.〔＝ホッブズ，本田裕志訳『市民論』京都大学学術出版会，2008年，32頁。〕
（16）正確を期せば，ロックの叙述は，シュトラウスの解釈とはややニュアンスが異なる。ロックは，労働がすべての価値の源泉であるとは言わず，「すべてのものに

価値の差異を与えるのは実に労働である」と述べており、自然によって価値あるものの存在を排除していないとも解釈しうる。Locke, *op. cit.*, p. 296.〔邦訳341頁〕,傍点引用者。

(17) アリストテレス、高田三郎訳『ニコマコス倫理学（下）』岩波文庫、1973年、54-55頁、1153a9-13。

(18) マキァヴェッリ、永井三明訳『ディスコルシ――「ローマ史論」』ちくま学芸文庫、第1巻57章、2011年、248頁。同上書、第1巻37章、171頁も参照せよ。

(19) *NRH*, 244頁、258頁。Strauss, 'The Three Waves of Modernity', pp. 86-87.〔邦訳8-9頁。〕

(20) *Ibid.*, pp. 84-89.〔邦訳6-11頁。〕

(21) *Ibid.*, p. 88.〔邦訳10頁。〕

(22) *Ibid.*, pp. 89-92.〔邦訳11-15頁。〕

(23) Burke, *op. cit.*, p. 52.〔邦訳77頁。〕

(24) *Ibid.*, p. 84.〔邦訳123頁。〕

(25) *Ibid.*, p. 86.〔邦訳125頁。〕

(26) Burke, Edmund, *An Appeal from New to the Old Whigs*, in Ritchie, Daniel ed., *Further Reflections on the Revolution in France*, Liberty Fund, Inc., 1992, pp. 168-169.〔=バーク「新ウィッグから旧ウィッグへの上訴」中野好之編訳『バーク政治経済論集――保守主義の精神』法政大学出版局、2000年、663頁。〕

(27) Burke, Edmund, *Thoughts on the Cause of Present Discontents*, in Harris, Ian, ed., *Pre-Revolutionary Writings*, Cambridge University Press, p. 190.〔=バーク「現代の不満の原因を論ず」中野編訳、2000年、83頁。〕

(28) Strauss, Leo, *The Political Philosophy of Hobbes: Its Basis and Its genesis*, translated from the German Manuscript by Sinclair, Elsa M., The University of Chicago Press, 1952, p. vii.〔=シュトラウス、添谷育志・谷喬夫・飯島昇藏訳『ホッブズの政治学』みすず書房、1990年、ii頁。〕

(29) Burke, Edmund, 'Tracts relating to Popery Laws' in McDowell, R. M. ed., *The Writings and Speeches of Edmund Burke, Volume IX*, Oxford University Press, 1991, p. 455.

(30) Burke, *Reflections on the Revolution in France*, p. 80.〔邦訳115頁。〕

(31) Locke, *op. cit.*, pp. 400-402. pp. 404-405.〔邦訳539-541頁、545-547頁。〕

(32) Burke, *An Appeal from New to the Old Whigs*, p. 168.〔邦訳663頁。〕

(33) Burke, *Reflections on the Revolution in France*, p. 53.〔邦訳78頁。〕

(34) *Ibid.*, p. 44.〔邦訳64-65頁。〕

(35) *Op. cit.*

(36) *Op. cit.*, p. 54.〔邦訳79頁。〕

(37) Burke, *An Appeal from New to the Old Whigs,* p. 163.〔邦訳658頁。〕
(38) アリストテレス，出隆訳『形而上学（下）』1961年，153頁，1072b24。『ニコマコス倫理学（下）』1973年，173頁，1177a18。
(39) Burke, *Thoughts on the Cause of Present Discontents,* p. 187.〔＝邦訳81頁。〕
(40) Burke, Edmund, *A Philosophical Enquiry into the Origin of our Ideas of the Sublime and Beautiful,* in Mcloughlin, T. O. and James T. Boulton ed., *The Writings and Speeches of Edmund Burke, Volume I,* Oxford University Press, 1997, p. 221, p. 230.〔＝バーク，中野好之訳『崇高と美の観念の起原』みすず書房，1999年，50頁，62頁。〕
(41) Burke, Edmund, 'Thoughts and Details on Scarcity', in Mcloughlin, T. O. and James T. Boulton ed., 1997, p. 137.〔＝バーク，水田洋訳「穀物不足にかんする思索と小論」『世界大思想全集　社会・宗教・科学思想篇　11　バーク』河出書房，1957年，262頁。〕
(42) Burke, Edmund, 'Speech on a Motion for a Committee to inquire into the State of the Representation of the Commons in Parliament', in *The Works of the Right Honourable Edmund Burke,* vol. 7., John C. Nimmo, 1890, p. 95.〔＝バーク「下院代表の状態を調整する委員会開催要求の動議についての演説」中野編訳，2000年，447頁。〕
(43) Burke, *Reflections on the Revolution in France,* p. 53.〔邦訳78頁。〕
(44) Ferguson, Adam, *An Essay on the History of Civil Society,* Oz-Salzberger, Fania ed., Cambridge University Press, 1995, p. 119.〔＝ファーガスン，天羽康夫・青木裕子訳『市民社会史論』京都大学学術出版会，2018年，178頁。〕
(45) *Op. cit.,* p. 124.〔邦訳177頁。〕
(46) Burke, Edmund, *Thoughts on French Affairs,* in Ritchie, Daniel ed., 1992, pp. 254-255.〔＝バーク「フランスの国情についての考察」中野編訳，2000年，692頁〕，傍点引用者。
(47) Burke, Edmund, *Second Letter on a Rgicide Peace,* in McDowell, R. M. ed., 1991, p. 269.
(48) ヘーゲル，藤野渉・赤沢正敏訳『法の哲学Ⅰ』中公クラシックス，2001年，24頁。
(49) Strauss, Leo, 'The Three Waves of Modernity', p. 91.〔邦訳13頁。〕
(50) この点に関するシュトラウスのバーク解釈への異論として，以下を参照せよ。小松春雄『イギリス保守主義史研究——エドマンド・バークの思想と行動』お茶の水書房，1961年，312-320頁。Lenzner, Steven J., 'Strauss's Three Burkes: The Problem of Edmund Burke in *Natural Right and History*', in *Political Theory,* Sage Publications, Vol. 19, No. 3, 1991, pp. 370-376.

(51) Burke, Edmund, *First Letter on a Rgicide Peace*, in McDowell, R. M. ed., 1991, p. 189.〔=バーク「フランス弑逆の総裁政府との講和商議についての一下院議員への手紙」中野編訳, 2000年, 853頁〕, 傍点引用者。

# 第16章
# 論理嫌い（ミソロゴス）と歴史主義への道
――シュトラウスのバーク論に寄せて――

厚見恵一郎

　それは，もしひとが，〈言論というもの〉について，いかにあるかの心得もなしに，或る言論をまことのものと思いこみ，次にそれからいくらもたたないうちに，その言論がいつわりだと自分には思われるようになると，――それは真実にそうである場合と，そうでない場合とがあるのだが――，そこでまた別の言論についてあらためておなじ経験を次々とくりかえすのをいうのだ。そしてなかでも，あの矛盾対立論法をこととしている連中にいたっては，君も知っているだろうが，およそ，物事とか言論というもののうちには，なにひとつ健全でたしかなものはないと，おしまいには自分たちだけが見ぬいたつもりで，なにか最高の賢者にでもなった気でいるではないか。すべて有るものは，なんのことはない，まるであのエウリポスの潮流のように，上へ下へと廻るばかりで，片時も，いかなるところにも止まることはない――と（プラトン『パイドン』，90B-C 松永雄二訳）。

## 1　『自然的正（権）と歴史』の目次の中の断裂

　レオ・シュトラウスが『自然的正（権）と歴史』の「近代的自然権の危機」のセクションでルソーと並んでバークをメインに扱い，バークの考察をもって書物を閉じていることの意味はなんであろうか。「歴史の名においてなされる自然権への攻撃」（第Ⅰ章冒頭）すなわち歴史主義への考察をもって開始されるシュトラウスの『自然的正（権）と歴史』は，この歴史主義への道を（図らずも）備えることとなったバークの考察をもって終わっている。バークが末尾に

置かれることによって，R. ケニントンの表現を借りれば「末尾を開始に結合する読者の活動によって」，最終章が最初章へと結合され，最初章を準備し，「〔『自然的正（権）と歴史』という〕書物はひとつの全体のようなものとなり，それは自然権にかんする直線的な『歴史』であることをやめる」(1)。もちろん，歴史主義が最初に置かれ，バークが最後に置かれていること自体が，バークが必ずしも歴史主義に直結するわけではないとシュトラウスが考えていたことを示しているとも言える(2)。だがケニントンが言うように，末尾と冒頭がなんらかの連続性をもたされていることも否定できないであろう。しかしこのことは，『自然的正（権）と歴史』における「自然権の歴史」が循環的であることを必ずしも意味しない。末尾（バーク）と冒頭（歴史主義）の間の断裂だけでなく，現代の危機をもたらした歴史主義と近代社会科学を扱う第Ⅰ章および第Ⅱ章と，現代の危機の本質を探るべく自然権観念の起源に遡る第Ⅲ章との間にも，明らかに自覚的で非歴史的な断絶があるからである。シュトラウスによれば，「現在われわれが生活している世界」は「科学の存在によって深い影響を受けた世界」であるが，「世界の科学的理解というものは，自然的理解の完成であるどころか，その根本的変更によって」生じるのであるから，世界の科学的理解に先立って世界の自然的理解を把握しなければならない。そして，自然的世界を，徹底して前科学的あるいは前哲学的な世界として把握するためには，科学ないし哲学が最初に出現した時点よりも前にまで立ち返らなければならないのである。こうして第Ⅲ章で自然的正の観念の起源を論じたシュトラウスは，第Ⅴ章および第Ⅵ章で，自然権思想の流れをホッブズ，ロック，ルソー，バークとたどりながら，近代における自然的理解の「根本的変更」を解明していくことになる。

　ルソーとバークがともに，近代的自然権の危機を認識し，前近代への回帰を土壇場で試みたにもかかわらず，その近代的前提のゆえに逆に近代の危機を促進し，歴史主義への道を結果的に拓いた点については，前章がシュトラウスの論旨を丁寧に解きほぐしている。バークにおける近代的自然権の「危機」は，近代の深化なのか近代からの離脱なのか。それはルソーにおける「危機」とどう違うのか。こういった疑問についても，前章が示唆を与えている。形而上学に基づく均整の概念とは切り離された美的個性の重視。時間化（世俗化）され

た摂理解釈によって手段化された実践知と道徳の概念。変移の過程として一体化される自然的生成と歴史的推移。シュトラウスによれば，これらが，ルソーとバークの2人を結合し，近代を批判しつつも近代を推し進めさせることになった近代的な前提である。そして，バークにおいてなお残存していた理論と実践の区別が取り払われたとき，理性的なるものと現実的なるものを等置するヘーゲル的な歴史主義への扉が開かれる(3)。

## 2 バークにおける理論と実践の関係と「論理嫌い」

本論文では，バークと歴史主義の結合よりも，バークにおける理論と実践の区別が，アリストテレスにおける区別と異なって，観想的生活の優位を前提としていないどころか，形而上学への懐疑をエピクロスやヒュームと共有していたとするシュトラウスの見解に注目したい。バークは理論と実践の関係という前近代的な問題から始めるが，彼が「理論」を近代的な意味で理解しているがゆえに，すなわち理論とりわけ形而上学を低く見るがゆえに，この前近代的問題は変質させられている。自然学における現実認識の転換により，そして摂理の世俗化により，バークにおいては，理論が生成としての実践に奉仕すべき位置に置かれる。

　バークは，実践知を理論的学問の侵略から守ることだけでは満足しなかった。彼は，理論とりわけ形而上学を軽侮することによって，アリストテレス的伝統と訣別する。彼は「形而上学」とか「形而上学者」という言葉を，しばしば蔑称的意味で用いている。このような用語法と次の事実，すなわち，彼がエピクロスの自然学を「合理性に最も接近したもの」と考えたのに対し，アリストテレスの自然哲学を「彼にふさわしくないもの」とみなしていたという事実との間には，連関がある。バークが形而上学に浴びせる酷評と，彼の同時代ヒュームとルソーの懐疑論的傾向の間にも連関がある（NRH, 311-312=399-400頁）。

実践知はつねに，例外，変更，均衡，妥協，混合などを取り扱わなければな

らない。「日常生活の中に入り込んだこれらの形而上学的諸権利は，濃密な媒質の中に射し込んだ光線と同じく，自然の法則によって，直進方向から屈折させられる」。「社会の諸目的はこの上なく複雑である」ために，「人間の本源的諸権利」は「その本来の方向の単純性」を維持することができない。「そして［これらの諸権利は］形而上学的に真であるのに応じて，道徳的かつ政治的に偽なるものである」(NRH, 307=394頁　［　］内はシュトラウス)。

『自然的正（権）と歴史』におけるこれらのバークからの引用は，原子の直線的運動が現象世界において偶然に屈折するというエピクロスおよびルクレティウスの自然学説を思わせる。そしてシュトラウスは，バークが形而上学を軽侮したことと，バークがアリストテレスの自然学よりもエピクロスの自然学を「合理性に最も接近したもの」と見なしたこととは，関係があるという。この関係とはおそらく，バークにとって，自然が限定された目的論的構造をなすというアリストテレスの自然学よりも，「自然の法則」自体は無限の原子の運動であり，その運動が現実という「濃密な媒質」のなかで偶然かつ複雑に屈折するとするエピクロス主義の自然学のほうが理にかなっているように思われた，ということであろう。現実の運動を含む自然の全体像を理論によってあまねく把握できるとするアリストテレス的自然学への懐疑を，バークは，ルソー，ヒューム，また政治経済学と共有している。偶然が満ちている現実においては，理論よりも予期せざる現象についての適応や経験知が有効である。

「歴史的過程」と呼ばれるようになったものは，彼〔バーク〕にとっては依然として，偶然的因果作用か，あるいは，生起した状況の賢明な処置によって変形された偶然的因果作用であった。したがって，健全な政治的秩序も，彼にとっては結局，偶然的因果作用の予期せざる結果なのである。……「利得欲」，「この自然にして，この合理的なる……原理こそ」，「あらゆる国家の繁栄の偉大なる原因である」。善き秩序や合理的秩序は，それ自体としては善き秩序や合理的秩序に向けられていない努力の産み出す結果である。この原理は最初は惑星系に適用され，……人間における人間性も，偶然的な因果作用によって獲得されたものとして理解されたのである (NRH, 314-315=403-

第 16 章　論理嫌い（ミソロゴス）と歴史主義への道

404頁——傍点は厚見）。

自然を偶然として説明する自然学は，古典的な形而上学理論の価値低下とともに，現実記述的な理論の興隆をもたらす。

〔バークにおける〕理論と実践の区別の復活は，最初から，理論的形而上学に関する懐疑主義によって，すなわち，実践を重視し理論を軽視することで頂点に達する懐疑主義によって，変更を加えられていた。これらの先蹤に従って，実践の最高の形態——政治社会の設立と形成——は，反省によっては統御されない準‐自然的過程とみなされるようになり，こうしてそれは純粋に理論的なテーマとなることができた。政治理論は，実践が生み出したものを理解し，あるいは現実的なものを理解するものとなり，あるべきものの探究であることを止めた（*NRH*, 320=409-410頁）。

ここで注目したいのは，「形而上学的に真であるのに応じて，道徳的かつ政治的に偽なるものである」という先のバークの言葉を，シュトラウスが別の著作において，ソクラテスが拒絶した古代以来の「論理嫌い（misologos）」を説明する文脈で用いていることである。

政治的な教えが「形而上学的に真であるのに比例して……道徳的かつ政治的に偽である」かもしれないという論理嫌いの見解（misologist view）を，われわれはクセノフォンに転嫁していたようにも思われよう。しかしひとりのソクラテスの弟子は，実践的に偽であるものは理論的に真ではありえない，とむしろ信じていたと推定されなくてはならない。……最高の観点から見れば，すなわち知恵の観点から見れば，法律と正当性は問題含みである。都市がひとつに保たれた共同体である，いや，法律によって構成された共同体であるかぎり，一定の諸個人によって到達可能な，最高の道徳的および知性的レヴェルを，都市は熱望すらできない。このゆえに，最善の都市は道徳的にも知性的（intellectually）にも，最善の個人より低い水準にある。都市それ自体は，個人それ自体よりも低い水準（plane）に存在する。このように理解さ

れる「個人主義」が，クセノフォンの「コスモポリタニズム」の基底にはある（Strauss, *On Tyranny*, p. 99 ; 邦訳（上），226頁）。

　クセノフォンを論じた『僭主政治について』のこの文脈において，しかしクセノフォンは「論理嫌い」に分類されてはいない。「論理嫌い」の言明としてシュトラウスがここで引用しているのは，古代の著作家ではなく，バークの『フランス革命の省察』である。クセノフォンはソクラテスとともに，知恵が法律や正当な統治に優ること，そしてその知恵とは究極的には個人のものであることを，認めていた。これに対してバークは，法律よりも実践的な知恵を上位に置くが，バークが高く評価する知恵は，賢い諸個人の知恵ではなく政治社会の集合的な知恵である。クセノフォンのコスモポリタニズムの基底にある（個人の知恵を信頼する）「個人主義」と，バークが重視する美的個性——それは必ずしも知恵や調和と同一ではない——とは，大きく異なる。「古代人と近代人との間の論争は，結局のところ，そしておそらくその最初から，「個性」の位置づけに関係している」（*NRH*, 323=414頁）。前者は形而上学の優位性を承認したうえでの理論と実践の齟齬の自覚であるのに対して，後者は形而上学の軽侮に根ざした実践の多様性それ自体の称賛であり，そのかぎりでシュトラウスにとってはクセノフォンではなくバークこそは古代人の言う「論理嫌い」の典型なのである。[5]

　そして，たとえ「バーク自身は，なおあまりにも深く「健全な古代」の精神を吸い込んでいたので，個性への関心が徳への関心に打ち克つことを許すことができなかった」としても，シュトラウスにしたがえば，「論理嫌い」に与している点で，バークはもはや古典的コンヴェンショナリズムよりも近代的歴史主義に近いということになるであろう。なぜなら，古典的エピクロス主義の古典的コンヴェンショナリズムは，自然と作為の区別を廃棄したわけではなく，むしろ自然の真理の脅威から人間社会を守るために形成した正義や法や慣習という壁の必要性や有益さを知っていたのに対して（*NRH*, 109-113=155-160頁），ホッブズとスピノザによって政治化された近代のエピクロス主義は，自然と作為の区別を自然と歴史の区別によって置き換え，原子ならぬ「歴史的に個別的なるもの」それ自体の自立的運動こそが世界を構成するすべてであると主張し，政

第16章　論理嫌い（ミソロゴス）と歴史主義への道

治的に無益な理論を空論であるとして弾劾することによって，ソクラテスとエピクロスが哲学を守るために哲学と政治の間に構築した壁を，「政治的快楽主義」を優位に置く立場の側から（NRH, 169=232-233頁），突き崩したからである。『自然的正（権）と歴史』の叙述の流れからすれば，バークの「論理嫌い」と「空論主義批判」をもたらしたものは，コンベンショナリズムの近代化・政治化・歴史主義化である。さらに言えば，そうしたコンベンショナリズムの近代化をもたらしたものはエピクロス主義の近代化であり，エピクロス主義の近代化の兆候は，エピクロスの宗教批判の動機が，アヴェロエス主義の宗教批判のような理論的・形而上学的な動機ではなく，宗教がもたらす恐怖を克服して人間に幸福を与えようとする人間中心的な動機であったことのうちに，すでに胚胎していた[6]。[7]

　シュトラウスは上記のような（近代化された）エピクロス主義の痕跡を，ホッブズを経由してバークのうちにも読み込もうとしているように思われる[8]。すなわちバークは，「空論主義」（すなわち形而上学的観想主義）に対抗して実践（すなわち人間の自由という幸福）を達成しようとした。エピクロスにとって，原子論的自然哲学が恐怖からの自由という快楽を獲得するための道具ないし武器であり，原子論そのものが理論的に自由をもたらすものではなかったのと同様[9]，バークにとっても，理論ないし形而上学的に真であるものと政治的に善であるものとの間に論理必然的なつながりはない。理論は誤りや偏見や迷信を拒絶するが，政治家バーク（もしくは近代化されたエピクロス主義者たち）はこれらの偏見や迷信を利用して政治的自由を追求する（NRH, 311=399頁）。プラトンはイデアによる理想国家の理論にとって有益な道具たりうる詩を善き詩とし，理論に役立たない詩を悪しき詩とした。近代は理論から道徳を導出するのではなく，人間の幸福という便益に役立つ理論を善き理論とし，役立たない理論を空論であるとする。人間の福利に役立つならば，理論のみならず偏見や迷信も動員される。

## 3 歴史主義の「論理嫌い」と古典的自然権の「異質性についての知識」

　「壁なき都市」を構想する古代の原子論ないしエピクロス主義を，政治世界における人間の福利と世界帝国の形成のために利用すべく，「論理嫌い」を通じて理論と実践の優位関係を逆転させ，理論から切り離された原子論的世界像を「現実」としたのが近代の現実主義であるとするならば，「論理嫌い」と近代のマキァヴェッリ的「現実主義」の間には，そして近代の「現実主義」と歴史主義の間には，連関がある。経験的事象の生成をこえた「実在的理念＝イデア」は存在しない，という前提を，古代原子論と近代現実主義とは共有している。超越的理念（forma）の実在を拒否するこうした近代現実主義は，生成する経験的事象（materia）へと一元化された「現実」観をもたらす。これに対して，プラトン『ティマイオス』は，原子＝素材（materia）の背後にあって素材を規定する地平としての「場」の存在を述べる。

　さらにまた3つ目に，いつも存在している「場（コーラ）」の種族があります。これは滅亡を受け入れることなく，およそ生成する限りのすべてのものにその座を提供し，しかし自分自身は，一種の擬いの推理とでもいうようなものによって，感覚には頼らずに捉えられるものなのでして，ほとんど所信の対象にもならないものなのです（プラトン『ティマイオス』，52A-B 種山恭子訳）。

　この「場」について，納富信留の説明を引こう[10]。プラトンによれば，この世界の基底には，諸元素よりもさらに根源的な次元がある。それが「場」である。「場」が形をもつことで特定の「物」となる。元素や原子が存在していて，それらが離合集散することで宇宙ができているのではない。そうではなく，場がイデアの像という形——正六面体や正四面体といった形——を受け入れることで存在者となり，それらの存在者が生成変化しているのである。形が無限定の場を限定することで存在となる。プラトン的な「場」の思想からすれば，現実主義者の「現実」はたんに生成流転の「現状」であるにすぎず，現実主義者た

## 第16章 論理嫌い（ミソロゴス）と歴史主義への道

ちはその「現状」をこえる足掛かりとしての言論や論理を軽蔑して「現状」を肯定しているだけにすぎない。もしも真に存在する世界を「現実(リアリティ)」と呼ぶのであれば，現状を支える根拠としてのイデアこそ「現実」の地平なのではないか。そしてそのイデアは，言論のうちに現出するものなのではないか，ということである。(11)

素材を規定する場たる形相を想定するからこそ，現実のうちに質的区分が生まれる。『自然的正（権）と歴史』ではこのことは，人間的な事柄へとソクラテスが研究を向けかえたこと——換言すればソクラテスが自然の全体とそのなかにおける人間の自然とを区別し，全体と部分を区別したこと——と関連づけて説明されている。

> 全体は「存在を超えて」いなければならない。それでいて全体は諸部分の総体なのである。そこで全体を理解することは全体のすべての部分あるいは全体の分節化を理解することを意味する。もし「在ること」が「何ものかであること」であるとすれば，事物の存在，あるいは事物の本性は，第一義的には，その何であるかということ，その「形態」「形相」「特性」等のことであって，しかもこれらのものは，事物がそこから生じてくる根源にあるものとはとりわけ別個のものなのである。……それ〔全体を理解すること〕が意味するのは，完成された全体の明白な分節化の中に示された統一性を理解することである。このような見解は，さまざまな学問間の区別に根拠を与えてくれる。さまざまな学問間の区別が全体の自然的分節化に対応するからである。このような見方はまた，人間的な事柄それ自体の研究を可能にし，とりわけ促進するものなのである（*NRH*, 122-123=172-173頁）。

ソクラテス（プラトン）にとって，自然の理解とは，自然の素材や現象の理解ではなく，自然の全体の理解であり，「完成された全体の明白な分節化の中に示された統一性を理解すること」であった。ソクラテスによる古典的な自然的正の理論が存在の自然のうちに質的区分を見出していることこそが，ソクラテス的知と原子論との決定的な相違である。(12) そしてソクラテス的な自然の分節化は，シュトラウスの言う「異質性（heterogeneity）についての知識」にもつ

279

ながる見方であると思われる（*WIPP*, 39-40=32-33頁）。シュトラウスによれば哲学は全体についての知識への努力であるが，われわれが保有するのは諸部分についての部分的な知識である。そして全体と部分の関係を規定する知識は，「けっして克服されたことのない，根本的な二重性によって特徴付けられる」。すなわち一方には，算術や他の技術的な知識のうちに見出される「同質性（homogeneity）についての知識」がある。これは自然を画一的・同質的なものとして見る知識といってよいであろう。しかしプラトン（ないしシュトラウスのみるプラトン）によれば，人間の自然については同質性の知識のみで知ることはできない。他方にある「異質性についての知識，とくに異質なもろもろの終局目的についての知識」が不可欠である。人間の生のもろもろの終局目的についての知識とは，人間の魂についての知識を含み，全体に開かれ，人間の生を完成させ全体にするものについての知識である。こうした異質性についての知識の最高形態は，政治家と教育者の技術である。だがこうした最高次の意味での政治的技術は全体そのものについての知識ではない。全体についての知識を得るには，最高次の意味での政治的知識と同質性についての知識をなんとかして結合させるという困難が伴うのである。この困難——数学と数学に近似したあらゆるものによって生み出される同質性の知識の魅力と，人間の魂とその諸経験を静思することによって生み出される慎ましい畏れの魅力とのどちらに屈服することをも拒絶しつつ，双方の知識を結合していくという困難——を自覚していたのが，古典的政治哲学であった。首尾一貫した自然主義ではなく，同質性についての知識と異質性についての知識の並存と緊張のなかで，自然的正の理論たる古典的政治哲学は成立する。これに対して，こうした古典的図式を「非現実的」なものとして拒絶するところに，マキァヴェッリにはじまる近代政治哲学の特徴がある（*WIPP*, 40=33頁）。シュトラウスのみるところ，マキァヴェッリとバークに共通するのは，同質性と異質性を区分する「場」の存在を拒否するような，「論理嫌い」の現実主義であったといってよいかもしれない。[13]

注

(1) Richard Kennington, "Strauss's *Natural Right and History*", *The Review of Metaphysics*, 35-1, 1981, p. 62（邦訳の傍点は厚見）.

第 16 章 論理嫌い（ミソロゴス）と歴史主義への道

（2） S. レンツナーは，『自然的正（権）と歴史』のバークのセクションを 3 つに区切り（1-13, 14-23, 24-34 の各パラグラフ），1-13 ではアリストテレス的実践知を復権させようとした伝統的バークが，14-23 では形而上学と道徳的善との関係を切断した近代的バークが，24-34 では最善の国制を反省を経ない自然過程の模倣と見なすことで「歴史の発見」へと舵を切ったバークが，それぞれ描かれているとする。レンツナーによれば，第 1 のバークが「シュトラウスの真のポートレート」であり，第 3 のバークは意図せざる結果としてのバークである。Steven Lenzner, "Strauss's Three Burkes: The Problem of Edmund Burke in *Natural Right and History*", *Political Theory*, 19-3, 1991, pp. 364-390. Steven Lenzner, "Strauss's Burke Reconsidered", in Sharon R. Krause and Mary Ann McGrail, eds., *The Arts of Rule: Essays in Honor of Harvey C. Mansfield*, Lexington Books, 2009, pp. 313-324.

（3）「ホッブズとロックの政治的構築物においては，それ〔秩序の原理〕は，時間的過程に特徴的なものではなく，構築された持続する人間的秩序に特徴的なものであった。ルソーとバークにおいてその原理は時間的現象と人間的現象の双方のうちに──歴史の諸作用のうちに発見された。ヘーゲルがかれらの前例に倣ったとき，かれは歴史におけるその原理の顕現を自然の諸原理から切り離した（*NRH*, 320）：全体は秩序をこえている。歴史的なものが自然的なものおよび他のすべてを包摂していると言われたとき，近代的個人を包摂しえていた秩序の名残が失われたのである」（Kennington, *op. cit.*, p. 86.）。

（4）エドマンド・バーク，半澤孝麿訳『フランス革命の省察』みすず書房，1997 年，79 頁。

（5）シュトラウスのコジェーヴ宛書簡（1957 年 4 月 22 日付）を見よ。「実際，君が言うとおり，論理嫌いは最悪のものだ。……私はソクラテスと人民との会話の可能性を信じてはいない」（*On Tyranny*, p. 275；邦訳（下），240 頁──強調はシュトラウス）。

（6）*GS 1*, S. 79. ここでシュトラウスがエピクロス主義の自足（autarkeia）とギリシア哲学の幸福（eudaimonia）との区別を消去していることに注意せよ。Benjamin Aldes Wurgaft, "From Heresy to Nature: Leo Strauss's History of Modern Epicureanism", in Brooke Holmes and W. H. Shearin, eds., *Dynamic Reading: Studies in the Reception of Epicureanism*, Oxford University Press, 2012, p. 274 n. 15.

（7）Wurgaft, *op. cit.*, pp. 296-297.

（8）「彼〔ホッブズ〕は，人間は自然本性的あるいは本源的に非政治的，あるいは非社会的でさえあるというエピクロス的見解を，善いことは基本的に快いことと同じであるというエピクロス的前提とともに受け入れる。しかしホッブズは，エピクロ

ス派の非政治的見解に政治的意味を与えている。彼は快楽主義的伝統の中に政治的理想主義の精神を注入しようと試みる。こうして彼は政治的快楽主義の創始者となった。……われわれがホッブズまでさかのぼらねばならなかったこの画期的な転換は、エドマンド・バークによって十分理解されていた」（*NRH*, 169=232-233頁）。
(9) *GS 1*, S. 67.
(10) 納富信留『プラトンとの哲学──対話篇をよむ』岩波新書, 2015年, 190-191頁。
(11) 納富前掲書, 98頁。
(12) シュトラウスは, エピクロスやコンヴェンショナリストもまた「自然の正」あるいは「正の自然（本性）」を認めていたことを指摘している。しかしシュトラウスによればエピクロスやコンヴェンショナリストの自然的正は,「厳密な意味での自然的正, すなわち, いっさいの信約や契約に先立ち, それとは独立に正が存在することを意味するものではない」。エピクロス主義がいうところの「正の自然（本性）」は, プラトン『国家』におけるグラウコンによれば, 自然に反するある種の慣習に存している。エピクロス主義と自然的正──厳密な意味ではない自然的正──の主張とが結びつきうることをエピクロス主義者ガッサンディに教えたのは, ホッブズであった（*NRH*, 111. n. 44=428-429頁）。
(13) H. マンスフィールドによれば, マキャヴェッリとバークに共通するのは, 現実の変転の不可避性の認識と, 政治的秩序創設期における, すなわち原初的自然における, 荒々しき暴力である。しかしバークはマキャヴェッリとは異なって, 政治秩序の維持存続のために創設期の暴力に回帰する必要を認めない。バークにとって政治秩序の維持のために必要なのは,（集合的）賢慮にもとづく制度の微調整であり, そうした秩序のある種の自己調整機能が「自然法」の名のもとに正当化される。Harvey C. Mansfield, "Burke and Machiavelli on Principles in Politics", in Harvey C. Mansfield, *Machiavelli's Virtue,* The University of Chicago Press, 1996, pp. 100-108. 人為による制度刷新よりも歴史的賢慮を強調する点に, バークにおけるコンヴェンショナリズムから歴史主義への移行をみることができるかもしれない。

## 終 章
# 自然権の存在論
―― 「在ろうとして在るもの」(1)としての自然権 ――

石崎嘉彦

## 1 「自然権とは何か」の考察に向けて

　レオ・シュトラウスの主著『自然権と歴史』の「ちくま学芸文庫」からの再刊を期して企画された共同研究の最後に，シュトラウスの「自然権とは何であるのか」について，いくらか考察を巡らせることが本稿の課題である。以下では，①近代啓蒙の帰結としての「政治的なもの」の否定と「自然権」の問題，②自然の科学的理解に対し「自然権」を対置することの意味，③エソテリシズムおよび思想の歴史的研究とポストモダン哲学の問題に考察を加え，そして最後に，④シュトラウスにとって「自然権」とは「何であるのか」について暫定的ながらもなんらかの答えを引き出すことに務めたい。

## 2 「政治的なもの」の危機と自然権

### (1) 近代性の没落と「決断主義」

　『自然権と歴史』が「近代‐古代」を意識しながら論じられた著作であることは，章の構成から比較的容易に察しがつく。にもかかわらず，この書は，彼の「近代性の三つの波」という語で表わされる「歴史」の順序から言えば，変則的な形で議論が進められているように思われる。というのも，この書の章立ては，「第三の波」から始まり，その「波」と「第一の波」の間に「古代」に関する2つの章の議論が挟み込まれ，最後に「第二の波」へと受け継がれる形で論が進められているからである。つまり，この書は，理論的に自然権概念の否定へと導いた「ラディカルな歴史主義」と「価値自由的社会科学」批判の議

論に，本来的「自然権」の生成とその概念の古典的展開についての議論が対置され，それに続いて近代的自然権の成立についての議論から「歴史主義」を準備した「第二の波」による歴史概念の成立の議論で締め括られているのである。

そのうえで，古典的自然権を扱う2つの章（Ⅲ章とⅣ章）のそれぞれのテーマであった「コンヴェンショナリズム」と「自然権（的正）」は，Ⅴ章とⅥ章では，近代的「自然権」理論の学的基礎づけとその歴史的議論による補完という形に変形されて「自然権」対「歴史」の対立の問題として位置づけなおされ，近代的理論のなかに姿を変えて再現されている。そのような論述を通してシュトラウスは，「近代性」の最終形態である歴史の理論と価値自由的社会科学が，ともに相対主義から自然権否定へと転じ，最終的に「第三の波」としてのニヒリズムへといたる危険を，われわれに示しているのである。

近代性とはここでは，自立した諸人格による自由と平等の人間的生を可能にする，科学，法，正義などのさまざまな文化的要素を決する知的枠組みを意味するが，それらはまた人間の幸福実現のために必要不可欠な要素を決定づけもする。人間の「幸福」とは，時代貫通的に問われ続けてきた人間的生の「目的」を意味する概念であったが，近代草創期の哲学者たちもまた，当然のことながら，それがなんであるのか，そのためになにをなすべきかをめぐって，さまざまに思考を巡らせてきた。その問題を考える際，彼らは総じて，「人間的自然（human nature）」についての思考を基礎にして，それに答えようと努めてきた。目的としての「幸福」にいたるための手段に関して哲学者たちの間に意見の相違があったことはたしかであるが，近代の哲学者たちが「知」，とりわけ「科学」，を重視したという点では共通していた。ベーコンの「知は力なり」が近代の哲学者たちに与えたインパクトは，決定的でさえあった。

ところが，世界を人間の意志にしたがって再構成することを通して野蛮と迷妄からの脱却を図ろうとするこの運動も，20世紀になって，その「知」がテクノロジーと結びついて強大な支配力に転化し，それが生み出す人間の欲望もまた無限に拡大されることが明らかとなって，致命的な欠陥が孕まれていることが見えてきた。「知」が「力」に奉仕するものとなり，ついには支配の道具に転化してしまったからである。こうして，啓蒙のプロジェクトは，最終的にそれが目指すものとは正反対の，自由ではなく絶対的支配を，平等ではなく僭主

終　章　自然権の存在論

的支配を生み出すものであることが明らかになった。

　ところで，近代の哲学者たちの掲げた目的や理想は，「神」，「自由」，「不死」，あるいは「絶対知」，「国家」，「理性的なもの」等々であったが，それら「目的」や「理念」が「富」や「資本」，目的の国としての「コミュニズム」といったものに具体化されたとき，総じて「政治的なもの」に代わるなにものかとしての意味をもつようになっていた。つまりそれらは，古典古代の「ポリス」や，中世の「神の国」に代わるなにものかとして提出されていながら，脱政治的なものに変換されていたのである。「都市」あるいは「生活世界」の脱政治化は，目的論的人間観をその一部とする目的論的宇宙観に支えられていた「都市」や「神の国」といった観念の崩壊をもたらす。そのような諸観念の崩壊とともに，幸福実現は，非目的論的自然科学と目的論的人間科学という二元論による人間観によって追求されることになったが，そのような仕方での問題の「近代的解決」が無効であることがわかってきたのである。

　近代性とは，「政治的なもの」と「神的なもの」の否定のうえに立って，人間的世界と自然的世界を「人間的あまりに人間的なもの」とする運動である。近代性が「政治的なもの」の否定を特徴とすることは，国境を越えて人類にあまねく共有されうる近代科学に，その典型を見ることができる。そして，それの行き着くべきところは，コジェーヴの「普遍同質的国家」，あるいは「永遠平和」，「目的の国」，「共産制」，政治的には死滅した「国家」以後の世界を意味した(2)。しかしつまるところ，それらもまた，それ自体としては，非価値的な，あるいは脱価値的なものでしかなかったのである(3)。要するに，「近代性」のプロジェクトとは，「政治的なもの」の否定，それを通して世界を「無目的」という目的へと駆り立てる機構と化す運動，そして「万事がまさに『自ずと運び』，事物がそれ自体で管理される(4)」状態を作り出す運動でしかなかったのである。そのうえ，いまわれわれは，そうして作り出された機構が何者かによって簒奪されるとか，その機構が人間の手を離れ人間に対する敵対物に転じてしまう危険を経験しなければならなくなっている。これこそ人類にとって最悪の事態と言うべきであろう。

（2）決断主義を超えるための理性

　近代性がそのような事態に立ち到らざるをえないことを，ニーチェとハイデガーはいち早く見抜いていた。彼らはそれに対して「生」と「力」あるいは政治以前的「存在」を対置しようとした。それに対して，C. シュミットは「政治的なもの」を回復させる必要を説くことによって呼応した。しかしそれは，いわゆる実存の哲学者たちが「政治的なもの」の否定をいっそう先へと推し進め，「知」の否定，あるいは「知」に対して「決断」と「詩的なもの」を対置したのと同一の方向へと向かうものであった。というのも，「理性的なもの」の又の名である「推論」を「遠ざける」という意味をもつ「決断（Entschluß）」は，根源的な意味で「政治的なもの」であったからである。それゆえ，「敵と味方」の概念によって「政治的なもの」を定義しなおしたシュミットの試みは，実存の哲学者たちが目指したことの政治学的表現であったとさえ言いうるのである。そういった意味からすれば，シュトラウスの政治哲学は，シュミットの「政治的なもの」に触発されて試みられた実存の哲学に対する応答であり，それらを越えようとする試みであったと言いうる。それゆえ，二項対立的な形をとっている『自然権と歴史』のタイトルと章編成は，「政治的なもの」を取り扱うシュトラウスの姿勢の表れであると言ってもよいのである。

　シュトラウスは，理論的活動を開始した時期（1932年）に書いた「カール・シュミット『政治的なものの概念』への注解」（ACBP）で，シュミットの提言を受け入れ，われわれが立ち会っている現代が「中性化と脱政治化の時代である」[5]ことを確認し，「政治的なもの」の否定こそ，近代的人間の置かれている状況に孕まれている根本的問題であることを確認している。そのうえで彼は，「自由主義が今や信ずるに足りないものとなっており，他の体制がそれに対置されなければならないとすれば，自由主義に対抗する最初の言葉は，政治的なものの肯定である」[6]と続けている。しかし，シュトラウスは，それにとどまらず，「政治的なもの」を「隠蔽する（verdecken）」仕方で「抹殺する（töten）」という自由主義の卓越した手法に言及しなければならなかった。彼は，それに無頓着なシュミット理論の脆弱さ，「シュミット的提案の暫定性」を指摘せざるをえなくなったのである。そこから，シュトラウスは，シュミットのホッブズ「自然状態」理解の吟味を手掛かりとしながら，シュミット的否定との独自の

格闘を開始することになった。

　シュミットとシュトラウスの「政治的なもの」の理解の差は，シュミットが，「政治的なもの」を「飢え，欲情，不安，対抗心」から生じる動物的衝動のごとき「人間生活の真剣さ」，「不断の危険と強迫さ」から生じる「悪」の表れと捉える一方，「文化的なもの」を「娯楽的なもの」と捉え，そのなかに認められる道徳的な意味での人間的自然を見ないのに対し，シュトラウスが，「道徳的，美的，経済的」なもの等々を「政治的なもの」の対立的概念と解しながらも，それらを「政治的なもの」のなかにある道徳的な意味での人間的自然と見ようとする点にあったと言いうる。加えてまたシュミットの「自然状態」の理解には「悪」の意味での「危険であること」が含意されているのに，シュトラウスの理解には，原初的な「非の打ち所のない (integer)」「正」や「善」が含意されているという点もあった。そのことは，シュミットが「敵」である存在を「実存的に何か他なる者であり疎遠なる者」とするのに，シュトラウスがそのような者たちの間の「秩序」を「偶然によるのでもなければ論争的でもない」，「非の打ち所のない知」という語をもって理解している事実からも明らかにされる。シュトラウスのこのような「自然」と「文化的なもの」の理解が，新たな「自然権」概念に道を開いたことは間違いない。そしてこのことは，シュトラウスがハイデガーの「存在」に対して「自然権」を対置した理由を説明するものでもある。

　ホッブズを「文明の理想の提唱者」にして「自由主義の創始者」であるとするシュトラウスからすれば，ホッブズを「敵と味方」に還元される自然的世界の代弁者と解するわけにはいかない。彼は，自然状態を，シュミットのように肯定するためにではなく，否定するために描いたのである。このようなシュトラウスの「自然状態」理解からすれば，「政治的なもの」は，彼に先行する啓蒙の思想家たちの「文化的なもの」に対置されるものでありながら，単なるその否定である「野蛮」としての「自然状態」とは相容れない，いっそう根源的な意味での「自然的なもの」を含意する概念であったと言うべきであろう。こうして，シュトラウスは，シュミット的「敵と味方」による「政治的なもの」の定式化を退けざるをえなくなる。というのも，「政治的なもの」としての「敵と味方」それ自体が，すでに「文化的なもの」としての性格を付与された

ものだからである。かく解されたシュトラウスの「自然的なもの」は，他者を「侵害し，暴圧的に征服し，搾取し，壊滅させる[12]」ニーチェ的「生」とも異なる。

　シュトラウスがそのような結論にいたったのは，シュミットが「文化的なもの」を「世界観，文化，経済，道徳，法，芸術，娯楽等々[13]」に纏め上げた際の最後の「娯楽等々」の箇所に注目したことによってである。シュトラウスがそこに着目するのは，「政治的なもの」が「娯楽」に対置されるとき，その「政治的なもの」が撤廃された世界での「娯楽」が，なお「興味深い」対立や競争や策謀といった「娯楽」的なものを残さざるをえないからである。両者は根底的に対立するものでないばかりか，同根のものでさえあることが読み取られることになる。シュトラウスはそこから，シュミットの「政治的なもの」と自由主義的平和愛好者の理想との間に類縁性が存することを読み取ったのである。

　そのうえで，シュトラウスは，シュミット的「政治的なもの」に対して「戦争状態」よりいっそう普遍的な，したがって「緊急事態（Ernstfall）」とは区別される，「自然的なもの」としての「政治的なもの」を対置する。「文化的なもの」の対極に位置し，啓蒙に対置されるこのような「政治的なもの」とは，自由主義の地平におけるものではなく「自由主義のかなたの地平」，すなわち，ホッブズがそのうえに「自由主義の基礎を築いた[14]」道徳の地平にこそ存するのである。シュトラウスは，ホッブズがそこにおいて思索することのできた，近代自然科学の伝統が形成される以前の幸運な一時期にかろうじて捉えることのできた「傷つけられておらず堕落もしていない自然[15]」の理解のうえに立って，政治的なものを理解した。その「政治的なもの」の「自然」は，近代自然科学に傾倒した政治学者としてのホッブズ以前の思考地平，つまりアリストテレスとトゥキュディデスの読者としてのホッブズの思考地平において理解される，あるいはフッサールの「生活世界」の語によって理解される「自然」でもあった。

　後にシュトラウスは，そのような前科学的地平の範型を，ホッブズにではなく，プラトンやクセノフォンらの古典的思考に求めていくことになる。それとともに，科学的思考枠組みはいっそう堅固な構築物としての自由主義を基礎づけるものと解されるようになる。それによって，シュトラウスがみずからの思

考の中心に位置づけることになった「政治的なもの」の概念もまた,古典的哲学の「自然」概念と結びつけられていく。これが『自然権と歴史』の議論が立脚している「政治哲学」の地盤である。それゆえ,この「政治哲学」によって,本来「自然」の探求というところから出発した「哲学」がその本分に立ち返り,近代科学と自由主義の思想によって誤って解されることになった「自然」の本来の意味が取り戻される。したがって,ここでの論題である「自然権」は,一般に解されている「人権」の基礎理論としてではなく,根源的な人間の「存在」を根拠づける基礎的概念として,理解されねばならないのである。

## 3　なぜ自然権か

(1) それでも自然権は不可欠である

　われわれの第2の論点は,なにゆえシュトラウスが「自然権」の概念をみずからの思考の中心的テーマとしたのかという問題である。『自然権と歴史』がこれまでの議論で参照された「シュミット『政治的なものの概念』への注解」が経験していなかった自然権否定を経験した後に書かれたものであることは,心に留められるべきである。この書においては,「自然権」というテーマが,第一義的に,この経験にかかわっていることは間違いない。それゆえ,「序論」の冒頭部分でのシュトラウスの自然権否定についての議論は,その哲学的意義について論じようとするとき,避けて通ることはできない。

　その記述から,シュトラウス政治哲学が,20世紀という時代に生きかつ死んでいった数多くの人間たちと少なからぬかかわりをもち,その生と死に応えんとするものであることが伝わってくる。それは,この書のテーマがなぜ「自然権」でなければならないかに,少なからずかかわっている。彼らの生きた世紀が革命と戦争の世紀であったがゆえに,その人たちの生と死が,その概念の理解によって左右されたからである。近代が,「自然権」の概念を獲得することによって成立し,その理論に基づいてみずからの世界を打ち立てた一方で,それを忘却し,それを棄て去ることによってみずからの墓穴を準備した時代であったがゆえに,それは,近代国家を基礎づけもすれば,その倒壊の論拠ともなったのである。この書の「序論」は,近代のそのような性格を確認するところ

から始まっている。

　シュトラウスは，その確認の作業を，アメリカ合衆国独立宣言のなかの自然権に触れた一節を引き合いに出すことから始めている。そしてそれに続けて，第2次世界大戦前夜のドイツの精神的状況と大戦終結後のアメリカ思想，とりわけそこでの社会科学の学問的姿勢との間の類似性を指摘している。その記述には，明示的にではないにせよ，その議論に込められた著者自身の思いがにじみ出ている。思想の世界で見え始めた「自然権の否定」が，10年も経たないうちに現実の問題として自身の身に降り懸ってきたことの恐怖と，多大の犠牲を払って勝ち取られた地平がそれ自身のうちにかつて著者自身を恐怖へと叩き込んだのと同じ根を孕んでいることに対する危惧の念が，そこから直接伝わってくるのである。

　「序論」がわれわれに語るのは，近代の自由主義が依然確固たる地盤を獲得するにはいたっていないこと，近代性が依然として危機的であること，それゆえ，「政治哲学」の焦眉の課題は，自然権理論を再定式化することにあるというものである。「序論」が独立宣言の一節への言及から始まるのは，当時のアメリカの自由主義とそれを支えている社会科学に警鐘を打ち鳴らす意図からであったことは言うまでもないが，流浪の民ゆえ普遍的法としての自然権以外に寄る辺をもたない民族に出自をもつシュトラウスにとって，その忘却は決して看過できない事柄でもあったからである。いずれにせよ，自然権否定とその先に待ち受ける哲学否定のゆえに生地ドイツを後にした彼にとって，みずからが向かったその地で同様の事柄が繰り返されようとしている事態は，到底受け入れられるものではなかったのである。

　シュトラウスがドイツからパリに向かったのは，ナチスによる政権掌握のほんの数カ月前のことであった。そのドイツの共和国の破綻は，スピノザによって設えられた政治的自由主義の破綻を意味した。そればかりか，それはドイツ的教養の根幹にあったドイツ理想主義それ自体の破産をも意味した。若きユダヤ人にとって，その破綻は，狭義には，スピノザ的ユダヤ人問題の解決の破綻を意味したが，広くは，万人の自由と平等を謳った近代的自然権とそれを基礎づける近代性それ自体の破綻を意味し，それゆえ，その問題は，単にユダヤという一民族の問題であるに留まらず，人類の存亡にかかわる問題でもあった。

そこから，シュトラウスにとって，近代的自然権の問題を抉り出す作業は，「政治哲学」ばかりか「哲学」全体の存亡にかかわる最重要課題となった。それゆえその自然権省察の試みは，自然権の概念の哲学的省察，自然権の「何であるか」の解明として行われなければならなかった。その探究はまた，近代的自然権にとどまらず古典的自然権にまで遡り，まさにその観念の出現から衰退にいたるまでの全過程を対象とした考察として行われなければならなかった。そのような哲学的探究を通してシュトラウスは，近代的自然権，より一般的には，近代的理性それ自身の内に，みずからを否定する契機が備わっていることを突き止めることになった。

かくして，『自然権と歴史』は，戦間期ドイツの精神的・思想的な危機的状況の中から生み出されてきた思考の結晶と言いうるが，ここではそのことが，この自然権の考察と並行して進められた『僭主政治について』（OT）と『迫害と著述の技法』（PAW）という他の2つの著作によって進められた考察からも裏づけられることを確認しておこう。「僭主政治」と「迫害」はいずれも「自然権」否定からの帰結である。シュトラウスは，自然権否定をテーマとした著作を，自然権をテーマとした著作に対質させることによって，自然権の「自然本性」を明らかにしていると言いうるのである。以下ではそれらの著作にも簡潔に触れながら，「僭主政治」と「迫害」対「自然権」という視角から，いくらかの考察を試みておきたい。

（2）近代の僭主政治との対比の中で

まずは，『自然権と歴史』と『僭主政治について』とのかかわりに触れておこう。シュトラウスが「僭主政治」によってナチズムとスターリニズムという現代の自然権否定の政治体制を想定していることは言うまでもない。そういった政治現象に対する運動は，レジスタンスやマイクや拡声器で行われる意思表示から類推される行動や声高に唱えられるプロパガンダとなるのが通例であるが，シュトラウスは，僭主政治についての古典テクスト読解を通してそれを行おうとする。それは，実践にかかわる思考の営みとしては，きわめて特異なやり方である。しかし，古典哲学の究極の教えが哲人統治であったことを思い起こせば，ある意味でそれが最高の実践であることが理解されうるであろう。古

典的テクストの読解は哲学による実践なのである。

　そこで,『自然権と歴史』を『僭主政治について』と相互補完の書であると解するならば,両者の間に自然権対自然権否定の関係とともに,理論対実践の関係が存すると解することが可能となる。あるいはそれを,哲学と支配あるいは力の関係と言い換えてもよい。それと類似したことは,『自然権と歴史』と『迫害と著述の技法』の関係についても言いうる。ただしこちらでは,前者が「哲学」あるいは「科学」を代表しているとすれば,後者は「宗教」を代表していると見ることができるのであって,両者の間には知と信の対立,あるいはアテナイとイェルサレムの対立が存していると言いうる。

　いずれにせよ,『自然権と歴史』を含めたこれら3つの著作は,「歴史的研究」でありながら,それぞれが論述の位相を異にする「政治哲学」的「歴史」研究なのである。それが政治哲学的であるのは,いずれもが根源的対立を意識した議論であることによる。「政治的なもの」とは「根源的に対立を含む」ということと同義であるが,そこから「政治哲学」とは,そのような対立としての「自然」と「正」に関する知的探究であることになる。それゆえ,政治哲学の存否は,自然権の概念を基礎づけうるか否かに懸っていると言ってもよい。そして,その基礎づけに携わるのが,哲学である。

　さらに,『自然権と歴史』は,最も本源的な意味での歴史的研究である『僭主政治について』とも,ユダヤ文脈のうえでの中世と前近代を扱う歴史研究である『迫害と著述の技法』とも異なり,「現代」をそのうちに含む歴史研究である。それは,過去ではないという意味での,非歴史的なテーマを取り扱っているのである。それゆえ,『自然権と歴史』を通して,議論は現代へと開かれていく。このことから,われわれの第3番目の論点,すなわち「非歴史的」政治哲学と「政治哲学の歴史」の研究との関わりという問題が浮かび上がってくる。

## 4　政治哲学と歴史研究

### (1) 古典回帰と非歴史主義的政治哲学

　シュトラウスが政治哲学を非歴史的な学と解していたことは明らかである。

終　章　自然権の存在論

にもかかわらず，彼がその研究活動の大半を「政治哲学」の「歴史」の研究に費やしたということも，紛れもない事実である。ここには一見,「矛盾」が存するように思われる。しかし彼の歴史研究が，過去のテクストとの対話という仕方での歴史研究であったことに注意を向ければ，その矛盾はいくらか氷解する。彼は，歴史上の人物たちと会話することによって，哲学者であるとともに，思想あるいは哲学の歴史の研究者でもありえたのである。この書の「序論」にある，自然権の問題が「想起の事柄である」がゆえに「歴史的研究を必要とする」という言葉は，そのようなシュトラウスの哲学の姿勢を端的に言い表している。このことからも明らかなように，シュトラウスの政治哲学があまたの過去の思想家たちとの対話から成っていることはたしかであるが，それではいったい過去の哲学思想との対話を哲学することの中心的な営みとする哲学のどこが革命的であるのかについては，いましばらく考えてみる必要がある。

　ところで，最初に指摘しておいたように，この書は,「歴史の研究」であるとしても，通常の哲学史や思想史の研究とずいぶん異なっているということであった。そのことは，この書の「目次」を一瞥しただけですぐにわかる。その特徴は，時系列に順を追って述べられる哲学史の記述とはまったく異なる点にある。どう見ても，一般の歴史とは異なる，異色の「歴史」なのである。それは，現代の解釈家が過去の思想家たちと対話することによって過去を解釈し直すという意味で歴史的なのである。シュトラウスは,「進歩か回帰か」と題された講義で,「進歩に代わるものを考えてみる必要がある」(*RCPR*, 227) と述べているが，このような独特の「歴史」は，その「回帰」の立場からする歴史であると言ってよい。「回帰」は「悔い改め」を意味するとも言われている。それは，われわれに「悔恨」を迫る「歴史」なのである。

　それでは，シュトラウスは,「進歩」よりも「回帰」とかかわりをもつ「歴史」研究によって，いったいなにを企てたのであろうか。一言で言えば，それは，現代と過去の思想の見直しである。「進歩」を口にするとき，われわれは，われわれの方が古代の人たちよりも賢明である，と暗に述べている。われわれは，古代人のような迷信や狂信から解き放たれ，古代や中世の人たちが知りえなかったことを知っており，不合理な差別や偏見によることのない制度のもとに生きているというわけである。

たしかに，アリストテレス的宇宙観を否定して成立した近代物理学のものの見方に馴染んでいるわれわれは，自然界や宇宙の事柄について古代人たちより多くのことを知っているであろう。ところが，ここでのテーマである自然権に関しては，アリストテレスこそその観念の源泉である。だとすれば，その観念については，彼から学ぶよりほかに手立てはない。少なくとも，自然権については，アリストテレスその人が述べたことを彼が理解した通りに理解する以外に，われわれはその知に達することができないのである。近代人がアリストテレスについてまだ十分な知識に達していないことを，シュトラウスはイスラームの哲学者たちのアリストテレス解釈から理解した。われわれもまた，アリストテレスについての十分な理解に達する前にそれを誤りとして退けることには，異議を申し立てなければならない。いまアリストテレスについて述べたことは，過去のすべての思想家たちにも当てはまる。近代の科学と歴史の偏見を脱した目からの歴史研究が必要とされる所以である。
　シュトラウスはそこから，「過去の著作家が自らを理解したように厳密にその著作家を理解する」（*RCPR*, 208=273頁）という思想史研究における１つの格率を導き出してくる。それは，「古代の著作家が自らを理解した以上にその著作家を理解」（*RCPR*, 208=273頁）しようとする歴史理解に対置される。後者の理解は，哲学者をその哲学者がみずからを理解していた以上によく理解することを目指す歴史主義的理解である。それゆえ，このような仕方の向こうを張って進められるシュトラウスの歴史研究は，哲学や思想の「歴史主義的」理解の限界を突破する哲学的企てなのである。

（２）思想史の研究と「著述の技法」
　ところで，過去の思想家をその思想家がみずからを理解したように理解しようとするシュトラウスの思想史研究は，これまでの偉大な思想家たちは「著述の技法」を心得ていたというテーゼによって導かれている。『迫害と著述の技法』は，この問題をテーマとする著作であるが，ここでは，この「著述の技法」が，同じく思想史研究の性格を併せもつ議論によって浮上させられてくる「自然権」概念の考察にどのように関係するのかを見るために，いくらか解説を加えておきたい。

シュトラウスは，最初期のスピノザの宗教批判とその哲学の射程を見極める作業を進めるなか，中世ユダヤの哲学者マイモニデスの研究へ，そしてそこから中世イスラームの哲学者アル・ファーラービーの研究へと向かっていくことになった。そのなかで彼は，中世哲学研究者たちのキリスト教スコラ哲学の理解とユダヤ・イスラームの中世哲学の理解の水準に差があることに気づく。中世の哲学者たちがスコラ哲学については詳細な知識を有しているのに，ユダヤとイスラームの哲学についてはそうでないことに気づいたのである。それとともに，スコラ哲学者たちとユダヤ・イスラームの哲学者たちの哲学する自由の間に差があること，ユダヤ・イスラームの哲学者たちが宗教の縛りを受けずに比較的自由に哲学研究を行っていたという事実に気づいたのである。

　前者は，哲学者たちの研究が「哲学そのもの」であるか歴史の対象としての「哲学」であるかという，哲学者の関心の違いにかかわっている。中世キリスト教の哲学者たちにとって，スコラ哲学は「哲学そのもの」であったのに，ユダヤ・イスラームの哲学は歴史的研究の対象としての「哲学」ではあっても哲学そのものではなかった。これに対して後者の事実は，哲学することがある程度許されていたキリスト教世界の中で哲学することと，哲学すること自体が認められないなかで哲学することが，必ずしも哲学することの自由に関係するものではないということを示している。

　前者の問題からシュトラウスが導き出した結論は，さきに触れた「過去の著作家が自らを理解したように厳密にその著作家を理解する」という命題であった。つまり歴史研究が哲学の一部であるなら，研究の対象に対して偏見のない目でそれに向かわなければならないということである。後者の問題から彼が導き出した結論は，迫害が「哲学すること」の自由を必ずしも妨げるものではないということである。これら２つの結論が１つの命題にまとめ上げられるとき，有能な「哲学の歴史家」は哲学者でなければならない，あるいは哲学者は哲学の歴史的研究に携わらなければならないという命題が浮かび上がってくる。哲学者は，過去の思想家の思想をその思想家がみずからを理解したように理解するといった類の哲学者にならねばならず，哲学研究者がそのような哲学者となるとき，初めて，時間的制約を超えた哲学者と哲学者の対話が可能になる。そうすることによって，哲学者は精神の自由をわが手にした哲学者となりうるの

である。迫害のなかで哲学したユダヤ・イスラームの思想家たちが比較的哲学する自由が認められていたスコラの哲学者たち以上にプラトンやアリストテレスに自由にアプローチできたという事実は、哲学にとって重大なことを物語っている。つまり、過酷な宗教的統制下に置かれていたユダヤ・イスラームの哲学者たちが哲学する自由を確保することができたという事実は、哲学は社会との敵対的関係のなかでも可能であるということを物語っているのである。

シュトラウスは、ユダヤ・イスラームの哲学者たちが哲学する自由を確保できたのは、彼らに著述技法の心得があったからだ、という結論を導き出してくる。彼らにとって、普遍的真理はなにも同時代人たちに対して語られる必要はなかった。むしろ彼らは、同時代の検閲官の目に触れないように思想を表明しなければならなかった。彼らは、いつか現れるその真理を理解することのできる人を名宛人として真理を語った。そのようにして語られた真理こそ、歴史的真理を超えた哲学的真理なのである。

シュトラウスは、『政治哲学とは何であるか？』に収められたファーラービーについての論文のなかで、秘教主義にかかわる彼のある物語を紹介している（*WIPP*, 135=138頁）。ある僭主支配の迫害を逃れるために酔っぱらった浮浪者の身なりで城門にやってきた修道者が、門守に当の修行者であるという真実を告げて検問を突破するという物語である。その修道者の風体と彼がみずからの名を告げる言葉は、その者の形姿と名目的真理を表している。しかしその姿と名辞に隠された真理は、それを理解できる者だけにしか伝わらないということである。この寓話は、現象だけを見る非哲学者を欺くレトリックの意義を物語っている。それは、哲学者が心掛けるべきレトリックと、哲学者が、意見に支配された者を欺き、それを理解できるものに真理を伝える技法が存在することを示している。それはまた、真理は見せかけのなかや表層のなかに存するということ、および、迫害のなかでも真理探究は可能であることを示している。

この物語はまた、ソクラテスの死を目撃した弟子プラトンが悟った教訓を語っているとも解されうる。ソクラテスが70有余年にわたって哲学することを許されたのは、民主制下のアテナイにおいてであった。この事実はわれわれに、思考の自由なしにはソクラテスは現れなかったことを物語っている。しかし同時に、この物語は哲学者がみずからを守る防具を手にしさえすれば、「意見

(*doxa*)」に支配されたポリスにあっても「哲学すること」の自由は守り抜かれうることを語っている。

　ソクラテスの死は，民主制下のアテナイですら完全に思考の自由が保証されていなかったことを物語っているが，プラトンがそのような状況を考慮に入れることによってしか哲学を継承することができなかったことは，彼がその著書『国家』や『法律』の哲学的対話の場所を熟慮のうえで設定していることのうちに，その痕跡を見ることができる。対話の場所が，アゴラ（都市の人々が集まる所）ではなく，「都市」の郊外のある私人の館であるとか，クレタ島のゼウスの洞窟に通ずる路上に設定されたことが，そのことを物語っているのである。そして，ともかくも支配者たちの保証や庇護のもとにおいてではなく，自由な言論の場で哲学的討議が確保されたことによって，哲学は守り通されたと言いうるのである。

　シュトラウスは，そこから，社会にとって有益なことを広く伝える言論の技術と，普遍的な真理をそれを理解できる人にのみを伝える技術という，2つの言論の技術が哲学に必要とされるという結論を引き出してくる。これら2つの言論は，「自然権」を論じたこの書の論述にあっても貫かれていると考えてよい。哲学的に思考する訓練を施された注意深い読者に解しうる真なる教説は，そこでは章の配列やそれぞれのテーマに関する議論の進行を通して語られているはずである。一見したところ，『自然権と歴史』の論述は「学術的論考」の形式で進められている。そのテーマである「自然権」も公教的に語られているように見える。しかしこの書でも，プラトンの著作のように「対話」的に語られるとか，マイモニデスのそれのように行間に書き記されるという仕方によってではないけれども，章の編成や隠喩や寓意などの修辞的技法を通して秘教的に語られていることは間違いない。シュトラウス政治哲学の一般的公理からすれば，テーマである「自然権」についての真なる教説は書物の中心部で語られるはずである。そしてたしかにこの書の中心部ではソクラテスの哲学と「古典的自然権」の教説が論じられている。それゆえに，読者は注意深く読まなければならない。注意深く読むことは，ここでは哲学することと同義である。そこから，哲学者には思想の歴史の研究が要求されるし，逆に思想の歴史の研究者は哲学者でなければならないという命題も導かれてくる。

そしてまた，この書は，リベラル・デモクラシーの原理である「自然権」を語ることによって，哲学的真理を語ることが可能であることを物語ってもいる。そこで最後に，この書のテーマである「自然権」と「著述の技法」とのかかわりの問題に簡潔に触れることによって，この書が，ポストモダンを見据えた「哲学」の書としての意義を有していることを確認しておくことにしたい。

　ここで取り上げられるべきは，「序論」で触れられている，「自然権」の問題が「歴史的研究」の対象としてかつ「社会科学の範囲内で解明されうる局面」にかぎって論じられるとされている問題，つまり，「自然権」が公教的に，もっぱら政治的原理として論じられているという問題である。このことは，この書には「自然権」をめぐる二重の言説が存在する，ということを意味している。それは「自然権」には秘密の教説があるということでもある。先に触れたように，この書は「学術的論考」のスタイルで書かれているが，しかしまた，その特異な非歴史的な思想史解釈の論述を通して，「自然権」の秘教的な意味が同時に語られているということである。ここでは，この書の第III章から第IV章に移行する箇所の論述を実例として示すことによって，「自然権」の秘教的教説について考えておこう。

　第III章最後の4つの段落は，ソクラテス以前の自然的正つまり平等主義の自然権と契約の議論に当てられている。なかでも，第2第3段落は，ソフィストの議論ともエピクロス派の議論とも異なる「自然について」を最初期に論じた論者たちの「人為」に対する「自然」の優位説についての議論であると言いうる。それは，近代的自然権理論のパロディとして読むこともできる。だとすれば，続く第IV章の冒頭のソクラテス的思想転回の議論とそれに続く「古典的自然権」の議論は，近代的自然権を批判する議論として読まれる必要が生じてくる。

　シュトラウスは，ソクラテスはその転回によって「哲学を天上から呼び下ろし，哲学を人生や生の様式や善悪の事柄についての探求に向かわせた」（*NRH*, 120=169頁）としたうえで，古典的自然権の教理を理解するためにはこの転回の意味を理解しておく必要があると述べ，ソクラテス的探求の解釈に向かっている。そして，ソクラテスの「人間的な事柄の探求」が「各々の存在者（beings）が何であるか」という問いによって可能になることを確認し，そのような「存

在者」を超えた「全体」の理解とは、「全体」の「分節化」のなかに示される「統一性」の理解であると定義している。そして、その統一性の理解を可能にするのが、「弁証法」あるいは「友好的論争の術」（NRH, 124=175頁）であると言う。いずれにせよ、シュトラウスは、古典的自然権の議論を始めるにあたって、「自然権」の議論に「存在者」の議論を先行させているのである。そのうえで、ソクラテス的弁証法を「意見から知識あるいは真理への上昇」であるとしながら、同時に「『狂気』から『正気』と『節度』への復帰」であるとも述べ、「正」を「節度」と結びつけ、「正」についての意見の多様性と自然権の「存在」の両立可能性を論じるという具合に、古典的自然権の核心的議論へと論を進めている。

　われわれは、そこに描き出されている「自然権」がソクラテス的というよりもむしろシュトラウス的であるという点に注意しなければならない。そこでの「自然権」は、第Ⅲ章の最後に描かれていた「自然権」が「近代的自然権」のパロディであったことに対応するかのように、ソクラテス的あるいは「古典的自然権」に名を借りたシュトラウス的「自然権」と解されうるのである。シュトラウスはまた、「何であるか」という問いは「事物のエイドス」すなわち「形態、形相（shape, form）」あるいは「イデア（idea）」を指し示すとも述べているが、それらが「常識」あるいは「節度」と関係づけられることによって、それがプラトン的イデアと異なることをも示唆している。要するに、そこでイデアと関係づけられているのは、シュトラウスの「自然権」だということになるのである。

　そこからわれわれは、この章の最初に述べられているソクラテス的「哲学」あるいは「意見」を「知識」に置き換える試みが、すでにシュトラウス的政治哲学の探求に変換されたものであると見ることも可能になる。ここでの「自然権」は、ソクラテス的「無知」とは区別され、知の対象でありながらなんらかの実体としては捉えられえず、ただ弁証法的対話によってのみ開示される、知的対象と解されうるものである。こうして捉えられる「自然権」とは、「存在」であるとともに「全体」でもあり、そうでありながら「天空」に掲げられ人間には到達不可能な「イデア」のごときものとは区別される、「全体」の「分節化（articulate）」の理解でありうるのである。シュトラウスはこうして、「自然

権」によって，プラトン的「イデア」，聖書的「神」，ニーチェ的「力」，ハイデッガー的「存在」に代わる，独得のロゴス的「存在」を提示した，と言うるのではないか。

## 5 在ろうとして在ろうとするもの——それが自然権である

「自然権」が超歴史的な原理であるとすれば，それは紛れもなく「哲学」のテーマである。そこから，その叙述が秘教的なものとならざるをえないことも理解できることになる。取り扱われるべき対象が普遍的なものであるということは，それが現象的かつ科学的な知の対象であることを超えたものの知であることを意味するのであって，それゆえ，その取扱いも，それに応じて，哲学的であらざるをえないからである。

秘教主義の2つの言論を考慮して言えば，この書はタイトル自体が対立する二項から成っているだけでなく，その言論が古代と近代，コンヴェンショナリズムと自然権，それに加えて神と哲学との二項の論争という形によって成り立っているということであった。それは，いくつもの対話からなっているのである。対話の形で語られる「言論」をシュトラウスは「自律的な詩」と区別して「補佐的（ministerial）な詩」と呼んでいる（CAM, 136f=220頁）。その「詩」は文字通りのことを語るものではない。それは，先に触れたファーラービーの修道者の身なりや酔っぱらう姿が語るものと同じである。しかし，対話の全体を通して，そこで語られるべきテーマである「自然」は，たしかにそれによって語られるより他ない。しかもそのテーマは，哲学的思考の対象でありつつも，哲学それ自体の対象つまり「無知」であるわけではないのである。

ところで，この書物では，そのテーマである自然権の「自然」も同時に語られるべきであるが，この論理からすれば，その対象が哲学それ自体ではないがゆえに，「自然」の対極にある「ロゴス」が語られることになる。元来哲学知の対象が「無知」であったことを想起すれば，対象それ自体が「ロゴス」として語られることはありえないからである。それゆえ，プラトンの「言論」による世界が35の対話篇からなり，その全体を通して哲学的真理が語られるように，シュトラウスの「政治哲学」では，15の著作と百幾つかの「著述（ロゴス）」全

体によってわれわれに真理が与えられることになるのである。

　要するに，シュトラウスは，この書において，政治哲学つまり哲学の表層を語りながら，同時にそれを哲学の一部としても語っているのである。しかし彼は，その中心的概念である自然権を秘教的に語ることによって，政治哲学を哲学への導入として，つまり，近代の思考のパラダイムである「科学」と「歴史」によって思想の表舞台から追放されたかに見えた哲学の，ポストモダン的あり方を提示するものとして語っているのである。最初に指摘したように，この書の章の配列の特異性はその秘教主義の現われであり，それゆえわれわれには，「注意深い読解」が要請されることになるということであった。そのような読解を通して，われわれは，「自然権」をテーマとするこの書が，カント的「理性」やヘーゲル的「絶対知」だけでなく，ニーチェ的「力」やハイデッガー的「存在」の哲学に対する応答として読むことが可能となる。

　そのような観点からすれば，しばしば言われる「自然権と歴史」には「存在と時間」への批判が含意されているという指摘も，決して的外れではないと言いうる。というのも，「存在」に対して「自然権」あるいは「ヒューマニティー（人間性）」を対置することは，自然本性（*physis*）の探求としての哲学を，人間的自然の探求としての「政治哲学」として再生させることを意味するのであって，それは「自然権」を否定することによって世界の物化への道を突き進んでいった近代性に対する対案となりうるからである。だとすればシュトラウスは，この書によって，ポストモダンの地平における哲学的思考の在り方とともに近代性を超え行く道を，われわれに指し示していることになる。

　シュトラウスはこの書の出版の後，「イデアの共同体」（*OT*, 280＝（下）248頁）あるいは「種のコイノニア」をめぐってコジェーヴと意見を交わしたことがある。コジェーヴが反対を表明している「コイノニア」の思想こそ，シュトラウス政治哲学の核心にあってその知の「異種混合」性を担保する思想であったが，それがアソシエイトなものとなることによって，科学的思考に嵌まり込んだ近代の思考者にとって躓きの石ともなったのである。かつて，ワーナー・ダンハウザーは，「シュトラウスを研究すればするほど，ますますシュトラウスには教理がないこと，あるいは少なくとももっとも捉えどころのないものであることが分かってきた」と述べたことがある。[17] そして彼は，ブルームらとともに，

「ハイデッガーの代弁者と神の代弁者に対してシュトラウスを弁護した」とも述べている。

　言うまでもなく、ここに言われているハイデッガーの代弁者とはH. G. ガダマーであり、神の代弁者とはG. ショーレムである。ダンハウザーはこのように述べることによって、シュトラウスの政治哲学、したがってまた「自然権」が、アテナイとイェルサレムという西洋の2つの根源的思考に対置されるものであることを示唆するとともに、それを「もっとも捉えどころのないもの (most elusive)」と表現することによって、その思考が深遠なるものであることを示唆したのである。しかし、弟子たちでさえ捉えどころがないと感じたとすれば、そのような教理は、まったくペテン的であるか真なるものであるかのいずれかであろう。しかし、彼がシュトラウスを哲学者であるとも述べているところからすると、シュトラウスの教理を真の哲学的「教理」と捉えたがゆえにそのように述べたことは間違いない。彼が、「神」と「存在」の教理に対比されるものとしてシュトラウスの教理を弁護したのだとすれば、彼にとって教理の捉えどころのなさこそ、哲学的であることの証左であったのである。その場合、ソクラテス的「無知」を思い起こすことは、少なからず役に立つかもしれない。シュトラウスの自然権の「教理」は、その弟子たちをしてさえその存在を疑わせるものであったがゆえに、ちょうど知が無いことにゆえに永遠の知でありえたソクラテス的哲学の知と同様、その存在を確信することのできる「教理」たりうるのである。それは、間違いなく「ロゴス」として確固たる存在を得ている。「自然権」とは、そのような知の対象としての「存在」に他ならないのである。

　哲学は「ロゴス」すなわち「言葉」として存在するところのものを知の対象とすることによって成立するものであるが、そのような知の開示には大いなる困難が伴う。「神」にせよ「善」にせよ「正」にせよ、「存在」、「全体」、「形相 (eidos)」であるものは、「言葉」によってしか開示されえないし、また把握することもできない。ソクラテスはそれを「産婆術的対話」によって、プラトンはそれを「対話編」によって、アリストテレスは「講述」という独特の「ロゴス」によって開示した。近代の哲学者たちがそれを「数学の言語」によって開示するようになったとき、哲学には大きな変化がもたらされ、爾来、科学が哲

学に取って代わることになった。その際主役を演じることになった「数学の言語」に相当する「ロゴス」は、プラトン的には、ソクラテスがソフィストたちや弁論家たちとの対話で用いた「鉄と鋼の論理」と呼ばれるロゴスであった。しかし、その「ロゴス」は、プラトンをして詩人の帰還を認めさせる原因ともなった。

　プラトンが政治的「力」の代表者トラシュマコスの論理に打ち勝ったソクラテスの論理の不十分さに気づいたとき詩人の帰還を認めざるをえなくなったことに対応するかのように、シュトラウスは、この書と対をなす『僭主政治について』において、クセノフォンの対話篇『ヒエロン』で僭主の対話の相手を務める詩人シモニデスの役割に注目している。詩人シモニデスは、論理（ロゴス）の上では、『自然権と歴史』における「自然権」の代弁者と同じ役割を担っているとみてよい。彼は僭主ヒエロンの力を恐れている。しかしそれでも両者の対話が成り立つのは、僭主ヒエロンもまた詩人を恐れているからに他ならない。僭主が詩人を恐れるのは、詩人が暴力的「力」の対極にあるロゴス的「力」の代表者だからである。詩人によって代表されるロゴスは、僭主的支配者の力の対極にありながら、デルフォイのアポロ的な知のロゴスとも異なる、全体を分節化するとともに異種的な諸イデアを秤量しながら結びつける働きをなすロゴス、と言うことができるかもしれない。そのような知を心得ている詩人は、ただ知の探求にのみ全身全霊を捧げ、そこに快楽を見出しさえする知者に勝っているとさえ言いうる。そのような類の知者は、『弁明』のソクラテスにも、あるいは『クリトン』のソクラテスにも見出しうる。『弁明』のソクラテスは、告発によって強制的に法廷に引き摺り出されはしたが、彼のダイモンがそこに赴くことを諫止しなかったことが暗示するように、最終的に自発的に政治にかかわっている。『クリトン』のソクラテスも、それまでの彼とアテナイとのかかわりが暗示するように、都市に背を向けている哲学者であるのではなく、暗黙の裡に都市を受け入れ都市の一員として精神的生活を送っている哲学者である。とりわけ『弁明』で公衆を前に語っているソクラテスは、『パイドン』で弟子たちを前にして語るソクラテスとは異なり、すでに政治的言説にかかわっているのであって、そういった意味からすれば、このソクラテスは、詩つまり弁論術を弁えた、「自然権」の代弁者であったと言いうるのである。

プラトンが『国家』第3巻で一度は追放した詩人を第10巻で帰還させざるをえなくなるのは，あるべき「体制」を言論（ロゴス）によって提示しようとするとき，哲学的ロゴスだけでは能くそれをなしえなかったからである。そのためには，皮肉や比喩や神話といった詩的ロゴスの助けを借りなければならないことが明らかとなったからである。つまり，範型として天上に掲げられる都市，言論の内に存する都市には，哲学的思惟が抱えもつ根本問題がその根底に横たわっていることが明らかになったからである。
　知恵の探求が，純粋な思惟だけではなされえず，他者の存在を介さずには存在しえない「言葉」によらなければならないように，言論によって描き出される都市もまた，それ自体もまた真ならざる意見としてしか存在しえない「言葉」による対話的ロゴスによって，つまり弁証法的あるいは政治的言語（ロゴス）によってしか描き出されえないという根本問題が，その根底に横たわっているのである。すでに触れたようにクセノフォン対話篇の登場人物シモニデスは，シュトラウスの政治哲学において「自然権」が果たす役割を説明しているということであった。彼は哲学的ロゴスの欠落を埋め合わせる役割を演じ，かつそのロゴスを象徴してもいた。クセノフォンの対話でそのような詩人のロゴスが演じた役割を，この書では「自然権」が演じている。そのロゴスは，哲学者の「無知」に対して次善的ながらもある意味での知を保持している詩人の知恵と同様，決断主義に陥ってしまう実存的生に対して免疫性のある知的原理としての役割を果たすのである。
　『弁明』のソクラテスが暗示していたように，「無知」は「死」を通してわれわれを「神」に導くのに，詩人の「知」は「生」に執着させつつわれわれに「神」を意識させる。詩人は，たしかに僭主を恐怖してはいるが，しかし最終的に彼はその「知」によって僭主を恐怖させることになる。僭主が恐怖する詩人の「知」とは，弁証法的な「知」，つまり対話を通して相手を無知の自覚へと導く「知」である。僭主は対話を通して自分には「知」が欠けているがゆえに真の力をもたないことを見抜かれるのではないかと詩人を恐れるのである。シュトラウスは，クセノフォンによる哲学者と詩人の置き換えのなかに，プラトンの『国家』における哲人王の試みとは異なる，新たな知と権力の統一，新たな詩的ロゴスを手にした哲学者による政治支配の可能性を見たのではないか。

終　章　自然権の存在論

　かくして，『僭主政治について』の「詩人」とシュトラウスの「自然権」とを並置して見るとき，この書における「自然権」の位置がいっそう明確になってくる。「自然権」は，「詩人」に含意される「言葉」と同じく，実体的な「存在」を意味しない。にもかかわらず，それは「ロゴス」としての「存在」を含意する。そのような「存在」は，表象として存在するか，過去および現在の哲学者たちとの対話のなかにのみ存在する。シュトラウスに「教理」がないように見えるのは，このためである。しかしロゴスとしてのみ「存在」する自然権は，詩人と同様，「力」を有する。この書の第Ⅳ章で，シュトラウスは，ソクラテスの弁証法的探求の目指すところが「無知」ではなく「ポリテイア（体制）」に他ならないことを示しているが，それによって，彼は，その「存在」の「何であるか」を示唆しているのである。かくして，シュトラウスにとって「自然権」とは，単に理想として天上に掲げられるものではなく，人間の「善き生」を保証する「体制」，すなわち現存する「力」として存在するものに他ならなかったのである。

　シュトラウスは，「ハイデッガー実存主義への序説」と題された講義の結びで，ハイデッガーの「存在」は，プラトン的「イデア」と聖書的「神」の総合であるという趣旨のことを述べている（*RCPR*, 46=91頁）。そのような彼のハイデッガー理解に照らして言えば，聖書的「神」と非聖書的「神」としての「存在」に独自の「神」を携えて対峙した哲学者として，みずからを位置づけていたと言うことができるかもしれない。そうであるとすれば，シュトラウスは，「自然権」をもって「存在」と「神」に対決を試みたと言いうるであろう。彼は，それ自体では自然的根拠をもたず「人為」でしかない「法」を根拠づける「自然権」の原理をもって，「神」と「存在」に立ち向かおうとしたのである。

　シュトラウスをそのような方向へと導いたのは，近代性の危機であった。その根源をシュトラウスに見定めさせることになったのは，ニーチェによる近代合理主義の批判であった。ニーチェは近代の理性信仰からの帰結としての「論理」（ヘーゲル）と「資本」（マルクス），すなわち「神の死」に対して，ディオニュソスの使徒ツァラトゥストラを対置した。だが，この解決策も，シュトラウスからすれば，ファシズムの責任から自由ではありえなかった。シュトラウスにとって「自然権」は，「神の死」後の世界を「力への意志」によって解決

しようとした試みの破綻に対して提出される，新しい哲学の根本原理としての意義を有するものであった。それゆえ「自然権」は，一言で言うなら，「哲学」の「神」に代替する政治哲学の「神」，すなわち「在ろうとして在るもの」に付与された名辞に他ならなかったのである。

注
（1）『出エジプト記』3：14。神ヤハウェがみずからを名乗ってモーセに告げた Ehyeh-Asher-Ehyeh の訳語である。英語では I shall be What I shall be（オックスフォード版），ドイツ語では Ich werde sein, der Ich sein werde（ルター）と訳される「神」を表す言葉である。モーゼス・メンデルスゾーン訳『トーラー』では Ich bin das Wesen, welche ewig ist と訳されている。それらを参考に，ここではこの語を「永遠なる存在者」を表す言葉として用いている。
（2）近代性が目指したものとは，地上における「神の国」であると言ってよいが，それは「和解性」，「永遠平和」，「世界国家」，「普遍的人権」のような用語によって特徴づけられる。それらはいずれも，政治的なものが克服された，つまり闘争や抗争が終焉した後の状態である。そこから逆に，「政治哲学」とは，それらの諸概念に対質されるパラダイムを指示するものであることが見えてくる。
（3）ドイツ語で politische Wissenschaft に対して Staatswissenschaft が頻繁に用いられてきたことはその表れであると言いうるが，その場合の Staat は，それが普遍的なものであると見なされていたかぎりにおいて，すでに「政治的なもの」の否定を含意していたと言いうる。
（4）Carl Schmitt, *Der Begriff des Politischen,* 7. Auflage, 5. Nachdruck der Ausgabe von 1963, Duncker & Humblot・Berlin, 2002（以下では *BP* と略記する），S. 58.〔＝田中浩・原田武雄訳『政治的なものの概念』未來社，1970，69頁。〕
（5）この語句は，Carl Schmitt, *BP*〔『政治的なものの概念』〕に収められている論文の題名 "Das Zeitalter der Neutralisierung und Entpolitisierung"（S. 79ff.）から採られたものである。
（6）'Anmerkungen zu Carl Schmitt, *Der Begriff des Politischen*'（以下では ACBP' と略記する）, in *Hobbes' Politische Wissenschaft,* Lucterhand（以下では *HPW* と略記する），1964. S. 162.〔＝添谷育志，谷喬夫，飯島昇藏訳「カール・シュミット『政治的なものの概念』への注解」，レオ・シュトラウス『ホッブズの政治学』みすず書房，所収，208頁。〕
（7）Schmitt, *BP,* S. 26ff.〔『政治的なものの概念』，14-17頁〕
（8）Schmitt, *Ibid.,* S. 27.〔同上，16頁。〕
（9）ACBP, S. 181.

(10) Cf. ACBP, S. 178.
(11) プラトン『国家』の登場人物であるポレマルコスの主張のなかに，シュミットに先行する「友-敵」論の原初形態を認めることができる。その主張である「正義とは友を利し敵を害すこと」は，トラシュマコスの「強者の利益」説とともに，コンヴェンショナリズム説の一形態として，プラトン的「自然権」に対置されるべき説と位置づけられている。Cf. *CAM,* 70ff. 邦訳124頁以下。
(12) Nietzsch, *Zur Genealogie der Moral,* Sämtliche Werke, Kritische Studienausgabe, Bd. 5（dtv.）, S. 312.
(13) Schmitt, *Ibid.,* S. 54.〔同上，62頁。〕
(14) Strauss, ACBP, S. 181.〔『ホッブズの政治学』240頁。〕
(15) この語をシュトラウスは Carl Schmitt, *BP* に収められている "Das Zeitalter der Neutralisierung und Entpolitisierung",〔「中性化と脱政治化の時代」〕S. 93 で用いられている語から引用している。
(16) というのも，それは歴史家クセノフォンの作品を扱ったものだからである。
(17) Warner J. Dannhauser, 'Leo Strauss, Becoming Naïve Again', *American Scholar,* vol. 44, p. 641.
(18) Platon, *Gorgias,* 508a2.
(19) Cf. Platon, *Politeia,* 592b1f.

# Abstract

Introduction

On the Japanese Word corresponding to 'Natural Right': About the meaning of 'Shizenteki-sei' and 'Shizen-ken'

Yoshihiko Ishizaki

In this introductory article to the Japanese book on Leo Strauss's *Natural Right and History*, I gave an account of the reason we translated the English words 'natural right' into Japanese 'Shizen-ken'.

Whereas we adopted 'Shizenteki-sei' as a translation word of 'natural right' in chapter 3 and 4, we preferred 'Shizen-ken' to 'Shizenteki-sei' for the word of the Japanese book title. It was because the Japanese word 'Shizen-ken' is an established word of 'modern natural right' and has a meaning of 'legal power' as well. Usually to use the word 'Shizen-ken' as a corresponding word to 'classic natural right' seems improper. Yet, for that reason, we used it for the title of this book.

The question is that our terminology is proper or not. Then, we kept in mind which word does imply the meaning of 'legal power' good deal. The Japanese word 'ken' seems to imply the meaning of 'legal power', 'claim' and 'title' etc. Therefore we decided to use 'Shizen-ken' as the title word of this book.

Chapter 1

Strauss and the Problems of Historicism

Takashi Sato

This paper aims to elucidate the relationship between Historicism in Chapter I of Strauss' *Natural Right and History* and his philosophy. The discussion is based on two points. First, this work reconstructs the intellectual situation of Germany during the early 20th century, which apparently influenced Strauss' philosophical foundation significantly. Specifically, the first lens offers a view of Protestant theology in early 20th century Germany, alongside the problem of historical consciousness in German Jewish intellectual history. The second purview discusses the characteristics of Historicism in Strauss' philosophy, revealing his own methodological attitude — *das lesende Lernen* — and its basis. Paradoxically, Strauss' finding of "the same fundamental problems" in history led to his belief that it is possible to reach a non-historicist understanding of classics.

# Chapter 2
## Historicism and Natural Right as "Philosophic Ethics"

Ryo Nishinaga

In ch. I of *NRH*, historicism is dealt with as the most influential prejudice of our times which attempts to establish the image of natural right and philosophy as dogmatic, in the name of the experience of history. Strauss raises the question whether it is not an interpretation rather than the genuine experience, whether the so-called discovery of history is not an invention. The point lies in the adequacy of the interpretation of experiences regarding right and wrong. His alternative is the liberation from the historicist prejudice and the *re*discovery of philosophy in its original, Socratic sense. Historicism has also a practical claim, to supply life with a better guidance more than thoughts of the past. Regarding it, Strauss indicates the conflict between historicism on the one hand, and theology and metaphysics on the other. The former, depending on fate as distinguished from reason, claims to prove the impossibility of metaphysics and of "philosophic ethics or natural right." Here, Strauss means natural right as the philosophic way of life, and distinguishes it not only from historicism but also from theology.

Chapter 3
Max Weber and Leo Strauss' Dialogue on Value Conflicts

Masahiro Noguchi

   The second chapter of Leo Strauss' *Natural Right and History* (NRH) is known as one of the most critical commentaries on Max Weber's political theory. This essay critiques the text using a Weberian perspective. Other scholars have argued that Strauss' critique is, above all, with Weber's value relativism. However, I argue that Weber and Strauss accept the presumption that reason is incapable of solving value conflicts. While Strauss explores the "theologico-political problem" in his political philosophy and Weber discusses Leibniz's concept of "theodicy" in his comparative sociology of religion, both are based on the same presumptions. I compare Strauss' "esotericism" with Weber's "ethics of responsibility," using "the Grand Inquisitor" in Fyodor Dostoyevsky's novel *The Brothers Karamazov* as an example. I emphasize that, in spite of apparent differences, Weber's ethics of politics and Strauss' "noble lie" have crucial commonalities.


Chapter 4
Strauss's Methodology of Historical Approach in the Chapter on Weber of *NRH*

Ryo Nishinaga

   This article aims to cast light on Strauss's own idea of historical studies by reading his criticism of Weber's methodology. He criticizes Weber for failing to keep the objectivity in double sense: avoiding the objective value judgments, and not avoiding the subjective ones. By his peculiar, "vitalistic" notion of values, which identifies value with faith as distinguished from reason, Weber as a scientist is forced to think that the philosophic-objective distinction between the genuine and the spurious is impossible. And the influence of historicism, the thought that all

Abstract

conceptual frameworks are ephemeral, prevents him from emancipating himself from his own value ideas to understand historical phenomena objectively or unbiasedly. Hence, Strauss recognizes the legitimacy of nonevaluating historical approach, of understanding a doctrine of the past exactly as its author understood it. The historical exactness is preparatory to the philosophic distinction. The decisive difference between Weber and Strauss is that the latter is concerned not with the social and ethical polularization of a theological doctrine, but with the transformation of ideas of the few philosophers, who were (or were not) careful with the manner of expression towards the many, i.e., "history of political philosophy."


Chapter 5
In the Beginning was Conventionalism: Reading Chap. III of *Natural Right and History*.

Satoshi Nakagane


In chap. III: "THE ORIGIN OF THE IDEA OF NATURAL RIGHT," Strauss argues that the discovery of nature is the necessary condition for the emergence of the idea of natural right, but that its sufficient condition is the controversy challenged by conventionalism over "Is there any natural right?" Conventionalism turns out to be a philosophical partner of the classic natural right theory which is indispensable for the idea of natural right to be explored. It is divided into the Sophists' vulgar version and Epicurean philosophic one while they agree in that justice is always conventional and contrary to human nature. Strauss' careful examination discloses that philosophic conventionalism has much in common with the classic natural right theory: nature as the norm, the need of hiding nature notwithstanding, and "philosophical politics."

Chapter 6

Leo Strauss and Epicureanism

Yuko Takagi

This paper addresses the question as to why Strauss refers particularly to Epicurean conventionalism in *Natural Right and History* Chapter III, a chapter which is presumed to explain the origin of the idea of natural right in the pre-Socratic era. The main focus will be an assessment of Strauss' dialectical presentation of the arguments used by conventionalism against the naturalness of justice.

Strauss is keen to acknowledge that at their intellectual base the original pre-Socratic philosophical conventionalism in contrast to the self-indulgent conventionalism of the degrading sophists share a purposeful societal aim in discovering human decency, originating from a classical distinction of nature and reason, and the reliance to reason as the proper means to the discovery of human welfare.

Chapter 7

The Best Regime and the Gentleman in the Doctrine of the Classic Natural Right

Kazutaka Kondo

In Chap. IV of *Natural Right and History*, Leo Strauss discusses the doctrine of the classic natural right that grounds "right" in human nature. He explains the three versions of the doctrine: the Socratic-Platonic-Stoic, the Aristotelian, and the Thomistic. Focusing on his views on the "gentleman," we will clarify the originality of his understanding of the classic natural right, and measure to what extent he sympathizes with the doctrine. First, Strauss finds the tension between "wisdom" and "consent": the limitations of the rule of the "wise" as *the simply best regime* leads the classics to consider the rule of the gentlemen as *the practically best regime*. Second, we examine Shadia Drury's view that Strauss supports completely the classic natural right that justifies the tyranny of the wise. Referring to Strauss' view of the best regime and the gentleman, we conclude that he does not devote himself to the doctrine, but shows his preference to it rather than to the modern natural right.


## Chapter 8
## Classic Natural Rights and Modern Natural Rights in Leo Strauss

### Takao Sugita

Classical political philosophy recognized the difference between the best possible regime and legitimate regimes. What type of regime is legitimate in given circumstances depends on those circumstances. Therefore, political theory proper was essentially in need of being supplemented by the practical wisdom of statesmen in the moment.

'Natural public law' and the politics of 'reason of state' are two characteristically modern forms of political philosophy. The 'reason of state' school replaced 'the best possible regime' with 'efficient government'. The 'natural public law' school replaced 'the best possible regime' with 'legitimate government'. Strauss calls this type of thinking 'doctrinairism'. This new type of political theory solves, as such, the crucial practical problem of what type of order is just here and now. Then, there is no longer any need for statesmanship as distinguished from political theory.

In this point Strauss discovered the fundamental problem of the process of modern political society.

Chapter 9

Hobbes as founder of modern doctorine of natural right

Makoto Takada

In *"Natural Right and History"* Leo Strauss criticizes the priority of right (subjective qualification) over law (objective order) in modern times and adovocates of natural law in acient timens. According to Strauss Hobbes brought the changement of natural right, but at the same time maintained the tradition of natural law. The first aim of this paper is to examie such a interpretation of Strauss.

In opinon of Hobbes natural law is graspsed by the reason. Secondarily it is necessary to clarify the character of the reason in relation to natural reason in middle age, to the modern natural sciences.

In "The Political Philosophy of Hobbes" concerning Hobbes's doctorine of the struggle in the natural condition Strauss emphasizes the struggle for honor and the role of fea of death. Thirdly it will be checked, if such a understanding of Strauss is appropriate.

Chapter 10

The Politicization of Philosophy: Hobbes' Hedonism, Idealism and Atheism.

Satoshi Nakagane

Strauss claims in *Natural Right and History* that Hobbes made "a radical break with all traditional thought" by politicizing ancient philosophy. First he politicized Epicurean hedonism by trying to create civil society as an environment where human beings could pursue and enjoy pleasure more certainly. Second he politicized Socratic idealism because he supposed that wisdom must become actual. And lastly he politicized atheism so that his political philosophy might compensate for his natural philosophy's failure in ruling out God from the universe. But Strauss suggests

Abstract

that Hobbes' systematic enlightenment paradoxically owed much of its success to ancient philosophy, especially its esoteric art of writing.

## Chapter 11
## Strauss on Locke: The Peak of Modern Natural Law

Keiichiro Atsumi

It is well-known that Leo Strauss considers John Locke as "disguised Hobbes" in *Natural Right and History*. Strauss kept his position and wrote "Locke's Doctrine of Natural Law" in 1958, after he examined and criticized Wolfgang von Leiden's edition of *Essays on the law of Nature* (1954). This chapter investigates the meaning of Strauss' Locke as "the peak of modern natural law" in the following points. (1) Interests and obligations in Locke's natural law; (2) Revelation and reason in Locke's natural law; (3) Averroism in Locke's natural law. Through these points, this chapter explains that Strauss demonstrates Locke's Averroistic and hedonistic concept of natural law, which is disguised by Locke's Christianity and his attack on deism.

Strauss finds in Locke not only hedonistic self-preservation but also philosophical critic of traditional divine (and natural) law which is based on revelation. Strauss's Locke went the way of Averroes who denied natural law in the strict sense. According to Strauss, Locke rejected both traditional natural right and traditional natural law, taking a position of Averroism which insisted that theoretical reason could not demonstrate moral law. Thus Locke formed "the peak of modern natural law", connecting Hobbesian self-preservation to quasi-natural and obligatory moral law.

## Chapter 12
## Between the Esoteric Locke and the Exoteric Locke: A Brief Introduction to American Conservatism in the Postwar Era

Hirotaka Inoue

In this chapter I address how Strauss's reading of Locke in *NRH* has provoked debate among American conservatives on the issue of the relationship between American political tradition and John Locke. This involves that they should take the Esoteric Locke or the Exoteric Locke as a point of departure for them to interpret American history. First of all I review how Willmoore Kendall had come to accept the art of secret writing discovered by Strauss after he published *John Locke and the Doctrine of Majority Rule* in 1941. I also try to clarify how his idea of a virtuous people deliberating under God in *The Basic Symbols of the American Political Tradition* is closely associated with his acceptance of the Esoteric Locke. Second I introduce the political philosophy of Harry V. Jaffa, the founder of West Coast Straussianism. I describe why and how he took the Exoteric Locke seriously and left the Esoteric Locke behind so that he could defend the doctrine of natural rights embodied in the Declaration of Independence which contains the phrase, "all men are created equal" although he alleged that he kept the orthodox teaching of Strauss.

## Chapter 13
## Return to Antiquity and Advancement of Modernity: Leo Strauss's Reassessment of Rousseau

Saki Sekiguchi

This chapter aims to examine whether Strauss's reading of Rousseau in his book *Natural Right and History* is relevant to his intention. Strauss is reported to have modified the assessment of Jean-Jacques Rousseau after the Second World War. In fact, Strauss's study made an impact on the interpretation of Rousseau as a political philosopher. First, this chapter elucidates the reason why Strauss states "the first crisis of modernity occurred in the thought of Jean-Jacques Rousseau" (252). It clarifies that, according to Strauss, Rousseau's investigation reveals that the modern attempt cannot find a natural basis of right in the state of nature. Second, the chapter claims that it is necessary to clarify that Rousseau substitutes his teaching of the general will for the traditional natural law and modifies the classical notion of the legislator to secure civil freedom and moral freedom in the civil society. Lastly, this chapter shows how Rousseau deals with the conflict between the individual and society, and hence, the disproportion between science or philosophy and society. In short, as Strauss suggests, Rousseau's thought reflects in the form of modern political theory the fundamental problems confronted by the political philosophy since ancient times.

## Chapter 14

An understanding of crisis and esotericism

Waka Yoshinaga

The key discovery of Strauss' interpretation of Rousseau's work is that Rousseau's state of nature is in crisis; this indicates the first crisis of modernity. According to Strauss, Rousseau's state of nature does not consist of past facts, but is rather an academic hypothesis whose contents have been lost.

Due to the depreciation and ex-inanition of the state of nature, Rousseau could include in it the notions of "freedom" or "independence" that became criteria of the natural right, and could prolong the concept of the state of nature. Strauss found Rousseau's state of nature to be subhuman and concluded that man should enter society and end up in a place of lonely meditation in order to obtain his freedom.

However, this ex-inanition of the state of nature makes any interpretation possible, which no one can justify. The object of this essay is to bring the particularity of Strauss' interpretation into sharp relief by showing another understanding, and to reveal his own esoteric writing, which he pointed out in Rousseau's work.

## Chapter 15

Strauss on Burke: Why resisting to 'the crisis of modernity' result in deepening that?

Takamichi Sato

According to Strauss, the resistance to 'the crisis of modernity' falls into a consequence of the advance of modernity. That is, Burke paves the way for historicism which culminates in nihilism. The wave of modernity begins with Machiavelli, and then is promoted by Hobbes and Locke. Criticizing negative notions of 'the state of nature' of them, Rousseau consequently shows that man's humanity is the product of the historical process. On the contrary, Burke tries to restore the position of *nature* as a norm, by claiming that civil society is the true natural state. However, accepting the secularized understanding of Providence, and emphasizing that the good order is the product of 'the local and accidental', Burke inspires the notion of 'historical process' which unintentionally leads to the end of history as such Hegel claims. This interpretation rests on whether Burke accepted the secularized view of Providence or not.

## Chapter 16

Misology and the way to Historicism: On Strauss's Burke

Keiichiro Atsumi

This article aims to explain what Leo Strauss means when he writes that "Burke paves the way for "the historical school"" in *Natural Right and History*. There seems to be some meanings for that. The identification of natural process with historical change by Burke may be one thing. This article focused on the close rela-

Abstract

tion between Burke and classical misology. According to Strauss, there is a connection between the fact that Burke appreciates Epicurus's physics as more rational than Aristotle's and the fact that Burke disparages metaphysics. And Strauss connects Epicurean contingent view of nature with misology in classical sense. Not Xenophon but Burke is a misologist, because Burke replaced contingent Epicurean atoms by contingent historical events and appreciated collective prudence of contingent historical events more than metaphysics. Classical conventionalists did not abolish the distinction between *physis* and *nomos*. They knew the nomos (justice, law, convention) guards city from the naked truth of nature. But modern political Epicureanism replaced the distinction between *physis* and *nomos* with that between nature and history, and considered individual historical events as whole components of the whole world. Modern Epicureanism criticized theory as politically useless, and thus became political hedonism. Strauss suggests that Burke, who as a misologist disliked metaphysics, takes a position in modern Epicureanism. It is this modern Epicurean Burke who paved the way for the historical school. In Strauss's Burke, misology is connected to contingent historicism through the medium of modern political Epicureanism or modern political realism. If the coexistence of homogeneous knowledge (in mathematics) and heterogeneous knowledge of ends (in politics) is a condition of classical political philosophy for Strauss, Burke as a misologist, a modern Epicurean (as Hobbes), and a political realist (as Machiavelli) denied heterogeneous knowledge, or denied the form which makes possible the distinction between homogeneity and heterogeneity.


Final Chapter
The Ontology of Natural Right: Natural Right as 'I shall be What I shall be'

Yoshihiko Ishizaki

In the last chapter of our book on Leo Strauss's *Natural Right and History*, we argued, considering following four subjects, that the Strauss's concept of 'Natural

Right' has a significance of the metaphysical substitute for Heidegger's *Sein:* firstly, to make sure that the rejection of natural right causes contemporary crises, and then, to consider the reason why we must rehabilitate the idea of natural right in our times, furthermore, thirdly, to argue about the necessity to study the history of political philosophy, and fourthly, to argue about the problem of the 'art of writing' adopted in the Strauss's book to read classical writings.

And lastly, as a conclusion of this last chapter of our book, we formulated a thesis that, by the concept of 'Natural Right', Leo Strauss presents a counter philosophical principle to the postmodern philosophers, particularly, Martin Heidegger. Therefore, Strauss's 'Natural Right', we concluded is a concept corresponding to 'I shall be What I shall be' in *Old Testament,* as Strauss had once referred in 'Jerusalem and Athens'.

## あ と が き

　本書は，レオ・シュトラウスの『自然権と歴史』(ちくま学芸文庫，2013年刊)についての共同研究の成果を集めた論集である。政治哲学研究会は，同書が文庫化されたのを機に，翌2014年9月9日と10日の二日間にわたって，北海道大学眞嶋俊造准教授（現広島大学准教授）の科研研究会，早稲田大学政治経済学術院現代政治経済研究所の共催を得て，「Leo Strauss, *Natural Right and History* をめぐる集中報告会——塚崎智・石崎嘉彦訳『自然権と歴史』の文庫化を記念して——」と銘打って，第27回研究会を開催した。本書は，主に，その会で発表された原稿を基に加筆修正した論文を中心に編集された論集である。

　この研究会を組織するに留まらず，そこでの成果をこのような論集にまとめて刊行することを企画したのは，いまは亡き早稲田大学政治経済学術院教授飯島昇藏氏であった。彼はその成果をミネルヴァ書房に持ち込み，編集者と協力してこの書を出版すべく手筈を整えてくれた。その意味では，本書は，飯島教授の尽力なしには決して日の目を見ることのなかった書物である。したがって，本来ならば，この書物は飯島昇藏編とするか，少なくとも編者のひとりに名を連ねて出版されるべきであった。

　にもかかわらず，執筆依頼が完了し作業が軌道に乗り始めて間もなくのころ，病魔が飯島氏を襲った。氏は予定していた2つの論文（「序章」と「第11章」）の執筆を断念せざるをえなくなっただけでなく，編集作業も辞退せざるをえなくなった旨申し出られた。そのため，「序章」の執筆を石崎が「第11章（ジョン・ロックの章）」の執筆を厚見が担当することとし，また，それとともに編集の方も，この2人が共同して担当することになった。

　このような事情に加え，その後，執筆担当者の変更や出版社側の編集担当者の交代など，やむをえぬ事情から，徒に時を浪費することにもなったが，幸いにしていま，本書は，執筆者各位の熱意とミネルヴァ書房の厚い協力のお陰をもって，漸くここに日の目を見ることになった。とりわけ，滞っていた編集作

業に活を入れ刊行にまで導いてくれた，ミネルヴァ書房編集部の石原匠氏には，末筆ながら厚くお礼申し上げる次第である。

　最後になるが，上で触れた本書成立の事情から，この書を，故飯島昇藏教授の思い出に寄せて刊行することにしたい。

編著者

# 人名索引

## あ行

アヴェロエス 190-197, 201, 277
アリストテレス 4, 36, 46, 58, 92, 120, 136, 137, 155, 156, 167, 169, 190-197, 201, 213, 255, 256, 261, 265, 273, 274, 281, 294, 296
アリストパネス 92
アル・ファーラービー 295, 296, 300
飯島昇藏 61, 132
イェルシャルミ, Y. H. 13-15, 27
ウェーバー, M. 43-59, 60, 63-73, 74, 75
ヴォルテール 52, 176
エピクロス 84, 86-89, 92, 171, 172, 177, 273, 274, 276-278, 281, 282
エンペドクレス 4, 177

## か行

カーウィン, J. 137
ガダマー, H. G. 302
ガッサンディ, P. 90, 282
カッシーラー, E. 60
カリクレス 83
ガリレイ, G. 167
カルヴァン 69, 70, 74
カルネアデス 185
カルフーン, J. C. 217
カント, I. 26, 28, 30
キケロ 257, 265
クセノフォン 275, 276, 288, 303, 304
グットマン, J. 16
グラーフ, F. W. 13, 14, 27
クライン, J. 59
グラウコン 84, 282
クリストル, I. 217
クリューガー, G. 25, 26, 28
グロティウス, H. 156, 166

## か行 (続)

ケニントン, R. 133, 272
ケパロス 83
ケプラー, J. 177
ケンドール, W. 203
ゴーガルテン, F. 14
コジェーヴ, A. 38, 41, 165, 168, 281, 285, 301
コリングウッド, R. G. 40

## さ行

佐々木毅 134
シェイクスピア, W. 211
ジェファソン, T. 213
シモニデス 303, 304
ジャファ, H. V. 203
シュタイナー, S. 50, 60
シュミット, C. 10, 55, 286, 287, 307
ショーレム, G. 302
スアレス 257
スキナー, Q. 74
スピノザ, B. 15, 19, 27, 44, 46, 50, 276, 290, 295
スミス, A. 263
セイバイン, G. H. 39, 204
ソクラテス 23, 24, 35, 77, 83, 86, 91-93, 119, 120, 136, 155, 171, 191, 192, 195, 201, 211, 275-277, 279, 298, 303, 305
ソフォクレス 4

## た行

ダイアモンド, M. 217
タンガイ, D. 120, 131
ダンハウザー, W. 302
チャーチル, W. 212
ツァラトゥストラ 306
ツッカート, M. 186, 203
ディヴァイン, D. J. 203

ディオニソス　8, 306
ティリッヒ, P.　14, 15
ディレル, J.　189
デカルト, R.　174
トゥキュディデス　88
ドゥルリー, S. B.　121, 126–129, 131, 135
トーニー, R. H.　70, 74
トクヴィル, A.　39, 266
ドストエフスキー　56–58, 61
トマス　120, 190–194, 197, 258
トラシュマコス　83, 84, 211, 303, 307
トランプ, D.　218
トレルチ, E.　13, 14, 25, 26, 28

## な 行

ニーチェ, F.　8, 10, 11, 26, 38, 47, 49, 50, 54, 135, 176, 286, 288, 300, 301, 306
西永亮　7
納富信留　278

## は 行

バーク, E.　119, 253–266, 269, 271–280
ハイデガー, M.　10, 22, 32, 38, 41, 48, 60, 74, 286, 287, 300, 301, 305
パスカル, B.　40
バックリー, W. F.　204
ハッチンズ, R. M.　39
バルト, K.　14
ヒッピアス　83
ヒトラー, A.　55
ヒューム, D.　30, 273, 274
ピュタゴラス　167
ヒルシュ, E.　14
ファリントン, B.　90
フェーゲリン, E.　39, 43
藤原保信　123, 125, 134
フッカー, R　192, 196
ブライス, J　39
プラトン　10, 23, 36, 39, 44, 72, 77, 78, 83, 92, 120, 121, 123, 124, 129, 133, 135, 137, 155, 159, 167, 174, 191, 192, 195, 196, 201, 228,

235, 277–280, 282, 288, 295, 296, 300
ブルーノ, G.　177
ブルーム, A.　212, 302
ベイリー, C.　90
ヘーゲル, G. W. F.　31, 32, 38, 164, 264–266, 273, 281, 301
ベーコン, F.　71, 167, 284
ベール, P.　176
ヘニス, W.　58, 61
ヘラクレイトス　83
ヘロドトス　83
ベンヤミン, W.　15
ホッブズ, T.　4, 9, 28, 71, 153–166, 169–178, 179, 181, 184–186, 193, 196, 197, 204, 222, 223, 254, 255, 257, 258, 272, 276, 281, 282, 287, 288
ポレマルコス　83
ホロウィッツ, R.　188, 189, 197, 199

## ま 行

マイアーズ, D. N.　13, 15, 27
マイモニデス　44, 72, 295
マイヤー, F. S.　211
マキァヴェッリ, N.　71, 74, 170, 173, 175, 177, 186, 196, 197, 209, 228, 255–258, 278, 280, 282
松田安央　134
マディソン, J.　210
マルシリウス　191, 192
丸山眞男　53
マンスフィールド, H.　282
メーストル, J.　266
モーセ　190
モミリアーノ, A.　90
モムゼン, W. J.　43, 59
モンテーニュ, M.　172

## や 行

ヤコービ, F. H.　15, 50, 51
ヤスパース, K.　53, 57
柳父章　59

ユークリッド 167

## ら行

ライデン, V. 189, 199
ライプニッツ, G. W. 52
ラズレット, P. 207
リンカン, A. 211
ルクレティウス, T. 88, 177, 274
ルソー, J. J. 58, 207, *219-238*, *241-251*, 253-255, 257, 258, 263, 271-274, 281
レーヴィット, K. 26, 53, 60
レッシング, G. E. 52
レンツナー, S. 281
ローゼンツヴァイク, F. 15, 20, 22, 27, 60
ロック, J. 4, 9, *181-198*, *203-214*, 254, 256-259, 267, 272, 281

#　事項索引

## あ行

愛知　7
アゴラ　297
嘲り　49, 50
アテナイ　8, 302
アポロ的　11, 303
アメリカ　203
『アンチゴネー』　4
イェルサレム　8, 302
位階秩序　5
意見　298, 299, 304
異種混合　301
異種的　303
イスラーム　294-296
一般意志　220, 226-228, 231, 244, 248, 249, 255
イデア　299-301, 305
因果関係　153, 161, 162
隠喩　297
ヴィルトゥ　11
永遠平和　285, 306
エソテリシズム　53, 56-58, 241, 249-251, 283
エソテリックな著述の技法　178
エピクロス主義　77, 78, 86, 90, 92, 93, 140, 170
エピクロス哲学　97
『エミール』　240
エロス　11
遠近法主義　50
オルギア的　11

## か行

回帰　44, 293
懐疑主義　40
悔恨　293
快楽　85, 87
　　——主義　85, 87, 170, 171, 209

科学　120, 292, 301
革命　289
『学問芸術論』　219, 220, 234, 236
価値関係　65
価値自由　46
価値判断　64-70, 72
確固とした快楽　99
合衆国独立宣言　290
カトリシズム　71
カトリック　43
神　2, 8, 158, 159, 162, 285, 304, 305
　　——の国　285
　　——の死　306
　　——の法　163
神々の闘争　45, 56
『カラマーゾフの兄弟』　56, 57, 61
カリスマ　43, 66, 67
カルヴィニズム　69, 70, 74
観想 (テオリア)　261, 265
危機　241-243, 246, 247, 249, 251
規則　5, 6
義務　9
狂気　299
恐怖　163, 164
キリスト教　162, 163, 167
緊急事態　288
近代　44, 205
　　——化　53
　　——性 (モダニティ)　253-257, 266
　　——性の三つの波　283
　　——批判　242, 243, 246
寓意　297
偶然性　260
経験　18-23, 25
啓示　47, 51, 52, 58
形而上学　260, 261, 265
形相　299, 302
啓蒙　47, 50, 177, 178, 242, 244-246, 248, 251,

328

288
――主義　20, 50
契約　157, 257, 259
決断　286
――主義　40, 286, 304
権　3, 8-10
権威　6
賢者　121, 123-128, 132, 133, 136
――の支配　148
『賢人ナータン』　52
権利　7-11, 153, 154, 156, 157, 159
――の技術　297
効果的政府　142
高貴な嘘　54, 56
幸福　254, 257, 259, 261, 264
合理主義　262
国制　262, 263
心の平静（アタラクシア）　89, 92, 172
個性　266
古代ギリシア　119, 120
古代の社会契約論　93
『国家』　123, 124, 129, 134, 137
国家理性学派　142
『古典的政治的合理主義』　235
『孤独な散歩者の夢想』　237, 240
言葉　302
誤謬　2
コミュニズム　285
コンヴェンショナリスト　10
コンヴェンショナリズム（conventionalism）　16, 17, 30, 77, 78, 80-87, 90, 97, 119, 120, 122, 152, 170, 172, 284, 300, 307

## さ　行

最善の国（体）制　142, 144, 148
三項的思考　3
三項の連結式　2
三肢構造　2
産婆術的対話　303
三批判　2
三位一体　2
死　163-165, 168

詩　300, 304
ジェントルマン　121, 123-128, 133-135, 148
思考の自由　297
『仕事としての学問』　45, 59, 61
『仕事としての政治』　45, 59, 61
自己保存　9, 156-159, 163-165, 243, 244, 248
――の権利　141
詩人　303, 305
自然　2, 3, 46, 50, 255-258, 260, 262, 265, 266, 268, 288, 289, 298, 300
――学　160, 161
――状態　153, 157, 161, 163, 164, 168, 254, 255, 257-259, 262, 287
――的道徳性　145
――的なもの　287, 288
――で必要な欲求　101
――な欲求　101
――に合致した生　99
――を発見する　107
自然権（自然的正）　1, 4-7, 9, 77, 78, 80-82, 84, 86, 92, 93, 119, 120-123, 127, 131-133, 137, 145, 150, 153, 156, 170, 172, 221, 222, 224, 225, 227, 236, 237, 241-244, 247, 253, 254, 256-259, 261, 262, 284, 287, 289-291, 293, 294, 297, 298, 300, 304
古典的――（classic natural right）　119, 120-133, 139, 149
『自然権（自然的正）と歴史』　51, 58, 219, 220, 224, 225, 236, 237, 239
自然公法（natural public law）　142
――学派　142
自然法　3-5, 153-159, 162, 163, 166, 203, 224, 226, 227, 239, 242-244, 256-259, 263
自然本性　291
――的に善　102, 108
執行権　9, 10
実証主義　18, 37, 38, 46-48, 60, 132
実践　260-262, 265, 291, 292
――知　260, 261, 265
実存　22, 25
――主義　33, 35, 40
死の恐怖　9
支配　10, 292

資本　285, 306
　　——主義　43, 71
市民社会　122, 123, 133
市民宗教　220, 229-231, 235
社会科学　44
社会契約　227
『社会契約論』　225, 228, 236, 239
自由　162, 167, 226-228, 230, 237, 239, 242, 244-247, 249, 285
宗教　292
　　——改革　70
　　——批判　46, 50
修道者　296, 300
自由と平等　290
主権者　255
シュトラウシアン　119
純理主義　143
正気　299
承認　153, 163-165, 168
　　——の闘争　164
思慮　5
人為　298, 305
神学‐政治問題　41, 70
神学‐政治論　43, 51, 53
神義論　51, 52
人権　289
真正の徳　145
進歩　293
真理　296
推論　3
数学的自然学　140
数学の言語　303
スコラ（哲）学　159, 162, 295, 296
ストア派　4, 120, 155, 156
『スピノザの宗教批判』　44, 50, 51
正　3, 8-11, 150, 166
生　286, 288, 304
生活世界　285, 288
正義　10, 150, 155, 157, 166, 230, 237
生死　9
『政治家』　123, 134
政治経済学　263
政治的快楽主義　171, 173

政治的正（political right）　150
政治的道徳性　145
政治的ないし通俗的な徳　145
政治的なもの　286-288
政治的無神論　170, 173, 175
政治的理想主義　126, 172-174
政治哲学　54, 78, 80, 92, 172, 175, 176
『政治哲学とは何か』　47
聖書　300
精神の自由　296
正統的政府　142
正統な体制　148
正ないし権（right）　2, 3
世界宗教　52
世界の壁　88, 177
責任倫理　53, 56-58
絶対知　285
絶対的支配　284
節度　7, 299
摂理　264-266
『善悪の彼岸』　50
僭主　206, 303, 304
　　——政　121, 127, 128, 132
　　——政治　291, 296
　　——的支配　284
戦争　165, 288, 289
全体　302
善と快との同一視　102
善良さ　232, 234
想起　293
相対主義　39, 43, 48, 63, 128, 132
ソクラテス的伝統　139
率直さ　247, 249, 251
ソフィスト　77, 82, 83, 86, 87, 91, 92, 106, 154, 166, 170, 172
存在　6, 8, 10, 11, 255, 266, 299-302, 305
　　——者　299
　　——の感情　245, 247, 248
大審問官　56-58

　　　　　　た　行

体制　304, 305

対話　293
他者　247-249, 251
正しい生　7
脱政治　285, 286
脱魔術化　55
知　284
　　——の社会学　65, 66, 70
　　——は力なり　284
知恵　254, 259
力　6, 8-11, 284, 286, 300, 301, 303, 305
　　——への意志　10, 11, 306
知性の犠牲　51
秩序　6
知的誠実　54, 56
注意深い読解　301
中立性　47
超人　8, 10
　　——の技法　294, 296, 298
通俗的快楽主義　109
通俗的コンヴェンショナリズム　91, 98, 152
抵抗権　259
敵と味方　286, 288
テクスト　293
哲学　53
　　——的快楽主義　109
　　——的コンヴェンショナリズム　89, 91, 92, 97, 152
　　——的政治　92
『哲学と法』　50
哲人王　123, 124, 305
哲人統治　291
鉄と鋼の論理　303
鉄の檻　43
転回　298
伝統的政治哲学　139
闘争　153, 163-165, 168
『統治二論』　205
トーラー　20
徳　232-234, 239, 254, 256, 259, 260, 266
特殊性　2
独断主義　29, 32, 34, 40
独断論　47
富　257, 285

トミズム　39, 120

## な行

ナチス　290
二義的　2
二項対立　2, 3, 9, 286
西海岸シュトラウス学派　211
ニヒリスティック　48
ニヒリスト　59
ニヒリズム　19, 37, 43, 45-49, 64, 73, 128, 253, 265, 266
人間　2
　　——存在　9, 10
　　——的あまりに人間的なもの　285
『人間不平等起源論』　219-221, 231, 236, 239
ネオコン　54
ノモス　2

## は行

媒語　3
配分　155
迫害　291, 296
反　2
万物の法　4
秘教主義　300
秘教的(esoteric)　242, 297, 301
非西洋　44
皮肉　304
秘密の教説　298
非歴史的　292
比喩　304
ヒューマニティー　301
ピューリタニズム　70, 71
ピュシス　2
ファシズム　54
フェデラリスト　211
フォルトゥナ　11
不死　285
不自然な欲求　101
普遍的真理　296
普遍同質的国家　285

プラトン主義　78, 93, 140, 170
フランス革命　36
思慮　100
文化的なもの　287
分節化　299, 300, 303
文明社会　258, 259, 262, 266
弁証法　3, 299, 304
弁論　304
法　9, 154, 157, 162, 305
法則　9
法的正　145
『法律』　123, 124, 134
暴力　164
保守主義　203
ポストモダン　45, 135, 298, 301
ポリテイア（politeia）　147
本性上の貴族（ナチュラル・アリストクラシー）
　　259, 260

## ま 行

民主主義　206
無神論　162, 170
　　——的社会　176, 177
　　——的な自然学　140
無知　300, 304
名誉　153, 163-165, 168
　　——の闘争　164
目的の国　285
目的論的宇宙観　285

## や 行

野蛮　287
唯物論的＝機械論的　140
優越性の欲求　98
融合主義　211
友好的論争の術　299
ユダヤ　292, 295, 296
　　——・イスラーム　296
　　——学　15

善き生　5, 6
『ヨブ記』　52

## ら 行

力学　11
理性　51, 153, 158, 159, 162, 163, 167, 223-226,
　　239, 254, 255, 259, 262, 263
　　——と啓示の抗争　175
　　——と権威との区別　106
　　——の法　243, 244
理想　123, 124, 134
　　——主義　135, 170, 171, 173
　　——主義的伝統　139
立法者　228-230, 234-236
リバータリアン　211
リベラリズム　204
リベラル・デモクラシー　121, 128, 131
理論　260, 262, 265, 292
ルター主義　71
歴史　1-3, 120, 292, 293, 295, 301
　　——学派　18, 36
　　——哲学　265
　　——の終焉　264, 265
歴史主義　7, 13-23, 25, 26, 29-36, 39, 41, 45, 48,
　　63, 64, 68, 69, 120, 128, 132, 152, 225, 257,
　　264-266, 284, 294
　　反——　13-15
　　非——　24, 25
　　ラディカルな——　283
レジティマシー　43
レトリック　241, 250, 251, 296
憐憫の情　243, 245, 247, 248
ローマ法　4
ロゴス　301-305
論理　306

## わ 行

ワイマール　50, 51, 54-56

## 執筆者紹介 （執筆順，＊は編著者）

**＊石崎嘉彦**（いしざき・よしひこ）　序章，終章
　編著者紹介欄参照。

**佐藤貴史**（さとう・たかし）　第1章
　1976年　生まれ。
　2006年　聖学院大学大学院アメリカ・ヨーロッパ文化学研究科博士（後期）課程修了。
　2006年　博士（学術）（聖学院大学）。
　現　在　北海学園大学人文学部英米文化学科教授。
　主　著　『フランツ・ローゼンツヴァイク――〈新しい思考〉の誕生』知泉書館，2010年。
　　　　　『ドイツ・ユダヤ思想の光芒』岩波書店，2015年。
　　　　　『はじめての人文学――文化を学ぶ，世界と繋がる』（編著）知泉書館，2018年。

**西永　亮**（にしなが・りょう）　第2章，第4章
　1972年　生まれ。
　2003年　早稲田大学大学院政治学研究科博士後期課程単位取得退学。
　2013年　博士（政治学）（早稲田大学）。
　現　在　小樽商科大学商学部一般教育系教授。
　主　著　『初期ルカーチ政治思想の形成――文化・形式・政治』小樽商科大学出版会，2014年。
　　　　　『シュトラウス政治哲学に向かって』（編著）小樽商科大学出版会，2015年。
　　　　　『岩波講座　政治哲学』第4巻「国家と社会」（共著）岩波書店，2014年。

**野口雅弘**（のぐち・まさひろ）　第3章
　1969年　生まれ。
　2001年　早稲田大学大学院政治学研究科博士課程単位取得退学。
　2003年　哲学博士（ボン大学）。
　現　在　成蹊大学法学部政治学科教授。
　主　著　Kampf und Kultur: Max Webers Theorie der Politik aus der Sicht seiner Kultursoziologie, Berlin: Duncker & Humbolt, 2005（=『闘争と文化――マックス・ウェーバーの文化社会学と政治理論』みすず書房，2006年）．
　　　　　『忖度と官僚制の政治学』青土社，2018年。
　　　　　『仕事としての学問　仕事としての政治』（マックス・ウェーバー），講談社学術文庫，2018年。

**中金　聡**（なかがね・さとし）　第5章，第10章
　1961年　生まれ。
　1995年　早稲田大学大学院政治学研究科政治学専攻博士課程修了，博士（政治学）（早稲田大学）。
　現　在　国士舘大学政経学部政治行政学科教授。
　主　著　『オークショットの政治哲学』早稲田大学出版部，1995年。
　　　　　『政治の生理学――必要悪のアートと論理』勁草書房，2000年。
　　　　　『純粋政治理論』（B・ド・ジュヴネル），風行社，2014年。

髙木酉子（たかぎ・ゆうこ）　第6章
　　　　　　京都大学文学部社会学科卒業。
　2005年　文学博士（名古屋大学）。
　現　在　愛知大学文学部非常勤講師。
　主　著　「『国家』第五巻475e3-480a413におけるプラトンの二世界論」日本哲学会編『哲学』第56号，法政大学出版局，2005年。
　　　　　「プラトン『パルメニデス』篇におけるイデア論のアポリア――見えるものから，見えないものへ」関西哲学会編『アルケー』第16号，京都大学学術出版会，2008年。
　　　　　『治療を超えて――バイオテクノロジーと幸福の追求　大統領生命倫理評議会報告書』（共著）（レオン・R. カス），青木書店，2005年。

近藤和貴（こんどう・かずたか）　第7章
　1978年　生まれ。
　2011年　Boston College, Graduate School of Arts and Sciences（Department of Political Science）, Doctoral Program 修了。
　2011年　Ph. D. Political Science（Boston College）
　現　在　拓殖大学政経学部法律政治学科准教授。
　主　著　"Reputation and Virtue: The Rhetorical Achievement of Socrates in Xenophon's Apoilogy." *Interpretation: A Journal of Polotical Philosophy*, Vol. 42, No. 2, 2015.
　　　　　「哲学者の英雄化：プラトン『ソクラテスの弁明』における「脱線」のレトリック」『年報政治学』（2015-Ⅱ），木鐸社，2015年。
　　　　　『権利の哲学入門』（共著），社会評論社，2017年。

杉田孝夫（すぎた・たかお）　第8章
　1951年　生まれ。
　1985年　東京都立大学大学院社会科学研究科博士課程政治学専攻単位取得満期退学。
　現　在　お茶の水女子大学名誉教授。
　主　著　『市民社会論』（共編著）おうふう，2016年。
　　　　　『岩波講座 政治哲学3 近代の変容』（共著），岩波書店，2014年。
　　　　　『啓蒙・革命・ロマン主義――近代ドイツ政治思想の起源1790-1800』（フレデリック・C・バイザー），法政大学出版局，2010年。

高田純（たかだ・まこと）　第9章
　1946年　生まれ。
　1975年　北海道大学大学院文学研究科西洋哲学専攻博士課程修了。
　1999年　文学博士（北海道大学）。
　現　在　旭川大学経済学部教授，札幌大学名誉教授。
　主　著　『承認と自由――ヘーゲル実践哲学の再構成』未來社，1994年。
　　　　　『カント実践哲学とイギリス道徳哲学』梓出版社，2012年。
　　　　　『現代に生きるフィヒテ――フィヒテ実践哲学研究』行路社，2017年。

＊厚見恵一郎（あつみ・けいいちろう）　第11章，第16章
　　　　　　編著者紹介欄参照。

井上弘貴（いのうえ・ひろたか）　第12章
- 1973年　生まれ。
- 2005年　早稲田大学大学院政治学研究科博士後期課程単位取得退学。
- 2007年　博士（政治学）（早稲田大学）。
- 現　在　神戸大学国際文化学研究科准教授。
- 主　著　『ジョン・デューイとアメリカの責任』木鐸社，2008年。
  『熟議民主主義ハンドブック』（ジョン・ギャスティル，ピーター・レヴィーン），現代人文社，2013年。

関口佐紀（せきぐち・さき）　第13章
- 1990年　生まれ。
- 2015年　早稲田大学大学院政治学研究科政治学専攻修士課程修了。
- 現　在　早稲田大学大学院政治学研究科政治学専攻博士後期課程。
- 主　著　『純粋政治批判』（ベルトラン・ド・ジュヴネル／共訳），風行社，2014年。
  「市民宗教の政治的効用——ルソーにおける立法者と狂信批判とを手掛かりとして『政治哲学』第19号，政治哲学研究会編，2015年。
  「ルソーの市民宗教論における寛容——近代寛容論への批判と発展」『政治思想研究』第17号，政治思想学会編・風行社，2017年。

吉永和加（よしなが・わか）　第14章
- 1968年　生まれ。
- 1997年　大阪大学大学院文学研究科博士課程後期課程中退（哲学哲学史）。
- 2003年　博士（文学）（大阪大学）。
- 現　在　岐阜聖徳学園大学教育学部教授。
- 主　著　『感情から他者へ——生の現象学による共同体論』萌書房，2004年。
  『〈他者〉の逆説——レヴィナスとデリダの狭き道』ナカニシヤ出版，2016年。
  『哲学のメタモルフォーゼ』（共著）晃洋書房，2018年。

佐藤一進（さとう・たかみち）　第15章
- 1978年　生まれ。
- 2007年　京都大学大学院人間・環境学研究科共生文明学専攻博士後期課程研究指導認定退学。
- 2010年　京都大学博士（人間・環境学）。
- 現　在　神戸学院大学法学部法律学科准教授。
- 主　著　『保守のアポリアを超えて——共和主義の精神とその変奏』NTT出版，2014年。
  『共和主義ルネサンス——現代西欧思想の変貌』（共著）NTT出版，2009年。
  『アートとは何か——芸術の存在論と目的論』（アーサー・C・ダントー），人文書院，2018年。

《編著者紹介》

石崎嘉彦（いしざき・よしひこ）
　　1948年　生まれ。
　　1982年　大阪大学大学院文学研究科哲学哲学史専攻博士課程単位取得退学。
　　2009年　広島大学博士（文学）。
　　現　在　摂南大学名誉教授。
　　主　著　『倫理学としての政治哲学』ナカニシヤ出版，2009年。
　　　　　　『ポストモダンの人間論』ナカニシヤ出版，2010年。
　　　　　　『政治哲学と対話の弁証法』晃洋書房，2013年。

厚見恵一郎（あつみ・けいいちろう）
　　1967年　生まれ。
　　1996年　早稲田大学大学院政治学研究科博士後期課程退学。
　　2005年　博士（政治学）早稲田大学。
　　現　在　早稲田大学社会科学総合学術院教授。
　　主　著　『マキァヴェッリの拡大的共和国』木鐸社，2007年。
　　　　　　「君主の地位と統治体——マキァヴェッリstato論の『文脈』再考」『政治思想研究』第8号，2008年。
　　　　　　「マキァヴェッリとルクレティウス」『早稲田社会科学総合研究』第16巻1号，2015年。

MINERVA 人文社会科学叢書233
レオ・シュトラウスの政治哲学
──『自然権と歴史』を読み解く──

2019年5月30日　初版第1刷発行　　　　　〈検印省略〉

定価はカバーに
表示しています

|  |  |
|---|---|
| 編著者 | 石　崎　嘉　彦 |
|  | 厚　見　恵一郎 |
| 発行者 | 杉　田　啓　三 |
| 印刷者 | 江　戸　孝　典 |

発行所　株式会社　ミネルヴァ書房
607-8494 京都市山科区日ノ岡堤谷町1
電話代表 075-581-5191
振替口座 01020-0-8076

© 石崎・厚見ほか, 2019　　共同印刷工業・新生製本

ISBN978-4-623-08393-0
Printed in Japan

菊池理夫 著
## 社会契約論を問いなおす
――現代コミュニタリアニズムからの視座

A5判・368頁
本体 6500円

牧野広義 著
## ヘーゲル論理学と矛盾・主体・自由

A5判・330頁
本体 6500円

神野慧一郎 著
## イデアの哲学史
――啓蒙・言語・歴史認識

A5判・312頁
本体 3500円

峰島旭雄 編著
## 概説　西洋哲学史

A5判・400頁
本体 3000円

中谷猛／足立幸男 編著
## 概説　西洋政治思想史

A5判・404頁
本体 3000円

齋藤元紀／増田靖彦 編著
## 21世紀の哲学をひらく
――現代思想の最前線への招待

A5判・296頁
本体 3500円

中村健吾 編著
## 古典から読み解く社会思想史

A5判・320頁
本体 3000円

―――― ミネルヴァ書房 ――――
http://www.minervashobo.co.jp/